Leonie Senne

Mythen, Gold und Mandelbäume

Reise-Handbuch Peloponnes

Aktuelle Informationen und Reisetips für Peloponnes, Athen, Delphi sowie die Inseln des Saronischen Golfes

Für Alexander

1. Auflage 1989/90
2. Auflage 1992/93

© Reisebuchverlag Iwanowski GmbH
Raiffeisenstraße 21 · D 4047 Dormagen 1
Telefon 02133/61919 · Telex 8517396 vsd d · Fax 02133/63130

Umschlagbild: Michael Iwanowski

Umschlagkarte: Mit freundlicher Genehmigung von Freytag und Berndt

Alle anderen Bilder: Leonie Senne und Michael Iwanowski

Zeichnungen und graphische Gestaltung und chefredaktionelle Bearbeitung:
Michael Iwanowski

Satz und Layout: Ursula Iwanowski

Gesamtherstellung: F. X. Stückle, 7637 Ettenheim

Printed in W.-Germany

ISBN 3-923975-11-2

INHALTSVERZEICHNIS

Einleitung		8
1.	ALLGEMEINER ÜBERBLICK	9
2.	PELOPONNES: LAND UND LEUTE	10
2.1	Geschichtlicher Überblick	10
2.2	Geographischer Überblick	15
2.2.1	Landschaftliche Gliederung	15
2.2.2	Klima und Reisezeit	17
2.2.3	Pflanzen- und Tierwelt	19
2.3	Bevölkerung und Brauchtum	22
2.4	Wirtschaft	24
2.5	Griechische Baukunst	27
2.6	Byzantinische Kunst	33
2.7	Griechische Mythologie	36
3.	GRIECHENLAND ALS REISELAND	40
3.1	Einreisebestimmungen	40
3.2	Anreise	40
3.2.1	Anreise mit Eisenbahn oder Europabus	40
3.2.2	Anreise mit dem Flugzeug	41
3.2.3	Anreise mit dem Auto	42
3.2.4	Anreise mit Autoreisezügen	43
3.2.5	Anreise mit Auto und Schiff	44
3.3	Praktische Reisetips von A - Z	47
4.	REISEN AUF DER PELOPONNES	75
4.1	Unterwegs auf der Peloponnes - wie man reist und übernachtet	75
4.2	Überblick über die Provinzen der Peloponnes	82
4.3	Touristische Interessen	82
4.4	Vorschläge für Rundreisen auf der Pe83loponnes	
4.4.1	"Klassische Rundfahrt"	83
4.4.2	Große Peloponnes-Rundreise	86
5.	STATIONEN EINER GRIECHENLANDREISE	87
5.1	Athen	87
5.1.1	Anreise nach Athen	87
5.1.2	Touristische Hinweise	88
5.1.3	Athen: Sehen und Erleben	93
5.1.3.1	Die moderne Stadt	93
5.1.3.2	Antike Sehenswürdigkeiten	97
5.1.3.3	Die Plaka- Die Altstadt Athens	108
5.2	Daphni, Eleusis und Theben	110
5.2.1	Daphni	110

5.2.2	Eleusis	111
5.2.3	Theben	113
5.3	**Kloster Ossios Loukas**	**114**
5.4	**Delphi**	**118**
5.4.1	Der heutige Ort Delphi	118
5.4.2	Das antike Delphi	119
5.4.2.1	Mythos und Geschichte	119
5.4.2.2	Der Gott Apollon	121
5.4.2.3	Ausgrabungen / Rundgang	121
5.5	**Von Delphi nach Patras**	**133**
	Nafpaktos 133 - Antírrion 134	
6.	**DER NORDEN DER PELOPONNES: ZWISCHEN KORINTH UND PATRAS**	**135**
6.1	**Korinth und Umgebung**	**135**
6.1.1	Überblick	135
6.1.2	Touristische Hinweise	137
6.1.3	Korinth: Sehen und Erleben	138
	Festung Akrokorinth 149 - Der Kanal von Korinth 152	
6.1.4	Sehenswertes in der Umgebung Korinths	154
6.1.4.1	Loutraki	154
6.1.4.2	Ausflugsziele für archäologisch Interessierte	155
	Isthmía 155 - Kenchries 157 - Loutra Elenis 157 - Almiri /Katakáli 158 - Lechaion 158 - Sikyon 158 - Neméa 160 - Phlius 163	
6.1.5	Von Korinth zu den Sehenswürdigkeiten der Argolis	163
6.2	**Von Korinth nach Patras**	**163**
	Kiáto 164 - Stimfalischer See 165 - Xilokastro 165 - Trikala 165 - Derveni 165 - Akratas 166 - Diakoftó 166 - Aegion 166 - Ríon 167	
6.3	**Patras und die Provinz Achaia**	**169**
6.3.1	Überblick	169
6.3.2	Touristische Hinweise	169
6.3.3	Patras: Sehen und Erleben	172
6.3.4	Sehenswertes in der Provinz Achaia	174
	Weingut Achaia Clauss 174 - Eine Gebirgsfahrt mit der Zahnradbahn 175 - Kloster Mega Spileon 176 - Kalávrita 177 - Kloster Agia Lavra 178	
7.	**DER WESTEN DER PELOPONNES: ZWISCHEN PATRAS UND METHONI**	**179**
7.1	**Von Patras nach Pirgos**	**179**
	Pírgos 181 - Katákolon 182	
7.2	**Die Halbinsel Killini**	**183**
7.2.1	Zakynthos	185
7.3	**Sehenswertes in der Provinz Elis**	**185**
7.3.1	Kloster Vlachernou	185

7.3.2	Festung Chlemoutsi	186
7.3.3	Ausflug zur antiken Stadt Elis und zum Pinios-Stausee	188
7.4.	**Olympia**	**189**
7.4.1	Überblick	189
7.4.2	Touristische Hinweise	189
7.4.3	Das Heiligtum in Olympia	191
	Geschichte des Heiligtums 191 - Geschichte der Olympischen Spiele 193 - Organisationsform der Olympischen Spiele 194 - Gestaltung der Olympischen Spiele 194 - Geschichte der Ausgrabungen 195 - Rundgang durch den Heiligen Bezirk 196 - Museum in Olympia 204 - Aus dem Leben Pierre de Coubertins 206	
7.5	**Von Olympia ins Landesinnere**	**207**
7.5.1	Andrítsena	207
7.5.2	Zum Apollon-Tempel von Bassai (Vasses)	210
7.5.3	Karítena	213
7.6	**Von Pírgos nach Kiparissía**	**215**
	Kaiáfas 216 - Zacháro 217 - Kiparissía 218	
7.7.	**Von Kiparissía nach Methóni**	**219**
	Filiatrá 219 - Gargaliáni 220 - Marathopoli 220 - Chóra 221 - Der Palast von Epano Engliános 221 - Giálowa 225 - Wanderung zur Nestorgrotte und zum Kap Koryphásion 227	
7.8	**Pylos**	**227**
7.8.1	Touristische Hinweise	228
7.8.2	Pylos: Sehen und Erleben	229
8.	**DER SÜDEN DER PELOPONNES**	**232**
8.1	**Von Methóni nach Kalamáta**	**232**
	Methóni 232 - Cervantes 237 - Finikoúnda 238 - Koróni 239 - Zwischen Koróni und Kalamáta 241 - Messini 242	
8.2	**Kalamáta und Umgebung**	**243**
8.2.1	Überblick	243
8.2.2	Touristische Hinweise	243
8.2.3	Kalamáta: Sehen und Erleben	247
8.2.4	Sehenswertes in der Umgebung von Kalamáta	252
8.2.4.1	Fahrt zur antiken Stadt Messéne und Aufstieg zum Berg Ithome	252
	Mavromáti 254 - Arsinói 256 - Androúsa 257	
8.2.4.2	Ferienorte am Messenischen Golf	257
8.3	**Von Kalamáta nach Sparta**	**258**
	Artemísia 258 - Trípi 260	
8.4	**Die Halbinsel Mani**	**260**
8.4.1	Exo Mani	262
	Almíros 262 - Kámbos 263 - Kardamíli 263 - Stoúpa 265 - Neon Itylon 267 - Festung Kelefá 268 - Itylon 268	
8.4.2	Messa Mani	269

	Areópolis 269 - Höhlen von Dirou 270 - Rundfahrt um die innere Mani 273 - Geroliménas 274 - Alika 275	
8.5	Gythion und Umgebung	276
8.5.1	Überblick	276
8.5.2	Touristische Hinweise	276
8.5.3	Gythion: Sehen und Erleben	279
8.6	**Sparta**	**282**
8.6.1	Überblick	282
8.6.2	Touristische Hinweise	282
8.6.3	Sparta: Sehen und Erleben	284
8.6.4	Sehenswertes in der Umgebung von Sparta	291
	Amikles 291 - Váfion 292 - Menelaion 292 - Ölivenöl-das flüssige Gold Griechenlands 293	
8.7	Mistrá	295
9.	**ARKADIEN - DAS BERGLAND DES PELOPONNES**	**304**
9.1	Tripolis und Umgebung	306
	Sehenswertes für archäologisch Interessierte: Tegéa 308 - Paleó Episkopí 309	
9.2	**Fahrten durch Arkadien**	**310**
9.2.1	Von Tripolis über Megalópolis nach Pirgos und Olympia	311
	Aséa 311 - Megalópolis 311 - Sehenswertes in der Umgebung von Megalópolis 312 - Leondá 314 -Lykósura 314	
9.2.2	Von Tripolis über Vitína und Dimitsána nach Pirgos und Olympia	314
	Mantineia 314 - Levídi 315 - Vitína 316 - Dimitsána 318 - Stemnitsá 318	
10.	**DER OSTEN DER PELOPONNES**	**320**
10.1	Von Gythion nach Monemvasía	320
	Epídauros Liméra 320 - Géfira 322 - Ein Besuch auf dem Burgfelsen von Monemvasía 325 - Ritsos 330	
10.1.1	Von Monemvasía nach Neápolis	331
	Elafónisos 331 - Neápolis 332	
10.2	Von Gythion nach Leonídion	332
	Geráki 333 - Von Geráki über das Parnon-Gebirge nach Leonídion 335 - Kloster Elónis 335 - Leonídion 336 - Pláka 337 - Poulíthra 338	
10.3	Von Leonídion nach Argos und Nauplia	338
	Livadi 338 - Paralia Tiroú 338 - Tiros 339 - Agios Andreas 339 - Paralía Astros 339 - Ausflug zum Kloster Sotíros Loukoús 341 - Xiropígado 341 - Kivéri 342 - Lérna 342	
11.	**DIE ARGOLIS UND IHRE SEHENSWÜRDIGKEITEN**	**345**
11.1	Argos	345
11.1.1	Touristische Hinweise	347

Inhaltsverzeichnis

11.1.2	Argos: Sehen und Erleben	348
11.1.3	Sehenswertes in der Umgebung von Argos	354
	Heraion 354 - Midéa/Déndra 357	
11.2	**Mykene**	**358**
11.2.1	Touristische Hinweise	358
11.2.2	Mythos und Geschichte	360
11.2.3	Ausgrabungen	361
11.2.4	Rundgang	362
11.3	**Nauplia**	**368**
11.3.1	Touristische Hinweise	368
11.3.2	Nauplia: Sehen und Erleben	372
11.4	**Tiryns**	**376**
11.4.1	Mythos und Geschichte	376
11.4.2	Ausgrabungen	377
11.4.3	Rundgang	378
11.5	**Von Nauplia nach Epidauros**	**381**
11.5.1	Epidauros	381
11.5.2	Mythos und Geschichte	382
11.5.3	Ausgrabungen und Rundgang	383
11.5.4	Von Epidauros zur Ostküste der Argolis	388
	Palea Epidauros 388 - Sehenswertes in der Umgebung von Palea Epidauros: Nea Epidauros 390 - Kloster Agnoundos 391 - Kórfos 391 - Information über geharzte Weine 392	
11.6	**Ferienzentren und Sehenswürdigkeiten im Süden der Argivischen Halbinsel**	**393**
11.6.1	Tolón und Umgebung	393
11.6.2	Portochéli und Umgebung	396
	Insel Spetsä 398/422	
11.6.3	Ermíoni	398
11.6.4	Troizén und die Halbinsel Méthana	399
12.	**DIE SARONISCHEN INSELN**	**404**
12.1	**Ägina: Sehen und Erleben**	**404**
12.1.1	Inselhauptstadt Ägina	407
12.1.2	Ausflugsziele auf der Insel	409
12.2	**Poros: Sehen und Erleben**	**414**
12.2.1	Sehenswürdigkeiten der Insel	416
12.3	**Hydra: Sehen und Erleben**	**418**
12.3.1	Sehenswürdigkeiten der Insel	420
12.4	**Spetsä: Sehen und Erleben**	**422**
12.4.1	Sehenswürdigkeiten der Insel	424
	LITERATURVERZEICHNIS	**426**
	STICHWORT-, ORTS- UND NAMENSVERZEICHNIS	**428**

EINLEITUNG

Die Peloponnes, die mythenreiche Insel des Pelops, lockt mit so vertrauten Namen wie Olympia, Mykene und Epidauros und bietet Ihnen auf engstem Raum die Möglichkeit, viele berühmte antike Stätten kennenzulernen.

Bei Ihrem Besuch werden Sie beeindruckt sein von der Großartigkeit antiker Baudenkmäler und der Harmonie, mit der sie sich in die Landschaft einfügen; Sie werden überrascht sein von der Fülle und Einzigartigkeit byzantinischer Kirchenkunst, die Sie in unzähligen Kirchlein und vielen Klöstern sehen; die Vielseitigkeit der Landschaftsformen wird Sie begeistern: Sie werden lange Sandstrände, liebliche Weinberge, wilde Gebirgsschluchten, fruchtbare Ebenen, karges Hügelland und dichte Kiefernwälder finden; Sie werden einsame Klöster, fast verlasse Dörfer und wehrhafte Mani-Wohntürme entdecken und in abgelegenen Gegenden Menschen kennenlernen, die überlieferten Sitten und Gebräuchen noch eng verbunden sind.

Ziel des Buches ist es, Informationen zu geben, Hintergründe aufzuhellen, Verständnishilfen anzureichen, die Ihnen individuelles Reisen erleichtern.

Die praktischen Hinweise sind aktuell recherchiert, doch ist zu bedenken, daß bei der Fülle der Informationen kurzfristig Veränderungen eintreten können.

Folgen Sie den Spuren vieler früherer Reisenden, erkunden Sie individuelle Seitenwege, entdecken und erleben Sie die Vielfalt der Peloponnes, damit auch Sie die Erfahrung machen können, daß Griechenland "antik und sehr lebendig" ist.

Dormagen, im Februar 1989   *Leonie Senne*

1. ALLGEMEINER ÜBERBLICK

Griechenland - Telegramm	
Fläche:	131 957 qkm (75,3 Einwohner pro qkm)
Einwohner:	9 850 000 Einwohner
Bevölkerung:	90 % Griechen, 120 000 Türken, 80 000 Slawen, 18 000 Kutzowlachen (Aromunen)
Staatssprache:	neugriechisch
Religion:	96,8 % griechisch-orthodoxe Christen, 1,3 % Moslems, 0,5 % Katholiken, 0,2 % Protestanten, 1,3 % sonstige Bekenntnisse
Staats- und Regierungsform:	Parlamentarische Präsidialrepublik
Staatsoberhaupt:	Staatspräsident Sartzetakis
Regierungschef:	Ministerpräsident Papandreou
Nationalfeiertag:	25. März
Hauptstadt:	Athen (Großraum Athen 3,7 Mill. Einwohner)
Wichtigste Städte:	Thessaloniki (406 000 Ew.), Patras (142 000 Ew.), Larissa (102 000 Ew.)

Griechenland liegt als **südlichster Ausläufer der Balkan-Halbinsel** zwischen dem 41. und 34. Grad nördl. Breite. Damit liegen auch noch die nördlichen Landesteile Makedonien und Thrakien auf einer Höhe mit Neapel und der Costra Brava; die Ortschaften an der Südküste Kretas aber befinden sich auf gleicher Höhe wie Tunesien und Marokko.

Griechenland ist geprägt von der **starken Durchdringung von Land und Meer.** Kein Ort im Landesinneren ist mehr als 90 km vom Meer entfernt, und der Olymp, der höchste Berg Griechenlands, erhebt sich in nur rund 20 km Entfernung vom Meer.

Die **Gesamtfläche** Griechenlands beträgt ca. **132 000 qkm**, was etwa der Hälfte der BRD entspricht. Ungefähr ein Fünftel des griechischen Staatsgebietes entfällt auf die über 2 000 Inseln, von denen etwa 170 ständig bewohnt sind.

Das **griechische Festland** ist in sechs geographische Regionen aufgeteilt:
Makedonien, Thrakien, Epirus, Thessalien, Mittelgriechenland, Peloponnes.

Die **griechischen Inseln** gliedern sich in die Gruppen:
Ionische Inseln, Inseln im Saronischen Golf, Nordägäische Inseln und Sporaden, Kykladen, Dodekanes, Kreta.

Geschichtlicher Überblick

2. PELOPONNES: LAND UND LEUTE

2.1 GESCHICHTLICHER ÜBERBLICK

Die Geschichte Griechenlands läßt sich bis in die prähistorische Zeit zurückverfolgen und ist reich an glanzvollen Höhepunkten, schmerzvollen Niedergängen und großartigen Ereignissen. Hier kann nur ein Überblick über die griechische Geschichte gegeben werden, der das Verständnis erleichtern soll. Ausführliche und notwendige Informationen finden Sie bei den jeweiligen Inseln und ihren Ausgrabungsstätten, wo der direkte Bezug zur Geschichte hergestellt wird.

Prähistorische Epoche

| 260 000 - 7 000 v. Chr. Alt- und Mittelsteinzeit | Erste Funde aus der Höhle von Petralona/Chalkidiki bestätigen, daß der Urmensch schon Feuer anzünden und Werkzeuge herstellen konnte. |

| 7 000 - 2 800 v. Chr. Jungsteinzeit | In Makedonien, Thessalien und auf den Kykladen entstehen die ältesten Bauern- und Hirtensiedlungen Europas. |

| 2 800 - 1 100 v. Chr. Bronzezeit | Auf dem Festland und auf Kreta entwickeln sich die ältesten europäischen Kulturen. Um 2 000 v. Chr. dringen Ionier und Achäer nach Griechenland ein und werden dort |

seßhaft.
Die minoische Kultur auf Kreta erreicht erste Höhepunkte in der Zeit von 2000 - 1700 v.Chr., wie die Palastbauten in Knossos, Phaistos und Mallia bezeugen. Nach dem Niedergang der minoischen Kultur im 15. Jahrhundert v.Chr. entsteht auf dem griechischen Festland (in Mykene, Tiryns) eine einheitliche Zivilisation, von der uns noch Paläste, Festungsanlagen und Nekropolen Zeugnis ablegen.
Die Dorer dringen um 1100 v.Chr. als letzter Stamm aus dem Norden in Griechenland ein.

Historische Epoche

| 1 100 - 700 v. Chr. Geometrische Zeit | Die Dorer tragen mit zur Zerstörung der mykenischen Kultur bei und gründen die ersten griechischen Städte und Kolonien an den Küsten Kleinasiens. |

Im 9. Jahrhundert entwickelt sich die alphabetische Schrift, die sich im ganzen griechischen Raum durchsetzt.
Es bildet sich eine religiöse, ethische und soziale Einheit des Griechentums, die sich beispielhaft an zwei Begebenheiten aufzeigen läßt:
1. 776 v. Chr. finden die ersten Olympischen Spiele statt, an denen alle freien griechischen Männer teilnehmen dürfen.
2. Zwischen 750 - 700 v.Chr. werden die Dichtungen Homers als griechisches Volksgut überliefert.

| 700 - 500 v. Chr. Archaische Zeit |

Es entwickeln sich die griechischen Stadtstaaten, deren bedeutendste Athen und Sparta sind. In der Ägäis, in Süditalien und Sizilien werden eigene Kolonialstädte gegründet. In Athen und Sparta bilden sich ganz unterschiedliche politische Systeme heraus:
1. Sparta vergrößert seinen Herrschaftsbereich durch Eroberungsfeldzüge, bis es fast die gesamte Peloponnes beherrscht.
2. Athen öffnet sich den Händlern und Seefahrern und wird eine bedeutende Seemacht.

| 500 - 323 v. Chr. Klassische Zeit |

Um 500 v.Chr. wird die Unabhängigkeit der Griechen von den Persern bedroht. In den entscheidenden Schlachten bei Marathon, Salamis und Plataä gelingt es den vereinigten griechischen Stämmen, die Perser trotz deren Übermacht zu besiegen. Durch diese Siege begünstigt, gründet Athen, das unter der Führung des Themistokles seine Flotte ausgebaut hat, den Attisch-Delischen Seebund und wird damit zur vorherrschenden Macht in Griechenland. Damit beginnt die Blütezeit der Stadt, die unter Kimon und Perikles zum glanzvollen kulturellen Mittelpunkt Griechenlands wird. Dieses "Goldene Zeitalter" Athens ist eng mit den Namen Aischylos, Sophokles, Euripides, Sokrates, Kallikrates, Iktinos und Phidias verbunden.
Der Machtzuwachs Athens verschärft die Gegensätze zu Sparta und anderen griechischen Stadtstaaten. Mehr als 25 Jahre lang (431 - 404 v.Chr.) dauert der Peloponnesische Krieg, der mit dem Sieg Spartas und dem Niedergang der Demokratie Athens endet. Aber dieser Sieg bringt dem Land keinen Frieden, die Führerrolle Spartas wird von anderen griechischen Städten nicht anerkannt; es folgt eine Zeit der inneren Unruhe, der Bürgerkriege und der Auflösung.
In dieser Zeit des Verfalls beginnt noch einmal eine kulturelle Entfaltung Griechenlands. Die Höhepunkte griechischer Kultur werden erreicht durch die Philosophen Platon und Aristoteles, durch die Künstler Skopas und Praxiteles, durch Wissenschaftler, Rhetoren, Geschichtsschreiber und Dichter.
Mit dem Niedergang Athens und Spartas gewinnt Makedonien unter Philipp II. an Einfluß und Macht. Ihm gelingt es, die griechischen

Geschichtlicher Überblick

Städte zu einem Bund gegen die Perser zu vereinen, in dem Makedonien die Vorherrschaft hat. Nach seiner Ermordung beginnt sein Sohn Alexander den Krieg gegen das Persische Reich. In einem 13jährigen Feldzug erobert Alexander den Orient bis Ägypten und Indien und ermöglicht damit die Ausbreitung der griechischen Kultur in der ganzen damals bekannten Welt.

| 323 - 146 v.Chr. |
| Hellenistische Zeit |

Nach dem Tode Alexander des Großen teilen seine Nachfolger, die Diadochen, das Reich in drei Herrschaftsbereiche auf. Während sich die griechische Zivilisation ausbreitet, wird Griechenland durch immer neue Auseinandersetzungen geschwächt. Im Westen Europas entsteht das Römische Reich, das dann im Laufe seiner Eroberungszüge auch Griechenland (nach der Schlacht in der Nähe des Korinthischen Golfes 146 v. Chr.) unterwirft.

Die Kultur Griechenlands aber wird von den Römern aufgenommen; die Griechen vermitteln ihren Besiegern Philosophie, Dichtung, Rhetorik, Wissenschaften, die Bildhauer- und Schauspielkunst.

| 146 v.Chr. - 395 n.Chr. |
| Römische Zeit |

Provinz Achaia - so lautet der offizielle Name, seit Griechenland im Jahre 27 v.Chr. dem Römischen Reich eingegliedert ist. Athen verliert zunehmend an Bedeutung, Korinth wird zum Verwaltungszentrum gewählt. Unter der Herrschaft der Römer erleben die griechischen Städte für drei Jahrhunderte eine Zeit der kulturellen Blüte, die sich aus der römischen Wertschätzung des Griechentums ergibt.

| 395 - 1204 n.Chr. |
| Byzantinische Zeit |

Nach der Teilung des Reiches in ein West- und Oströmisches Reich beginnt in Griechenland die Byzantinische Zeit. Neben Konstantinopel ist Thessaloniki Zentrum des Byzantinischen Reiches, das geprägt wird durch die klassische griechische Bildung und die christliche Glaubenslehre. Bedrängt wird Griechenland seit dem 4. Jahrhundert durch das Eindringen fremder Völkerstämme aus dem Norden (Goten, Slawen, Awaren und Normannen).

| 1204 - 1453 n.Chr. |
| Fränkische und |
| venezianische Zeit |

Nach der Eroberung Konstantinopels durch die Kreuzfahrer wird Griechenland von fränkischen Kreuzrittern in einzelne Feudalstaaten aufgeteilt. Zum Schutz der Bevölkerung vor Piratenangriffen und -überfällen werden während der venezianischen Herrschaftszeit an strategisch wichtigen Orten Festungen und Kastelle errichtet wie z.B. in Methóni, Koróni und Monemvasía.

Geschichtlicher Überblick

| 1453 - 1821 n.Chr. |
| Türkische Zeit |

Nach der Einnahme Konstantinopels durch die Türken beginnt für Griechenland die über 400 Jahre dauernde Zeit der Türkenherrschaft. Dabei wird besonders das griechische Festland von zahlreichen Aufständen gegen das Osmanische Reich erschüttert. Die Griechen versuchen, auch in der Unterdrückung ihre nationale Einheit zu erhalten. Zum wesentlichen Bewahrer griechischer Tradition und griechischen Nationalgefühls entwickelt sich dabei die orthodoxe Kirche.

| 1821 - 1823 n.Chr. |
| Zeit d. Befreiungskriege |

Im Jahre 1814 beginnt die planmäßige Vorbereitung der festländischen Erhebung gegen die Türken. Die Bewohner der Peloponnes nehmen an den Befreiungskriegen schon frühzeitig sehr aktiv teil. Große Erfolge begeistern auch die Menschen im Ausland, die sich zur Philhellenischen Idee bekennen und den Griechen Unterstützung zukommen lassen. Die Großmächte England, Frankreich und Rußland üben Druck auf das Osmanische Reich aus und vernichten die türkisch-ägyptische Flotte in der Seeschlacht von Navarino im Jahre 1827. Griechenland (d.h. Mittel-Griechenland, die Peloponnes und einige Inseln) wird frei und unabhängig.

| 1823 - 1910 |
| Griechische Monarchie |
| Bayern und Dänen |

Durch das 2. Londoner Protokoll von 1830 wird das Königreich Griechenland mit König Otto I. von Wittelsbach ausgerufen. Nach dessen Absetzung 1862 übernimmt Georg I., Prinz von Dänemark, die Herrschaft. Während seiner Regierungszeit werden die Grundlagen für einen modernen, existenzfähigen griechischen Staat geschaffen und die Staatsgrenzen durch den Anschluß der Ionischen Inseln, der Ägäischen Inseln und Kretas sowie Teile von Epirus, Makedoniens und Thrakiens erheblich erweitert. Eine schwere Wirtschaftskrise (1893) und die Niederlage im griechisch-türkischen Krieg von 1897 führen 1909 zur Auflösung der Regierung und der Parteien.

| 1910 - 1936 |
| Venizelos bis Metaxas |

Im August 1910 übernimmt Venizelos die Regierungsgewalt, stärkt den griechischen Rechtsstaat und erreicht 1912 im 1. Balkankrieg gegen die Türken, daß die Inseln Lemnos, Lesbos, Chios und Samos mit Griechenland vereint werden. Die Inseln des Dodekanes wurden unter die Verwaltungshoheit Italiens gestellt. Nach der Ermordung Georgs und der zeitweisen Abdankung Venizelos nimmt Griechenland auf der Seite der Entente-Mächte am 1. Weltkrieg teil und erhält durch die Friedensverträge Teile Makedoniens und Thrakiens sowie das Mandat über Smyrna und das türkische Hinterland. 1922 kommt es zur vernichtenden Niederlage Griechenlands im Krieg mit der Türkei; der große Bevölkerungsaustausch von

1,2 Millionen Menschen stellt das Land vor große wirtschaftliche Probleme. Hinzu kommen schwere innenpolitische Auseinandersetzungen, die häufige Regierungswechsel auslösen und einen kontinuierlichen Aufbau des Landes verhindern.

| 1936 - 1949
2. Weltkrieg und griechischer Bürgerkrieg | General Metaxas errichtet mit Zustimmung Georg II. eine Militärdiktatur; nach Ausbruch des 2. Weltkrieges beantwortet Griechenland das von Mussolini gestellte Ultimatum der bedingungslosen Kapitulation |

mit "Nein" (dieser "Ochi-Tag" am 28.10.1940 ist heute einer der größten nationalen Feiertage), kämpft erfolgreich gegen die stärkeren Italiener und ergibt sich erst nach dem Einsatz deutscher Truppen, die 1944 ein total zerrüttetes Land zurücklassen. In den nachfolgenden Jahren 1945-1949 kommt es zum griechischen Bürgerkrieg zwischen Kommunisten und Royalisten, so daß erst Ende 1949 mit dem Wiederaufbau des Landes begonnen werden kann.

| 1950 - 1975
Demokratie u. Diktatur | Durch eine grundlegende Währungs- und Verwaltungs-reform und eine Neuordnung des Staatshaushaltes bahnt sich die Entwicklung zum modernen Industriestaat an. |

Innenpolitische Auseinandersetzungen lösen Unruhe und Regierungsrücktritte aus, die 1967 zum Sturz der Regierung führen. Eine Militärregierung unter Papadopoulos löst die konstitutionelle Monarchie ab; die Volksabstimmung von 1971 bestätigt die neue Verfassung einer Präsidialrepublik. Mit zunehmenden innenpolitischen Schwierigkeiten und nach einer Konfrontation mit der Türkei, die die türkische Invasion der Insel Zypern auslöst, endet die Diktatur der Obristen; im Juli 1974 kehrt Karamanlis aus dem Exil nach Griechenland zurück.

| 1975 - zur Gegenwart
Republik Griechenland | Bei einer im Dezember 1974 durchgeführten Volksabstimmung entscheiden sich die Griechen für die endgültige Abschaffung der Monarchie und für die präsidiale Republik. |

1981 tritt Griechenland der EG als 10. Vollmitglied bei. Bei den Wahlen von 1981 und 1985 erringt die Panhellenische Sozialistische Bewegung (PASOK) unter Andreas Papandreou den Sieg und bildet die Regierungspartei; Staatspräsident ist Christos Sartzetakis, Regierungschef Andreas Papandreou.

2.2 GEOGRAPHISCHER ÜBERBLICK

2.2.1 LANDSCHAFTLICHE GLIEDERUNG

Die Peloponnes, die südlichere Hälfte des griechischen Festlandes, ist eine 21 439 qm große Halbinsel, die von allen Seiten vom Meer umspült wird. Sie ist durch den **Saronischen Golf**, den **Golf von Korinth** und den **Golf von Patras** vom griechischen Festland getrennt und nur im Nordosten durch die schmale Landenge von Korinth noch mit dem Festland verbunden.

Die größte Ost-West-Entfernung beträgt im Norden der Peloponnes 255 km, die maximale Nord-Süd-Ausdehnung 245 km.

Ein Größenvergleich zeigt, daß die Peloponnes zwar etwas kleiner ist als Sizilien, aber mehr als die doppelte Größe Zyperns hat.

Die Halbinsel ist in sehr unterschiedliche Landschaften gegliedert; dadurch wird ein Aufenthalt auf der Peloponnes sehr abwechslungs- und erlebnisreich: es gibt kilometerlange weiße Sandstrände, schroffe Steilküsten und Klippen, liebliches Hügelland, fruchtbare Talebenen und eine wilde und unzugängliche Gebirgswelt.

Geologisch gesehen wird die Peloponnes durch das vom nördlichen Griechenland unabhängige Gebirgssystem in sechs größere Landschaften gegliedert:

- im Zentrum liegt **Arkadien**, das "Alpenland der Peloponnes" mit Berggipfeln, die bis zu 2 000 m aufsteigen, und hochgelegenen Beckenlandschaften;

- die beiden Stufenländer **Elis** im Westen und **Achaia** im Norden, deren Bergketten sich von den arkadischen Randgebirgen terrassenförmig zum flachen Küstensaum absenken;

- drei Halbinseln, die von hohen Gebirgsketten durchzogen werden, an die sich breite, offene Küstenebenen anschließen: die **argolische Halbinsel** im Osten, die **lakonische Halbinsel** mit zwei mächtigen, aus kristallinisch- körnigem Sandstein bestehenden und in zwei lange Felszungen auslaufenden Gebirgszügen im Süden und die **messenische Halbinsel** im Südwesten.

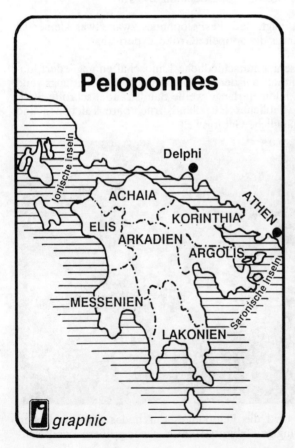

Ein Blick auf die Landkarte genügt, um die starke Gliederung der Küsten im Süden der Peloponnes zu bemerken. Tief greifen drei große Golfe ins Land hinein und prägen die Gestalt der Halbinsel, die oft mit drei Fingern einer Hand oder mit der Form eines Ahornblattes verglichen wird.

Der geographischen Gliederung entsprechen die historischen Landschaften und die heutige verwaltungsrechtliche Einteilung der Peloponnes in sechs Verwaltungsbezirke

- **Korinthia** mit der Verwaltungshauptstadt **Korinth**

Korinthia ist die fruchtbare Küstenlandschaft im Nordosten der Peloponnes, die hinüberreicht zum Festland bis nach Loutráki und Perachóra.

- **Achaia** mit der Verwaltungshauptstadt **Patras**
  Zur Provinz Achaia gehören das Küstenland am Golf von Korinth und das Erímanthos-Gebirge mit seinem Bergland.

- **Elis** mit der Verwaltungshauptstadt **Pírgos**
  Die im Nordwesten der Peloponnes liegende Provinz Elis ist geprägt durch den fast geradlinigen Verlauf der Küste und durch das fruchtbare Schwemmland der beiden Flüsse Alfíos und Pinios, das landwirtschaftlich durch Wein- und Getreideanbau sehr intensiv genutzt wird.

- **Messenien** mit der Verwaltungshauptstadt **Kalamáta**
  Messenien ist die westliche Landzunge im Süden der Peloponnes, das fruchtbare Land westlich des Taygetos-Gebirges.

- **Lakonien** mit der Verwaltungshauptstadt **Sparta**
  Zwischen den hohen Gebirgsketten des Taygetos- und des Parnon-Gebirges liegt die weite Eúrotas-Ebene. Hier sieht man große Olivenhaine und ausgedehnte Orangen- und Zitronenbaumplantagen.

- **Arkadien** mit der Verwaltungshauptstadt **Tripolis**
  Arkadien ist das zentrale Hochland der Peloponnes mit den beiden großen Beckenlandschaften bei Trípolis und Megalópolis. Eindrucksvoll sind die teilweise dicht bewaldeten Berghänge, die fast an den Schwarzwald erinnern.

- **Argolis** mit der Verwaltungshauptstadt **Nauplia**
  Die Provinz Argolis liegt zwischen dem Saronischen Golf und dem Argolischen Golf und umfaßt die Halbinsel Argolis und die Ebene von Argos. In diesem Gebiet liegen einige der bedeutendsten historischen Stätten Griechenlands.

2.2.2 KLIMA UND REISEZEIT

Griechenland - das weckt sofort die Vorstellung vom immer blauen Himmel und von strahlendem Sonnenschein! Auch die Peloponnes hat teil an der jährlichen Sonnenscheindauer von nahezu 3 000 Stunden.

Das Klima ist geprägt durch heiße, trockene Sommer und regenreiche, frostarme Wintermonate, wobei drei Jahreszeiten unterschieden werden (nach Mariolopoulos 1938):

Klima und Reisezeit

Monate	Kennzeichnung	durchschnittl. Tages-Höchsttemperatur	durchschnittl. Tages-Tiefsttemperatur
März - Mai	Blüte- und Reifezeit	18 - 22 °C	10 - 14 °C
Juni - Oktober	Trockenzeit	26 - 32 °C	18 - 22 °C
November - Februar	Regenzeit	13 - 15 °C	4 - 10 °C

Nach der winterlichen Regenzeit beginnt schon Ende Februar die Obstbaumblüte; dann überzieht im März/April ein wunderschöner, vielfarbiger Blütenteppich das Land. Diese Blütenpracht dauert jedoch nur kurze Zeit. Ab April steigen die Temperaturen sehr schnell an, so daß schon bald Blumen und Gräser unter der sengenden Sonne verdorren. Erst im Oktober kommt es wieder zu kurzen Regenfällen; die Natur belebt sich, die Bach- und Flußläufe füllen sich mit Wasser.

Die Tabelle gibt einen Überblick über die **durchschnittlichen Temperaturwerte** (in °C):

Ort	J	F	M	A	M	J	J	A	S	O	N	D
Athen	10	11	13	17	22	26	29	29	25	20	16	12
Kalamáta	11	12	13	16	20	24	27	27	24	20	16	13
Korinth	10	11	12	16	21	25	28	28	24	19	15	12
Nauplia	10	11	12	16	21	25	28	28	24	20	16	12
Patras	10	10	12	16	20	24	27	27	23	19	15	11
Trípolis	5	6	8	12	17	22	25	25	20	15	11	7

Die Tabelle macht deutlich, wie unterschiedlich das Klima in den einzelnen Regionen ist:

- **Achaia, Elis und Messenien:**
  Die Temperaturen der heißen Sommermonate werden durch beständige trockene Nordwestwinde gemildert. Die Winter sind frost- und schneearm, jedoch regenreich.

- **Korinthía und Argolis:**
  Diese Region gehört zu den niederschlagsärmsten Gebieten Griechenlands.

● **Arkadien:**
Die Temperaturen sind im gebirgigen Landesinneren niedriger als in den Küstenregionen; die Niederschlagsmenge ist deutlich größer. Wie die Temperaturen in den Sommermonaten stark ansteigen, sinken sie auch in den Wintermonaten bis weit unter die Frostgrenze ab.

Die günstigsten Reisezeiten kann man der nachfoldenden Tabelle entnehmen, wobei die Entscheidung jedoch von den persönlichen Interessen abhängig ist.

2.2.3 PFLANZEN- UND TIERWELT

Griechenlands **Pflanzenwelt** ist durch eine große Artenvielfalt gekennzeichnet; es sind mehr als 6 000 verschiedene Pflanzenarten bekannt, von denen etwa 10 % nur in Griechenland heimisch sind.

Den ganzen Reichtum der griechischen Pflanzenwelt erlebt der Besucher im Frühjahr, wenn sich über das ganze Land ein vielfarbiger Blütenteppich aus Levkojen, Veilchen, Narzissen, Iris, Primeln, Anemonen, Margeriten und Mohn ausbreitet.

Die Ebenen der Peloponnes sind auch in der Sommerzeit noch grün. Neben den landwirtschaftlichen Nutzflächen mit ausgedehnten Obstbaumkulturen sind es vor allem weite Olivenhaine, die mit ihrem silbriggrünen Blattwerk schimmern. Daneben gibt es im Flachland Johannisbrot- und Eukalyptusbäume.

In den mittleren Höhenlagen wirkt das Land in den Sommermonaten vielfach ausgedorrt, verbrannt und kahl. Große Flächen sind von der Phrygana überzogen, einer lockeren Pflanzengemeinschaft von niedrigen Gebüschen und Gehölzen, die der Macchia ähnlich ist. Auf dem trockenen Boden breiten sich die flachen, oft kugeligen, dornigen Pflanzen aus, die der Sonne und dem Wind standhalten können. Zu diesen Pflanzen gehören z.B. Rosmarin, Thymian, Lavendel, Myrte, Salbei, Stechginster und zahlreiche Wolfsmilchgewächse.
In den höheren Lagen, an den Berghängen Arkadiens, im Taygetos- und Parnon-Gebirge, gibt es noch zusammenhängende Waldbestände

Interessenschwerpunkte

Interesse	März - Mai	Juni - September	Oktober - November
Besuch archäologischer Stätten	angenehme Temperaturen; besonders reizvolle Eindrücke von den Ausgrabungsgeländen, die über und über mit blühenden Blumen bedeckt sind; starker Reiseverkehr während der Osterzeit	große Hitze, besonders während der Mittagszeit; starker Besucherandrang, da es die Hauptreisezeit ist	angenehme Temperaturen, gelegentliche Regenschauer; wenige Touristen
Pflanzenwelt	Hauptblütezeit; besonderer Reichtum; große Vielfalt und Schönheit der Pflanzen	typische Mittelmeerflora	typische Mittelmeerflora
Wandern/ Bergwandern	angenehme Temperaturen; außerhalb der Osterferien keine Übernachtungsprobleme; Bergbesteigungen noch nicht möglich; auch in unbewohnten Gebieten gibt es noch ausreichend Wasser	Touren müssen so eingeteilt werden, daß in der Mittagszeit gerastet werden kann; sehr starke Sonneneinstrahlung	angenehme Temperaturen; weniger anstrengend als im Sommer
Wassersport	Bademöglichkeiten ab Mitte Mai; Surfen, Segeln u.ä. schon ab April möglich	optimale Gegebenheiten	Baden, Segeln, Surfen u.ä. noch möglich

aus Aleppokiefern, Stein- und Kermeseichen. In quellenreichen Gebieten wachsen Platanen und Silberpappeln.

Buch- und Kartentip
Die griechische Pflanzenwelt, Efstathiadis Verlag Athen
H. Baumann, Die griechische Pflanzenwelt in Mythos, Kunst und Literatur, München 1982

Die **Tierwelt** zeigt nicht annähernd die gleiche Vielfalt wie die griechische Pflanzenwelt. Größeres Wild wie Rehe, Wildschweine oder Füchse leben nur noch vereinzelt in den Bergwäldern; häufiger sind jedoch Kaninchen, Fasane und Rebhühner.

Groß ist die Zahl der Zugvögel, die die Peloponnes im Frühling und Herbst auf ihrem Weg nach Norden oder Süden durchziehen oder hier ihr Winterquartier aufsuchen. In den heißen Sommermonaten sieht und hört man Vögel nur selten; dafür haftet das Zirpen der Zikaden um so nachhaltiger im Ohr.

Der Bestand an Flugwild wie Enten und Wachteln verringert sich durch die große Jagdleidenschaft der Griechen immer mehr.

Der einstmals reiche Fischbestand der Ägäis ist durch Überfischung weitgehend erschöpft. Die bekanntesten Fische sind Barbe, Meeräsche, Sardine, Seezunge und Thunfisch; besonders an den Küsten des Messinischen Golfes gibt es viel Tintenfische und Polypen.

2.3 BEVÖLKERUNG UND BRAUCHTUM

Nach der letzten Volkszählung von 1983 wird die Bevölkerung Griechenlands mit 9,85 Millionen Einwohnern angegeben; davon leben 1 013 000 Menschen auf der Peloponnes.

Die Bevölkerungsverteilung im Lande ist sehr unterschiedlich. Die Angabe der durchschnittlichen Bevölkerungsdichte von 75 Einwohnern pro qkm (1983) läßt die Problematik nicht deutlich werden, die sich für Griechenland aus der fortschreitenden Landflucht und der damit verbundenen Verstädterung der Bevölkerung ergibt.

Das Gebiet von Groß-Athen, das auch Piräus mit einschließt, ist die bevölkerungsreichste Region des Landes. Dort leben mehr als drei Millionen Menschen auf einer Fläche von 427 qkm; das entspricht einer Bevölkerungsdichte von 7 089 Einwohnern pro qkm und damit etwa dem Hundertfachen des übrigen griechischen Durchschnitts.

Wie auch in anderen, vorwiegend ländlich strukturierten Gebieten zeichneten sich in den vergangenen Jahren auch auf der Peloponnes deutliche Bevölkerungsveränderungen ab.

Von der Bevölkerungsabnahme war vor allem die Südhälfte der Peloponnes betroffen. In den Dörfern Arkadiens, Lakoniens und Messeniens finden sich überall die typischen Zeichen der Landflucht: leerstehende und zunehmend verfallende Häuser und Ställe, nicht abgeerntete Felder und Obstbäume, auffallend viele alte Menschen.

Die jungen, arbeitsfähigen Männer verlassen ihre Dörfer, um im Ausland oder in griechischen Städten Arbeit zu finden. Dabei scheinen nur die Großstädte Athen, Thessaloniki, Patras und Korinth Anziehungskraft zu haben, denn von der Bevölkerungsabwanderung sind auch zahlreiche mittelgroße Städte wie Sparta, Megalópolis oder Pírgos betroffen.

Buch- und Kartentip

Länderbericht Griechenland 1986, Herausgeber : Statistisches Bundesland

Die neugriechische Volkskunst, die ihren Ausdruck vor allem in der Volksmusik, im Volkstanz, in Volkstrachten und -festen findet, reicht bis ins 17. Jahrhundert zurück. Trotz der türkischen Fremdherrschaft konnten die Griechen viele ihrer eigenständigen Traditionen bewahren.

Dabei nahm das **Volkslied** eine besondere Stellung ein. Die Lieder, deren Texte oft von hohem Rang sind, wurden mündlich als vollkommene Einheit vom Musik und Wort überliefert.
In dieser volkstümlichen Tradition wurzelt auch die neuzeitliche Musik von Chatzidakis und Theodorakis.

Volkstänze haben auch heute noch ihren festen Platz im Leben der Inselbewohner; allerdings haben diese überlieferten, regional sehr unterschiedlichen und sehr formenreichen Tänze nur wenig Ähnlichkeit mit dem bei Touristen so beliebten Sirtaki.

Besonderen Ausdruck findet die neugriechische Tradition in den alten **Volksfesten**, die auch heute noch fester Bestandteil im Leben griechischer Dörfer und Städte sind. Die Festanlässe sind verschieden: religiöse Feste, nationale und geschichtliche Jahrestage, lokale Begebenheiten, private Erlebnisse. An den Festen nimmt immer die ganze Bevölkerung teil, denn keine Generation ist ausgeschlossen. Immer ist mit den Feiern auch Essen, Trinken und Tanzen verbunden, denn die Griechen lieben die Geselligkeit und laden gerne auch Fremde zu ihren Festen ein. Besonders in den Sommermonaten finden zahlreiche Feste statt, da fast jeder Ort seinen eigenen lokalen Festtag hat. Die wichtigsten Feste sind jeweils bei den touristischen Hinweisen zu jeder Insel genannt; spezielle Angaben können Sie bei der Touristenpolizei oder bei den Priestern erfragen.

01. Januar	Neujahrstag; Fest des Hl. Vassilios, Anschneiden der "Vassiliopitta" in den Familien
06. Januar	Dreikönigstag;
Januar/Februar	"Sauberer Montag" (7 Wochen vor dem orthodoxen Osterfest) = Karneval und Rosenmontag
25. März	Nationalfeiertag mit Militärparaden anläßlich der Befreiung von der Türkenherrschaft
01. Mai	traditioneller Ausflug auf's Land
Ende Juni	Blumenfest, Marine-Woche in allen Hafenstädten
15. August	Das Fest der Gottesmutter wird in allen Dörfern und Städten gefeiert.
28. Oktober	Nationalfeiertag zur Erinnerung an die Ablehnung des italienischen Ultimatums und an die Invasion von 1940 = Ochi-Tag
24. Dezember	Kinder ziehen durch die Straßen und singen die "Kalanda", wofür sie mit Gebäck belohnt werden.
31. Dezember	geschmückte Boote fahren zum Jahresausklang durch die Häfen.

bewegliche Feste		
Jahr	Ostern	griechisches Osterfest
1989	26./27. März	30./31. April
1990	15./16. April	15./16. April

2.4 WIRTSCHAFT

Wirtschaft

Allgemeiner Überblick

Die griechische Wirtschaft ist aufgrund der geographischen und geologischen Gegebenheiten weitgehend durch die Landwirtschaft geprägt. Seit 1981 ist Griechenland Vollmitglied der Europäischen Gemeinschaft, jedoch haben sich die an die Mitgliedschaft geknüpften Erwartungen wie z.b. eine Erleichterung der Exporte in andere Länder der EG, eine Steigerung der landwirtschaftlichen Einkommen, die Modernisierung der einheimischen Industrie nur teilweise erfüllt.

Schwerpunkte der gegenwärtigen Wirtschaftspolitik sind

- Weiterführung der wirtschaftlichen Entwicklung und Bekämpfung der Inflation;
- Sicherung der Vollbeschäftigung;
- Abbau der regionalen Ungleichheiten;
- Verbesserung der sozialen Leistungen.

Land- und Forstwirtschaft und Fischerei

Von der Gesamtfläche der Peloponnes sind rund zwei Drittel für eine landwirtschaftliche Nutzung geeignet; dabei ist die Flächennutzung der geographischen Gliederung in Flachland, hügeliges Land und Gebirgsland angepaßt.

In den Küstenregionen und in den Ebenen liegen die Hauptanbaugebiete von Zitrusfrüchten, Oliven, Wein, Obst und Gemüse. In den höhergelegenen Bergregionen tritt der Ackerbau zurück; die Flächen werden viehwirtschaftlich durch Schaf- und Ziegenhaltung genutzt.

Die **Landwirtschaft** hat **zwei große Problembereiche:**

- Durch den **jährlich auftretenden Wassermangel** müssen 25 % der Anbauflächen künstlich bewässert werden.
  In der Vergangenheit wurden die Felder überwiegend durch Grundwasserhebung aus Brunnen bewässert. Sie erfolgte durch Pump- oder Schöpfwerke, die mit Tier- oder Windkraft betrieben wurden. Dies hat heute die elektro- verbrennungsmotorbetriebene Pumpe übernommen.

  Die Bewässerung einer Parzelle als Flächen-, Furchen- oder Einzelbewässerung geschieht dadurch, daß der Bauer Erdgräben mit der Hacke je nach Bedarf öffnet oder verschließt.
  In den letzten Jahren konnten durch die Entwässerung von Sümpfen und Seen und durch den Bau von Bewässerungskanälen, die von Staudämmen abzweigen und teilweise in Betonschalen zu den Feldern führen, die Anbauflächen vergrößert werden.

Wirtschaft

• Die überwiegend kleinbäuerliche Wirtschaftsweise erweist sich zuzunehmend als unrentabel. Der geringe Landbesitz, der pro Familie etwa 3 ha beträgt und zudem noch in 5 - 6 Parzellen gegliedert ist, erschwert die Mechanisierung und eine rationelle Bewirtschaftung. Die Zerstückelung des Landbesitzes ist auch im Brauchtum der Erbteilung und der Mitgiftregelung für die Frau begründet, die in ländlichen Gebieten noch heute gültig sind : der älteste Sohn einer Familie übernimmt das Haus der Eltern; der Besitz wird auf alle Geschwister gleichmäßig verteilt. Dabei ist der älteste Sohn verantwortlich für die Verheiratung und Aussteuer (Prika) seiner Schwestern, wobei den Landbesitzanteilen besondere Bedeutung zukommt. Das hat zwangsläufig eine Aufsplitterung des Grundbesitzes in viele kleine Parzellen zur Folge.

Die **Viehzucht** beschränkt sich auf Schafe und Ziegen, die in kleinen Herden weiden.

Die **Fischereierträge** verringern sich weiter; Ursachen sind das fortgesetzte Überfischen und die nicht ausreichende Nahrungsregeneration. Zunehmend, nicht zuletzt wegen des höheren Bedarfs durch den steigenden Fremdenverkehr, sind Fischimporte notwendig.

Industrie

Die Industrie ist auf der Peloponnes nicht von großer Bedeutung. Nur in Patras, und in kleinerem Maße in Korinth, Kalamáta und Megalópolis, gibt es Industriebetriebe.

Patras: Nahrungsmittel-, Textil-, Leder-, Papierindustrie
Korinth: Metallverarbeitung, Maschinenbau, Elektroindustrie, Raffinerien
Kalamáta: Nahrungsmittel-, Textil- und Tabakfabriken

Tourismus

Der Fremdenverkehr ist zu einem der wichtigsten Wirtschaftsfaktoren geworden. Mehr als eine 1 Million Besucher allein aus Deutschland wurden in den letzten Jahren in Griechenland registriert.

Auf der Peloponnes gibt es die anderenorts schon zu beobachtenden negativen Auswirkungen eines zu schnell anwachsenden Fremdenverkehrs noch nicht. Außer in den Touristenzentren wie Portochéli, Nauplia, Tolón oder Killíni und an den klassischen Stätten wie Olympia oder Mistrás gibt es überwiegend Individualtourismus.

2.5 GRIECHISCHE BAUKUNST

An den antiken Ausgrabungsstätten finden sich Überreste griechischer Baukunst, die einen Eindruck von der Bauweise griechischer Städte und Heiligtümer vermitteln. Hier soll versucht werden, Gemeinsames und Typisches darzustellen, um so den gedanklichen Zugang zu den Ausgrabungen zu erleichtern.

Die griechische Stadt, die Polis, entwickelte sich aus den ersten Ansiedlungen, die aus Verteidigungszwecken an hochgelegenen Plätzen erbaut worden waren. Diese Oberstadt, die Akropolis, wurde mit einer Schutzmauer umgeben, innerhalb derer die Menschen lebten und sich auch das älteste Heiligtum befand. Wenn sich die Siedlung über ihre ursprüngliche Mauern hinaus vergrößerte, wurde auch die erweiterte Ortschaft durch einen Schutzwall gesichert.

Gerade diese Schutzmauern, die sich aus einer doppelten Steinreihe zusammensetzten, deren Zwischenraum mit Schutt und kleinen Steinen ausgefüllt war, sind in ihren verschiedenen Bauweisen gut unterscheidbar:

- **zyklopische Mauern** aus großen, unbehauenen Steinblöcken (Beispiel: Mykene);

- **pelasgische Mauern** aus unregelmäßigen, nur wenig bearbeiteten Steinblöcken (Beispiel: Tyrins);

- **polygonale Mauern** aus unregelmäßigen Steinen, die durch Bearbeitung einander genau angepaßt wurden (Beispiel: Stützmauer der Tempelterrasse in Delphi);

- **trapezoide Mauern** mit Steinen etwa gleicher Größe oder mit aufeinander aufbauenden Steinlagen (Beispiel: Mauer am Pnyx-Hügel in Athen);

- **hellenische Mauern** mit gleichmäßig behauenen viereckigen Steinen oder Buckelquadern, die in regelmäßigen Schichten angeordnet wurden (Beispiel: Messene).

Die Mauersteine waren nur durch Mörtel oder durch verschieden geformte Haken und Pflöcke miteinander verbunden; dabei waren die Mauern zwischen 2 und 4 m dick.

Griechische Baukunst

Innerhalb der Stadtmauern war der zentrale Platz des Ortes die Agora. Dieser Platz, der öffentlichen Versammlungen diente und zugleich Mittelpunkt des täglichen Lebens war, war von Säulengängen (Stoa) umgeben, die den Menschen Schutz vor Sonne und Regen boten (z.B. Stoa des Attalos in Athen). Die wichtigsten öffentlichen Gebäude der Stadt waren außer dem Tempel das Theater, das Gymnasion, das Stadion, der Sitz des Senats (Bouleuterion) und das Odeon (das Gebäude für musikalische Aufführungen).

Ein Merkmal der griechischen Stadtbaukunst war der deutliche Unterschied zwischen privaten und öffentlichen Bauten; letztere waren Ausdruck und Sinnbild der Macht und Größe der jeweiligen Stadt, während die Wohnhäuser vergleichsweise einfach gebaut wurden.

Das Heiligtum

Alle griechischen Heiligtümer weisen Gemeinsamkeiten auf, die im folgenden aufgezeigt werden sollen, um so das Wesentliche der griechischen Tempel und der Kultstätten deutlich zu machen:

Die Griechen glaubten an die Anwesenheit der Götter auf der Erde und vermuteten sie besonders an Quellen, in Höhlen oder Grotten, in schattigen, fruchtbaren Hainen oder an landschaftlich besonders eindrucksvollen Orten. An diesen offenen Kultstätten wurden dann bald Gebäude errichtet, die den Göttern als Wohnstätte oder den Gläubigen als Versammlungsstätte dienen konnten.

Jeder Gott wurde an einem ihm geweihten Ort besonders verehrt, z.B. Zeus in Olympia, Athene in Athen, Apollon in Delphi und auf Delos, Hera auf Samos.
Die dem Gott geweihte Zone (= Temenos) war durch Zäune, Hecken, Steinmauern, Gebäude oder durch Naturgegebenheiten wie Flußläufe oder Meeresküsten begrenzt. Innerhalb des eingefriedeten Bezirkes wurden kultische Handlungen vollzogen, Mysterien gefeiert oder Orakel befragt. Jeder Mensch stellte sich freiwillig unter das Gesetz des Gottes, dessen Heiligtum er betrat. Die bedeutendsten Heiligtümer wurden im Laufe der Zeit immer weiter vergrößert, Säulenhallen, ein Theater, ein Stadion, Schatzhäuser, Statuen und Priesterwohnungen gehörten ebenso dazu wie Badehäuser, Gaststätten und Sitzungssäle.

Das Heiligtum wurde mit Standbildern der Götter geschmückt und mit Weihgefäßen und Opfergeräten aus kostbarem Material ausgestattet. Die bedeutendsten Künstler der Zeit wurden oft mit der Ausgestaltung der Bauwerke beauftragt.

Der griechische Tempel wurde als Wohnstätte des Gottes angesehen und gliederte sich in einen abgeschlossenen Teil (Sekon), zu dem nur die Priester Zutritt hatten, und einen offenen Teil, den die Menschen betend, opfernd, rat- oder schutzsuchend betreten durften. **Das Tempelinnere war aufgegliedert in:**

- **die Vorhalle** (Pronaos), die im allgemeinen nach Osten ausgerichtet war. Die Vorhalle wurde durch eine Säulenreihe begrenzt; zwischen den Säulen waren Gitter zum Schutz der Wertsachen angebracht.

- **die Wohnstätte des Gottes** (Naos, lat. Cella), in der sich die Statue der Gottheit befand.

- **den hinten gelegenen Raum** (Opisthodom), der als Lagerraum für Opfergaben oder als Schatzkammer genutzt wurde.

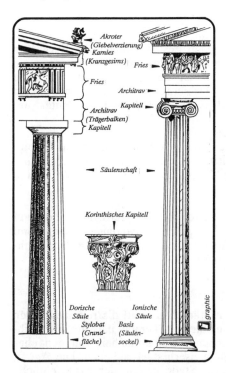

Kennzeichen der griechischen Tempel sind die **Säulen**, die sich nach der dorischen, ionischen und korinthischen Säulenordnung unterscheiden lassen.
Die griechischen Tempel waren kunstvoll und vielfarbig bemalt, wie Spuren an den Tempeln beispielsweise von Ägina und Athen beweisen. Als diese Vermutung im vergangenen Jahrhundert zuerst geäußert wurde, wies man sie wie eine der griechischen Kunst zugefügte Beleidigung zurück, denn gerade das makellose Weiß des Marmors erfuhr seit der Zeit des Klassizismus große Bewunderung. Auch dem heutigen Besucher ist die Einfarbigkeit, das strahlende Weiß der Tempel so vertraut, daß er sich die zunächst kräftigen, später dann zarteren Farben an den Tempelfassaden nur schwer vorstellen kann. Dabei berücksichtigte gerade die Vielfarbigkeit der Malereien die geographischen Gegebenheiten, denn im gleißenden Licht Griechenlands wäre die einheitliche Färbung des Marmors monoton gewesen.

Die **Propyläen**, wie die **vordere Toranlage** genannt wird, waren die monumentalen Torbauten bei Heiligtümern, öffentlichen Gebäuden oder

Palästen. Dabei wurden diese Torbauten nicht als Bollwerk verstanden, das den Zugang zur Anlage schützen sollte, sondern vielmehr als dekoratives Denkmal. Die berühmtesten Propyläen sind die der Akropolis von Athen, aber es gab auch Propyläen in Korinth, Sunion oder Eleusis.

Der Weg, der zum Heiligtum hinführte und von den Prozessionen begangen wurde, war der **Heilige Weg**. Er war an beiden Seiten von Votivtafeln, Bildsäulen und steinernen Sitzplätzen (Exedren) gesäumt.

Die **Tholos** war ein meist flach gedeckter Rundbau.

In allen Heiligtümern fanden Jahresfeste statt; aus überlieferten Schriften liegen heute sogar noch zahlreiche Einzelheiten des Festprogrammes vor:

- **z.B. das Fest zu Ehren des Theseion (Theseia):**
  Am Eröffnungstag des mehrtägigen Festes nahmen alle Bürger an einem großen Festmahl teil; an den folgenden Tagen fanden ein Umzug und eine Opferfeier statt, an die sich dann eine Fülle von musikalischen und sportlichen Darbietungen mit den Höhepunkten eines Reiterwettkampfes und eines Fackelträger-Wettlaufes anschloß.
- **z.B. das Fest der Panathenaen:**
  Das höchste Nationalfest Athens war gekennzeichnet durch die eindrucksvolle Prozession, die sich über die Agora zur Akropolis bewegte und sich aus Priestern, Magistraten, Opfertieren, Wagen und Reitern zusammensetzte.
- **z. B. die Olympischen Spiele:**
  Das Fest mit den athletischen und reiterlichen Wettkämpfen, das auf kultische Spiele zurückging und 3, später 5 Tage dauerte, endete mit der Überreichung der Ölzweige für die Sieger, die diese dann in ihrer Heimat den Stadtgöttern opferten.

Die öffentlichen Gebäude

Ein Kennzeichen des griechischen Städtebaus sind die repräsentativen Gebäude der **Agora**: Theater, Bouleuterion, Tempel u.ä., die sich in ihrer Großartigkeit und künstlerischen Vollkommenheit von den eher einfachen und bescheidenen Wohnhäusern stark abheben. Die Agora, der Marktplatz, war das Zentrum der Stadt, in dem sich das öffentliche und geschäftliche Leben der Bewohner abspielte:

- auf der Agora wurden die monatlichen großen **Bürgerversammlungen** abgehalten, um politische Entscheidungen zu treffen;

- hier fanden die **Wahlen für die öffentlichen Ämter** und die berühmten Gerichtsversammlungen statt;

Griechische Baukunst

- Geschäftsleute führten ihre **Verhandlungen** unter den schattigen Laubengängen;

- Händler schlugen ihre **Stände** im Freien oder in der Stoa (unter den Kolonnaden) auf.

Zwischen den Verwaltungsgebäuden befanden sich Heiligtümer zu Ehren verschiedener Götter, und am Rande der Agora gab es große öffentliche Brunnen.

Aber die Agora war auch der Ort, an dem sich Bekannte und Freunde zu Gesprächen, Tanzveranstaltungen und Wettspielen trafen. Die Agora war nicht gepflastert; an den wichtigsten Wegen, die mit Kies bedeckt waren, standen Platanen und Pappeln; oft lagen die Heiligtümer in Oliven- oder Lorbeerhainen. Wenn der moderne Grieche sich im Kafeneion am Marktplatz einfindet, um dort Geschäfte zu tätigen und Gespräche zu führen, folgt er damit antikem Vorbild.

Die **wichtigsten Gebäude der Agora** waren (wie man besonders gut an den Ausgrabungen und der Rekonstruktion der Agora in Athen erkennen kann):

- **das Bouleuterion** (Rathaus):
  Hier fanden sich z.b. in Athen die 500, später 600 Mitglieder der Ratsversammlung zusammen.

- **die Tholos** (ein rundes Bauwerk):
  Sie diente entweder religiösen Zwecken oder - wie in Athen - als Meß- und Wiegeamt.

- **das Metroon** (Tempel der großen Mutter = Staatsarchiv)
  Hier wurden die amtlichen Dokumente, wie z.B. Vertragsausfertigungen, Sitzungsprotokolle, aber auch die offiziellen Fassungen berühmter Dichtungen aufbewahrt.

- **die Stoa** (Säulengang):
  Die ein- oder zweigeschossige Halle, deren Dach von Säulenreihen getragen wurde, war eine wichtige Begegnungsstätte.

- **das Odeion:**
  Es war das Gebäude für musikalische Aufführungen.

- **das Gymnaseion:**
  Es diente gymnastischen Übungen und war oft mit einer Palaistra (einer Ringerschule) verbunden. Dabei lagen - wie z.B. die Ausgrabungen des Gymnasions von Olympia zeigen - Geräte-, Wasch- und Trainingsräume um einen Lichthof herum.

Griechische Baukunst

- **das Stadion:**
  Es bestand zunächst nur aus der rechteckigen Laufbahn für die Wettkämpfe und erhielt erst später eine Kampfrichtertribüne und halbkreisförmige Abschlüsse mit Zuschauerreihen.
  Die Länge der Stadien war örtlich verschieden, z. B.:
  in **Delphi**   178,35 m,
  in **Athen**   184,96 m,
  in **Olympia** 192,25 m.

- **das Theater:**
  Ihm kam in Griechenland große Bedeutung zu. Es war zunächst nur ein runder Tanzplatz, auf dem Gesänge und Tänze zu Ehren eines Gottes aufgeführt wurden. Später nutzten die griechischen Baumeister Berghänge für ihre Theaterbauten aus und setzten die Zuschauer auf hölzerne, später dann steinerne Treppen, die sie im Halbkreis um den Chor errichteten (dieser Zuschauerraum wurde Theatron genannt).

Das Theater setzte sich zusammen aus:
- der **Orchestra**, dem runden Tanzplatz, wo sich der Chor aufhielt;
- der **Skene**, einem mit Kulissen bestandenen Podest;
- dem **Proskenion**, dem langgestreckten Spielplatz zwischen der Skene und der Orchestra;
- den **Paradoi**, den beiden Eingängen für den Chor, die oben auch vom Publikum benutzt werden konnten.

Im griechischen Theater gab es in klassischer Zeit außer dem Chor 3 Schauspieler, von denen jeder mehrere Rollen übernahm; auch Frauenrollen wurden von Männern gespielt. Die Darsteller trugen Masken aus Holz oder Stoff - die eigene Persönlichkeit des Schauspielers mußte hinter der von ihm verkörperten Rolle zurückstehen.

Verzeichnis architektonischer Fachausdrücke

Abakus:	die flache, rechteckige Platte, die ein Kapitell bekrönt;
Ante:	pfeilerartiger Wandabschluß, der in der ionischen Ordnung in Basis und Kapitell der umgebenden Säulenhalle entspricht;
Architrav:	der unterste der 3 Hauptteile eines die Säulen einer Ordnung umspannenden Gebälks;
Eierstab:	eine Folge von Profilen mit im Schnitt der Ellipse angenäherten konvexen Kontur; in der vollen Vorderansicht erscheinen seine Glieder eiförmig;
Fries:	der mittlere Abschnitt eines Gebälks zwischen Architrav und Gesims; in der dorischen Ordnung aus sich abwechselnden Triglyphen und Metopen bestehend; in

Gebälk:	der ionischen Ordnung ein fortlaufendes, häufig mit Relief verziertes Band; der obere Teil einer Bauordnung, bestehend aus Architrav, Fries und Gesims;
Gesims:	das oberste, vorkragende Glied eines Gebälks;
Giebel:	die dreieckige, von einem horizontalen Gesims und den konvergierenden Dachlinien begrenzte Fläche an Front und Rückseite eines griechischen Tempels; üblicherweise mit Skulpturen gefüllt;
Kapitell:	bekrönendes Glied einer Säule; in der dorischen Ordnung im Querschnitt rund und mehr oder weniger parabelförmig im senkrechten Profil; in der ionischen Ordnung vierseitig und mit Spiralvoluten verziert; in der korinthischen Ordnung ein Gebilde von kompliziertem Entwurf;
Metope:	die ungefähr quadratische, zwischen den Triglyphen im Fries der dorischen Ordnung hochkant stehende Platte, im allgemeinen mit Reliefs geschmückt, aber auch glatt belassen;
Peristyl:	eine Reihe von Säulen, die ein Gebäude umgeben oder einen offenen Hof flankieren;
Triglyphe:	die Metopen eines dorischen Frieses trennender Block mit senkrechten Streifen und Kerben;

aus: Rhys Carpenter: Die Erbauer des Parthenon, München 1970, S. 175 ff

2.6 BYZANTINISCHE KUNST

Die byzantinische Kunst entwickelte sich aus der spätantiken römischen Kultur, die auf hellenistischer Grundlage aufbaute und bereits durch frühchristliche Einflüsse geformt wurde. In dieser Kunstform verschmelzen Elemente der Kulturen des Mittelmeerraumes und Vorderasiens, was durch die Verlegung der Kaiserresidenz und der Reichsverwaltung von Rom nach Konstantinopel durch Kaiser Konstantin I. um 330 n.Chr. begünstigt wurde.

In vielen griechischen Städten, die in byzantinischer Zeit gegründet wurden, sind wichtige mittelalterliche Bauten, Kirchen und Befestigungsanlagen erhalten, so z.B. die byzantinischen Mauern von Thessaloniki und Mistra, die Klöster von Athos und Meteora.

Die byzantinische Kunst wird allgemein in **3 Perioden** eingeteilt:

die frühbyzantinische Kunst: (4.- 9. Jahrhundert)
die mittelbyzantinische Kunst: (9. - 12. Jahrhundert)
die spätbyzantinische Kunst: (13. Jahrhundert - 1453, dem Jahr der Eroberung Konstantinopels durch die Türken).

In der Blütezeit, die zwischen dem 9. und dem 13. Jahrhundert lag, erfuhr die byzantinische Kunst eine starke religiöse Ausprägung.

Die ältesten Kirchen in Griechenland entsprachen dem Typus der dreischiffigen Basilika, deren Inneres durch Kolonnaden unterteilt und mit einer Apsis im Hauptschiff ausgestaltet war. In mittelbyzantinischer Zeit bildete sich als dominierender Bautyps die Kreuzkuppelkirche in den Ausprägungen der Zwei-, Vier- oder Achtsäulenkirche aus. Dem häufig auftretenden "Viersäulenbau", bei dem die vier Säulen das die Kuppel tragende Tonnengewölbe stützen, entsprechen z.B. die Kirche Panagia Chalkedon in Thessaloniki und das Kloster Kaisariani in Athen.

Übersicht über byzantinische Kirchentypen	
Typus	Ort
1. frühbyzantinische Zeit	
dreischiffige Basilika	Thessaloniki
Basilika mit Querschiff	Philippi, Nikopolis
Basilika m. Querschiff u. seitl. Apsiden	Paramythia, Dodona
fünfschiffige Basilika	Thessaloniki, Epidauros
Basilika mit kreuzförmigem Grundriß	Thassos
2. mittelbyzantinische Zeit	
Kuppelbasilika:	
Zweisäulenkirche	Thessaloniki
Viersäulenkirche	Thessaloniki, Kaissarioni
Achtsäulenkirche	Ossios Loukas, Daphni, Mistra
3. spätbyzantinische Zeit	
Umgangskirche (zentraler Kuppelraum mit Umgang)	Athos

Die Außenfassaden der byzantinischen Kirchen trugen reichen ornamentalen Ziegelschmuck und waren maßgeblich durch sog. Blendarkaden gestaltet; die Innenausstattung war bestimmt durch Mosaik und Wandmalereien. Vom 9. Jahrhundert an waren Boden und Wände mit Marmor belegt; Gewölbe, Kuppel und Apsis waren mit Mosaiken ausgestaltet. In der Blütezeit schmückten Mosaike sowohl die Fußböden (mit geometrischen Mustern und Einlagen kleiner Tiere und Vögel) als

Byzantinische Kunst

auch alle Wand- und Deckenflächen (mit der Darstellung biblischer Geschichten und Heiligenlegenden). Es gab keine starren Regeln zur Ausgestaltung des Innenraumes, wohl aber sich immer wiederholende Abfolgen der Inhalte:

- Die **Hauptkuppel**, die das Abbild des Himmelsgewölbes ist, zeigt die Gestalt **Jesu als Weltherrscher** (Pantokrator).

- Unterhalb sind die **Propheten des Alten Testamentes** dargestellt, die das Wort Gottes verkünden.

- In den seitlichen Gewölben werden **Geschichten aus dem Leben Jesu** erzählt, die in Bezug zu den 12 orthodoxen Festen stehen (Verkündigung, Geburt Christi, Darstellung im Tempel, Taufe Christi, Verklärung, Erweckung des Lazarus, Einzug in Jerusalem, Kreuzigung, Christus in der Vorhölle, Himmelfahrt, Pfingsten, Entschlafen Mariä).

- Die Pfeiler und Wände sind mit den **Gestalten** von Heiligen, Kirchenvätern und Bischöfen geschmückt.

- In der Halbkuppel der Apsis, für den Eintretenden sofort sichtbar, ist die **Muttergottes** dargestellt, der zur Seite die Erzengel Michael und Gabriel stehen.

In späterer Zeit und in ärmeren Kirchen wurden die aufwendigen Mosaike durch die technisch einfacheren Wandmalereien ersetzt; dabei blieben die darzustellenden Inhalte die gleichen.

Besondere Bedeutung kommt der Ikonenmalerei zu. Die Ikone wird in der Ostkirche als Urbild der abgebildeten Person verehrt; in der Mitte der Kirche ist jeweils auf einem Pult die Ikone eines bestimmten Heiligen ausgelegt, dem die besondere Verehrung gilt.
Da die Farben nicht direkt auf Holz aufgetragen werden konnten, wurde das Holz zunächst mit einem Malgrund bedeckt, der dann mit Mineralfarben bemalt und mit einem Schutzfirnis aus gekochtem Leinöl überzogen wurde. Da während der Türken-Herrschaft viele Kunstschätze zerstört wurden, blieben auf dem Balkan nur wenige byzantinische Ikonen erhalten.

Auch die byzantinischen Email- und Goldschmiedearbeiten waren im Mittelalter hochgeschätzt, denn die Fertigkeit der griechischen Künstler in diesen Schmelztechniken war unübertroffen.

Die kostbarsten Stücke byzantinischer Kunst waren wohl die in Konstantinopel gefertigten Kunstwerke, die nach der Plünderung der Stadt an Kirchen, Klöster und Fürstenhöfe in Westeuropa gelangten.

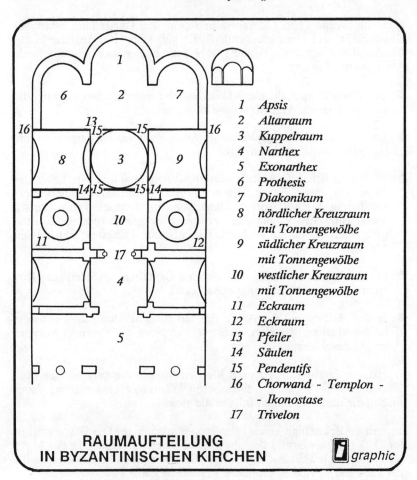

**RAUMAUFTEILUNG
IN BYZANTINISCHEN KIRCHEN**

2.7 GRIECHISCHE MYTHOLOGIE

Der Himmel der alten Griechen war von zahlreichen Göttern bevölkert, denen die verschiedensten Kulte und Feste gewidmet waren. An vielen Orten gab es den Göttern geweihte Heiligtümer, denen jeweils eine Priesterschaft vorstand, die die Rituale und Kulthandlungen überwachte.

Griechische Mythologie

Athena Polias

"Am besten lernen wir die Vorstellungen der Alten von dem Wesen der Götter aus den zahlreichen auf uns gekommenen griechischen Dichtern kennen.
Hiernach sind die Götter, was zunächst ihre äußere Erscheinung betrifft, mit einem vollständig menschlichen Leibe begabt, nur dachte man sich ihre Gestalt größer, schöner und majestätischer als die menschliche, ohne sie jedoch in das Ungeheuerliche und Phantastische zu vergrößern.

Wie an Schönheit und Größe, so übertreffen die Götter die Menschen natürlich auch an Kraft und Stärke. Zwar sind sie ihrer Leiblichkeit wegen an den Raum gebunden und können nicht allgegenwärtig sein, aber dieses Gebundensein ist für sie weit weniger eine Schranke, wie für das sterbliche Menschengeschlecht, da sie größte Entfernungen mit blitzartiger Schnelligkeit zu durchmessen vermögen.
Sie sind aber auch denselben leiblichen Bedürfnissen unterworfen wie die Menschen. Die mit einem Leibe behafteten Götter müssen selbstverständlich auch auf demselben natürlichen Wege wie die Menschen geboren sein und sich körperlich wie geistig allmählich entwickeln. Nur geht auch hier wieder alles mit wunderbarer Schnelligkeit vor sich.

Herakopf

Ihr wichtigster Vorzug vor den schwachen Sterblichen besteht aber darin, daß sie, einmal in den Vollbesitz ihrer körperlichen und geistigen Kraft gelangt, niemals altern, sondern ewig jung und ewig schön bleiben.

Sie stehen sittlich höher als die Menschen, sie verabscheuen alles Böse, Unreine, Ungerechte, und strafen daher auch die Bosheit und Ungerechtigkeit der Menschen, aber dieses schließt wiederum nicht aus, daß sie nicht auch in allerlei Laster und Torheiten verfallen können, als Betrug und Lüge, Haß, Neid, Grausamkeit und Eifersucht.

Fragt man nach der Beschäftigung der Götter, so besteht diese eigentlich in dem süßen Nichtstun, sie suchen sich aber die Zeit durch allerlei Kurzweil zu vertreiben, indem jeder seinen besonderen Liebhabereien nachgeht.

Sämtliche Götter und Göttinnen sind zu einem großen Ganzen vereinigt, dessen Haupt und lebendiger Mittelpunkt der Vater der Menschen und König der Götter Zeus ist, doch steht ihm eine spezielle Herrschaft nur über die himmlischen Götter zu, während die Gottheiten des Meeres und der Gewässer dem Poseidon, die irdischen und unterirdischen aber dem Hades untergeben sind."
(aus: Seemann, Kleine Mythologie von 1874)

Apollon

Die Göttermythen berichten von der Weltentstehung aus dem Chaos, von der Entwicklung der Herrschaft der olympischen Götter und der Entstehung des Menschengeschlechtes; sie erzählen auch von den Begegnungen zwischen Göttern und Menschen.

Am Anfang beherrschte das Chaos die Welt; dann entstand Gaia, die Erde. Die Erdgöttin erzeugte aus sich selbst Uranos, den Himmel, und Tartaros, die Unterwelt.

Aus der Verbindung Gaias mit Uranos gingen die Titanen hervor. Der Titan Kronos vermählte sich mit seiner Schwester Rhea und zeugte sechs Kinder: Zeus, Demeter, Poseidon, Hades, Hera und Hestia. Zeus wird zum mächtigsten Gott, der vom Olymp aus die Welt beherrscht.

Reise-Handbücher aus dem Reisebuch-Verlag Iwanowski

sind stets solide recherchiert, klar gegliedert, reich bebildert und mit vielen Karten versehen. Auch für Ihre weiteren Urlaubs-Träume haben wir aktuellen Lesestoff parat!

Reise-Handbücher für

- ☐ Botswana
- ☐ Dodekanes
- ☐ Kamerun
- ☐ Kenia/Nordtansania
- ☐ Kykladen
- ☐ Mauritius/Reunion
- ☐ Mexico*
- ☐ Namibia
- ☐ Neuseeland
- ☐ Nord-/Mittel-Griechenland
- ☐ Peloponnes
- ☐ Sri Lanka
- ☐ Südafrika
- ☐ Südsee
- ☐ Thailand
- ☐ USA/Florida
- ☐ USA/Hawaii
- ☐ USA/Nordosten
- ☐ USA/Ostküste
- ☐ USA/Westen
- ☐ USA/Städte
- ☐ Zimbabwe
- ☐ Zypern

* = ab 1992

Reisebuch-Verlag Iwanowski

Raiffeisenstraße 21 · D 4047 Dormagen 1
Tel.: 02133/61919 · Fax: 02133/63130

Persönliche Notizen

3 PELOPONNES ALS REISELAND

Einreise / Anreise

3.1 EINREISEBESTIMMUNGEN

Staatsangehörige der BRD, der Schweiz und Österreichs benötigen bei einer Aufenthaltsdauer von weniger als 3 Monaten nur einen gültigen Personalausweis oder Reisepaß; Jugendliche unter 16 Jahren müssen einen Kinderausweis mit Lichtbild vorweisen. Reisende, die durch Jugoslawien anreisen, benötigen hierfür den Reisepaß.

Bei der Einreise mit dem Pkw ist zu beachten, daß der Wagen am Grenzübergang in den Reisepaß desjenigen eingetragen wird, der das Fahrzeug auch wieder ausführen wird. Das Nationalitätenkennzeichen, die grüne Versicherungskarte und der nationale Führerschein (für Schweizer der internationale Führerschein) sind verpflichtend.

Für die Einreise mit Motor- und Segelbooten gelten die gleichen Bestimmungen; auch das Mitbringen von Surfbrettern, Wohnwagen, Krafträdern, Tauchausrüstungen u. ä. wird im Reisepaß vermerkt.

Die Einfuhr von Drachmen ist pro Person auf 100.000 Drachmen in Banknoten beschränkt; 20.000 Drachmen dürfen ausgeführt werden. Andere Währungen und Schecks können unbeschränkt eingeführt und bis zu einem Gegenwert von US $ 500 pro Person ausgeführt werden, wenn sie bei der Einreise deklariert wurden.

3.2 ANREISE

3.2.1 ANREISE MIT EISENBAHN ODER EUROPA-BUS

Eisenbahn

Täglich verkehren mehrere Züge:

Name	Strecke	Zeit (Stunden)
Akropolis-Express	München - Athen	38
Attika-Express	München - Athen	34
Venezia-Express	Wien - Athen	32 (Umsteigen in Belgrad)
Venezia-Express	Lausanne - Athen	48 (Umsteigen in Venedig)
nach Athen	Hin- und Rückfahrt 1. Klasse	2. Klasse
ab **Düsseldorf**	724 DM	482 DM
ab **München**	560 DM	372 DM

Anreise

Hinzu kommen noch Zuschläge für Liege- oder Schlafwagen.
In den Sommermonaten fahren von München Autoreisezüge nach Athen.
Wenn man nicht eine Schüler- oder Studentenermäßigung o. ä. in Anspruch nehmen kann, bietet die Eisenbahnfahrt gegenüber dem Flug nur einen geringen Preisvorteil. Darüber hinaus ist die Bahnfahrt zeitaufwendig und trotz der Möglichkeit, Liege- oder Schlafwagen in Anspruch zu nehmen, sehr anstrengend.
Obwohl für alle Züge Platzkarten-Pflicht besteht, sind die Abteile häufig mit Gepäck so überfüllt, daß die Bewegungsfreiheit sehr eingeschränkt ist. Außerdem läßt die Sauberkeit der sanitären Einrichtungen nach langer Fahrt häufig zu wünschen übrig.

Europabus

Der Europabus der Deutschen Touring GmbH verkehrt zwischen mehreren deutschen Städten und Athen in der Zeit
- von Mai bis September 3 x wöchentlich,
- von Oktober bis April 2 x wöchentlich.

Die Fahrtzeit beträgt von Frankfurt aus ca. 42 Stunden, Pausen und Übernachtungen sind vorgesehen. Ab **Frankfurt/M**: einfache Fahrt 179 DM; Hin- und Rückfahrt 336 DM. Auskünfte und Buchungen: Deutsche Touring GmbH, Am Römerhof 17, 6000 Frankfurt/M 90, Tel.: 069/7903249

3.2.2 ANREISE MIT DEM FLUGZEUG

Linienflüge

Von den deutschen Flughäfen sind täglich Flüge mit Olympic Airways oder Lufthansa nach Athen möglich, die mit einer Zwischenlandung in Thessaloniki eine Flugzeit von ca. 3 - 4 Stunden haben.

Abflughafen	Fluggesellschaft	Zielflughafen	Flugtermin	
Düsseldorf	Olympic Airways	Athen	1-7	9.30
Düsseldorf	Lufthansa	Athen	2,4,6,7	9.25
Frankfurt	Olympic Airways	Athen	1-7	9.30
Frankfurt	Olympic Airways	Athen	1-7	12.40
Frankfurt	Lufthansa	Athen	1-7	9.15
Frankfurt	Lufthansa	Athen	1-7	19.55
München	Olympic Airways	Athen	1,2,4,5,7	11.35
München	Lufthansa	Athen	6,7	0.45
München	Lufthansa	Athen	1-7	14.00
1-7 = 1. - 7. Tag der Woche (1 = Montag)				

Anreise

Wenn Sie von Athen direkt nach Kalamáta weiterfliegen möchten, empfiehlt es sich, schon ab Deutschland mit Olympic Airways zu fliegen. Dadurch vermeiden Sie den sonst notwendigen Wechsel zum zweiten Athener Flughafen.

Flugtarife nach Griechenland

Strecke	Normaltarif (hin/zurück)	Flug- und Spartarif (hin/zurück)
Düsseldorf-Athen-Düsseldorf	2.070 DM	780 DM
Frankfurt-Athen-Frankfurt	2.014 DM	720 DM

Darüber hinaus gibt es Sondertarife und Ermäßigungen wie z.B. IT-Tarife, Studentenflüge, Jugendtarife, die in den Reisebüros erfragt werden können.

Charterflüge

Während der Hauptreisezeiten gibt es ein großes Angebot an Pauschalreisen, zu deren Leistungsangebot Charterflüge nach Athen, Kalamáta, Andravída oder Zakynthos gehören.

3.2.3 ANREISE MIT DEM AUTO

Für die Anreise mit dem Auto gibt es mehrere Möglichkeiten:

Anreise über Österreich/Jugoslawien über den 'Autoput'

Diese Strecke ist mit ca. 2.250 km (von München nach Athen) die kürzeste Landverbindung: München - Salzburg - Tauernautobahn (Mautgebühr) - Villach. Ab Villach bieten sich zur Einreise nach Jugoslawien 3 Möglichkeiten:

- Villach - Wurzenpaß (18% Steigung, für Wohnwagengespanne nicht geeignet) - Jesenice - Ljubljana - Zagreb
- Villach - Klagenfurt - Loiblpaß und Loibl-Tunnel - Ljubljana - Zagreb
- Villach - Klagenfurt - Maribor - Zagreb

Der 'Autoput' durch Jugoslawien gilt als eine der gefährlichsten Fernstraßen Europas. Inzwischen wurden Teilstrecken als Autobahnen ausgebaut; längere Straßenabschnitte entsprechen aber noch immer kaum dem Standard unserer Landstraßen. Durch den starken Lkw-Verkehr und den zusätzlichen Pkw-Verkehr während der Sommerzeit ist die Fernstraße

Anreise

sehr stark belastet. Dies gilt besonders für den Streckenabschnitt Ljubljana - Belgrad; hinter Nis, wo die Straße nach Bulgarien und zur Türkei abzweigt, wird der Verkehr geringer.
Entlang der Autobahn gibt es ausreichend Übernachtungsmöglichkeiten.

Buch- und Kartentip
Eine Übersicht gibt die Broschüre des ADAC 'Hotel-Informationen - Hotels an den wichtigsten Routen in die Balkanländer'.

Beim ADAC und an den Grenzübergangsstellen sind Benzingutscheine erhältlich. Sie sind auf Dinar ausgestellt und werden zu einem günstigeren als dem offiziellen Devisenkurs verkauft.

Anreise über Ungarn - Variante der Balkan-Strecke

Man kann den unfallträchtigsten Abschnitt des 'Autoputs' (Ljubljana - Belgrad) vermeiden, wenn man die Route München - Wien - Budapest wählt. Ab Wien führt die Strecke über gute, nur wenig befahrene Landstraßen weiter über Budapest nach Belgrad, wo sie auf die Balkan-Autobahn stößt.
Diese Strecke ist nur etwa 150 km länger als die direkte Strecke Österreich/Jugoslawien, landschaftlich jedoch reizvoller und zudem ungefährlicher zu fahren.

Information
Umständliche Einreiseformalitäten gibt es nach der Aufhebung des Visazwanges nicht mehr. Informationen erhalten Sie bei der **Ungarischen Botschaft**, 5300 Bonn 2, Turmstraße 30, Tel.: 0228/37694

3.2.4 ANREISE MIT AUTOREISEZÜGEN

Durch die Benutzung von Autoreisezügen läßt sich die lange Anfahrtszeit nach Griechenland verkürzen und bequemer gestalten; eine frühzeitige Buchung für die Autoreisezüge ist empfehlenswert.

FAHRPLAN UND VERLADEZEITEN Der Autoreisezug München - Thessaloníki - Athen verkehrt von April bis Oktober täglich.		
München-Ost Athen	Verladezeit 18.15 -18.45 Uhr Ankunft 06.00 Uhr am übernächsten Morgen	Abfahrt 19.55 Uhr
Strecke	Leistung	Kosten (hin und zurück)
ab München nach Athen	Mittelklassewagen, 2 Erwachsene, 2 Kinder, Liegewagen	2.062 DM

Anreise

3.2.5 ANREISE MIT AUTO UND SCHIFF

Durch die Kombination einer Auto-und Schiffsreise ist eine angenehme und bequeme Anreisemöglichkeit nach Griechenland gegeben.

FAHRPLAN UND VERLADEZEITEN		
Der Autoreisezug Neu-Isenburg/Kornwestheim/München - Rimini verkehrt von April bis September 1 x wöchentlich.		
Neu-Isenburg	Verladezeit 15.30 - 16.10 Uhr	Abfahrt 16.23 Uhr
Kornwestheim	Verladezeit 17.15 - 18.00 Uhr	Abfahrt 19.00 Uhr
München Ost	Verladezeit 20.30 - 21.45 Uhr	Abfahrt 22.20 Uhr
Rimini	Ankunft 7.53 am nächsten Morgen	
Strecke	**Leistung**	**Kosten (hin und zurück)**
ab Neu-Isenb. **nach** Rimini	Mittelklassewagen, 2 Erwachsene, 2 Kinder, Liegewagen	1.996 DM

Von Rimini bis Ancona sind es ca. 100 km Autobahn; der Hafen und die Anlegestellen der einzelnen Reedereien sind ausgeschildert.

Fährverbindungen bestehen zwischen Italien und Griechenland und zwischen Jugoslawien und Griechenland.

- Ausgangsorte sind die Hafenstädte
  in Italien: Venedig, Ancona, Brindisi, Bari, Otranto
  in Jugoslawien: Rijeka

Entfernungen:			
Frankfurt - Venedig	971 km	München - Venedig	540 km
Frankfurt - Ancona	1.209 km	München - Ancona	717 km
Frankfurt - Bari	1 655 km	München - Bari	1 200 km
Frankfurt - Brindisi	1.775 km	München - Brindisi	1.320 km
Frankfurt - Otranto	1.861 km	München - Otranto	1.402 km

- Zielhäfen in Griechenland sind:
  Korfu, Igoumenítsa, Kefalonía, Pátras, Piräus, Iraklion.

Tips
- Es empfiehlt sich, die Fahrpläne, Fahrzeiten, Leistungen und Preise im Angebot der verschiedenen Reedereien sorgfältig zu überprüfen und zu vergleichen, da erhebliche Preis- und Leistungsunterschiede bestehen. Die Entscheidung für einen bestimmten Abfahrtshafen oder eine Schiffahrtslinie ist ganz von den individuellen Wünschen abhängig.

Anreise

- Eine frühzeitige Buchung und Platzreservierung sind empfehlenswert, da es anderenfalls, besonders in der Hauptsaison, zu langen Wartezeiten kommen kann.

Übersicht über die Fährverbindungen zwischen:
Italien/Griechenland und Jugoslawien/Griechenland

Strecke	Reederei	Zeitraum	Vertretung
● Venedig - Piräus - Iraklion	Adriatica	März - Dezember	Seetours
● Ancona - Patras	Karageorgis Lines	ganzjährig	Hellas Orient
● Ancona - Dubrovnik - Patras	Strintzis Lines	Juni - September	DER, Ikon, Viamare
● Ancona - Korfu - Igoumenitsa - Patras	Strintzis Lines	März - Oktober	DER, Ikon, Viamare, Seetours
● Ancona - Korfu - Igoumenitsa - Patras	Minoan Lines	ganzjährig	DER, Ikon, Viamare, Seetours
● Ancona - Igoumenitsa - Patras	Marlines	März - Dezember	Ikon, Viamare
● Ancona - Igoumenitsa - Iraklion	Marlines	Juli - September	Ikon, Viamare
● Ancona - Iraklion - Rhodos - Piräus	Med. Sun Lines	Juni - September	Med. Sun Lines
● Brindisi - Patras	Anco Ferries	ganzjährig	Fargo Reisen
● Brindisi - Korfu - Igoumenitsa - Patras	- Adriatica	Juni - September	Seetours
	- Agapitos Lines	Juni - September	Ikon, Melia
	- Fragline	März - Oktober	Ikon, Melia, Viamare
	- HML	ganzjährig	Ikon, Viamare
● Brindisi - Korfu - Igoumenitsa - Kefalonia - Patras	Adriatic Ferries	Juni - September	Xenia Reisen
● Bari - Korfu - Igoumenitsa - Patras	Ventouris Ferries	März - Oktober	Ikon, Viamare
● Otranto - Korfu - Igoumenitsa	R - Line	Juni - September	Isaria, Viamare
● Rijeka - Dubrovnik - Korfu - Igoumenitsa	Jadrolinja	April - Oktober	DER
● Triest - Patras	HCML	ganzjährig	Neptunia

Anreise

Tip
Bei den genannten Schiffsverbindungen ist die direkte Auffahrt mit dem Wagen auf die Fährschiffe möglich. Die Verladung beginnt ca. 2 Stunden vor der Abfahrt; es empfiehlt sich, rechtzeitig am Verladeplatz zu sein.

Anschriften der Vertretungen und Buchungsbüros

- **Deutsches Reisebüro**, Schiffs- und Fährverkehr, Eschersheimer Landstraße 25 - 27, 6000 Frankfurt/M, Telefon 069/1563344
- **Fargo Weite Reisen**, Kaiserstraße 11, 6000 Frankfurt/M, Telefon 069/298090
- **Hellas Orient Seereisen**, Kaiserstraße 11, 6000 Frankfurt/M, Telefon 069/2980911
- **IKON-Reiseagentur**, Schwanthalerstraße 31, 8000 München 2, Telefon 089/595985
- **Isaria Reisen**, Neuhauserstraße 47, 8000 München 2, Telefon 089/23723
- **Med.Sun Lines**, Weinstraße 6, 8000 München 2, Telefon 089/222715
- **Melia Reisebüro**, Große Bockenheimer Straße 54, 6000 Frankfurt/M, Telefon 069/295303
- **Neptunia Schiffahrtsgesellschaft**, Schmiedwegerl 1, 8000 München 60, Telefon 089/831094
- **Seetours International**, Seilerstraße 33, 6000 Frankfurt/M, Telefon 069/13330
- **Viamare**, Apostelnstraße 14 - 18, 5000 Köln 1, Telefon 0221/234911
- **Xenia Reisen**, Schillerstraße 17, 8000 München 2, Telefon 089/555244

Darüber hinaus können Sie sich auch über jedes andere Reisebüro die Passagen buchen lassen.

Buch- und Kartentip
Die Broschüre "Fährverbindungen Griechenland" wird alljährlich von MTA Mittelmeer Touristik Agentur, Eisenmannstraße 4, 8000 München, Telefon 089/265031, herausgegeben.

Außerdem veröffentlichen die Griechische Zentrale für Fremdenverkehr und der ADAC Informationen über aktuelle Schiffsverbindungen nach Griechenland.

3.3 PRAKTISCHE REISETIPS VON A - Z

A Ärztliche Versorgung

In allen größeren Orten der Peloponnes gibt es Krankenhäuser und ärztliche Nothilfsdienste. Ausstattung und Versorgung sind in der Regel einfacher als in der BRD. Arztpraxen erkennt man am Schild: ΙΑΤΡΟΣ

Zwischen der BRD und Griechenland besteht ein Abkommen zur Sicherung der ärztlichen Versorgung. Das Anspruchsformular GR 11 (das bei allen Krankenkassen erhältlich ist) muß bei den zuständigen Stellen der griechischen Sozialversicherungsanstalt I.K.A. vorgelegt werden; von dort wird man zum Arzt verwiesen; die ärztliche Behandlung ist dann kostenlos. Österreich und die Schweiz haben eine ähnliche Vereinbarung noch nicht getroffen.
Man kann lange Wartezeiten in den häufig überfüllten Wartezimmern vermeiden, wenn man den Arzt privat aufsucht und die Arzt- oder Krankenhausleistungen bar bezahlt. Die detaillierte Rechnung kann nach der Rückkehr der eigenen Krankenkasse vorgelegt werden. Die Arzthonorare sind in der Regel viel niedriger als bei uns. Die meisten Ärzte beherrschen eine Fremdsprache, insbesondere Französisch.
Im Notfall kann man die Anschrift eines Arztes an der Hotelrezeption erfragen oder sich von einem Taxifahrer direkt zur Praxis fahren lassen. In den größeren Orten empfiehlt es sich, gleich das örtliche Krankenhaus aufzusuchen, da es dort die besten Behandlungsmöglichkeiten gibt.

➤➤ Apotheken und Drogerien

Die Apotheken sind gut an den ausgehängten Schildern zu erkennen: ein rotes Kreuz auf weißem Grund oder 'farmakeion'. Öffnungszeiten: von 8 - 20 Uhr.
Alle gängigen Medikamente sind auch in Griechenland erhältlich. Viele sind hier nicht rezeptpflichtig und oftmals erheblich preiswerter als in der BRD. Fragen Sie den Apotheker nach den Anwendungsvorschriften, denn die beigepackten Informationszettel sind oft nur in griechischer Sprache gedruckt. In kleinen Läden sollten Sie auf das Verfalldatum der Medikamente achten.

➤➤ Archäologische Stätten

Die Öffnungszeiten sind nicht einheitlich festlegt. Ab 1992 sind folgende Öffnungszeiten der Ausgrabungsstätten vorgesehen: Di - Sa 8.30 - 15 Uhr, Sonn- und Feiertage 10 - 15 Uhr, Mo geschlossen.
Die Preise liegen zwischen 300 und 2.000 Drachmen; Ermäßigungen werden bei Vorlage eines Schüler- oder Studentenausweises gewährt. An

Sonn- und Feiertagen ist der Eintritt frei. Da die Öffnungszeiten häufig sogar innerhalb eines Jahres und ohne Vorankündigung verändert werden, sind diese Angaben nur bedingt zuverlässig.

➤➤ Ausweispapiere

Für den Aufenthalt in Griechenland genügen Personalausweis oder Paß. Vom Autofahrer werden außerdem noch der Führerschein (für Schweizer der Internationale Führerschein) und die grüne Versicherungskarte verlangt. Es ist zu empfehlen, von Paß und Führerschein eine Kopie mitzunehmen. Das erleichtert es, bei Verlust der Ausweispapiere von der jeweiligen Botschaft Ersatzpapiere zu erhalten.

➤➤ Auto, Wissenswertes für den Autofahrer

In Griechenland gelten die internationalen Verkehrsbestimmungen. Besonders zu beachten ist:
- Höchstgeschwindigkeit 50 km/h in geschlossenen Ortschaften,
- Hupverbot in geschlossenen Ortschaften,
- auf Landstraßen sollte man vor unübersichtlichen Kurven **immer** hupen und ganz rechts fahren,
- gelbe Linien an den Straßenrändern in geschlossenen Ortschaften bedeuten Parkverbot,
- die Promillegrenze liegt bei **0,5**,
- das Anlegen der Sicherheitsgurte ist vorgeschrieben.

➤➤ Autovermietung

Alle bekannten internationalen Mietwagenfirmen sind auch in Griechenland vertreten. Auf der Peloponnes gibt es außer in Patras jedoch überwiegend private Vermieter, deren Fahrzeuge keinen einheitlichen Standard aufweisen. Es empfiehlt sich deshalb, vor Antritt der Fahrt den Wagen oder den Motorroller zu überprüfen. In den Mietpreisen ist die Haftpflichtversicherung enthalten; 20 % Stempelgebühr und Steuern kommen zum Grundpreis hinzu. Es ist ratsam, eine Vollkaskoversicherung abzuschließen. In den Hauptreisezeiten ist die Nachfrage nach Mietwagen groß, eine rechtzeitige Reservierung ist notwendig. Da die Miet- und Benzinpreise hoch sind, kann es günstiger sein, für eintägige Fahrten mit einem Taxifahrer einen Festpreis auszuhandeln, der häufig unter dem Mietwagenpreis liegt.

B Badestrände

Die Strände auf der Peloponnes sind sehr unterschiedlich; sie reichen vom feinsten, hellen, kilometerlangen Sandstrand bis zum dunklen Kieselstrand in kleinen Buchten.

Praktische Reisetips von A - Z

Der Strand ist in der Regel der Allgemeinheit zugänglich; das bedeutet, daß für die Sauberhaltung die Stadt oder Gemeinde zuständig ist. Bei der starken Beanspruchung der Strände kam es in den vergangenen Jahren häufig zu starken Verunreinigungen; erst mit wachsendem persönlichen Verständnis für die Umweltproblematik bei Griechen und Ausländern wird sich daran etwas ändern.

▸▸ Banken

Öffnungszeiten: Montag - Freitag von 8 - 13 Uhr.
In Athen und den Ferienzentren sind einige Banken auch am Nachmittag von 17.30 - 19.30 Uhr geöffnet. Auf den Flughäfen sind die Wechselstuben durchgehend geöffnet.
Außer in den Banken mit der Kennzeichnung "Change" kann auch Geld gewechselt werden an den Grenzübergangsstellen, in vielen Fernmeldeämtern (O.T.E.) und Postämtern (ELTA) sowie in Hotels und Souvenirgeschäften. Ein Rücktausch ist nur bei den mit "Exchange" gekennzeichneten Banken möglich.

▸▸ Botschaften

> Botschaft der **BRD**: **Athen,** Odos Karaoli Kai Dimitriou 3, Tel.: 01/724801
> Botschaft **Österreichs**: **Athen**, Alexandras 26, Tel.: 01/8211036
> **Schweizerische** Gesandtschaft: **Athen**, Iasiou 2, Tel.: 01/730364

▸▸ Busse

Von den öffentlichen Verkehrsmitteln kommt dem Bus besondere Bedeutung zu, da auch kleine und ganz abgelegene Ortschaften durch regelmäßigen Busverkehr mit den jeweiligen Provinzhauptstädten verbunden sind. Die Busse transportieren auch Gepäckstücke, Postpakete, Kisten, Kleinvieh - alles, was die jeweiligen Besitzer zu einem anderen Ort gebracht haben möchten.
Die Fahrpreise sind vergleichsweise niedrig; die Fahrkarten werden entweder im Bus oder am Fahrkartenschalter an der Bushaltestelle verkauft. Dabei gelten bei Überlandstrecken die Fahrausweise zugleich als Platzkarten.
Bushaltestellen sind gekennzeichnet durch Κ.Τ.Ε.Λ. oder ΣΤΑΣΙΣ. Auf dem Land gelten auch noch die Kreuzungen als Haltestellen, wo die Straße zu einem im Landesinneren gelegenen Dorf abzweigt. In abgeschiedenen Gegenden halten die Busfahrer auch auf ein Handzeichen hin.

Die Fahrpläne werden häufig verändert. Erkundigen Sie sich unbedingt nach den jeweiligen Rückfahrmöglichkeiten, da die Busse auf abgelegenen Linien nicht immer am selben Tag zurückfahren.

C Camping

Das freie Campen ist in Griechenland überall untersagt. Trotz dieses Verbots sind viele Strandabschnitte mit Zelten und Wohnwagen vollgestellt, wo dann Abfallhaufen und Schmutz die Landschaft verschandeln. Die örtliche Polizei ist mit der Kontrolle oft überfordert.

> **Lesetip**
> Die Broschüre der Griechischen Zentrale für Fremdenverkehr "Camping in Greece" informiert über alle registrierten Campingplätze. In diesem Verzeichnis sind auch die Campingplätze der Peloponnes aufgeführt. Für die Hauptreisezeit ist eine Voranmeldung empfehlenswert.

E Einkaufsmöglichkeiten

Außer den typisch griechischen Souvenirartikeln wie z. B. Holzschnitzereien, Gipsfiguren und -vasen nach antiken Vorbildern und Zierat aus Onyx kann man folgende Artikel gut einkaufen:

- **Bücher und Bildbände**

Von besonders guter Ausstattung sind kunstgeschichtliche und archäologische Veröffentlichungen. Foto- und Bildbände sind oft hervorragend gestaltet und erheblich preisgünstiger als in Deutschland. Bei Fachbüchern und literarischen Texten läßt die Übersetzung manchmal zu wünschen übrig.

- **Handarbeiten**

Handgewebte Teppiche nach überlieferten Vorlagen und Hirtenteppiche (Flokati), handgestrickte Pullover aus Naturwolle, feine Häkeleien und Stickereien aus Baumwolle.
Sehr schön sind die bemalten Seidentücher aus Kalamáta.

- **Lebensmittel und Spirituosen**

Gute Weine, ausgezeichnete Weinbrände und der landestypische Ouzo werden von vielen Herstellern angeboten. Olivenöl aus Kalamáta zählt zu den besten Speiseölen Griechenlands. Wenn Sie dieses qualitativ hochwertige Olivenöl schätzen gelernt haben, können Sie es in kleinen Kanistern kaufen. Honig von der Peloponnes und Pistazien aus Ägina gehören zu den landestypischen Spezialitäten.

- **Lederwaren**

In allen Ferienorten finden Sie eine große Auswahl an Ledertaschen, Gürteln, Brieftaschen und anderen Lederartikeln. Material und Verarbeitung sind in der Regel von guter Qualität.

- **Messing- und Kupferarbeiten**

Handgearbeitete Kupfer- und Messinggeräte nach alten Vorlagen und individuellen Vorschlägen des Käufers.

- **Silber- und Goldwaren**

Das Angebot an Silber- und Goldschmuck ist sehr groß. Beachten Sie bitte, daß die Schmuckstücke nicht immer die bei uns üblichen Stempel tragen, so daß ein Preisvergleich oft schwer ist.

● **Töpferwaren**

Töpferwaren werden in vielen Formen und Größen angeboten; besonders groß ist das Angebot der Geschäfte an den Zufahrtsstraßen nach Patras und Kalamáta. Kleine Töpfereien finden Sie in den Bergdörfern Arkadiens.

F Feiertage/Feste

An den gesetzlichen Feiertagen sind Banken, Büros und Geschäfte geschlossen:

1. Januar	Neujahrstag
6. Januar	Dreikönigstag
25. März	Nationalfeiertag zur Erinnerung an den Beginn des griechischen Freiheitskampfes am 25. März 1821
1. Mai	Tag der Arbeit
15. August	Mariä Himmelfahrt
28. Oktober	Nationalfeiertag zur Erinnerung an die Ablehnung des italienischen Ultimatums und an die Invasion von 1940 = Ochi-Tag
25./26. Dezember	Weihnachten

Die Termine der beweglichen Feste Ostern und Pfingsten stimmen nur im Abstand von mehreren Jahren mit unseren überein, da der griechische Ostertermin nach dem Julianischen Kalender, unser Ostertermin jedoch nach dem Gregorianischen Kalender errechnet wird.

Jahr	Ostern	Griechisches Osterfest
1992	19./20. April	26./27. April
1993	11./12. April	18./19. April
1994	03./04. April	01./02. Mai
1995	16./17. April	23./24. April

Daneben gibt es eine Fülle örtlicher Volksfeste, an denen der Besucher teilnehmen kann (s.a. Kapitel Bevölkerung und Brauchtum).

➡ **Ferienwohnungen**

Das Angebot an Ferienwohnungen wird ständig vergrößert. Veranstalter vermitteln die Wohnungen schon von Deutschland aus und geben genaue Auskünfte über Lage, Ausstattung und Service. Sie können sich informieren bei:
● ADAC-Reise GmbH: in allen Geschäftsstellen
● Delphi-Reisen, Kaiserstr. 116, 7500 Karlsruhe 1

- Athanasios Roumpakias, Takis Ferienhäuser in Griechenland, Steinkirchner Str. 15, 8032 Gräfelfing b. München
- Attika-Reisen GmbH u. Co, Sonnenstr. 3, 8000 München 2

Besonders reizvoll ist das Wohnen in den renovierten Wohntürmen auf der Mani und in den alten Häusern von Monemvasía.

➤➤ FKK

Freikörperkultur ist in ganz Griechenland verboten. Seit 1983 besteht allerdings die Möglichkeit, FKK-Anlagen einzurichten, wenn der örtliche Gemeinderat seine Zustimmung gibt.

In den großen Ferienzentren breitet sich das Nacktbaden der Ausländer ständig weiter aus, jedoch reagiert noch immer der überwiegende Teil der griechischen Bevölkerung darauf mit Unverständnis und Ablehnung.

➤➤ Foto/Fotografieren

Das Fotografieren ohne Stativ ist in den archäologischen Stätten überall erlaubt; um in den Museen fotografieren zu können, löst man eine zusätzliche Eintrittskarte. Zum Filmen in Museen und archäologischen Stätten ist eine Sondererlaubnis erforderlich.

Die Erlaubnis zum Filmen mit Videokameras wird sehr unterschiedlich erteilt; an manchen Ausgrabungsstätten muß zur Eintrittskarte ein zusätzliches Ticket gekauft werden.

Das Fotografieren oder Filmen in militärischen Sperrgebieten ist strengstens verboten; Zuwiderhandlungen werden hart bestraft. Achten Sie deshalb bitte auf die aufgestellten Warntafeln.

In den größeren Orten kann man alle gebräuchlichen Markenfilme kaufen, jedoch sollte man beim Kauf auf das Verfalldatum achten.

Da Filme in Griechenland erheblich teurer sind als in Deutschland, ist es ratsam, ausreichend Filmmaterial mitzunehmen. Achten Sie aber darauf, daß die Filme während Ihres Aufenthalts kühl aufbewahrt werden (geeignet ist z. B. eine kleine Isolierbox).

Sonnenblende, Skylightfilter und UV-Filter sind wichtig; außerdem müssen aufgrund der starken Farbkontraste die Belichtungswerte sehr genau sein.

Die Helligkeit der Mittagszeit ist zum Fotografieren weniger geeignet als das Licht von Vor- und Nachmittag.

G Gastfreundschaft

Filoxenia = Gastfreundschaft = Liebe zum Fremden!

Immer wieder wird auf die Gastfreundschaft der Griechen in Reiseprospekten und Reisebüchern hingewiesen, so als ob der Fremde diese Gastfreundschaft geradezu fordern könne, als sei sie sozusagen im Reisepreis inbegriffen. Bei diesem Verständnis von Gastfreundschaft - der Grieche gibt, der Fremde nimmt - ist es nicht verwunderlich, wenn die griechische Gastfreundschaft dem Touristen gegenüber in den letzten Jahren zurückhaltender wird.

Die Gastfreundschaft gehört in Griechenland zu den überlieferten, fraglos übernommenen, allen gemeinsamen Traditionen, die in Stadt und Land gleichermaßen hochgeschätzt werden. Die griechische Sprache unterscheidet nicht zwischen dem "Fremden" und dem "Gast", sie hat für beide nur das Wort "Xenos", der Fremde ist auch immer der Gast. In der Vergangenheit war die Fürsorge für den Fremden oberstes Gebot; aller Besitz, auch der kleinste, wurde mit dem Gast geteilt. Jeder Grieche konnte sicher sein, daß auch ihm, wenn er als Fremder in ein Dorf kam, die Gastfreundschaft gewährt wurde.

Die Ausländer wurden mit derselben Selbstverständlichkeit und Herzlichkeit aufgenommen. Wer jemals griechische Gastfreundschaft in ihrer Ursprünglichkeit erfahren hat, ist beschämt von ihrer Großzügigkeit und Uneigennützigkeit. Umso ärgerlicher wird er dann auf die immer häufiger auftretende Anmaßung reagieren, mit der Touristen in Klöster, Hirtenhütten und Wohnhäuser eindringen und griechische Gastfreundschaft in Form von Kaffee, Wein oder Unterkunft fordern, ohne jemals zur Gegenleistung bereit zu sein.

Bei Ihren Wanderungen werden Sie überall freundlichen und gesprächsbereiten Menschen begegnen.
Die Griechen sind auch in abgelegenen Dörfern allem Fremden gegenüber aufgeschlossen und wißbegierig. Sie erfragen vom Gast fast alle Einzelheiten über seine Herkunft, seine Familie, die Zahl der Kinder, seinen Beruf und seine Vermögensverhältnisse und geben ihrerseits bereitwillig Auskunft über die eigene Familie.

➽ Geschäfte/Öffnungszeiten

In den Monaten **Mai bis Oktober** gelten folgende Öffnungszeiten:
Die meisten Geschäfte sind vormittags von 8 oder 9 Uhr bis 13.30 oder 14.30 Uhr und nachmittags von 17 - 20.30 Uhr geöffnet.
In den Ferienorten haben die Souvenirgeschäfte auch bis in die späten Abendstunden hinein geöffnet.

▶ Grußworte und Unterhaltung

In ländlichen Gegenden ist es selbstverständlich, jeden Menschen zu grüßen, den man trifft oder an dessen Haus man vorübergeht. Die einfachsten Grußformen sind:

Kaliméra sas =	Guten Tag (bis zur Mittagszeit)	Kalispéra sas =	Guten Abend (ab Spätnachmittag)
Chärete	(ab Mittag)	Kalinichta =	Gute Nacht

Während des ganzen Tages kann man auch die einfachen Grußworte benutzen:

Já sas (Plural)	= Grüß Euch
Já sou (Singular)	= Grüß Dich
Adíosas	= Auf Wiedersehen

Die griechische Sprache verfügt über einige sehr schöne überlieferte Redewendungen, die viel über das Leben der Menschen aussagen:

stó kaló	Geh zum Guten! (sagen die Griechen zu dem, der sich verabschiedet und sie verläßt)
Kalo chimóna	Einen guten Winter!
Kalo kalokäri	Einen guten Sommer! (wünschen sich die Menschen, wenn sie sich nach gemeinsam verbrachter Zeit trennen müssen; Familienangehörige, die in verschiedenen Regionen oder in abgelegenen Dörfern wohnten, mußten sich in früheren Zeiten meistens für viele Monate trennen, und auch heute bietet das Leben so viele Unwägbarkeiten, daß das Grußwort noch immer ernst gemeint ist).

H Hotels

Die griechischen Hotels sind in die Klassen Luxus, A, B, C, D und E eingeteilt.
Die Klassifizierung und die Preisfestsetzung erfolgen durch die Griechische Zentrale für Fremdenverkehr. Eine offiziell genehmigte Preisliste muß in jedem Hotelzimmer aushängen.

Viele der Hotels auf der Peloponnes sind in Familienbesitz; sie sind sauber, aber nur einfach ausgestattet und nicht am internationalen Standard orientiert.
In der Nebensaison heizen einige Hotels auch bei kühlerer Witterung nicht.
Auftretende Mängel und Defekte werden häufig nicht sofort behoben; etwas Geduld ist dann nötig.

Praktische Reisetips von A - Z

Ausführlichere Informationen erhalten Sie im Kapitel: Unterwegs auf der Peloponnes - Wie man reist und übernachtet.

I Informationen/Reiseauskünfte

Auskünfte und kostenloses Informationsmaterial erhalten Sie von den **Geschäftsstellen der Griechischen Zentrale für Fremdenverkehr**:

- in der **BRD**:
  - Abteistraße 23, 2000 **Hamburg** 13, Tel.: 040 / 454498
  - Neue Mainzer Straße 22, 6000 **Frankfurt/M.** 1, Tel.: 0611 / 236562/3
  - Parcellistraße 2, 8000 **München**, Tel.: 089 / 222035/6

- in **Österreich**:
  Opernring 8, A 1010 **Wien**, Tel.: 0222 / 525317/8

- in der **Schweiz**:
  Löwenstraße 25, CH 8001 **Zürich**, Tel.: 01 / 2210105

Büros der Griechischen Zentrale für Fremdenverkehr gibt es in :

Athen Amerikis Str. 2, 01/3223111-19
Flughafen Elliniko, 01/9799500
Karageorgi Servias Str. 1, 01/3222545

Patras Iroon Politechniou, Glyfada, 061/420304

Außerdem gibt es Informationsstellen der Griechischen Zentrale in Kalamáta, Sparta und Tripolis.

J Jugendherbergen

Der Verband griechischer Jugendherbergen ist dem Internationalen Jugendherbergsverband angeschlossen. Zur Übernachtung wird der internationale Jugendherbergsausweis benötigt.

Athen Y.M.C.A. (christl. Verein junger Männer), Omirou 28
Y.W.C.A. (christl. Verein junger Frauen), Amerikis 11

Nähere Auskünfte erteilt der griechische Verband in Athen, Odos Dragatsaniou 4.

Außerdem gibt es eine Jugendherberge in Delphi, und auf der Peloponnes gibt es Jugendherbergen in Patras, Olympia, Nauplia und Mykene.

K Kafeníon

Das Kafeníon gehört so sehr zum griechischen Leben, daß es aus dem Straßenbild nicht fortzudenken ist. Wie die Kirche ist es Zentrum jeden Dorfes oder jeden Stadtviertels. Auch heute noch ist das Kafeníon den Männern vorbehalten; griechische Frauen wird man im Kafeníon kaum antreffen. Das Kafeníon ist ein Ort, um Neuigkeiten zu erfahren, die Weltpolitik zu diskutieren oder auch Geschäfte abzuschließen. Dort verbringen die Männer ihre Zeit bei einem kleinen griechischen Kaffee mit einem großen Glas Wasser oder vielleicht auch bei einem Ouzo und dem dazugehörigen Vorspeisenteller, den Mezes.

Die Ausstattung der meisten Kafenía ist sehr einfach, fast karg. Viele kleine Tische füllen den Raum; die harten Holzstühle sind alle zum Fenster oder zur Straße hin ausgerichtet; im Sommer werden sie ins Freie gestellt. An den weißen Wänden hängen Heiligenbilder und Politikerportraits, farbig sind nur die Kalenderblätter.

Als das Fernsehen auch in Griechenland Einzug hielt, fürchteten viele um die Existenz der Kafenía, da das Fernsehen Gespräche unmöglich mache. Die Befürchtungen haben sich nicht bestätigt: zwar steht in vielen Kafenía in der hinteren Ecke der Fernsehapparat, der zur Sendezeit durchgängig eingeschaltet ist, aber die Männer sitzen wie eh und je an den kleinen Tischen und diskutieren, während die Kugeln der Komboloia durch ihre Finger laufen.
Vielleicht aber spielen sie auch Tavli, jenes uralte Würfel-Brettspiel, das bei uns unter dem Namen "Backgammon" bekannt ist.

➡ Kartenmaterial

Es gibt zahlreiche Karten von Griechenland und der Peloponnes; jedoch sind die Karten oftmals nicht allzu genau und zuverlässig.
Auf den meisten Karten werden die Ortsnamen in griechischer und lateinischer Schrift angegeben; eine einheitliche Schreibweise der Namen in lateinischer Schrift gibt es jedoch nicht, was manchmal zu Verständigungsschwierigkeiten führt.

Hier eine Übersicht der gebräuchlichsten Karten:

- **Große Länderkarte Griechenland** mit 36seitigem Reiseführer, 1 : 800.000, Reise- und Verkehrsverlag, erhältlich über: ILH/GeoCenter, Postfach 800507, D 7000 Stuttgart 80
- **ADAC-Reisekarte Griechenland** mit Kulturführer 1 : 650.000,
- **Freytag + Berndt:** Karten über Griechenland und alle griechischen Inseln, auch über ILH/GeoCenter beziehbar (s.o.)
- **Shell Große Griechenlandkarte** 1 : 750.000

Praktische Reisetips von A - Z

- **Freytag + Berndt: Griechenland 5 Peloponnes - Korinth**, Straßenkarte mit Kulturführer und Stadtplänen 1 : 300.000
- **Hallwag Ferienkarte Griechenland - Peloponnes - Attika** mit Plan von Athen, Hotelverzeichnis und Kulturführer 1 : 400.000
- **K + G Hildebrandts Urlaubskarte 50 Peloponnes** 1 : 400.000
- **Schumm Übersichtskarte Peloponnes** 1 : 500.000
- **Landkarte Griechenlands**: kostenlose Karte der Griechischen Zentrale für Fremdenverkehr
- **Falk-Plan**: Athen mit Straßenverzeichnis

Kindernahrung

Kinderfertignahrung der bekannten Firmen gibt es in den Apotheken und Drogerien der großen Ferienzentren. Achten Sie in kleineren Läden bitte unbedingt auf das Haltbarkeitsdatum, da die Waren häufig lange in den Regalen stehen.

Kino

In den größeren Orten der Peloponnes gibt es Filmtheater, in denen neben griechischen auch internationale Filme in Originalsprache mit griechischen Untertiteln gezeigt werden.
Es gibt keine festgesetzten Einlaßzeiten. Man kann jederzeit das Kino betreten und sich beliebig lange das Filmgeschehen anschauen, das bis in die Nacht hinein andauert.
In den Sommermonaten werden in vielen Ortschaften Freilicht-Kinos eingerichtet. Dort beginnt die Vorführung mit Einbruch der Dämmerung - gegen 21 oder 22 Uhr.

Kiosk

Ungleich häufiger als bei uns trifft man in Griechenland auf Kioske (Períptero), die überall zum griechischen Straßenbild gehören. In den Städten sieht man sie auf allen Plätzen und an vielen Straßenkreuzungen, und auch in den kleinsten Dörfern fehlen sie selten. Das Angebot ist überall genau den Bedürfnissen der Gegend angepaßt, in dem der Kiosk steht - aber immer gibt es alles, was man im Alltag braucht - so verschiedene Dinge wie z. B. Schokolade, Kugelschreiber, Zeitungen, Kämme, Ansichtskarten, Briefmarken, Batterien, Filme, Pulverkaffee, Rasierklingen oder Kinderstrümpfe. Diese vielseitige Warensammlung ist auf kleinstem Raum untergebracht - alles liegt oder steht in Griffweite des Verkäufers, der in der Mitte des Kiosks sitzt. An der Außenseite des Kiosks steht ein Telefon, von dem aus man innerhalb der Stadt telefonieren kann.
Die Kioske sind vom frühen Morgen bis spät in den Abend hinein geöffnet.

Praktische Reisetips von A - Z

▸▸ Kirchen- und Klosterbesuche

Beim Besuch von Kirchen und Klöstern wird von den Besuchern angemessene Kleidung verlangt; für Frauen liegen häufig große Tücher, Umhänge oder Röcke bereit, die über lange Hosen gezogen werden können.
Für Griechen sind das Anzünden einer Kerze und eine Geldspende selbstverständlich; gerade die kleinen Klöster sind oft auf Spenden angewiesen. Wegen wiederholter Diebstähle wurden in den letzten Jahren zunehmend mehr Kirchen und Kapellen geschlossen. In den Dörfern können Sie in den Kafenía nach dem Kirchenschlüssel fragen.
Bei Klosterbesuchen sollten Sie die Mittagsruhe von 13 - 17 Uhr beachten.

▸▸ Kleidung und Reiseutensilien

Für den Sommer sind leichte Kleidungsstücke (besonders Baumwollsachen) zu empfehlen, jedoch ist es auch notwendig, eine **warme Strick- oder Windjacke** mitzunehmen, da auch in den Sommermonaten am Abend ein leichter, kühler Wind geht.
Im Frühjahr und im Herbst ist an einen leichten **Regenschutz** zu denken, da es gelegentlich zu Gewittern oder heftigen Schauern kommt. Weiterhin ist zu beachten, daß die Frühlingsmonate März und April noch sehr kühl und wetterwendisch sein können, so daß wärmere Kleidung erforderlich ist.
Für die Sommermonate sind gute **Sonnenschutzmittel** mit hohem Lichtschutzfaktor unverzichtbar; die Gefahr eines Sonnenbrandes ist sehr groß, da die Sonne aufgrund des beständigen Windes nur selten so brennend und stark empfunden wird, wie sie tatsächlich ist. Auch eine **Kopfbedeckung** und eine **Sonnenbrille** sollten Sie mitnehmen.
Wenn Sie auf der Peloponnes wandern wollen, empfiehlt es sich, wegen der steinigen und dornigen Wege **geschlossene Schuhe** und **lange Hosen** zu tragen. Für längere Wanderungen sollten Sie eine **Wasserflasche** mitnehmen.
Außerdem sind Saughaken, Badeschuhe, ggf. Insektenschutzmittel, Fernglas, Taschenlampe und Steckerset für einen Griechenlandaufenthalt nützlich.
Eine **kleine Reiseapotheke** sollte enthalten: Pflaster, Verbandstoff, Kopfschmerztabletten, Tabletten gegen Durchfall und Verstopfung, ein Mittel gegen Seekrankheiten, Brandgel, ein Mittel gegen Insektenstiche.

▸▸ Küche und Tavernen
   - ein kleiner Abriß griechischer Küchenkunde -

Die griechische Küche (gemeint sind damit griechische Gerichte, die sich in verschiedenen Regionen allmählich auf der Grundlage der vorhandenen Zutaten herausgebildet haben und noch nicht dem Touristengeschmack angepaßt wurden) ist eine Küche, in der einheimische, qualitativ hochwertige Zutaten auf einfache, oft rustikale Art zubereitet werden.

Zur traditionellen griechischen Küche gehören die ganze Vielfalt südländischer Gemüsesorten und Kräuter, viel frisches Obst, Joghurt, Lammfleisch und Geflügel, Fische und Meerestiere, Zitronensaucen und Brot.

Wenn dem Fremden nun trotz der guten Zutaten die griechische Kost anfangs nicht allzusehr zusagt, so liegt das an Eigentümlichkeiten in der Zubereitung, an die man sich erst gewöhnen muß:

- Bei vielen Gerichten wird das **Olivenöl**, das in Griechenland sehr gut ist, in großer Menge verwendet.
- Die Griechen bevorzugen **lauwarme Speisen**, da sich nach ihrem Verständnis bei sehr heißen und sehr kalten Gerichten der Eigengeschmack nicht deutlich ausprägen kann.
- **Alle Gerichte** werden im Restaurant **einzeln** ausgesucht; jeder Gast stellt sich seine Essensfolge selbst zusammen.

Es gibt eine Vielzahl der Bezeichnungen für die unterschiedlichen Eßlokale, z.B.:

Restaurant	ΕΣΤΙΑΤΟΡΙΟΝ	Estiatórion
Eßlokal	ΤΑΒΕΡΝΑ	Tawérna
Grillrestaurant	ΠΗΣΤΑΡΙΑ	Pistaría
Fischrestaurant	ΨΑΡΟΤΑΒΕΡΝΑ	Psarotavérna
Bier- und Eßlokal	ΜΠΙΡΑΡΙΑ	Biraría
Ouzo und Vorspeisen	ΟΥΖΕΡΙ	Oúseri

Im Kafeníon gibt es nur Kleinigkeiten, Vorspeisen, zu essen; für eine große Mahlzeit wählen Sie eines der anderen genannten Eßlokale aus.

Bei Ihrem Besuch werden Sie weitere Eigentümlichkeiten der griechischen Restaurants feststellen:

- Die **Essenszeiten** sind sehr in den Nachmittag und Abend **verschoben**.

- Das **Mittagessen wird sehr spät** (zwischen 14 und 15 Uhr) eingenommen.

- Zum **Abendessen** trifft man sich **nie vor 20 oder 21 Uhr**, im Sommer selten vor 22 Uhr; die Restaurants sind alle bis nach Mitternacht geöffnet.

- Die **Speisenkarten** sind meistens **zweisprachig in Griechisch und Englisch** abgefaßt. Es werden zwei nebeneinander stehende Preise für jedes Gericht aufgeführt: der **erste, niedrigere Preis ist der Nettopreis**, der aufgrund gesetzlicher Vorschriften genannt werden muß; der **zweite,**

höhere Betrag ist der **für den Gast gültige Preis**, in dem dann auch schon die Steuer enthalten ist.

● Häufig sind auf den vorgedruckten Speisenkarten nur wenige Speisen eingetragen; meist ist das Angebot viel größer, so daß es sich lohnt, wie die Griechen den **Kellner zu fragen oder direkt in die Küche zu gehen** und dort die Bestellung aufzugeben.
Der Koch wird Ihnen dann die Speisen portionsweise auf jeweils einen Teller füllen: ein Teller mit Fleisch, ein Teller mit Kartoffeln, ein Teller mit Bohnen, ein Teller mit Salat usw. Eine vorgegebene Zusammenstellung von Gerichten ist weithin unüblich.
Wenn Sie Wert auf eine bestimmte Reihenfolge der Gerichte im Sinne eines Menus legen, ist es deshalb ratsam, die Gerichte nacheinander zu bestellen, da sonst alle Gerichte gleichzeitig serviert werden.

● Sobald der Gast Platz genommen hat, wird der Tisch mit einem Papier- oder Plastiktischtuch abgedeckt; Stoffdecken gibt es nur selten. Ein Korb mit Brot und in Servietten eingerollten Bestecken sowie eine Karaffe Wasser werden auf den Tisch gestellt. Danach werden die bestellten Getränke und Gerichte serviert. Jeder Gast ißt zwanglos von **mehreren Tellern.**

● Wenn Sie sich für ein Gericht aus den großen Töpfen entschieden haben, erwarten Sie bitte keine heißen Speisen. In der Regel werden diese Gerichte wie z. B. Moussaka, jede Art von Goulasch, gedünstete Gemüse u. ä. schon am Mittag zubereitet und bis in den späten Abend hinein warm gehalten. Die Speisen werden dann oft nur **lauwarm serviert,** was die Griechen ohnehin bevorzugen, dem Fremden aber häufig mißfällt. Frisch und köstlich zubereitet werden alle Grillgerichte!

● Der Junge (der mikrós), der Ihren Tisch deckt und abräumt und Brot und Wasser auf den Tisch stellt, steht oft in keinem festen Lohnverhältnis, sondern hat nur das **Trinkgeld** als Einnahmequelle. Die Griechen vergessen nie, für den Mikrós 10 bis 20 Drachmen beim Fortgehen auf den Tisch zu legen; außerdem ist auch ein Trinkgeld bei Bezahlung der Rechnung üblich geworden.

Die folgende Zusammenstellung soll Ihnen bei der Bestellung auf Griechisch eine Hilfe sein:

VORSPEISEN	OPEKTIKA	OREKTIKA
Fischrogensalat	Ταραμοσαλατα	Taramosaláta
Garnelen	Γαριδες	Grarídes
gefüllte Weinblätter	Ντολμαδακια	Dolmadhákja
Gehacktes-Bällchen	Κεφτεδες	Keftédhes

Praktische Reisetips von A - Z

gemischte Vorspeisen	Ορεκτικα διαφορα	Orektiká dhiáfora
Joghurt mit Zwiebeln, Gurken und Knoblauch	Τζατζικι	Tzatzíki
kleine, gebrannte Fische	Μαριδες	Marídhes
kleine Tintenfische	Καλαμαρακια	Kalamarákja
Krake	Οκταποδι	Oktapódhi
Russische Eier	Αυγα α λα ρουσ	Awgá a la rús

SUPPEN — ΣΟΥΠΕΣ — SUPES

Fischsuppe	Ψαροσουπα	Psarósupa
Hühnerbrühe mit Zitronen-Eisauce	Ζουπα αϖγολεμονο	Supa avgolémono
Kalb- oder Lammfleischsuppe	Πατσας	Patsás
weiße Bohnensuppe	Φασολαδα	Fassoládha

PASTETEN, REIS- UND NUDELGERICHTE — ΠΑΣΤΙΤΣΟΙ ΚΑΙ ΖΥΜΑΡΙΚΑ — PASTITSII KÄ SIMARIKA

Nudel-Fleisch-Auflauf	Παστιτσιο	Pastítsjo
Reis mit Sauce	Ρυζι πιλαφι	Rísi piláfi
Spaghetti mit Tomaten-Hackfleischsauce	Μακαροναδα με κιμα	Makaronádha me kimá

EIERSPEISEN — ΑΥΓΑ — AWGA

Omelett	Ομελετα	Omelétta
Rühreier	Αυγα μπρουιε	Awgá brúje
Spiegeleier	Αυγα ματια	Awgá mátja

FISCH/SCHALENTIERE — ΨΑΡΙΑ ΚΑΙ ΘΑΛΑΣΣΙΝΑ — PSÁRIA KÄ THALLASSINA

Barbe (sehr gut)	Μπαρμπουνι	Barbúni
Garnelen (Scampi)	Γαριδες	Garídhes
Hummer	Αστακος	Astakós
Meeräsche	Κεφαλος	Kéfalos
Meerbrasse	Τσιπουρα	Tsipúra
Polyp	Οκταποδι	Oktapódi
Sardinen	Σαρδελλες	Sardélles
Seezunge	Γλωσσα	Glóssa
Thunfisch	Τονοω	Tónos
Tintenfisch	Καλαμαρακια	Kalamarákja

| **FLEISCH** | **ΚΡΕΑΣ** | **KREAS** |

Beefsteak	Μπιφτεκι	Biftéki
Filet	Φιλετο	Filéto
Hackfleisch-Bällchen	Κεφτεδες	Keftédhes
Kotelett	Κοτολεττα	Kotolétta
Lammkotelett	Μπριζολα	Brisoles
Spanferkel	Γουρουνοπουλο	Gurunópulo
Spieß vom Holzkohlegrill	Σουβλακι	Suwláki

| **WILD UND GEFLÜGEL** | **ΚΥΝΗΓΙ ΚΑΙ ΠΟΥΛΕΡΙΚΑ** | **KINIJI KÄ PU-LERIKA** |

Hase	Λαγος	Lagós
Huhn	Κοτοπουλο	Kotópulo
Kaninchen	Κουνελι	Kunéli

| **GEMÜSE UND SALATE** | **ΛΑΧΑΝΙΚΑ ΚΑΙ ΣΑΛΑΤΕΣ** | **LACHANIKÁ KÄ SALÁTES** |

Artischocken	Αγκιναρες	Angináres
Auberginen	Μελιτζανες	Melitsánes
Auberginen-Hackfleisch-Auflauf	Μουσακας	Mussakás
Bauernsalat	Χωριατικη σαλατα	choriátiki saláta
Bohnen	Φασολια	Fasóleia
gefüllte Auberginen	Μελιτζανες γεμιστες	Melitsánes jemistés
Karotten	Καροτα	Karótta
Kartoffeln	Πατατες	Patátes
Tomaten	Τοματες	Tomátes

| **OBST** | **ΦΡΟΥΤΑ** | **FRÚTA** |

Apfel	Μηλο	Mílo
Apfelsine	Πορτοκαλαι	Portokáli
Birne	Αχλαδι	Achládhi
Honigmelone	Πεπονι	Pepóni
Pfirsich	Ροδακινο	Rodhákino
Wassermelone	Καρπουζι	Karpúsi
Weintrauben	Σταφυλια	Stafília

KÄSE	TYPI	TIRÍ
fetter Schafskäse	Μανουρι	Manúri
Gruyere-Käse aus Schafsmilch	Γραβιερα	Gravjéra
halbweicher Käse aus Ziegen- oder Schafsmilch	Φετα	Féta
Joghurt	Γιαουρτι	Jaúrti
Käse, der dem Gouda ähnelt	Κασερι	Kaséri
scharfer Käse aus Ziegen- oder Schafsmilch	Κοπανιστι	Kopanistí

M Museen

Die Öffnungszeiten der Museen sind nicht einheitlich geregelt; im allgemeinen gelten jedoch folgende Zeiten:
- Di - Sa 8.30 - 15 Uhr
- So 9 - 15 Uhr
- Mo geschlossen

Donnerstags sowie an Sonn- und Feiertagen ist der Eintritt im allgemeinen frei. Bei Vorlage eines Schüler- oder Studentenausweises wird eine Ermäßigung erteilt.

N Nachrichtensendungen

Der griechische Rundfunk (E.R.T.) strahlt täglich fremdsprachige Nachrichtenprogramme aus:

Uhrzeit	Inhalt	Sprache
täglich 6.35 Uhr	Wetterbericht	englisch
täglich 7.30-7.55 Uhr	Nachrichten und Wetterbericht	englisch französisch deutsch
sonntags 7.15 Uhr	Nachrichten	englisch französisch deutsch

Im 2. Programm des griechischen Fernsehens (E.R.T. 2) werden täglich gegen 18.15 Uhr Nachrichten in englischer Sprache gesendet. Der genaue Beginn richtet sich nach der Dauer der vorausgehenden griechischen Nachrichtensendung.

Praktische Reisetips von A - Z

▶▶ Notrufe

Der ADAC hat in Zusammenarbeit mit dem griechischen Automobil- und Touring Club (ELPA) deutschsprachige Notrufdienste eingerichtet: **Athen**, 01 / 7775644 (ganzjährig).
Darüber hinaus bieten die folgenden Stellen Beratung und Hilfe an:
- **Touristenpolizei** Athen 01 / 171
- **Polizei** 100
- **Feuerwehr** 199
- **Rettungsdienst** Athen 01 / 166
- **Automobilclub** 01 / 104

P Polizei

Die Polizei ist unter der Rufnummer 100 zu erreichen.

▶▶ Post

Die griechischen Postämter sind nicht für Telefongespräche und Telegrammaufgabe zuständig. Dies ist nur in den Fernsprechämtern O.T.E. möglich (s. Telefonieren).
Öffnungszeiten der Postämter: Mo - Fr 7 - 14.30 Uhr
Die Postgebühren betragen 1992 für Zustellungen in europäische Länder 90 Drs. Auslandspost wird immer per Luftpost befördert. Die Briefkästen sind in Griechenland gelb. Postlagernde Sendungen können an jedem Postamt bei Vorlage des Personalausweises oder des Reisepasses abgeholt werden (Poste restante).

R Reisebüros

Außer den Büros der Griechischen Zentrale für Fremdenverkehr, in denen Informationen erteilt werden, gibt es eine Fülle griechischer Reisebüros, die Auskünfte geben und Buchungen und Reservierungen von Hotels, Flügen und Schiffspassagen vornehmen. Dabei ist besonders bei Schiffsbuchungen und Ausflugsfahrten zu beachten, daß die einzelnen Agenturen häufig nur eine einzige Reederei oder Organisation vertreten, so daß es sich lohnt, nach Abfahrtszeiten und Preisen in mehreren Reisebüros nachzufragen.

▶▶ Reiseveranstalter

Eine vollständige Übersicht über alle deutschen Reiseveranstalter gibt jährlich die Griechische Zentrale für Fremdenverkehr heraus (G.Z.F., Neue Mainzer Str. 22, 6000 Frankfurt/M., Tel. 069/236561 - 63).

Praktische Reisetips von A - Z

Als besondere und empfehlenswerte Veranstalter gelten u.a.:

- **Akademische Studienreisen Heidelberg, Wielandstr. 20, 6900 Heidelberg 1, Tel.: 06221 / 45093-6**
Das Programm bietet Aufenthaltsreisen mit Studienexkursionen an, die Verbindung intensiver geistiger Anregung mit körperlicher Erholung, z.B. auf Santorin. Eine weitere "Spezialität" ist der Inselurlaub in der Ägäis.

- **ISTS Intercontinental Reisen GmbH, Türkenstr. 71, 8000 München 40, Tel.: 089 / 237270**
Der größte Spezialveranstalter für Griechenland bietet Flug- und Pauschalreisen für alle Wünsche an. Über 240 Hotels am Festland und auf über 45 Inseln werden neben günstigen Flügen angeboten.

- **Karawane Studienreisen, Postfach 905, 7140 Ludwigsburg, Tel.: 07141 / 87430**
Der große Studien-Reiseveranstalter bietet ausgefeilte Studienreisen im gesamten griechischen Raum an. Erstklassige Reiseleitung, optimale Routenführung sowie "Alles-Inbegriffen-Preise" zeichnen die ehrlichen und informativen Programme aus.

- **Studiosus Reisen, Postfach 202204, 8000 München 2, Tel.: 089 / 523000**
Der namhafte Studienreise-Veranstalter bietet vielseitige Reisen in dem vom Buch beschriebenen Raum an. Kataloge sind in allen Reisebüros erhältlich. Fachlich qualifizierte Reiseleiter rücken neben kulturellen und kunsthistorischen Aspekten auch ökonomische, geographische und politische Zusammenhänge ins Blickfeld.

S Schiffsverbindungen

Piräus ist der zentrale Hafen für den gesamten griechischen Schiffsverkehr, wo sternförmig alle Schiffahrtslinien zusammenlaufen. Dieser Zentralismus hat den Nachteil, daß sogar dicht beieinanderliegende Inseln oftmals keine unmittelbare Schiffsverbindung miteinander haben. Seit einigen Jahren gibt es nun Bestrebungen, direkte Verbindungen zwischen den Inseln herzustellen. Davon haben auch Urlauber den Nutzen, denn das "Insel-Springen", wie es sich besonders in der Ägäis anbietet, wird dadurch wesentlich erleichtert.

Buch und Kartentip
Auskünfte über alle Schiffslinien, -verbindungen und Fahrtzeiten gibt der monatlich erscheinende "Key Travel Guide". Er ist auch in Deutschland erhältlich bei: Hellas-Orient-Reisen, Kaiserstr. 11, 6000 Frankfurt.

Für die Reiseplanung ist der "Key Travel Guide" zu empfehlen; für die Schiffsreise ist es jedoch auf jeden Fall notwendig, die genauen Abfahrtszeiten des jeweiligen Schiffes zu erfragen, da diese sehr häufig wechseln.

Praktische Reisetips von A - Z

Buch- und Kartentip
Die Griechische Zentrale für Fremdenverkehr veröffentlicht alljährlich eine Informationsschrift über "Innergriechische Schiffsverbindungen" und einen zusätzlichen Fahrplan über die Verbindungen zwischen Piräus und den Saronischen Inseln.

▶▶ Schulferien

Die griechischen Sommerferien dauern 3 Monate von Mitte Juni bis Mitte September. Für diese Hauptreisezeit ist eine frühzeitige Hotel- oder Zeltplatzreservierung empfehlenswert.

▶▶ Sport

Die Peloponnes bietet gute Voraussetzungen für alle Wassersportarten und ist auch zum Wandern sehr geeignet.
Tennisplätze, Surf- oder Segelschulen, Boots- oder Wasserski-Verleih gibt es nur in der Nähe der größeren Ferienzentren. Surfbretter und Tretboote werden häufig auch in kleinen Orten ausgeliehen.
Genauere Auskünfte über Sportmöglichkeiten erteilen die jeweiligen Verbände.

- **Bergsteigen**: Griechischer Alpiner Bergsteigerverband
  Eolou Str. 70, Athen, Tel.: 01 / 3212429
- **Fallschirmspringen/Drachenfliegen**: Fallschirmspringer-Club
  Lekka Str. 22, Athen,
  Tel.: nachmittags 01 / 3223170
- **Fischen**: Verband der Sportfischer und des Seesports
  Akti Moutsopoulou, Piräus, Tel.: 4515631
- **Rudern**: Griechischer Ruderverband, Athen
  Voukourestiou Str. 34, Tel.: 01 / 3612109
- **Schwimmen**: Alle Strände und Küstenabschnitte der Inseln sind frei zugänglich.
- **Segeln**: Auskünfte über das Mieten von Booten und Schiffen sowie über die Teilnahme an Wettbewerben erteilen:
  Segelverband Athen,
  Xenophondos Str. 15 a, Tel.: 01 / 3236813
- **Surfen**: Griechischer Wind-Surfing Verband
  Filellino Str. 7, Athen, Tel.: 01 / 3230068
- **Tauchen**: Griechischer Tauchsport-Verband
  Agios Kosmas, Athen - Ellinikon, Tel.: 01/ 9819961
  Unterwasserfischen mit Atmungsgeräten ist in Griechenland untersagt.
- **Tennis**: In allen größeren Feriengebieten gibt es Hotels mit Tennisplätzen.
- **Wasserski**: Vereinigung der Wasserskifreunde
  Stournara Str. 32, Athen, Tel.: 01 / 5231875

➤ Sprache/Sprachverständigung

Mit Deutsch, Englisch, Französisch oder Italienisch kann man sich überall in Griechenland verständigen. Die Vorliebe der Griechen für ausgeprägte Mimik und Gestik erleichtert die Verständigung.
Es lohnt aber die kleine Mühe, einige häufig gebrauchte Wörter und Redewendungen in Griechisch zu lernen, da die Griechen darauf mit großer Freude reagieren.

Die neugriechische Sprache hat 2 Sprachformen: die Volkssprache (Δη-μοτικη) und die Schrift(Hoch-)sprache (Καθαρενουσα).
Die Volkssprache wird von den Griechen im Alltag, von den Tageszeitungen und Rundfunk- und Fernsehanstalten benutzt, während die Hochsprache noch in der Kirche, in wissenschaftlichen Veröffentlichungen und in öffentlichen Bekanntmachungen verwendet wird. Diese Spaltung der Sprache reicht weit in die Vergangenheit zurück; erst 1976 wurde durch die offizielle griechische Sprachreform die Volkssprache auch als Unterrichtssprache in griechischen Schulen eingeführt.

Für den Fremden, der sich der griechischen Sprache bedienen will, ist nur die Volkssprache von Bedeutung; auch alle Sprachlehrbücher, Sprachführer und Wörterbücher beziehen sich auf diese Sprachform. Nützlich ist für den Reisenden die Kenntnis der griechischen Schrift. Zwar wurden in den letzten Jahren zunehmend Ortsschilder auch in lateinischer Schrift aufgestellt, aber Straßen- und Hinweisschilder sind häufig nur in griechischer Schreibweise vorhanden.

Druckschrift		Bezeichnung	Laut
A	α	Alfa	a: wie danken
B	β	Wita	w: wie warten
Γ	γ	Gamma	g: wie Garten
Δ	δ	Delta	keine Entsprechung in der deutschen Sprache; wie "th" im englischen "that"
E	ε	Epsilon	e: wie Rest
Z	ζ	Zita	z: wie Rose
H	η	Ita	i: wie Minute
Θ	ϑ	Thita	keine Entsprechung in der deutschen Sprache; wie "th" im englischen "thing"
I	ι	Jota	j: wie jagen
K	κ	Kappa	k: wie Koch
Λ	λ	Lambda	l: wie lachen
M	μ	Mi	m: wie mein

Druckschrift		Bezeichnung	Laut
Ν	ν	Ni	n: wie nein
Ξ	ξ	Ksi	x: wie Taxe, sechs
Ο	ο	Omikron	o: wie offen
Π	π	Pi	p: wie Post
Ρ	ρ	Ro	keine Entsprechung in der deutschen Sprache; leicht gerolltes "r"
Σ	σ, ς	Sigma	s: wie Wasser
Τ	τ	Taf	t: wie Theater
Υ	υ	Ipsilon	j: wie jeder
Φ	φ	Fi	f: wie finden
Χ	χ	Chi	ch: wie ich (vor "i" oder "e") ch: wie noch (vor "a", "o" oder "u")
Ψ	ψ	Psi	ps : wie Kapsel
Ω	ω, ϖ	Omega	o: wie offen

Es fällt gar nicht schwer, das griechische Alphabet zu lernen, denn von den Großbuchstaben weichen nur 11 von unserem Schriftbild ab.

Eine Erschwernis ergibt sich jedoch daraus, daß es eine verbindliche, allgemein gültige Umschrift der griechischen Namen und Wörter nicht gibt. So werden Sie schnell feststellen, daß z.B. ein Ortsname in ganz unterschiedlicher Schreibweise auf Ortsschildern, Landkarten oder Fahrplänen zu sehen ist.

Achten Sie bei der Aussprache der griechischen Wörter und Namen bitte unbedingt auf die angegebene Akzentsetzung, denn in der griechischen Sprache ist die Betonung ausschlaggebend für das richtige Verständnis.

Sprachführer
Es gibt inzwischen eine ganze Anzahl deutsch-griechischer Sprachlehrbücher und Sprachführer. Besonders brauchbar sind:

● H. und N. Eideneier, Neugriechisch ist gar nicht so schwer, Teil 1 und 2, Verlag Dr. Ludwig Reichert, Wiesbaden
● H. Eideneier, Neu-Griechisch - wie es nicht im Wörterbuch steht, Bastei - Lübbe - Verlag

Einige ganz einfache Redewendungen können Sie sogleich lernen; bei der Aussprache ist unbedingt auf die richtige Betonung zu achten!

Praktische Reisetips von A - Z

1. Allgemeines		
Alles Gute!	Στο καλο!	sto kaló
Auf Wiedersehen!	Χαιρετε!	chärete
bitte	παρακαλω	parakaló
danke	ευχαριστω	efgaristó
Entschuldigung	Συγγνωμην	signómin
Guten Tag!	Καλημερα!	kaliméra
ja	ναι	nä
nein	οχι	óchi

2. Fragen		
Wo ist ...	Που ειναι ...	Pu íne...
... ein Arzt?	... ενας ιατρος;	... éna iatrós?
... ein Hotel?	... ενα ξενοδοχειο;	... éna ksenodochío?
... die Polizei?	... η αστυνομια	... i astinomía?
... das Taxi?	... το ταξι;	... to taxi?
... ein Telefon?	... ενα τιλεφωνο;	... éna tiléfono?
Haben Sie ...	Εχετε ...	Échete ...
... ein Zimmer frei?	... ενα δωματιο;	... éna domátio?
... Zeit?	... καιρο;	... kairó?

3. Wünsche		
Ich möchte ...	Θελω ...	Thélo ...
... eine Fahrkarte.	... ενα εισιτηριο.	... éna isitírio.
... Geld umtauschen.	... ν'αλλαξω χρηματα.	... n'alláxo chrímata.
... ein Handtuch.	... μια πετσετα.	... mia petséta.
... telefonieren.	... να τηλεφωνησω.	... na tilefoníso.
... ein Zimmer.	... ενα δωματιο.	... éna domátio.

4. Zahlen		
1	ενα	éna
2	δυο	dío
3	τρεις, τρια	tría
4	τεσσερα	téssera
5	πενδε	pénde
6	εξι	éksi
7	εφτα	eftá
8	οχτω	ochtó
9	εννεα	enjá
10	δεκα	déka
11	ενδεκα	endeka
12	δωδεκα	dódeka
13	δεκατρια	dekatría

20	εικοσι	íkosi
21	εικοσιενα	ikosiéna
30	τριαντα	triánda
40	σαραντα	saránda
50	πενηντα	penínda
60	εξηντα	eksínda
70	εφδομηντα	efdomínda
80	ογδοντα	okdónda
90	ενενηντα	enenínda
100	εκατο	ekató
1.000	χιλια	chília

▶▶ Strom/Steckdosen

Nur noch in Ausnahmefällen, z. B. auf Schiffen, findet man 110 Volt-Gleichstrom vor; im allgemeinen gibt es im ganzen Land 220 Volt Wechselstrom. Auf die griechischen Steckdosen passen nur die flachen Euro-Stecker. Für Elektrogeräte, z. B. Foen, Reisebügeleisen, Tauchsieder, ist häufig ein Zusatzstecker "Südeuropa" erforderlich.

▶▶ Studienreisen

s. Reiseveranstalter

T Taxi

Da das Taxifahren in Griechenland vergleichsweise billig ist, wird von Taxifahrten auch erheblich mehr Gebrauch gemacht. Man kann die Taxis telefonisch bestellen, man kann an den Taxiständen, die es in allen größeren Ortschaften gibt, auf die Taxis warten oder einfach vorbeifahrende Taxis anhalten.
Die städtischen Taxis fahren nach Taxameter; für die örtlichen Taxis (Agoraion) gibt es feste Preise zwischen den einzelnen Ortschaften; bei längeren Fahrten wird der Preis vorher vereinbart.

▶▶ Telefonieren

Die Telefon- und Telegrafenämter (O.T.E.) sind in Griechenland von den Postämtern getrennt. Die halbstaatliche Gesellschaft hat in allen Städten und größeren Ortschaften Amtsstellen eingerichtet. In kleinen, abgelegenen Dörfern steht das öffentliche Telefon in Geschäften, im Kafeníon oder einfach in einer Stube. Alle "Büros" sind mit O.T.E. gekennzeichnet. Die Gesprächskosten werden über einen Gebührenzähler abgerechnet.

Praktische Reisetips von A - Z

In O.T.E.-Büros und in Telefonzellen ist das Telefonieren am billigsten; für Ferngespräche mit kurzen Gebühreneinheiten ist in Telefonzellen ein großer Vorrat an Münzen nötig.
Eine weitere Möglichkeit, außerhalb der Hotels zu telefonieren, sind die an den Kiosken aufgestellten Telefonapparate. Dabei gilt:
rote Telefonapparate   nur für Ortsgespräche
graue/schwarze Telefonapparate   In- und Auslandsgespräche.
Für die Telefongespräche am Kiosk wird gegenüber den O.T.E.-Stellen ein Aufpreis erhoben.
Überall ist Selbstwählferndienst möglich. Für Auslandsgespräche gelten folgende Vorwahlnummern:
● **Deutschland** 0049   ● **Österreich** 0043   ● **Schweiz** 0041

Danach werden die Ortskennzahl der gewünschten Stadt ohne die Null und dann die Rufnummer des Teilnehmers gewählt.
Obwohl das griechische Fernsprechnetz sehr dicht und technisch perfekt ist (es wurde von der Firma Siemens aufgebaut), ist es so überlastet, daß häufig keine Verbindungen zustande kommen. Am ehesten hat man Erfolg, wenn man außerhalb der Büro- und Geschäftszeiten zu telefonieren versucht.

➤➤ **Toiletten**

Öffentliche Toiletten sind selten und entsprechen meist nicht dem mitteleuropäischen Standard; auf dem Lande sind es vielfach noch Stehklos.
In Restaurants sind die Toiletten beschriftet mit: Herren - ΑΝΔΡΩΝ, Damen - ΓΥΝΑΙΚΩΝ.
Da wegen der Verstopfungsgefahr kein Papier in die Toiletten geworfen werden soll, stehen in den Toiletten Abfalleimer bereit. Häufig ist kein Toilettenpapier vorrätig.

➤➤ **Touristenpolizei**

Die Touristenpolizei ist in ganz Griechenland unter der Rufnummer 171 zu erreichen. Zu ihren Aufgaben gehört die Betreuung der Fremden, was von einfachen Auskünften bis zur Zimmervermittlung reichen kann. Die Polizisten dieser Abteilung sind an ihrem weißen Helm und an der Schrift "Tourist Police" an der Uniform zu erkennen.

➤➤ **Trinkgelder**

In Hotels, Restaurants und Tavernen ist das Trinkgeld in der Regel inbegriffen, dennoch ist es üblich, die Rechnungssumme aufzurunden. Zusätzlich legt man dem Mikrós ein kleines Trinkgeld von 20 bis 50 Drachmen auf den Tisch. Der Mikrós ist ein Junge oder Jugendlicher, der nur

Brot und Wasser auf den Tisch stellt und für das Abräumen der Tische zuständig ist. Der Mikrós bekommt nur einen ganz geringen Lohn und ist auf das Trinkgeld angewiesen.
Außerdem werden Trinkgelder an Taxifahrer, Friseure, Platzanweiser und Hotelangestellte je nach Belieben gegeben.

U Uhrzeit

In Griechenland gilt die osteuropäische Zeit, die der mitteleuropäischen um 1 Stunde vorausgeht. Während der Sommerzeit (von April bis Oktober) wird die Uhr um eine weitere Stunde vorgestellt.

W Währung/Devisen

Die griechische Währungseinheit ist die Drachme. Eine Drachme entspricht 100 Lepta, jedoch ist die Verwendung der Lepta-Münzen unüblich geworden. Es gibt Münzen von 1, 2, 5, 10, 20, 50 und 100 Drachmen und Scheine von 50, 100, 500, 1.000 und 5.000 Drachmen.
100 Drachmen = 0.87 DM; 1 DM = 115 Drs. (Stand Mai 1992)

➤ Wasser

Das griechische Trinkwasser ist von guter Qualität und wird von den Griechen selbst zu jeder Mahlzeit getrunken. In den Tavernen und Restaurants wird immer gekühltes Wasser auf den Tisch gestellt. Dennoch ist dem Fremden zur Vorsicht zu raten und besonders zu Urlaubsbeginn Mineralwasser oder das nicht kohlensäurehaltige "metalliko nero" (Tafelwasser) zu empfehlen.
Für die Einheimischen ist Wasser noch immer ein kostbares Lebensgut, mit dem sie sparsam umgehen müssen. Das sollte auch der Fremde bedenken und nicht achtlos Wasser verschwenden.

Y Yachtstationen

Yachten können in allen Häfen anlegen.
Eine Übersicht über Einreiseformalitäten und Yachtversorgungsstationen finden Sie in der Broschüre der Griechischen Zentrale für Fremdenverkehr.

➤ Yachtvermietung

Eine Übersicht über alle Yachtvermieter in Griechenland gibt die G.Z.F. heraus. Auskünfte und Detailinformationen erhalten Sie bei den jeweiligen Vermietern. Die Preise richten sich nach der Größe des gemieteten Schiffes und nach der Anzahl der Mannschaftsmitglieder.

Z Zeitungen

In Athen und den großen Ferienzentren gibt es neben zahlreichen Zeitschriften auch deutschsprachige Tageszeitungen.

➤ Zollformalitäten

Für Reisende aus den EG-Ländern gelten folgende Bestimmungen:

- Alle Gegenstände des persönlichen Bedarfs können zollfrei ein- und ausgeführt werden.
- Neue Waren bis zu einem Gesamtwert von US $ 150 können zollfrei eingeführt werden.
- Reiseandenken bis zu einem Gesamtwert von US $ 150 und Reiseproviant bis zu US $ 50 können unverzollt ausgeführt werden, z. B. 200 Zigaretten oder 50 Zigarren oder 200 g Tabak, 1 l Spirituosen, 2 l Wein.
- **Die Ausfuhr von Antiquitäten und Kunstgegenständen ist grundsätzlich untersagt.** Im Nationalmuseum in Athen werden Nachbildungen und Kopien mit Zertifikat verkauft, die frei aus Griechenland ausgeführt werden können. Verstöße gegen das Gesetz werden mit hohen Strafen belegt.

PELOPONNES-NEUIGKEITEN
- Stand Mai 1992 -

Allgemeines

Grundlage des Fremdenverkehrs in Griechenland sind die günstigen klimatischen Bedingungen, die Fülle der historischen Sehenswürdigkeiten und die vielfältigen Gestaltungsmöglichkeiten eines Badeurlaubs. Die Verbesserung der Verkehrs- und Hotelinfrastruktur trug in den vergangenen Jahren dazu bei, daß sich der Fremdenverkehr zu einem der wichtigsten Wirtschaftszweige Griechenlands entwickelte. Die Zahl der ausländischen Besucher erhöhte sich stetig, wobei Reisende aus der Bundesrepublik Deutschland den zweiten Platz einnehmen.

Wie überall in Griechenland, hat der Fremdenverkehr auch auf der Peloponnes in den letzten Jahren ständig zugenommen; die Saison reicht von April bis Oktober. Dabei sind Frühjahr und Herbst bevorzugte Reisezeiten für Rundfahrten und zum Besuch der antiken Ausgrabungsstätten, während die Sommermonate sich vor allem für einen Badeurlaub eignen.

Preisentwicklung

Eines der schwerwiegendsten Wirtschaftsprobleme Griechenlands ist die hohe Inflationsrate, die 1991 bei 18,3 % lag und damit in den vergangenen Jahren durchgängig höher war als in den anderen EG-Ländern.

Für ausländische Gäste ist Griechenland als Reiseland trotz des Preisanstiegs nicht viel teurer geworden, da sich für Reisende der Geldumtausch verbesserte. 100 Drs. = 0.87 DM, 1 DM = 115 Drs. (Stand Mai 1992)

Politik

Nach achtjähriger Regierungszeit der Panhellenischen Sozialistischen Bewegung (PASOK), ging die konservative Partei Nea Demokratia aus den Wahlen von 1989 zwar gestärkt hervor, verfehlte aber die absolute Mehrheit. Für die kurze Übergangszeit bis zu den angesetzten Neuwahlen wurde eine Koalition zwischen Konservativen und Kommunisten gebildet. Die Neuwahlen im Oktober 1989 ergaben wiederum für keine Partei eine regierungsfähige Mehrheit. Erst seit April 1990 stellt die Nea Demokratia mit 150 Abgeordneten die Regierung unter dem Ministerpräsidenten Konstantin Mitsotakis; in der Nationalversammlung verfügt die PASOK über 123 Sitze, die Vereinigte Linke über 19 Sitze und die sonstigen Parteien über 8 Sitze. Staatspräsident ist seit Mai 1990 Konstantin Karamanlis.

Touristische Informationen

Straßenverhältnisse

Das Straßennetz der Peloponnes wird weiterhin ständig ausgebaut und ausgebessert. Der Zustand der Hauptverbindungsstraßen ist recht gut; auffällig ist jedoch, daß viele Ortsdurchfahrten in deutlich schlechterem Zustand sind. Während für den allgemeinen Straßenbau nämlich das Land verantwortlich ist, sind für den Bau und die Instandhaltung der Straßen innerhalb der Ortschaften die jeweiligen Gemeinden selbst zuständig. Gegenüber der Übersicht auf Seite 78 ff haben sich folgende Straßenverhältnisse verändert:

- **im Norden der Peloponnes**
  - Die Anfahrtsstraße zur Festung von Akrokorinth ist durchgehend asphaltiert und gut befahrbar.
  - die Straße von **Killíni** nach **Kastro** wurde inzwischen asphaltiert.
- **im Süden der Peloponnes**
  - Die Straße von Kalamáta nach Areópolis wird wegen starker Bergschäden ausgebessert und ist ab Frühjahr 1992 auf dem Zwischenstück bei Platsá zu festen Zeiten wegen der Bauarbeiten gesperrt. Große Schilder (Attention! Road is closed!) weisen auf die Sperrzeiten hin: ab April 1992: täglich gesperrt von 8.30 - 13 Uhr und von 14.30 - 18.30 Uhr.
  - Die Straße von Gythion nach Neápolis ist auf dem Teilstück zwischen Papadianíkia und Daimónia weitgehend asphaltiert worden.
- **im Osten der Peloponnes**
  - Die Straße von Leonídion über den Parnon-Paß nach Geráki ist inzwischen fertiggestellt; Bergrutsche verursachen jedoch immer wieder neue Schäden.
- **im inneren Bergland**
  - Die Straße von Dimitsána über Stemnítsa ist sehr kurvenreich, relativ schmal und weist etliche Straßenschäden auf.

Übernachtungsmöglichkeiten

Weiterhin steigt die Zahl der **Hotel-Neubauten**, bei denen die einfachen, privat geführten Mittelklasse-Hotels überwiegen.
Obwohl die Preise in den letzten Jahren für alle Hotelkategorien angehoben wurden, blieben aufgrund des günstigeren Wechselkurses die DM-Preise etwa gleich.
Die folgenden Angaben sind Anhaltswerte für ein DZ in der Hochsaison:
Hotels der Luxuskategorie: ca. 145 - 180 DM
Hotels der A-Klasse: ca. 80 - 140 DM
Hotels der B-Klasse: ca. 65 - 80 DM
Hotels der C-Klasse: ca. 45 - 60 DM
Hotels der D-Klasse: ca. 35 - 50 DM
In Athen, Delphi und Olympia sind die Preise deutlich höher als sonst auf

der übrigen Peloponnes; in der Vor- und Nachsaison und bei längerem Aufenthalt sind Preisnachlässe möglich.

Neben **Privatzimmern** werden verstärkt 1-und 2-Zimmer-**Appartements** angeboten, die entweder über eine Küchenzeile mit Herd und Kühlschrank oder über eine kleine Küche verfügen. Die Ausstattung mit Geschirr und Töpfen ist sehr unterschiedlich; die Vermieter sind aber meist bemüht, Fehlendes schnell zu besorgen.

Für größere **Ferienwohnungen** gilt weiterhin, daß für die Hauptreisezeiten um Ostern und im Sommer Vorausbuchungen empfehlenswert sind.

Besonders reizvoll ist das Wohnen in den traditionellen Wohn- und Geschlechtertürmen auf der Mani und innerhalb der Festungsanlage von Monemvasía. Die Häuser wurden von der Griechischen Zentrale für Fremdenverkehr sehr aufwendig restauriert und vermitteln ein eindrucksvolles Erlebnis. Inzwischen wurden die folgenden Häuser fertiggestellt:
- in **Monemvasía**: Gästehaus Kellia neben der Kirche mit 12 Zimmern und großem Innenhof; Reservierungen: Tel.: 0732/61 520
- in **Areópolis**: Pirgos Kapetanakou, im Wohnturm aus dem Jahre 1865 wurden die Zimmer im traditionellen Stil eingerichtet; Reservierungen: Tel.: 0733/51 233
- in **Váthia**: einige der Wohntürme, die aus dem 18. und 19. Jahrhundert stammen, wurden inzwischen gerichtet, so daß jetzt 15 Zimmer zur Verfügung stehen; in weiteren Häusern wurde schon mit den Restaurierungsarbeiten begonnen; Reservierungen: 0733/54 244

Die Preise für ein Doppelzimmer liegen in der Hochsaison zwischen 85 - 120 DM.

Zahlungsmittel

Empfehlenswert ist die Mitnahme von DM- oder US $-**Reiseschecks**.
Bei der Einlösung von Reiseschecks in Banken werden jedoch Bearbeitungsgebühren in unterschiedlicher Höhe (zwischen 300 und 700 Drs.) erhoben.
Euroschecks können bis zur Höhe von 35.000 Drachmen bei den Banken und Postämtern ohne Gebühr eingelöst werden. In kleineren Hotels und Geschäften sowie an den Fahrkartenschaltern der Bahnhöfe werden Euroschecks als Zahlungsmittel nicht akzeptiert.
Kreditkarten können in Hotels, Geschäften, Restaurants und Mietwagenunternehmen der größeren Ferienzentren benutzt werden. Gebräuchlich sind vor allem American Express und MasterCard (= EuroCard).

Museen und Archäologische Stätten

Die Öffnungszeiten der Museen und Ausgrabungsgelände sind sehr unterschiedlich geregelt und werden häufig, meist ohne Vorankündigung, verändert. Ab Frühjahr 1992 gelten im allgemeinen folgende Öffnungszeiten: Di - Sa 8.30 - 15 Uhr, Sonntag und Feiertag 10 - 15 Uhr, Mo geschlossen.

Die großen archäologischen Stätten wie z.B. Athen, Delphi oder Olympia haben verlängerte Öffnungszeiten.
Sonntags ist der Eintritt im allgemeinen frei.

- **Übersicht über Öffnungszeiten und Eintrittspreise der wichtigsten Ausgrabungsstätten**

Delphi	täglich 7.30 - 19 Uhr, Eintritt 1.000 Drs.
	sonn- und feiertags 10 - 14.45 Uhr,
Korinth	täglich 8 - 19 Uhr, 1.000 Drs.
	sonn- und feiertags 10 - 15 Uhr,
Olympia	täglich 7.30 - 19 Uhr, 1.000 Drs.
	Sa und So 8.30 - 15 Uhr,
Nestorpalast	täglich 8.30 - 15 Uhr, Eintritt 400 Drs.
	Mo geschlossen
Mistrá	täglich 8.30 - 15 Uhr, Eintritt 1.000 Drs,
Mykene	im Sommer: täglich 7.30 - 19 Uhr, Sa/So 8.30 - 15 Uhr Eintritt 1.000 Drs.
Tiryns	täglich 8.30 - 15 Uhr, Eintritt 400 Drs.
Epidauros	täglich 7.30 - 19 Uhr, Eintritt 1.000 Drs.
	sonn- und feiertags 10 - 15 Uhr

- **Übersicht über Öffnungszeiten und Eintrittspreise der wichtigsten Museen**

Delphi	täglich 8 - 19 Uhr, Eintritt 1.000 Drs.
	sonn- und feiertags 10 - 14.45 Uhr,
Olympia	täglich 8 - 19 Uhr, Eintritt 1.000 Drs.
	sonn- und feiertags 10 - 15 Uhr
Chóra	täglich 8.30 - 15 Uhr, Eintritt 400 Drs.
	Mo geschlossen
Sparta	täglich 8.30 - 15 Uhr, Eintritt 400 Drs.
	Mo geschlossen
Epidauros	täglich 8.30 - 15 Uhr, Eintritt 400 Drs.
	Mo geschlossen

Literaturempfehlungen

Berndt, C.A., Peloponnes erleben, Salzburg 1987
Berndt, C.A., Richtig wandern – Peloponnes, Köln, 1991
Ekschmitt, W., Fahrten auf dem Peloponnes, Berlin 1979
Eckhardt, Klaus, Peloponnes, Köln 1989
Greenhalgh/Eliopoulos, Mani, Reise zur Südspitze Griechenlands, München 1988
Hirner, Gert, Wanderungen auf dem Peloponnes, München 1989

Aktuelle Recherchen und Ergänzungen

Stationen einer Griechenlandreise

● Die archäologischen Ausgrabungen und das Museum von **Delphi** zählen zu den meistbesuchten Stätten in Griechenland. Entsprechend voll bzw. in den Hauptreisezeiten überfüllt ist der moderne Ort Delphi. In den beiden Hauptstraßen mit vielen Hotels, Restaurants, Souvenirshops und Geschäften und in den dazwischen liegenden kleinen Gassen drängen sich die Touristen; an der Zufahrtsstraße reihen sich Dutzende von Reisebussen aneinander. Entsprechend hoch sind die Preise in Hotels, Pensionen, Restaurants und Geschäften. Das Warenangebot der Geschäfte ist groß; neben den üblichen Souvenirartikeln gibt es hochwertige Gold- und Silberschmiedearbeiten, Kunsthandwerk und Keramik. Vom Ort aus sind Museum und Ausgrabungsgelände gut zu Fuß zu erreichen. An beiden Ortseingängen sind Stadtpläne mit Hinweisen und einer Hotelübersicht aufgestellt. Die Touristeninformation befindet sich in der unteren der beiden Hauptstraßen, Friederikis 27, Tel.: 0265/82220.

● Am Golf von Korinth bestehen folgende **Fährverbindungen** zwischen dem **Festland** und der **Peloponnes**:
Antírrion - Rion: ständiger Pendelverkehr; Dauer der Überfahrt ca. 20 Minuten; Fahrpreis pro Person ca. 1 DM, pro Pkw und Fahrer ca. 8 DM
Agios Nikólaos - Aegion: 2 - 4 x täglich; Dauer der Überfahrt ca. 90 Minuten, Fahrpreis pro Person ca. 2 DM
Agios Nikólaos - Itéa: 1 - 2 x täglich; Dauer der Überfahrt ca. 3 Stunden

● Unter dem Titel "Unterwegs auf dem Peloponnes" wird eine "Bildungsreise per Rad" angeboten. Auf der ca. 700 km langen Fahrradtour, die Sie durch landschaftlich sehr reizvolle Gegenden führt, lernen Sie auch die großen antiken Sehenswürdigkeiten wie z.B. Olympia, Korinth und Mykene kennen. Informationen erhalten Sie durch: Reisebüro Gladbeck, Rentforter Straße 2, Tel. 02043/21071.

Der Norden der Peloponnes

● Da **Patras** keine herausragenden Sehenswürdigkeiten besitzt, ist die Stadt für die meisten Reisenden nur Durchgangsstation. Hotels und Restaurants haben sich darauf eingestellt; alles ist unpersönlich, meist veraltet und vergleichsweise teuer. Für einen mehrtägigen Aufenthalt bieten sich deshalb eher die Orte Rion oder Kato Achaia an.

● Der Weg zum **Weingut Achaia Clauss** ist von Patras aus nur sporadisch mit braunen Schildern angezeigt. Am besten folgen Sie auf der Gounari Straße zunächst den Schildern nach Kalávrita/Tripolis bis zur Ortschaft Ovriá und biegen dort ab nach Saraváli. Von dort folgen Sie den Hinweisschildern zum hoch gelegenen Weingut.
Öffnungszeiten: täglich 9 - 19 Uhr

- Bei der Fahrt mit der **Zahnradbahn** von **Diakoftó** nach **Kalávrita** können Sie in Zachlorou die Fahrt unterbrechen und in ca. 45 - 50 Minuten von der Bahnstation über einen steinigen Fußweg zum sehenswerten **Kloster Mega Spileon** aufsteigen.
Die Bahnfahrt von Diakoftó nach Kalávrita dauert ca. 75 Minuten, Hin- und Rückfahrt kosten 480 Drs..
- Am Golf von Korinth, in Selianítika, gibt es ein interessantes, musikalisch-kreatives Ferienangebot. Von April bis Oktober finden in den schön gelegenen "Villas Idyllion" Konzerte, Vorträge, neugriechische Sprachkurse und künstlerische Darbietungen statt. Musikliebhaber, Familien und kleine Gruppen haben hier die Möglichkeit, im Urlaub mit Gleichgesinnten zu musizieren.
Informationen erhalten Sie bei Andreas Drekis, GR-25100 Selianítika, Tel. 0030/691/72488 oder bei der deutschen Vertretung: Kornelia Goldstein, Hohenzollernstraße 60, 4300 Essen 1, Tel.: 0201/787694

Der Westen der Peloponnes

- Von **Killíni** aus fahren Schiffe täglich 2 - 4 x nach Kefalloniá und 4 - 6 x täglich nach Zakynthos.
- In **Olympia** ist das Museum der Olympischen Spiele (Museum Olympion Agonon) zur Zeit nicht geöffnet.
- Ein Besuch der mykenischen Siedlung bei Kakóvatos, die 1909/10 von Wilhelm Dörpfeld ausgegraben worden ist, lohnt sich nur für den archäologisch sehr Interessierten, da die Überreste inzwischen stark überwuchert sind.
- Die Badeanlagen bei den Schwefelquellen von Gargaliáni/Vromonéri wirken sehr vernachlässigt und lohnen den 8 km langen Abstecher kaum.
- Eine ausführliche Darstellung der Ausgrabung am Nestorpalast bietet die englischsprachige Broschüre "A Guide to the Palace of Nestor", herausgegeben von der Universität Cincinnati. Die Broschüre ist am Palast und im Museum von Chóra erhältlich, 600 Drs.
- In **Pylos** werden von der Künstlerin Ingrid Lutz-Breunig im April/Mai und im September/Oktober Kurse in Seidenmalerei durchgeführt. An 5 Tagen werden Sie in die Technik der Seidenmalerei eingeführt. Informationen erhalten Sie bei Ingrid Lutz-Breunig, GR-24001 Pylos, Messinias, Odos Tsamadou, Tel.: 0030/723/22964.
- Nördlich von Pylos, zwischen **Romanós** und **Petrochóri**, können Sie zwischen Dünen und Weingärten einen geruhsamen Ferienaufenthalt auf einer kleinen Biofarm mit Streicheltieren genießen. Das deutsch-griechische Ehepaar Sophia und Andreas Kefalas bietet in einem großen Garten wohnlich eingerichtete Appartements mit Terrasse an, ca. 400 m vom hellen Sandstrand entfernt. Informationen erhalten Sie bei Sophia Kefalas, Romanou, GR-24001 Pylos, Tel.: 0030/723/41441

Der Süden der Peloponnes

- Die Festung von **Methóni** ist geöffnet: Mo - Sa 8.30 - 15 Uhr, So 9 - 15 Uhr.
- In **Kalamáta** sind noch immer Spuren des letzten schweren Erdbebens zu sehen. Die Museen sind weiterhin geschlossen; das Datum der Wiedereröffnung steht noch nicht fest.
- Das Motel Taygetos an der Straße von Kalamáta nach Sparta ist z.Z. geschlossen.
- 1989 veröffentlichte das griechische Kultusministerium die informative Schrift von Nikos Kaltsas "Das antike **Messene**" mit sehr schönen Fotos; erhältlich in den Museen von Chóra und Kalamáta. An den Ortseingängen von Mavrománti sind Hinweisschilder mit genauen Entfernungsangaben zu den Sehenswürdigkeiten der antiken Stadt Messini aufgestellt.
- Da **Gythion's** Beliebtheit in den letzten Jahren stetig anstieg, hat der Ort sich inzwischen ganz auf den Fremdenverkehr eingestellt. Die Saison beginnt schon im April, und noch Ende September ist Gythion recht überlaufen. Aufgrund der günstigen Windverhältnisse ist Gythion vor allem bei Surfern sehr beliebt.
- Das Museum in **Gythion** wurde im **Tsanetakis-Tower** auf der vorgelagerten **Insel Marathonísi** eingerichtet. Es ist ausgeschildert "Historical Ethnological Museum of Mani"; die Öffnungszeiten sind: täglich 9 - 17 Uhr.
- In **Sparta** gibt es nun auch einen Mietwagenverleih: O Christos, Odos Menelaos 54, Tel.: 28966
- Die bequemste Möglichkeit, das weitläufige Gelände von **Mistra** kennenzulernen, ist die Fahrt mit Auto oder Taxi hinauf zum **Nauplia-Tor**. Von dort aus brauchen Sie nur noch bergab zu laufen und können ohne Anstrengung alles Sehenswerte besichtigen.
Öffnungszeiten: täglich 8.30 - 15 Uhr; Eintritt 1.000 Drs.

Arkadien – das Bergland der Peloponnes

- Das Xenía-Motel in Vitína liegt ca. 10 km außerhalb der Ortschaft.
- Die kurvenreiche, aber gut befahrbare Straße von **Dimitsána** nach **Stemnítsa** bietet großartige Ausblicke auf die Bergwelt Arkadiens mit schroffen Felsen, gewundenen Bergpfaden und kleinen Bergdörfern. Leider wirkt sich die durch die Kraftwerke von Megalopolis verursachte Luftverschmutzung bis in diese Gegend hin aus; zudem sind die Kühltürme der Kraftwerke weithin sichtbar.

Der Osten der Peloponnes

● In Monemvasía wurden viele der alten Häuser innerhalb des Kastros restauriert und werden nun für den Fremdenverkehr als Restaurants, Souvenirshops oder Hotels genutzt. In der Hochsaison ist es in Monemvasía so voll, daß Sie auf jeden Fall vorbestellen sollten, wenn Sie in einem der stilvollen Häuser auf dem Burgfelsen übernachten möchten.
Außer den auf Seite 323 aufgeführten Hotels in Monemvasía sind empfehlenswert: Hotel Byzantino, gleich an der Hauptgasse im Kastro Theophanos Guesthouse, Tel.: 0732/61212
Außerdem wurden viele Hotels und Privatzimmer in Géfira gebaut; von dort aus bietet sich ein schöner Blick auf den Burgfelsen von Monemvasía.
● Zwischen der **Insel Elafónisos** und Vingláfia verkehren regelmäßg Kaikis; diese fahren jeweils zur vollen Stunde in Elafónisos ab; die Überfahrt dauert ca. 10 Minuten und kostet ca. 1 DM.
In Vingláfia und im Hafenort Elafónisos ist man mit Tavernen, Privatzimmern und Pensionen inzwischen auch auf Touristen eingerichtet, dennoch hat sich der Inselort seine beschauliche Atmosphäre bewahrt. Die kleine Insel lädt zum Baden und Wandern ein.
● Ganzjährig verkehrt zwischen **Neápolis** und der vorgelagerten Insel **Kíthira** die Autofähre FB Martha; diese legt auch in Elafónisos an.
● Das Ausgrabungsgelände von **Lerna** hat veränderte Öffnungszeiten: im Sommer täglich 8.30 - 15 Uhr, Mo geschlossen.

Argolis

● Die Öffnungszeiten des **Heraion** bei Argos sind: täglich 8.30 - 15 Uhr, Mo geschlossen.
● Die Xenia-Bungalows in Epidauros sind nicht ganzjährig geöffnet.

Inseltelegramme

Der Peloponnes vorgelagert sind im Westen die beiden Inseln Zákinthos und Kefalloniá und im Süden die Insel Kíthira (s. auch Reisehandbuch Nord- und Mittelgriechenland). Da zwischen der Peloponnes und diesen Inseln Schiffsverbindungen bestehen, soll hier eine Kurzbeschreibung angefügt werden.

Inseltelegramm Kefalloniá

Größe: 737 qkm, 37.000 Einwohner
Hauptort: Argostóli, 9.000 Einwohner
Inselbeschreibung: die größte der Ionischen Inseln ist fruchtbar mit vielen Weingärten und Olivenhainen; sie ist von einer hohen Gebirgskette durchzogen, deren höchste Erhebung der Berg Ainos Oros mit 1.628 m ist; es gibt dichte Pinienwälder, schöne Strände, asphaltierte Straßen
Lebensgrundlage der Bevölkerung: Landwirtschaft, Fischfang, Fremdenverkehr
Sehenswürdigkeiten:
- das Archäologische Museum in Argostóli
- die Meermühlen von Argostóli
- der unterirdische See von Melissani mit einer Höhle
- die Tropfsteinhöhle von Drogarati
- die Burgreste in Kastro, der alten Inselhauptstadt Agios Georgios
- der Hafenort Sámi mit Überresten der antiken Stadt

● **Touristische Hinweise**

Verkehrsverbindungen in den Sommermonaten

mit dem Flugzeug
mit Athen   1 x täglich
mit Zákinthos   3 - 4 x wöchentlich

mit dem Schiff
mit Killíni/Peloponnes   1 x täglich   mit Kórfu   1 x täglich
mit Ithaka   1 x täglich   mit Pátras   1 - 2 wöchentlich
mit Léfkas   1 x täglich

Wichtige Anschriften und Telefonnummern (Vorwahl 0671)
Touristeninformation: am Rathausplatz, Tel.: 22300, Öffnungszeiten 9 - 14 Uhr, 17 - 20 Uhr
Post- und Telefonamt: am Hauptplatz
Ärztliche Versorgung: im örtlichen Krankenhaus

Busse
Alle größeren Ortschaften sind mit der Inselhauptstadt durch regelmäßigen Busverkehr verbunden. Die Hauptstrecken werden 3 - 5 x täglich befahren.
Die Busstation liegt in der Metaxa-Straße am Hafen, Tel.: 22276.

Übernachtung
Mediterranee, Tel.: 28760, 430 Betten, April bis Oktober geöffnet, 2 km außerhalb von Lassi gelegene Hotelanlage mit Wassersportangebot und Tennisplätzen
B Ioninan Sea, Tel.: 92280, 46 Betten, April bis Oktober geöffnet, in Kounopetra
B Summery, Tel.: 91771, 108 Betten, ganzjährig geöffnet, ca. 50 m vom Strand von Lixourion entferntes Hotel
B Xenia, Tel.: 22233, 44 Betten, ganzjährig geöffnet
C Aenos, Tel.: 28697, 74 Betten, ganzjährig geöffnet, zentrale Lage am Hauptplatz von Agostóli
C Mouikis, Tel.: 23032, 70 Betten, ganzjährig geöffnet, zentrale Lage in der Nähe des Hafens
C Castello, Tel.: 23250, 22 Betten, ganzjährig geöffnet, zentrale Lage am Hauptplatz
C Gerania, Tel. 4135309, 16 Betten, April bis Oktober geöffnet, oberhalb des Dorfplatzes von Assos

Auto- und Zweiradverleih
Budget, Vergoti 5, Argostóli, Tel.: 22508
Adonatas, Vergoti 105, Argostóli, Tel.: 28693

Ausflüge
In den Sommermonaten gibt es organisierte Ausflüge zu anderen Ionischen Inseln und zur Peloponnes.

Strände
Kefalloniá besitzt zahlreiche schöne Strände mit feinem Sand oder Kies, von denen nur wenige stark besucht sind.
Platis Gialos Beach: ca. 4 km von Argostóli, vielbesuchter, zwischen Felsen liegender Sandstrand mit Parkplatz, sanitären Einrichtungen und Sportgeräten
Makris Gialos Beach: ebenfalls ca. 4 km von Argostóli entfernt, schöne Bucht mit langem Sandstrand, viel Betrieb
Skala: Sandstrand mit Dünenlandschaft; das Wasser ist anfangs recht seicht und deshalb auch für Kleinkinder gut geeignet
Poros: Kiesstrände, gute Tauch- und Schnorchelbedingungen
Sami: Kiesstrände am Ende des Dorfes und in der näheren Umgebung
Assos: schöne Kiesstrände
Lepada: langer, vielbesuchter Sandstrand
Myrtos-Beach: von steilen Felswänden begrenzte Bucht mit weißem Kieselstrand und kristallklarem Wasser, an der Straße nach Assos

● Inselhauptstadt Argostóli

Durch das schwere Erdbeben von 1953 wurde Argostóli, das seit 1757 die Hauptstadt der Insel ist, weitgehend zerstört. Die wiederaufgebauten Häuser ziehen sich an der weiten Bucht entlang hangaufwärts; Mittelpunkt des Ortes sind der Valianos-Platz mit mehreren Cafés und die lange Hafenstraße mit vielen Geschäften.

Sehenswürdigkeiten der Stadt sind:
- das **Archäologische Museum** in der Valianou-Straße, Öffnungszeiten täglich 9.30 - 14.30 Uhr, So 8.45 - 15 Uhr, Di geschlossen
Im Museum sind Funde von der mykenischen bis zur römischen Zeit ausgestellt; besondere Beachtung verdient die Sammlung von Münzen aus römischer und byzantinischer Zeit.
- das **Völkerkunde-Museum,** Zervoustraße, Öffnungszeiten: täglich 9 - 12.30 Uhr, 17 - 20 Uhr, So geschlossen

Sehenswertes in der näheren Umgebung
- **die Überreste der antiken Stadt Krane** aus dem 4./3. Jahrhundert v. Chr.; Entfernung: ca. 1 km südöstlich der Stadt
- **die Meerwassermühlen von Argostóli**, die durch das hier ins Land fließende Meerwasser angetrieben wurden, das dann versickert, um in 16 km Entfernung bei Sámi aufzutreten. Entfernung: ca. 2 km nördlich der Stadt
- **das Kloster Agios Gerasimou**, das zu Ehren des Inselheiligen im 16. Jahrhundert entstand und nach dem Erdbeben von 1953 wieder aufgebaut wurde. Große Prozessionen finden statt am 16. August und am 20. Oktober. Entfernung: ca. 15 km von Argostóli

● **Sehenswürdigkeiten der Insel**

Der Reiz Kefalloniás liegt vor allem in der Verschiedenartigkeit seiner Landschaften und der noch vielerorts vom Fremdenverkehr unberührten Lebensweise seiner Bewohner.

Sehenswert sind:
- das **Kastro Agios Georgios (Peratáta)**; die einstige Hauptstadt der Insel war seit byzantinischer Zeit durch eine mächtige Festungsanlage geschützt, deren Ausmaße heute noch gut erkennbar sind. Auf einer Fläche von 16.000 qm lebten in der Blütezeit der Stadt fast 15.000 Einwohner. Öffnungszeiten: täglich 9 - 15 Uhr, Di geschlossen. Von der Höhe der Festung bietet sich ein herrlicher Blick über die Insel. Entfernung: ca. 10 km von Argostóli
- die **Römische Villa** in der Nähe des Ortes Skála mit sehenswerten Mosaiken aus dem 3. Jahrhundert n.Chr.
- der 1.628 m hohe **Berg Ainos**, der von dichten Tannenwäldern bestanden ist, die unter Naturschutz gestellt wurden
- die große **Tropfsteinhöhle von Drongarati** mit ihren meterlangen Stalaktiten
Gelegentlich finden in der Höhle Konzerte statt.
- die **Melissani-Höhle**, deren Schönheiten Sie auf einer Bootsfahrt kennenlernen können. Unterirdische Wasserläufe verbinden die Höhle mit den Quellen bei Argostóli, durch die die Meerwassermühle in der Vergangenheit angetrieben wurde

- der kleine Hafenort **Assos** mit den Überresten einer venezianischen Festung aus dem 16. Jahrhundert
- der reizvolle Hafen **Fiskárdo** mit einer byzantinischen Kirche, den Überresten eines venezianischen Leuchtturmes und schönen Stränden
- der Ort **Lixoúri** mit Überresten der antiken Stadt Pale und einer interessanten Bibliothek

Inseltelegramm Zakinthos

Größe: 406 qkm, 30.000 Einwohner
Hauptort: Zákinthos (Zánte), 9.300 Einwohner
Inselbeschreibung: vulkanische Insel, fruchtbares Land mit Weinbergen und Olivenhainen; ein angenehm mildes Klima, feinsandige Badestrände und reizvolle Dörfer kennzeichnen die Insel.
Lebensgrundlage der Bevölkerung: Landwirtschaft, Fischfang, Fremdenverkehr
Sehenswürdigkeiten:
- das Stadtbild von Zante mit den Überresten einer venezianischen Festung
- das Museum von Zante mit einer Ikonensammlung und Skulpturen aus hellenistischer und byzantinischer Zeit
- die "blaue Grotte" an der Bucht von Koríthi

● **Touristische Hinweise**

Verkehrsverbindungen

mit dem Flugzeug
mit **Athen**   2 - 4 x täglich
mit **Kefalloniá**   1 - 2 x wöchentlich

mit dem Schiff
mit **Killíni/Peloponnes**   4 - 6 x täglich

Wichtige Anschriften und Telefonnummern (Vorwahl 0695)
Touristeninformation: Lombardou-Straße, Tel.: 22550
Hafenpolizei: Eleftherios Venizelos 1, Tel.: 22417
Post: Eleftherios Venizelos, Tel.: 22418, Öffnungszeiten 7.30 - 14 h
Telefonamt O.T.E.: Vassileos Georgiou 2, Tel.: 22499, Öffnungszeiten 6 - 24 h
Ärztliche Versorgung: Tel.: 22100

Öffentliche Verkehrsmittel
Die Inselhauptstadt ist durch regelmäßigen, jedoch nicht sehr häufigen Busverkehr mit den größeren Inselortschaften verbunden. Auskünfte erhalten Sie im Büro an der Parallelstraße zum Hafen; Tel.: 22565, Öffnungszeiten 8 - 14 h.

Übernachtung

B **Lina**, Tel.: 28531, 88 Betten, von April bis Oktober geöffnet, am Ortsrand gelegenes Hotel mit Tennisplätzen, ca. 800 m zum Strand
B **Strada Marina**, Tel.: 22761, 201 Betten, ganzjährig geöffnet, mit Restaurant und Dachgarten, ca. 300 m vom Meer entfernt
B **Xenia**, Tel.: 22232, 78 Betten, ganzjährig geöffnet, Strandlage, Wassersportmöglichkeiten
C **Diana**, Tel.: 28547, 91 Betten, ganzjährig geöffnet, schönes Gebäude
C **Plaza**, Tel.: 28909, 31 Betten, ganzjährig geöffnet, in der Nähe des Freibades
C **Gardelino**, Tel.: 24333, 40 Betten, von Juni bis Oktober geöffnet, Appartementhaus
D **Alfa**, Tel.: 22416, 22 Betten, ganzjährig geöffnet
D **Rezenta**, Tel.: 22375, 16 Betten, ganzjährig geöffnet
D **Ionion**, Tel.: 22511, 45 Betten, ganzjährig geöffnet

Motorrad- und Fahrradverleih
Da Zweiräder ideale Fahrzeuge zur Erkundung der Insel sind, gibt es in allen Ferienorten zahlreiche Vermietstationen.

Ausflüge
In den Sommermonaten werden Inselrundfahrten und Ausflüge zur Peloponnes und nach Olympia angeboten.

Strände
Zante: besser als die ortsnahen Strände ist das gepflegte Freibad mit Kiesstrand, Duschen und Umkleidekabinen
Laganas: vielbesuchte, im Sommer stellenweise überfüllte Sandstrände
Argasi: mehrere feine Sandstrände unterhalb des Skopos-Berges
Keri: Kiesstrand mit Bootsverleih

Feste
1. Sonntag im Juni: Fest der Heiligen Mavra in Macherado

● **Inselhauptstadt Zákinthos**

Nach dem schweren Erdbeben von 1953, das fast die ganze Stadt zerstörte, wurden unter Mühen die repräsentativen öffentlichen Gebäude und Kirchen wiederaufgebaut und die Straßen und Plätze nach alten Vorlagen wiederangelegt. Heute ist Zante ein betriebsamer Ort, an dessen schönen Plätzen zahlreiche Cafés zum Verweilen einladen.

Sehenswürdigkeiten der Stadt sind
- die große **Venezianische Festung** oberhalb der Stadt, von der sich ein herrlicher Blick über die Bucht bis hinüber zur Peloponnes bietet. Öffnungszeiten: Mo - Sa 8 - 18 h, So 9 - 17 h,
- das **Solomos-Museum** an der Platía Markou, in dem Erinnerungsstücke an den Freiheitsdichter Dionysos Solomos aufbewahrt werden,
- das **Stadtmuseum** am Solomos-Platz mit einer reichen Ikonensammlung, Fresken aus dem 17. Jahrhundert und Bildern der "Ionischen Schule" aus dem 18. Jahrhundert,

- die **Agios-Dyonisios-Kirche,** deren Glockenturm das Wahrzeichen der Stadt ist. Die Kirche ist dem Heiligen Dyonisios geweiht, dessen Gebeine hier aufbewahrt werden.

● **Sehenswürdigkeiten der Insel**

Touristisches Zentrum der Insel ist der Ort **Laganás** mit seinem langen, feinsandigen Strand. Zahlreiche Hotels, viele Geschäfte, Souvenirläden und Restaurants sind völlig auf den Fremdenverkehr eingestellt.

Zur Zeit der dreihundertjährigen Herrschaft der Venezianer wurde die Insel "Blume der Levante" genannt. Die grüne Insel bietet interessante Sehenswürdigkeiten und Naturschönheiten:
- die alte **Brücke** in der Nähe des Dorfes Argasi,
- die **Pechquellen von Kerí,** die schon von Herodot erwähnt werden,
- die "**Blaue Grotte von Koríthi**", die man in kleinen Booten erreicht,
- die **Kirche von Agia Mavra** mit ihrem auffälligen Glockenturm.

Inseltelegramm Kithira

Größe: 262 qkm, 5.000 Einwohner
Hauptort: Kíthira, 680 Einwohner
Inselbeschreibung: felsige, kahle Insel, nur stellenweise fruchtbarer Boden
Lebensgrundlage der Bevölkerung: ein wenig Landwirtschaft, Imkerei
Sehenswürdigkeiten:
- Reste der antiken Stadt Palaiokastro
- Überreste einer minoischen Stadt aus dem 2. Jahrtausend v.Chr. bei Kastri
- die Tropfsteinhöhle von Agias Sofias, in der winzige geschmückte Kapellen eingerichtet sind; kleine Seen liegen im Inneren der Höhle

● **Touristische Hinweise**

Obwohl die Insel der Peloponnes vorgelagert ist, wird sie historisch den Ionischen Inseln zugerechnet und in neuerer Zeit vom weit entfernten Nomos Attika her verwaltet.
Aufgrund ihrer isolierten Lage und ihrer kargen, fast rauhen Landschaft ist die Insel vom Fremdenverkehr noch wenig berührt.

Verkehrsverbindungen

mit dem Flugzeug
mit Athen   1 - 2 x täglich

mit dem Schiff
mit Piräus   2 x wöchentlich
mit Neápolis   1 - 2 x wöchentlich
mit Monemvasía   1 - 2 x wöchentlich

Übernachtung (Vorwahl 0733)
B **Kytheria**, Tel.: 33321, 15 Betten, ganzjährig geöffnet, Pension am Strand von Agia Pelagia
B **Keti**, Tel.: 31318, 16 Betten, ganzjährig geöffnet, Pension in Kithira
B **Ta Kythera**, Tel.: 31563, 13 Betten, von Juni bis August geöffnet, in Manitochoti
C **Kithira Beach**, Tel.: 33252, 26 Betten, von April bis Oktober geöffnet, nahe am Strand von Diakófti gelegenes Appartement-Haus
C **Kalokerines Katikies**, Tel.: 31265, 27 Betten, von Mai bis Oktober geöffnet, ca. 100 m vom Strand von Kapsáli entfernt

Berichtigungen und Ergänzungen zur 1. Auflage

S. 166: Der Querverweis auf Kapitel 6.3.4 entfällt.

S. 225: statt Tor = Thron (5. Zeile)

S. 231: Von Pylos führt die Hauptstraße weiter zum 55 km entfernten Kalamáta.

S. 241: Die Entfernung zwischen Koróni und Kalamáta beträgt 52 km.

S. 275: statt Váthy = Váthia

S. 275: statt Porto Kálio = Porto Kágio

S. 282: statt auf Kapitel 8.6.3 = soll auf Kapitel 8.6.4 hingewiesen werden.

S. 352: Die Darstellung soll nicht als Plan der Anlage von Argos verstanden werden, sondern das vielen römischen Badeanlagen Gemeinsame deutlich machen.

S. 375: Auf dem Bild sehen Sie einen Teil der Bastion im südlichen Stadtgebiet von Nauplia.

S. 376: Das Bild zeigt die auf der vorhergehenden Seite beschriebene Festung Palamidi und bezieht sich nicht auf Tiryns.

S. 404: Die Größe von Ägina ist 83 qkm.

Reisen auf der Peloponnes

Als Verfasserin dieses Reisehandbuches hoffe ich, daß es Ihnen bei Ihrer Reiseplanung und -durchführung nützliche Dienste leistet.
Schon seit vielen Jahren bereise ich Griechenland, lerne immer wieder Neues kennen und erfahre Veränderungen.
Deshalb weiß ich: kein Reiseführer kann fehlerfrei sein - zu schnell ändern sich Abfahrtszeiten, Straßenverhältnisse, die Qualität eines bestimmten Hotels usw.

Vielleicht entdecken Sie etwas besonders Sehenswertes; vielleicht stellen Sie fest, daß Hinweise und Angaben berichtigt oder ergänzt werden müssen - dann helfen Sie bitte mit, dieses Buch in den weiteren Auflagen mit Ihren persönlichen Erfahrungen lebendig zu halten.
Für jede Anregung und jeden Tip werde ich mich mit einem kleinen Geschenk persönlich bedanken.
Viel Freude in Griechenland!

                Leonie Senne.

4. REISEN AUF DER PELOPONNES

4.1 UNTERWEGS AUF DER PELOPONNES - WIE MAN REIST UND ÜBERNACHTET

Reisen mit öffentlichen Verkehrsmitteln
mit dem **Flugzeug**

Ganzjährig besteht eine Flugverbindung zwischen **Athen** und **Kalamáta**.
täglich **ab Athen**   19.35 h,   **an Kalamáta**   20.15 h
täglich **ab Kalamáta** 20.55 h,   **an Athen**   21.30 h

Informationen und Tickets erhalten Sie in den Olympic Airways-Büros :
- in **Athen**, Syngrou Avenue 96, Tel.: 01/9292111
- in **Kalamáta**, Sidirodromikou Stathmou, Tel.: 0721/22724

mit dem **Schiff**

Außer den Fährverbindungen zwischen Patras und den italienischen Hafenstädten (siehe Kapitel 'Anreise mit dem Schiff') gibt es die folgenden Schiffsverbindungen:

von **Patras**   nach **Kefalloniá**
von **Killíni**   nach **Kefalloniá**
                   nach **Zákinthos**
von **Monemvasía** nach **Kíthira**
                   nach **Neápoli**
                   nach **Piräus** (über die Saronischen Inseln)
von **Ermíoni**   nach **Hydra**
                   nach **Spetsä**
von **Gythion**   nach **Kíthira**
                   nach **Kastelli/Kreta**
von **Neápoli**   nach **Kíthira**
von **Leonídion** nach **Piräus** (über die Saronischen Inseln)

mit der **Eisenbahn**

Das Eisenbahnnetz auf der Peloponnes ist ringartig angelegt. Von Athen aus sind die Nord - und Westküste der Peloponnes, das zentrale Bergland und Kalamáta zu erreichen.
Die Abfahrtstation in Athen ist der Stathmos Peloponnisou, gleich neben dem Hauptbahnhof.

Information :

Da die Fahrkarten gleichzeitig Platzkarten sind, sollte man sie rechtzeitig besorgen.

Information :
Durch Erdbeben und Erderschütterungen verursachte Gleisschäden machen die Fahrt sehr unruhig. Angenehmer ist die Reise in der 1. Klasse, die nur wenig teurer ist.

Tip:
Ein besonderes Vergnügen ist die Fahrt mit der Zahnradbahn von Diakoftó nach Kalávrita durch eine eindrucksvolle Gebirgswelt.

mit dem **Bus**

Der Bus ist das meistbenutzte Verkehrsmittel auf der Peloponnes. Durch ein sehr gut ausgebautes Verkehrsnetz sind auch ganz kleine Ortschaften mit der Außenwelt verbunden.

Die Busse fahren am Ausgangsort in der Regel pünktlich ab; dennoch treten bei längeren Strecken Verspätungen aufgrund der teilweise schlechten Straßenverhältnisse häufig auf.

Die Bezeichnung für die Buslinien ist KTEL. In Athen fahren die Busse zur Peloponnes am Busbahnhof Kifissou Straße 100 ab.

In größeren Städten gibt es häufig mehrere Busbahnhöfe, von denen die Busse jeweils nur in eine Richtung abfahren.

Die Abfahrtszeiten unterliegen häufigen, meist sehr plötzlichen Veränderungen, so daß es auf jeden Fall nötig ist, sich am Fahrkartenschalter zu erkundigen. Auf die ausgehängten Fahrpläne ist oft kein Verlaß.

Reisen auf der Peloponnes

23604 (Auszug) Diakopton–Kalavrita und zurück (Schmalspur-Zahnradbahn)

1330	1332	1334	1336	1338	km	Zug	1331	1333	1335	1337	1339
		12 16	15 16	19 25	0	Diakopton	9 09	11 45	14 49		19 04
8 01	10 10	13 04	16 04	20 13	13	→Mega Spileon	8 22	10 58	14 02	17 43	18 17
8 53	11 00					←Kalavrita				16 56	
9 14	11 21	13 25	16 25	20 34	23	O Kalavrita	8 00	10 36	13 40	16 34	17 55

23605 (Auszug) Piräus–Korinth–Patras–Pirghos–Kalamata und zurück (Schmalspurbahn)

1340	1342	302	304	.306	308	310	314	316	km	Zug	301	303	305	307	309	313	315	1343	1341
									0	Piräus 23600									
		5 50	7 50	9 40	12 30	15 07	18 01	21 10	8	O Athen	23 20	10 30	13 30	15 35	19 22	21 49	23 20		
		6 11	8 11	9 59	12 49	15 27	18 20	21 29	99	→ Corinthos	23 01	10 11	13 18	15 15	19 03	21 15	23 01		
		6 25	8 21	10 13	13 03	15 41	18 27	21 41	177	Diakopton 23604		10 00	13 00	15 00	10 46	20 00	22 54		
		6 49	8 40	10 27	13 19	15 47	20 03	23 30	230	→Patre/Patras 🚢	22 17	8 26	10 57	13 21	16 50	19 15	22 11	20 43	15 33
		8 25	10 09	12 01	14 52	17 43	21 13	1 00	295	Kavassila		8 24	10 23	13 19	16 47	17 50	21 09	19 16	13 58
		8 58	10 58	13 42	16 12	19 10	22 00	2 02	329	O Pirghos		7 15	9 17	13 01	15 15	16 47	19 51	18 26	13 12
		9 53	11 27	13 50	16 54	19 15		2 30				6 28	8 09	10 11	14 00	16 21	18 54		
		10 58	12 22	14 13	16 13	20 30		3 21		0 → Pirghos			8 38	9 45	12 23	14 37	17 36		
		13 11	14 00	17 01	18 56	21 50		4 06		21 O Olympia			5 40	9 10	9 10	14 31	17 03		
					19 06	22 45			407	→ Pirghos				9 08	11 35	14 16	16 50		
					19 42					Alfios				9 01	11 28	14 35	16 60		
6 00	7 00	13 14	17 04	18 58				4 14	336	Kalonero				8 00	10 23	13 20			13 09
7 30	8 37	13 22	17 12	19 55				5 16	305	Kiparissia					10 13	13 14			13 09
8 17	9 28	13 26	18 15	20 05				5 24	391	Kiparissia					9 58	13 08			13 05
	9 46		18 24							Zevgolatio					9 38	12 54			
8 22	10 22	14 17	18 30					5 43	414	Asprochoma					8 58	12 12			
8 31		14 59	18 41					6 02	441						8 21	11 31			
9 37	12 40	14 59	19 30					6 28							8 15	11 21			
9 46	12 56		20 12																
9 59	14 40		20 20																
10 16	12 17																		
11 53	14 27																		
12 00	14 50																		

🚢 = Schiffsverbindung Patras–Brindisi (Italien)

23606 (Auszug) Piräus–Kalamata und zurück (Schmalspurbahn)

422	424	426	428	436	km	Zug	423	425	427	429	435	Alle Züge	421
					0	Piräus 23600							
6 36	9 10	11 45	13 10	22 25	8	O Athen	14 30	14 30	16 07	18 00	22 09		6 15
6 56	9 29	12 04	13 32	22 44	99	Corinthos	14 11	14 11	15 48	17 42	21 50		5 55
7 07	9 36	12 12	13 48	22 55	152	Arghos	14 04	14 04	15 44	17 35	21 40		5 42
8 52	11 30	14 07	15 43	0 43	220	Tripolis	11 02	11 02	13 44	14 30	20 02		3 55
9 47	14 10	15 07	16 46	1 41	303	→ Zevgolatio	9 14	9 14	12 35	13 09	19 02		2 52
11 11	14 10	16 40	18 21	3 10	330	Asprochoma			9 11		17 44		1 33
13 04	16 16	18 48	20 20	5 10	335	O Kalamata 23605	7 28	7 28	8 37	11 06	15 52		23 30
13 35	16 45	19 27	20 54	5 44			6 40	6 40	8 30	10 32	15 23		22 57
13 41	16 51	19 33	21 00	5 50			6 40	6 40		10 31	15 16		22 50

77

Information

Die Fahrkarten sind gleichzeitig Platzkarten. Wenn die Platzkarten ausverkauft sind, kann man erst mit dem nächsten Bus fahren. Sie sollten deshalb die Fahrkarten so früh wie möglich kaufen. Die Fahrausweise werden häufig kontrolliert und müssen deshalb bis zum Ende der Fahrt aufbewahrt werden.

Reisen mit eigenem Fahrzeug

Straßenverhältnisse

In den letzten Jahren wurden große Anstrengungen unternommen, um das Straßennetz auszubauen und zu verbessern. Die Hauptverbindungsstraßen zwischen den größeren Städten sind in der Regel gut ausgebaut, jedoch noch nicht vergleichbar mit mitteleuropäischen Straßen. Durch Erderschütterungen, große Temperaturunterschiede, reißende Wasser gibt es immer wieder Straßenschäden, wie Schlaglöcher oder Spurrillen. Die Straßen, die zu abgelegeneren Ortschaften führen, sind nicht durchgängig asphaltiert. Gelegentlich gibt es, zumeist unerwartet, nur geschotterte Verbindungsstücke.

Tip:
Obwohl die Straßenführung oft sehr kurvenreich ist, sind die Straßenränder auch an gefährlichen Stellen häufig nicht durch Pfosten oder Leitplanken gesichert.
Es ist im allgemeinen üblich, vor Kurven zu hupen und damit andere Autofahrer zu warnen.

Tip:

Eine vorsichtige Fahrweise ist unbedingt anzuraten, da mit überraschend auftretenden Hindernissen wie Ziegen- oder Schafsherden, Eselsgespannen oder mit ungesicherten und unbeleuchteten Baustellen immer gerechnet werden muß.

Übersicht über die wichtigsten Verbindungsstraßen

- **Von Korinth nach Patras :**
  * autobahnähnliche, gebührenpflichtige Straße, sehr verkehrsreich, teilweise vierspurig ausgebaut
  * die ältere **Küstenstraße** ist zeitaufwendiger zu fahren, aber auch interessanter und landschaftlich reizvoller als die Autobahnstrecke

- **Im Westen der Peloponnes**
  * gut ausgebaute, breite Straße entlang der Küste nach Süden,
  * ab Kiparissía wird die Straße schmaler, ist aber bis Methóni gut zu befahren,

* die Straße von Pírgos nach Olympia ist gut ausgebaut, in den Sommermonaten viel Reiseverkehr,
* die Querverbindung von Pírgos bzw. Olympia ins Bergland von Arkadien ist in gutem Zustand und landschaftlich sehr reizvoll, dabei aber sehr kurvenreich,
* die Straße nördlich von Kiparissía über Megalópolis und Tripolis zur Ostküste der Peloponnes ist gut ausgebaut.

● **Im Süden der Peloponnes**
* alle größeren Ortschaften sind durch asphaltierte Straßen miteinander verbunden,
* die Strecke Pylos-Methóni-Koróni ist gut ausgebaut,
* die Strecke Pylos-Longa-Koróni ist auf dem Teilstück bei Milítsa nur geschottert,
* die Straße von Kalamáta nach Areópolis und weiter zur Halbinsel Mani ist in gutem Zustand, aber sehr kurvenreich und bergig,
* die Straße von Gythion nach Neápolis und Monemvasía ist gut zu befahren, wenig Verkehr

● **Im Osten der Peloponnes**
* die Straßen zu den Ferienzentren auf der Argolis sind in gutem Zustand,
* die Hauptverkehrsstraße von Argos nach Korinth ist sehr stark befahren, viel Lastwagenverkehr, häufig Kolonnenverkehr,
* von Nauplia führt eine gute Straße nach Epidauros und von dort weiter nach Korinth; ab Nea Epidauros ist die Straße sehr breit, autobahnähnlich,
* die Straße von Nauplia oder Argos entlang der Ostküste nach Süden bis Leonídion zählt wegen der herrlichen Ausblicke zu den schönsten der Peloponnes, guter Straßenzustand,
* die Straße von Leonídion über den Parnon-Paß nach Geráki und Gythion wird zur Zeit ausgebaut; das Teilstück zwischen Kosmás und Geráki ist nur geschottert und wegen vieler Bergschäden nur sehr schwer und zeitaufwendig zu befahren; sehr wenig Verkehr, keine Tankstelle.

● **Im inneren Bergland**
* die Verbindungsstraßen zwischen Tripolis, dem Verkehrsknotenpunkt im Inneren der Peloponnes, und allen anderen wichtigen Ortschaften sind gut ausgebaut,
* die Straße von Tripolis zu den Bergdörfern Vitína, Dimitsána, Langádia und weiter in Richtung Norden oder Westen ist in gutem Zustand, stellenweise jedoch kurvenreich und steil,
* viele der kleineren Straßen, die von den Hauptverkehrsstraßen zu den abgelegenen Dörfern abzweigen, sind nicht asphaltiert und in sehr schlechtem Zustand.

Tip

 In den Sommermonaten sind in der Regel auch die unbefestigten Straßen mit dem PKW zu befahren. Im Frühjahr oder Herbst weichen heftige Regenfälle die nicht asphaltierten Straßen jedoch so auf, daß die Autos im Lehm steckenbleiben.

Übernachtungsmöglichkeiten auf der Peloponnes

Um dem ständig größer werdenden Bedarf an Übernachtungsmöglichkeiten decken zu können, werden überall in Griechenland Hotels, Pensionen und Apartementhäuser gebaut. Dabei fällt auf, daß es nur vergleichsweise wenige große, internationale Hotelketten gibt, daß sich die Mehrzahl der Hotels im Privatbesitz befindet. Daraus ergibt sich einerseits der Vorteil, daß die Hotels ganz individuell betrieben werden können, andererseits kann gerade diese Individualität die Vergleichbarkeit erschweren.

Hotels

Die Griechische Zentrale für Fremdenverkehr ist um eine gewisse Standardisierung der Hotels bemüht. Die Touristenpolizei stuft in jedem Jahr die Hotels nach festgelegten Kriterien ein, überprüft und bestätigt durch einen Stempel die Richtigkeit der Angaben. Der Hotelpreis ist von der festgestellten Hotelkategorie abhängig und muß im Hotelzimmer ausgehängt sein.

Von der Touristenpolizei werden die Hotels in sechs Klassen eingestuft. Dieses Punktesystem orientiert sich an teilweise recht starren Baukriterien, die nur bedingt Aufschluß über den tatsächlich vorhandenen Komfort geben. So ist u.a. die Größe eines Hotelzimmers bestimmend für die Zuordnung zu einer bestimmten Kategorie, nicht aber die Einrichtung des Raumes; das Vorhandensein eines Badezimmers wird bewertet, nicht aber die Ausstattung und der Bedienungskomfort. Daraus ergibt sich, daß es innerhalb einer Klassifizierung erhebliche Unterschiede geben kann. Die Einstufung eines Hotels sollte deshalb immer nur unter Vorbehalt gesehen werden.

- **Luxus-Kategorie:**
  luxuriöse und sehr komfortable Hotels, die allen Ansprüchen gerecht werden, wie z.B.
  * das Hotel Grande Bretagne in Athen
  * das Hotel Xenia Palace in Nauplia

- **A - Klasse:**
  Moderne Hotels mit international sehr gutem Standard, viel Komfort und breitem Angebot an Unterhaltungsmöglichkeiten, wie z.B.
  * das Hotel Porto Rio in Patras

● **B - Klasse:**
Hotels mit gutem Service, gehobener Ausstattung und guter Lage, wie z.B.
* das Hotel Elite in Kalamata
Einschränkungen in dieser Kategorie sind möglich, wenn es sich um alte traditionsreiche Häuser handelt, deren Zustand nicht mehr ganz den gestiegenen Ansprüchen entspricht.

● **C - Klasse:**
Durchschnittliches Hotel mit ausreichender Ausstattung wie Dusche/WC, Frühstücksraum. Hierzu gehört die Mehrzahl der in den letzten Jahren gebauten, mittelgroßen Hotels in Familienbesitz. Die Qualität ist unterschiedlich und zumeist abhängig von der Einstellung und dem Erfahrungsschatz des Besitzers.

● **D - Klasse:**
Billige Hotels mit Etagendusche und karger Ausstattung. Da die Häuser oft nur wenige Zimmer haben, kann die Betreuung durch die Besitzer sehr persönlich sein.

● **E - Klasse:**
Einfachste Übernachtungsmöglichkeit, häufig mit Mehrbettzimmern, Etagendusche

Privatzimmer

Das Angebot an Privatzimmern ist sehr groß. Überall sieht man die ausgehängten Schilder "rent rooms" oder "rooms to let". Für viele Familien ist die Zimmervermietung eine zusätzliche Einnahmequelle. Die Ausstattung der Zimmer ist zumeist einfach, der Zustand ordentlich und sauber.
Auch die Privatunterkünfte unterstehen der Aufsicht durch die Touristenpolizei und orientieren sich an vorgegebenen Preiskategorien.

Ferienwohnungen

Da das Angebot an Ferienwohnungen und Apartements auf der Peloponnes noch nicht sehr groß ist, empfiehlt sich für die Hauptferienzeit eine rechtzeitige Vorausbuchung. Dies ist schon von Deutschland aus über zahlreiche Veranstalter möglich. Außerhalb der Hauptreisezeit kann man auch direkt am Ort buchen.

Camping

Wildes Zelten ist in ganz Griechenland verboten und wird von der örtlichen Polizei kontrolliert. Aufgestellte Schilder weisen auf dieses Verbot hin.

Auf der Peloponnes gab es 1988 etwa 85 registrierte Campingplätze. Sie liegen meistens in der Nähe des Strandes oder einer touristischen Sehenswürdigkeit; die Anlagen sind einfach und sauber. Da es nur selten ausreichend Schatten gibt, werden Strohmatten oder Sonnendächer aufgestellt.

Buch- und Kartentip

 Camping in Greece - von der Griechischen Zentrale für Fremdenverkehr herausgegebene kostenlose Broschüre mit allen wichtigen Informationen über griechische Campingplätze.

Jugendherbergen

Auf der Peloponnes gibt es Jugendherbergen nur in Patras, Olympia und Nauplia. Der internationale Jugendherbergsausweis ist erforderlich und wird am besten schon in Deutschland besorgt.

Anschrift

Deutsches Jugendherbergswerk, Bülowstraße 26, 4930 Detmold 1

4.2 ÜBERBLICK ÜBER DIE PROVINZEN DER PELOPONNES

Aus der geographischen Gliederung der Peloponnes ergibt sich die **Aufteilung in 7 Provinzen**, deren Grenzen seit der Antike kaum verändert sind und die ihre ganz eigene naturräumliche Ausprägung haben.

Dennoch werden in diesem Reiseführer die Sehenswürdigkeiten der Peloponnes nicht im Rahmen der einzelnen Provinzen dargestellt, denn die heutige verkehrsmäßige Erschließung orientiert sich nicht an diesen Grenzen. Stattdessen werden alle wichtigen Ziele entlang einer **Peloponnes-Rundreise** dargestellt; es werden besonders geeignete und interessante Aufenthaltsorte mit ihren Sehenswürdigkeiten und Ausflugsmöglichkeiten beschrieben und die Ausflugsziele der näheren Umgebung vorgestellt.

4.3 TOURISTISCHE INTERESSEN

Die Peloponnes ist ein ideales Reisegebiet, das in einzigartiger Weise den unterschiedlichsten Interessen gerecht werden kann. Sie können zahlreiche archäologisch und historisch interessante Ausflugsstätten besuchen und dabei zugleich eine Landschaft kennenlernen, die durch ihre Vielfalt begeistert. Sie werden lange Sandstrände und Steilküsten, weite Ebenen und alpine Gebirgszüge, einsame Gebirgsdörfer und verträumte Hafenstädtchen sehen; Sie können den Artenreichtum der griechischen Pflanzenwelt erleben, am Meer alle Wassersportarten ausüben und im Gebirge Wanderungen aller Schwierigkeitsgrade durchführen.

Die nachfolgende Tabelle soll Ihnen eine Übersicht geben, welchen Interessen Sie schwerpunktmäßig in den einzelnen Regionen nachgehen können.

4.4 VORSCHLÄGE FÜR RUNDREISEN AUF DER PELOPONNES

4.4.1 "KLASSISCHE RUNDFAHRT"

Die Formulierung "Klassische Rundfahrt" meint nicht die zeitliche Begrenzung auf die klassische Epoche griechischer Geschichte, sondern die Berücksichtigung all jener Orte, die sich für den Reisenden mit der Kunst und Geschichte Griechenlands verbinden.

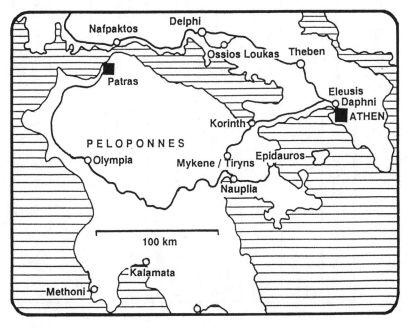

Zeiteinteilung und touristische Interessen

Gebiet	Kapitel	Unternehmungen/Ausflugsziele	Tage	touristische Interessen
Korinth und Umgebung	6.1	Besichtigung der archäologischen Stätten, Fahrt zum Kanal von Korinth	1	Ausgrabungen, Baden, Einkaufen, Volksfeste
Patras und Umgebung	6.3	Baden, Fahrt mit der Zahnradbahn nach Kalavrita, Besuch des Weingutes Achaia Clauss	2	Baden Einkaufen, Weinprobe, Festspiele, Klöster
Olympia und Umgebung	7.4	Besichtigung der archäologischen Stätten, Fahrt zu den Bergdörfern Andritsena und Kalavrita sowie zum Tempel von Bassae	2	Ausgrabungen, Museen Landschaft
Kalamata und Umgebung	8.2	Fahrt nach Sparta und Mistrá, Wanderungen	2	Baden, Einkaufen, Landschaft Wandern, Erholung
Gythion und Umgebung	8.4	Fahrt zur Halbinsel Mani, Besuch der Tropfsteinhöhlen von Pirgos Dirou, Fahrt nach Monemvasia	3	Baden, Erholung, Landschaft, Ausgrabungen
Nauplia und Umgebung	11.1	Besuch der Festung Palamid, Stadtrundgang	1	Ausgrabungen, Baden, Erholung, Einkaufen, Volksfeste, Festspiele
Argolis	11.4	Fahrt zu den bedeutendsten Ausgrabungsstätten: Mykene, Tiryns, Epidauros und Argos	2	Ausgrabungen, Baden, Erholen, Einkaufen, Festspiele

Reisen auf der Peloponnes

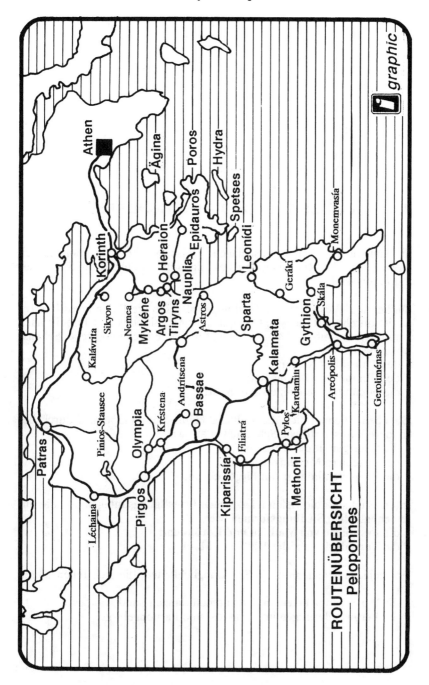

Ausgangspunkt dieser Reise ist **Athen** mit seinen vielfältigen Sehenswürdigkeiten; Stationen sind die Klöster Daphni und Ossios Loukas, ein Höhepunkt ist der Besuch von Delphi. Nach der Überfahrt über den Golf von Patras werden die wichtigsten archäologischen Stätten der Peloponnes aufgesucht. Dies sind Olympia, Argos, Mykene, Tiryns, Epidauros und Korinth.

Tip
Die Rundfahrten aller Reiseveranstalter gehen von dieser Grundstruktur aus. Für die vorgeschlagene Route sollten Sie ab Athen mindestens 5 Tage einplanen.

4.4.2 GROSSE PELOPONNES-RUNDREISE

Sie können die oben vorgeschlagene Reise erweitern, in dem Sie den Vorschlägen des Reise-Handbuches folgen und weiter in den Süden der Peloponnes fahren.

Südlich der West- Ost- Verbindungsstraße, die die Peloponnes in ihrer Breite durchquert und von Olympia über Megalópolis und Trípolis nach Nauplia führt, gibt es weitere hochinteressante **archäologische Sehenswürdigkeiten** wie
- den **Palast des Nestor,**
- den **Tempel von Bassae** und
- die byzantinische Ruinenstadt **Mistrá**.

Daneben zeichnet sich die südliche Hälfte der Peloponnes durch besondere **landschaftliche Schönheiten** aus wie
- die **Gebirgswelt des Taygetos,**
- den **Inselberg Monemvasía** und
- die **Tropfsteinhöhlen von Pírgos Diroú**.

Interessant sind die vielen **fränkischen Befestigungsanlagen** und die **unterschiedlichen Siedlungsformen** wie
- die **Festungen von Methóni und Koróni** und
- die **Turmdörfer auf der Halbinsel Mani**.

Abwechslungsreich sind die **Sportmöglichkeiten**, die sich Ihnen bieten wie
- die **Wassersportarten** an den kilometerlangen Sandstränden und
- die **Bergwanderungen** im Taygetos- und Parnongebirge.

5. STATIONEN EINER GRIECHENLANDREISE

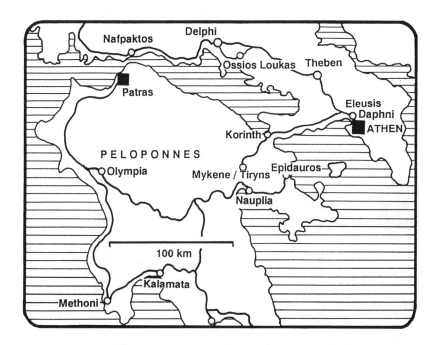

5.1 ATHEN

5.1.1 ANREISE NACH ATHEN

Anreise mit dem Flugzeug

 Der Flughafen Ellinikon liegt im Südosten der Stadt an der Küste in ca. 11,5 km Entfernung zum Zentrum.
1. **East Terminal**
    Dieser Flughafen wird von den internationalen Linienflug- und Charterfluggesellschaften angeflogen.
2. **Olympic Terminal**
Dieser Flughafen wird nur von der Fluggesellschaft O.A. angeflogen; alle innergriechischen und internationalen Flüge von O.A. werden hier abgefertigt.

Bei innergriechischen Anschlußflügen empfiehlt es sich also bei einem Linienflug gleich mit Olympic Airways nach Athen zu fliegen. Damit vermeidet man das Umsteigen von einem Flughafen zum anderen und hat den Vorteil einer schnelleren Abfertigung bei der Einreise.
Von beiden Flughäfen aus besteht **Busverbindung nach Athen**:

- ab **Olympic Terminal** alle 30 Minuten mit Olympic Airways - Bussen zum Olympic Office , Syngrou Avenue 96;
- ab **East Terminal** alle 20 Minuten bis zum Zentrum am Syntagma-Platz.

Eine weitere Buslinie verbindet beide Flughäfen direkt mit dem Hafen von Piräus.

Anreise mit der Eisenbahn

Athen hat zwei Bahnhöfe:
- vom **Lárissa-Bahnhof** fahren alle Züge nach Nordgriechenland und ins Ausland ab; Touristenpolizei, Geldwechsel, Post, Telefonamt, Restaurant
- vom **Peloponnes-Bahnhof** fahren alle Züge ab zur Peloponnes. Ein Fußgängerüberweg verbindet mit dem 200 m entfernten Lárissa-Bahnhof.

Anreise mit dem Auto

Das gut ausgebaute Straßennetz Griechenlands ermöglicht eine unproblematische Anfahrt. In Athen selbst gibt es aber auch für den geübten Autofahrer eine Menge schwieriger Situationen. Die Verkehrsdichte ist mit der keiner deutschen Großstadt vergleichbar; der Autoverkehr zwängt sich mehrspurig in langen Schlangen durch die Straßen, die Verkehrszeichen werden häufig mißachtet, Parkplätze sind äußerst knapp, so daß es sich empfiehlt, auf die Fahrt mit dem eigenen Auto zu verzichten und stattdessen zu Fuß zu gehen, mit einem Taxi zu fahren oder die öffentlichen Verkehrsmittel zu benutzen. Bei Verstößen gegen Park- oder Halteverbote wird auch bei ausländischen Fahrzeugen das Nummernschild abmontiert und in polizeiliche Verwahrung genommen.

5.1.2 TOURISTISCHE HINWEISE

Metro

Sie führt von Piräus ins Stadtzentrum und weiter bis zum Vorort Kifíssa. Die Bahnen fahren von 5 - 24 Uhr im Abstand von 5 Minuten; Fahrkarten werden auf den Metro-Bahnhöfen am Automaten oder am Schalter gekauft.

Fahrkarten müssen bis zum Ende der Fahrt aufgehoben werden, da sie am Ausgang als Beleg eingesammelt werden.

Metro-Stationen im Zentrum:

- Attikis, in Bahnhofsnähe
- Omonia-Platz, Geschäftszentrum
- Monasteraki, Plaka und Akropolis
- Thission, Plaka und Akropolis

Bus

Das Busliniennetz Athens ist verwirrend, da die Streckenführung häufig geändert wird. Es gibt **Oberleitungsbusse** und **gelbe** und **blaue** Busse; die Haltestellen sind an dem Schild Stasis (ΣΤΑΣΙΣ) in der entsprechenden Farbe zu erkennen.
In schaffnerlosen Bussen ist das abgezählte Fahrgeld in einen Kasten beim Fahrer einzuwerfen.
Beim Umsteigen muß man jeweils eine neue Fahrkarte kaufen.
Wichtige Haltestellen im Zentrum sind am Omonia- und Syntagma-Platz und an der Universität.

Taxi

Taxifahren ist in Griechenland vergleichsweise billig. Trotz der vielen Taxis ist es schwer, im Zentrum eins zu bekommen.
Standplatz: am Syntagma-Platz.
Man kann durch Handzeichen vorbeifahrende Taxis anhalten.
Der Fahrer nimmt Sie auch dann mit, wenn schon andere Fahrgäste im Wagen sind, die in die gleiche Richtung fahren. Die Kosten werden nach Taxameter-Stand abgerechnet, unabhängig von der Zahl der Fahrgäste.

Wichtige Anschriften und Telefonnummern

Touristeninformation:
im Gebäude der Nationalbank von Griechenland am Syntagma-Platz, Tel.: 3222545
Öffnungszeiten: Mo - Fr 8 - 20 Uhr, samstags 8 - 14 Uhr
Touristenpolizei: Syngrou Avenue 7, Tel. 9239224,; - am Lárissa-Bahnhof, am Internationalen Flughafen
Hauptpostamt: Eolou 100, am Omonia-Platz,
weitere Postämter: am Syntagma- und am Monastiraki-Platz, Mitropoleos Str. 60, Apellou Str.1
Öffnungszeiten: Mo - Fr 8 - 20 h, samstags 8 - 15 h, sonntags 8 - 14 h
Die Postämter am Bahnhof und am Flughafen sind länger geöffnet.
Telefonamt O.T.E.: am Omonia-Platz, in der Patission Str. 85 und in der Stadiou Str. 15; Öffnungszeiten: Tag und Nacht geöffnet
Olympic Airways: Othonos Str. 6, am Syntagma-Platz

Übernachtung

 Es folgt eine kurze Auswahl aus der Vielzahl der Hotels. Im Hotelverzeichnis der Griechischen Zentrale für Fremdenverkehr sind sämtliche Hotels aufgeführt.

L **Grande Bretagne**, Syntagma-Platz, Tel.: 323051-9, 668 Betten, traditionsreiches, 1862 gebautes Hotel im Zentrum
L **Athens Chandris**, Syngrou Avenue 385, Tel.: 9414824, 720 Betten, 1977 gebautes Hotel mit Swimmingpool, Taxi-Shuttle zwischen Hotel und Stadtzentrum
L **Astir Palace**, Vass. Olgas/Panepistimiou, Tel.: 3643112, 148 Betten, 1983 gebautes Hotel im Zentrum
A **Amalia**, Amalias Avenue 10, Tel.: 3237301, 1961 gebaut, zentrale Lage
A **Elektra Palace**, Nikodimou Str. 18, Tel.: 3241401, 196 Betten, 1973 gebaut, Dachgarten, Swimming pool, zentrale Lage, in einer Seitenstraße
A **Esperia Palace** Hotel, Stadiou Str. 22, Tel.: 3238001 - 9, 338 Betten, zentrale Lage
B **Plaka**, Kapnikareas Str. 7, Tel.: 3222096, 123 Betten, Restaurant, Dachgarten, Blick auf die Akropolis
B **Stanley**, Odysseus Street, Tel. 5240142, 714 Betten, Swimming Pool, Dachgarten, zentrale Lage, nahe beim Monastiraki-Platz
B **Titania**, Panepistimiou Avenue 52, Tel.: 360961, 754 Betten, zentrale Lage, Garage, Restaurant, Dachgarten
C **Alkistis**, Platia Theatrou 18, Tel.: 3219811, 224 Betten, Dachgarten, zentrale Lage, in einer Seitenstraße
C **Niki**, Nikis 27, Tel.: 3220913, 45 Betten, in der Nähe des Syntagma-Platzes
C **Museum**, Bouboulinas 16, Tel.: 3605611, 109 Betten, am Nationalmuseum gelegen, das Zentrum ist zu Fuß zu erreichen
D **Cleo**, Patroou 3, Tel.: 3229053, 43 Betten, in der Nähe des Syntagma-Platzes
D **Phaedra**, Herephondos 16, Tel.: 3238461, 39 Betten, in der Plaka

Restaurants

 Es gibt eine Fülle von Restaurants aller Kategorien. Während die Restaurants, Tavernen und Grillokale in der **Plaka** im Sommer fest in der Hand der Touristen sind, bevorzugen die Athener außerhalb der Plaka gelegene Restaurants.

Geschäfte

Die Auswahl an Geschäften und Waren ist groß. Die bekanntesten Einkaufsgegenden sind:
- das **Kolonaki-Viertel** zwischen Syntagma-Platz und Kolonaki- Platz mit teuren Geschäften, exclusiven Boutiquen und Galerien

- das **Omonia-Viertel** mit einfacheren Läden, Kaufhallen und Verkaufsständen
- das **Monasteraki-Viertel** und die Patission Straße mit Souvenirgeschäften aller Art, Flohmarkt

"Typisch griechische"Waren wie Handarbeiten, Keramikwaren, Lederartikel, Teppiche, Pelze und Ikonen sind in Athen meistens teurer, aber nicht besser als in den übrigen Orten. Bei den Kaufgesprächen geben die Händler fast immer einen Preisnachlaß.

Mietwagen

Ansa International Rent A Car, Syngrou Avenue 33, Tel.: 32480004
Avis, Amalias Avenue 48, Tel.: 3224951, an beiden Flughäfen und im Hilton und Caravel-Hotel
Budget, Syngrou Avenue 8, Tel.: 9214771, außerdem an beiden Flughäfen
Concord Rent A Car, Syngrou Avenue 40 -42, Tel.: 9215267
Hellascars, Stadiou Str. 7, Tel.: 9235353
Hertz, Syngrou Avenue 12, Tel.: 9220102; Vass. Sofias Avenue 71, Tel.: 7247071; an beiden Flughäfen und in den Hotels Intercontinental, Ledra Marriot, Athens Chandris und Holiday Inn
Ilios, Solonos Street 138, Tel.: 3631124
Interrent, Syngrou Avenue 4, Tel.: 9215788 und an beiden Flughäfen
Just Rent A Car, Syngrou Avenue 43, Tel.: 9239104
Kosmos Rent A Car, Syngrou Avenue 9, Tel.: 9234697
Map Rent A Car, Syngrou Avenue 13, Tel.: 9021647
Motorent, Vass. Sofias Avenue 71, Tel.: 7236719
Pappas, Amalias Avenue 44, Tel.: 3220087
Royal Hellas, Amalias Avenue 44, 3245366
Speedo Rent A Car, Syngrou Avenue 8, Tel.: 9223088
Staikos Rent A Car, Syngrou Avenue 40 - 42, Tel.: 9238941
Thrifty Rent A Car, Syngrou Avenue 24, Tel.: 9221211
Tour Rent A Car, Syngrou Avenue 29, Tel.: 3244916
Vogli Rent A Car, Parassiou Str. 38, Tel.: 8824186

Museen

Agora Museum
Adrianou Straße, Tel.: 3210185, Ausgrabungsfunde von der Agora, Öffnungszeiten: täglich 8.45 - 15 Uhr, Sa/So 9.30 - 14.30 Uhr, Die geschlossen
Akropolis Museum
Akropolis, Tel. 3236665, Fundstücke von der Akropolis, Skulpturen, Friese, Öffnungszeiten: täglich 7.30 - 19.30 Uhr, Sa/So 8 - 18 Uhr, Die 12 - 18 Uhr

Athen

Archäologisches National-Museum
Odos Patission 44/Tossitsa-Str. 1, Tel. 8217717, Keramik, Skulpturen, Reliefs, Portraits, Goldschmiedearbeiten, Öffnungszeiten: täglich 8 - 19 Uhr, Sa/So 8 - 18 Uhr, Mo geschlossen
Benaki Museum
Vassilissis Sofias Allee, Ecke Koubari-Str., Tel. 3611617, griechische Volkskunst, Goldschmuck, Keramik, Öffnungszeiten: täglich 8 - 14 Uhr, Di geschlossen
Byzantinisches Museum
Vassilissis Sofias Allee 22, Tel. 7211027, Ikonen, Fresken, Skulpturen von altchristlicher bis nachbyzantinischer Zeit, Öffnungszeiten: täglich 8.45 - 17 Uhr, Mo geschlossen
Griechisches Volkskunst Museum
Kidathineonstr. 17, Tel. 3213018, Volksmalerei, Stickereien, Schnitzwerke, Bibeln und Schmuck, Öffnungszeiten: täglich 10 - 14 Uhr, Mo geschlossen
Historisches Museum
Stadion-Str., Altes Parlament, Tel. 3237617, Erinnerungsstücke an den Freiheitskampf, Schriftstücke, Öffnungszeiten: täglich 9 - 14 Uhr, Sa/So 9 - 13 Uhr, Mo geschlossen
Kerameikos Museum
Odos Ermou 148, Tel. 3463552, Funde vom antiken Friedhof, Grabsteinreliefs, Vasensammlung, Öffnungszeiten: täglich 8.45 - 15 Uhr, Sa/So 9.30 - 14.30 Uhr, Di geschlossen
Kriegsmuseum
Vassilissis Sofias/Ecke Risari-Str., Tel.: 7239560 und 7290543, Waffen, Uniformen, Nachbildungen von Schiffen, Öffnungszeiten: täglich 9 - 14 Uhr, Mo geschlossen
Museum der Stadt Athen
Paparigopouloustr. 7, Tel. 3246146, Dokumente, Möbel, Gegenstände vorwiegend aus der Zeit Otto I., Öffnungszeiten: Mo, Mi, Fr 9 - 13.30 h
Nationale Pinakothek
Michalakopouloustr. 1, Tel. 711010, Gemälde, Plastiken, Graphiken griech. Künstler, westeuropäische Sonderausstellungen
Städtisches Kulturzentrum
Akademiasstr. 50, Tel. 3639671, Arbeiten moderner griechischer Künstler, Öffnungszeiten: täglich 9.30 - 15 Uhr, So 10 - 13 Uhr
Volkskunst- u. Traditionszentrum,
Iperidoustr. 18, Tel. 3213018, Gegenstände der griechischen Volkskunst, Öffnungszeiten: täglich 10 - 14 Uhr, Mo geschlossen

Ausflüge

 Reisebüros und Reiseveranstalter bieten Stadtrundfahrten sowie ein- oder mehrtägige Rundreisen und Ausflugsfahrten zu allen großen griechischen Sehenswürdigkeiten an.

Globetrotter wissen, wo's langgeht . . . . .

Im Buchhandel zu beziehen.

Für eine erste Übersicht empfehlen wir eine Straßenkarte Peloponnes 1 : 300 000.

Für weitere Detailkarten bitte Unterlagen anfordern.

Internationales
Landkartenhaus
GmbH
Postfach 800830
D-7000 Stuttgart 80
Tel. 0711/78893-40
Telex 7255508ilh d
Telefax 0711/7889354

Theresienstr. 66　8000 München 2
parken im Hof　Tel. 089/282032

Nr. 1 – Deutschlands ältester Globetrotter-laden

Ausrüstung haben wir für alle Autos, Motorräder und Fahrräder. Und den richtigen Rucksack finden sie auch.

Reisen – wir haben die Bücher, Landkarten und die Kleidung

Beraten – zur Reise und Ausrüstung werden Sie von uns mit jahrelanger, eigener Erfahrung.

Billig-Flug -Reisebüro mit Ticket-Shop von Travel Overland bei uns im Laden. Tel. 0 89 / 28 08 50

Versand -Katalog nur auf Anfrage. – Gratis.

Besuchen Sie unseren Laden in München.

5.1.3 ATHEN : SEHEN UND ERLEBEN

5.1.3.1 DIE MODERNE STADT

Der Reisende, der nach Athen kommt, um das antike Griechenland kennenzulernen, wird schnell erfahren, daß die heutige Stadt keine Ähnlichkeit mit der idealisierten Vorstellung des humanistisch gebildeten Griechenland-Reisenden hat.

Die griechische Hauptstadt liegt in einem weiten, von Kifíssos und Ilissos durchflossenen Becken, das von den attischen Bergzügen umschlossen wird: im Südosten erhebt sich der Hymettos (1 026 m), im Nordosten der Pentelikon (1 108 m), im Nordwesten der Parnes (1 413 m) und im Westen die Hügelkette des Agaleos (400 - 465 m). Athen hat etwa 885 000 Einwohner; Groß-Athen, das Piräus und viele kleine umliegende Ortschaften umfaßt, etwa 3,4 Millionen Menschen.

Die Stadt breitet sich immer weiter aus; jährlich suchen mehr Griechen in Athen Arbeit und eine neue Heimat. Diese "Bevölkerungsbewegung" muß als Landflucht gesehen werden und wirft große Probleme auf:

- Etwa 40 % der **griechischen Bevölkerung** leben z. Zt. im Großraum Athen; da der vorhandene Wohnraum nicht ausreicht, entstehen immer neue, äußerst einfache Wohnsiedlungen mit ungünstiger Infrastruktur.

- Die **Industrialisierung Griechenlands wurde fast zur Industrialisierung** Athens, denn mehr als 50 % aller industriellen Arbeitsplätze, mehr als 60 % aller Arbeitsplätze im Dienstleistungssektor und fast 70 % des Kapitals konzentrieren sich auf die Hauptstadt. Deshalb gelten die Bemühungen der Regierung zunehmend dem "Dezentralisierungs-Programm" zur Förderung der mittleren Städte in den einzelnen Provinzen.

- Mit der **Bevölkerungszunahme** stieg auch die Zahl der in Athen zugelassenen Kraftfahrzeuge. Etwa 500 000 Autos sollen gegenwärtig in Athen fahren: das ist mehr als die Hälfte aller in ganz Griechenland zugelassenen Wagen. Die daraus entstehenden Probleme sind: Parkraumnot, fast ganztägig verstopfte Straßen im Innenstadtbereich, Lärm und starke Luftverschmutzung.

- Für die ständig zunehmende **Luftverschmutzung** gibt es 3 Ursachen: die Emissionen der Industriebetriebe im Großraum Athen, die minderwertigen, d.h. stark schwefelhaltigen Brennstoffe und die Abgase der etwa 500 000 Autos.

Der Besucher Athens kommt mit den Problembereichen "Lärm" und "Luftverschmutzung" leider auch mehrfach in Berührung:

- In den meisten der zentral gelegenen Hotels ist durch **nächtlichen Auto-, Rangier- und Ladeverkehr** auf den Straßen die Nachtruhe weitgehend gestört.

- Die engen **Straßen** sind während des ganzen Tages **mit Autos zugezugestopft**, so daß der Fußgänger sich seinen Weg mühsam zwischen hupenden und stinkenden Fahrzeugen hindurch suchen muß.

Die hohe Schadstoffbelastung der Luft erhöht die Gefahr der Zerstörung für die antiken Bauwerke: der "saure Regen" - eine Folge des hohen Schwefeldioxid-Gehalts der Luft - frißt sich in den Marmor ein und zerstört ihn.
Trotz seiner langen Geschichte ist das heutige Athen eine Schöpfung des 19. und 20. Jahrhunderts. Von König Otto I. und seinen bayrischen Architekten wurde im 19. Jahrhundert ein Stadtplan entworfen, der neue, großzügige Straßen rund um das Dorf Athen vorsah, das sich an den Nordhängen der Akropolis hinzog. Viele Gebäude (z.B. das Alte Parlament, Akademie, Universität, Nationalitätsbibliothek, Altes Schloß) im Zeitgeist der 1. Hälfte des vergangenen Jahrhunderts weisen auf diese Epoche hin.

Orientierung in Athen

Im Straßengewirr von Athen kann man sich leichter zurechtfinden, wenn man von 3 Orientierungspunkten ausgeht: dem **Omonia-Platz**, dem **Syntagma-Platz** und dem **Monasteraki-Platz**. Diese drei Plätze im Stadtinneren sind durch Hauptstraßen miteinander verbunden; zwischen den Plätzen beträgt die Entfernung jeweils etwas weniger als 1 km.

- Um den **Omonia-Platz** herum, einem Verkehrsknotenpunkt mit Haltestellen aller öffentlichen Verkehrsmittel, befinden sich viele Einkaufsstraßen mit zahlreichen Geschäften und Kaufhäusern; in den kleineren Straßen liegen viele Mittelklasse-Hotels. Diese haben den Vorteil der sehr verkehrsgünstigen Lage - alle bedeutenden Sehenswürdigkeiten Athens lassen sich vom Omonia-Platz aus gut zu Fuß erreichen -, jedoch muß der Hotelgast dafür lebhaften Verkehr und starke Geräuschbelästigungen auch in der Nacht in Kauf nehmen.

- In den Straßen rings um den **Syntagma-Platz** sind vornehmlich Banken, Reisebüros, Regierungsgebäude, Spitzenhotels und elegante Geschäfte zu finden.

- Am **Monasteraki-Platz** beginnt die Plaka, die Altstadt Athens, mit dem berühmten Flohmarkt, mit ihren schmalen Gassen, in denen sich Souvenirgeschäfte und kleine Restaurants aneinanderreihen.

Sehenswürdigkeiten in Athen

In Athen gibt es eine Fülle großartiger Sehenswürdigkeiten. Auch wenn Sie nur wenig Zeit zur Verfügung haben, lassen sich erste Eindrücke bei einem Rundgang auf der Akropolis, bei einem Spaziergang oder bei einer organisierten Stadtrundfahrt gewinnen. Die folgende Übersicht soll eine Orientierungshilfe bieten:

Archäologische Sehenswürdigkeiten

Akropolis:
Heiliger Berg mit bedeutenden Tempelanlagen, Parthenon, Erechtheion, Propyläen, Niketempel (s. ausführliche Bescheibung in Kapitel 5.1.3.2).

Akropolis-Museum
auf der Akropolis, Kunstwerke der Akropolis von der archaischen Zeit bis zum 5. Jahrhundert v.Chr. (s. ausführliche Beschreibung in Kapitel 5.1.3.2).

Dionysos-Theater
Südhang der Akropolis, Theater aus dem 4. Jahrhundert v.Chr., auf dessen Bühne die ersten abendländischen Dramen von Aischylos, Euripides und Sophokles aufgeführt worden sind.

Odeon des Herodes Atticus
Südhang der Akropolis, Theater mit 5 000 Plätzen aus dem 2. Jahrhundert n.Chr., wo alljährlich während der Athener Festspielwochen Aufführungen antiker Dramen stattfinden.

Agorá
Odos Ermou/Apostolou Pavlou, der Marktplatz der Antike. Die Agorá war das Zentrum des öffentlichen Lebens und repräsentierte die Macht und Größe der Stadt. Die Grundmauern von Tempeln, Säulenhallen und dem Rathaus konnten freigelegt werden.

Hephaistos-Tempel
in der Agorá, der besterhaltene dorische Tempel aus dem 5. Jahrhundert v.Chr. wird auch **Theseion** genannt, da sein reicher Skulpturenschmuck von den Heldentaten des Theseus und des Herakles erzählt.

Stoa des Attalos
in der Agorá, wiederaufgebaute, zweistöckige Wandelhalle, in der Funde von der Agorá ausgestellt sind.

Kerámeikos-Friedhof und Museum
Odos Ermou/im Nordwesten der Agorá, Hauptfriedhof des antiken

Athen

Athen mit reichgeschmückten Grabdenkmälern; im kleinen Museum sind kostbare Grabbeigaben ausgestellt

Pnyx-Hügel
gegenüber der Akropolis, der Ort der Volksversammlungen, an denen alle freien Bürger Athens teilnahmen und den Regierungsplänen Zustimmung oder Ablehnung zuteil werden ließen.

Turm der Winde
an der Eolou, ein achteckiger Turm aus dem 1.Jahrhundert n.Chr. sagte den Athenern durch eine Wasseruhr und durch Sonnenuhren die Zeit an. 8 Reliefs stellen die aus 8 Himmelsrichtungen blasenden Winde dar.

Olympieion
Vassilis Olgas Str./Amalias Str., war dem olympischen Zeus geweiht und zählte zu den größten Tempeln der antiken Welt, wie 15 heute noch aufrecht stehende, 17 m hohe Marmorsäulen verdeutlichen.

Hadriansbogen
Amalias Str., wurde im 2. Jahrhundert n.Chr. gebaut und war das Bindeglied zwischen der Athener Altstadt und der von Kaiser Hadrian geförderten Stadt.

Lysikrates-Denkmal
Lysikrates Str., ein Rundbau mit den ältesten korinthischen Halbsäulen

Nationalmuseum
Tositsa/Odos Patission 44, die Ausstellung bietet die umfassendste und eindrucksvollste Sammlung antiker Fundstücke von der prähistorischen bis zur hellenistischen Zeit.

Innerstädtische Sehenswürdigeiten und Ausflugziele

Plaka
unterhalb der Akropolis, die Altstadt Athens mit winkligen Gassen, alten Häusern, vielen Tavernen mit folkloristischen Angeboten, viel Atmosphäre

Flohmarkt
am Monastiraki-Platz, die Händler haben sich nach branchen niedergelassen: Kupferschmiede, Schuhmacher, Teppich- und Pelzhändler und Töpfer

Große und kleine Metropolis-Kirche
Mitropolis Platz, die große Metropolis ist die orthodoxe Hauptkirhe Athens; das kleine Kirchlein ist das älteste byzantinische Bauwerk der Stadt

Klassizistische Bauwerke
Panepistimiou Str., zu Beginn des 19. Jahrhunderts wurden nach Plänen der Architekten Hansen und Ziller die Akademie der Wissenschaften, die Universität, die Nationalbibliothek und die Villa Heinrich Schliemanns gebaut.

Altes Schloß
am Syntagma-Platz, das königliche Schloß wurde von 1834 - 1838 als Residenz Otto I. errichtet. Vor dem Alten Schloß liegt das **Grabmal des unbekannten Soldaten**; hier findet alle 30 Minuten die sehenswerte Wachablösung der Garde statt.

Nationalpark/Zappeion
am Syntagma-Platz, schöne, alte Parkanlage mit Palmenhain und kleinem Tierpark; das Zappeion ist ein Ausstellungsgelände, wo sich die Athener zur abendlichen Volta treffen.

Lykavittos
ein 277 m hoher Felsen, auf den eine Seilbahn hinaufführt. Auf der Höhe können Sie im Restaurant ausruhen und den herrlichen Blick über die ganze Stadt geießen.

Pnyx-Hügel
gegenüber der Akropolis, an dem antiken Ort steht heute die moderne Athener Sternwarte.Im Sommer finden hier Ton- und Lichtspiele statt.

5.1.3.2 ANTIKE SEHENSWÜRDIGKEITEN

Das National-Museum (Odos Patission 44)

Öffnungszeiten

im Sommer:	täglich	8 - 13 h, 15 - 18 h
	dienstags	geschlossen
im Winter:	täglich	9 - 16 h
	sonntags	10 - 14 h
	dienstags	geschlossen

Das National-Museum bietet die umfassendste und eindrucksvollste Sammlung antiker Fundstücke von der prähistorischen bis zur hellenistischen Zeit. Es ist in 3 Abteilungen gliedert:
1. Abteilung: prähistorische Sammlung in den Sälen 4 - 6
2. Abteilung: Skulpturensammlung in den Sälen 7 - 30
3. Abteilung: Vasensammlung und Ausgrabungsfunde aus Thera/-Santorin im Obergeschoß

In den Seitenflügeln des Gebäudes befinden sich das Epigraphische und Numismatische Museum sowie eine Verkaufsstelle für Replikate der Museumsexponate.

 Die Bestände des National-Museums sind so umfangreich, daß auch ein 2 - 3-stündiger Besuch nur einen oberflächlichen Eindruck vermitteln kann.

Für einen ersten Besuch empfiehlt sich die Beschränkung auf einige Hauptsehenswürdigkeiten:
- z.B. auf Saal 4, in dem die **mykenischen, von Heinrich Schliemann entdeckten Funde** ausgestellt sind;
- z.B. auf den Saal im Obergeschoß, in dem sich die **Ausgrabungsfunde von Thera/Santorin** befinden;
- z.B. auf die **bedeutendsten Skulpturen in den Sälen 8, 9, 14 oder 15.**

Saal 4: Mykenischer Saal
Die ausgestellten Funde stammen aus der Zeit zwischen 1600 und 1200 v.Chr. und sind nach Fundorten geordnet. Gleich am Eingang befinden sich die Ausgrabungsfunde Heinrich Schliemanns (u. a. die berühmten Totenmasken, Waffenschilde und Trinkgefäße aus purem Gold)

Saal 8:	Grabamphoren, **überlebensgroßer Kuros von Kap Sounion** aus der Anfangszeit (um 650) der griechischen Großplastik
Saal 9:	**geflügelte Nike von Delos**
Saal 14:	**Aphrodite (Venus) von Milos** (um 460 v.Chr., Nr. 3990), Relief mit Epheben aus Sounion (um 460 v.Chr., Nr. 3344)
Saal 15:	großes Weihrelief aus Eleusis (um 440 v. Chr., Nr. 126), **Bronzestatue des Poseidon vom Kap Artemision** (um 460, Nr. 15161)
Saal 20:	Athena von Varrakeion (Nr. 129, römische Kopie nach einem Kultbild von Phidias um 440 v. Chr.)
Saal 21:	Hermes von Andros (Nr. 218, römische Marmorkopie nach einem Original des 4. Jahrhunderts; Statue des Diadumenos aus Delos (Nr. 1826, römische Marmorkopie nach einem Bronzeoriginal des Polyklet aus der Zeit 420 v. Chr.; Apollon von Piräus um 520 v.Chr.; **Jüngling von Marathon** um 340 v.Chr.
Saal 35:	(Treppenhaus) **Reiterknabe** aus dem Artemision (aus dem 2. Jahrhundert, Nr. 151777); **Hermes-Statue** aus Marathon (4. Jahrhundert)
1. Obergeschoß:	**Vasensammlung** Die Vasensammlung ist chronologisch geordnet und enthält Funde aus dem 3./2. Jahrhundert v.Chr. bis zum 4. Jahrhundert n. Chr. (Kunstführer "Vasen" von Filippaki im Museum erhältlich.)

Athen

Ausgrabungsfunde aus Thera/Santorin
Die Ausstellung enthält die Ausgrabungsfunde der Jahre 1970 von Santorin. Eine Fotodokumentation gibt Aufschluß über die Ausgrabungsfortschritte. Die rekonstruierten Fresken zeugen vom hohen Stand der minoischen Kultur.

Die Akropolis

Die Akropolis ist Ziel jedes Athen-Besuchers. Propyläen, Nike-Tempel, Parthenon und Erechtheion sowie die umfangreiche Sammlung des Akropolis-Museums vermitteln Eindrücke von der Blütezeit griechischer Baukunst.

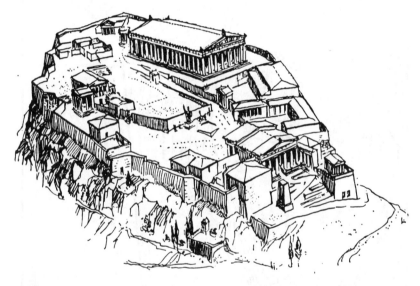

Öffnungszeiten:

16.03. - 14.10. tägl. ab 7.30 h bis Sonnenuntergang
15.10. - 15.03. tägl. ab 9.00 h bis Sonnenuntergang
außerdem bei Vollmond von 21.00 - 23.45 h an 2 Tagen vor Vollmond und einen Tag danach

Geschichtlicher Überblick

Die Akropolis, ein 156 m hoher Felsen aus halbkristallinischem Kalkstein und rotem Schiefer, der die Form eines Tafelberges aufweist, war schon seit etwa 5 000 v.Chr. bewohnt. Das Plateau diente zunächst als Fluchtberg; später wurde dort der Wohnsitz der Könige, der durch Mauern und Wälle befestigt war, errichtet. Nach der Abschaffung des

Athen

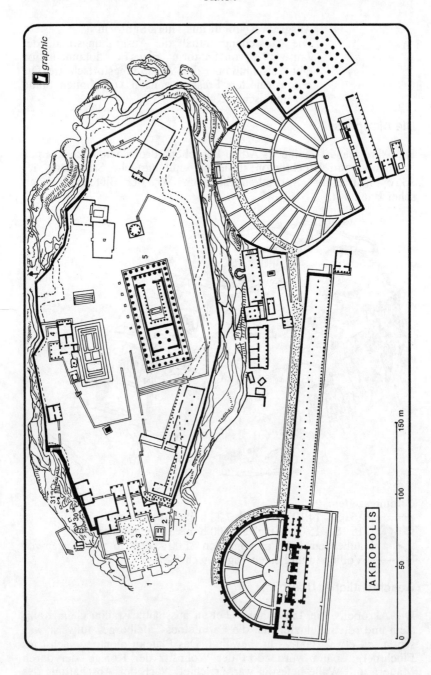

AKROPOLIS

Athen

Legende zur Karte auf der vorhergehenden Seite

1	Beulé-Tor	5	Parthenon
2	Nike-Tempel	6	Dionysos-Theater
3	Propyläen	7	Odeon des Herodes Atticus
4	Erechtheion	8	Akropolis-Museum

Königtums weihten die Athener die Akropolis ihren Göttern und schmückten den Felsen mit steinernen Gebäuden, die jedoch von den Persern 479 v.Chr. zerstört wurden. Nach der Vergrößerung der ebenen Fläche durch Aufschüttung mit den "Persertrümmern" wurde die Akropolis während der Regierungszeit des Perikles ab 467 v.Chr. prachtvoll bebaut. Bis in die byzantinische Zeit blieben die Tempel und Kultbauten unversehrt. Die spätere Umwandlung in christliche Kirchen, die Befestigung der Burg zu Verteidigungszwecken und die Nutzung des Parthenon als Moschee und des Erechtheion als Harem zur Zeit der Türkenherrschaft hinterließen tiefe Spuren. Die endgültige Zerstörung begann 1640, als in den Kämpfen Venedigs gegen die Türken ein türkisches Pulvermagazin im Parthenon explodierte und 1687 der Nike-Tempel abgetragen wurde, um Platz für weitere Befestigungsanlagen zu schaffen.

Nach dem griechischen Freiheitskampf wurde 1833 mit der allmählichen Wiederherstellung der Akropolis aus den erhaltenen Teilen begonnen; diese Arbeit dauert bis heute an, jedoch wird in den letzten Jahren die Instandsetzung und -haltung durch die enorme Luftverschmutzung in Athen erschwert. Innerhalb weniger Jahrzehnte wurden die Marmorskulpturen auf der Akropolis so angegriffen, daß z.B. Gesichter und Gewänder stark verwitterten. Nachdem eine UNESCO-Kommission auf die irreparablen Schäden hingewiesen hatte, wurden u.a. die Karyatiden des Erechtheion 1979 ins Akropolis-Museum transportiert. Kopien aus Beton tragen nun das Dach des Erechtheion.

Da die Zahl der Besucher auf der Akropolis ständig wächst, muß man mit dichtem Gedränge rechnen; nur in den frühen Morgenstunden vor 9 Uhr ist der Andrang geringer.

Bauwerke der Akropolis

Bauwerk	Entstehungszeit	Baumeister
Parthenon	447 - 432 v. Chr.	Phidias, Iktinos, Kallikrates
Propyläen	437 - 432 v. Chr.	Mnesikles
Nike-Tempel	432 - 421 v. Chr.	Kallikrates
Erechtheion	421 - 406 v. Chr.	Philokles

Propyläen

Ein mächtiger Torbau mit jeweils 6 dorischen Säulen an beiden Seitenflügeln. Die Propyläen waren von den Grundmauern aus ganz aus Marmor errichtet. Sie blieben bis ins 13. Jahrhundert fast vollständig erhalten; unter türkischer Herrschaft wurde der mittlere Gebäudeteil mit einer Kuppel bedeckt und diente als Waffen- und Munitionslager. Im 17. Jahrhundert explodierte das Lager und zerstörte die Toranlage. An der Restauration der Propyläen wird seit 1909 gearbeitet.

Nike-Tempel

Der kleine ionische Nike-Tempel gilt als eines der Meisterwerke griechischer Baukunst, das der Siegesgöttin Athene Nike geweiht war. Im 5. Jahrhundert v.Chr. beauftragte Perikles den Baumeister Kallikrates mit dem Bau des Tempels; 432 v.Chr. wurde mit den Arbeiten begonnen.
Das Gebäude aus weißem, pentelischem Marmor, dessen Säulenunterbau nur 8,27 m x 5,44 m mißt, erhob sich auf 3 Stufen. Je 4 Säulen an den beiden Fronten umschlossen den Innenraum (die cella), in welcher die Kultstatue aufgestellt war. Diese war eine Nachbildung des alten hölzernen Kultbildes, das während der Plünderung Athens durch die Perser zerstört worden war. Die siegreiche Athene hielt in ihrer rechten

Hand einen Granatapfel (als Zeichen der Fruchtbarkeit) und in der linken Hand einen Helm (als Zeichen der Wehrhaftigkeit).
Über dem Architrav, der auf den Säulen und den Cella-Wänden ruhte, verlief ein Relieffries von 25,30 m Länge mit der Darstellung historischer Kämpfe der Athene und einer Versammlung der Götter auf dem Olymp.
Die Skulpturen der Ost- und Südseite des Tempels sind Originale; die Kunstwerke von Nord- und Westseite wurden vom britischen Diplomaten Lord Elgin nach London gebracht.

 Von der Terrasse des zierlichen Tempels bietet sich ein weiter Ausblick auf die Stadt bis über das Meer.

Der Sage nach soll sich von dieser Stelle der König Ägeus in die Tiefe gestürzt haben aus Trauer um den vermeintlichen Tod seines Sohnes Theseus. In Erinnerung an Ägeus nannte man das Meer "Ägäisches Meer".

Parthenon

Der Parthenon, das berühmteste Bauwerk Griechenlands, steht an der höchsten Stelle der Akropolis und ist zugleich deren Krönung. Mit den Bauarbeiten wurde 447 v.Chr. begonnen, die Einweihung fand bei den Panathenäen im Jahre 438 v.Chr. statt, und die endgültige Fertigstellung wurde erst 432 v.Chr. abgeschlossen.

Perikles plante gleich zu Beginn seiner Regierungszeit den Bau des Tempels. Die Aufgabe der Ausgestaltung übertrug er seinem Freund Phidias, der zu den größten Bildhauern des 5. Jahrhunderts v.Chr. zählte; diesem zur Seite standen Iktinos als Architekt und Kallikrates als Bauführer. Eine große Zahl von Steinbrechern, Marmorschneidern, Steinmetzen und Malern wurde mit Aufträgen betraut, die besten Bildhauer Athens arbeiteten an den Skulpturen des Frieses, der Giebelfelder und der Metopen. Allein der 160 m lange Fries, der oberhalb der Säulen rings um den Tempel verläuft, wurde mit etwa 400 Menschen- und 200 Tierdarstellungen geschmückt.

Die Tempelanlage des Parthenon

Der Parthenon ist ein Tempel mit dorischer Säulenordnung, der auf einem dreistufigen Unterbau aus Kalkstein errichtet wurde und ganz aus pentelischem Marmor besteht.

Einige Zahlenangaben zum Meisterwerk der griechischen Baukunst:

Fläche: 72,5 x 34 m
Frontseiten: 8 dorische Säulen, mit Kapitell 10,43 m hoch

Längsseiten:	17 dorische Säulen, Durchmesser der Säule an der Basis 1,90 m, an der Oberkante 1,48 m; die Ecksäulen werden doppelt gezählt;
Architrav:	92 Metopen (davon 41 - z.T. stark beschädigt - am Tempel und 15 in London)
ionischer Fries:	160 m lang, 1m hoch

Diese Zahlen sagen nichts aus über die vollendete Harmonie des Bauwerkes, das nicht nur wegen des einzigartigen Bauplanes, sondern auch wegen seiner architektonischen Raffinessen gerühmt wird:

- so ist z. B. die **erste Marmorschicht über dem Fundament zur Mitte hin leicht nach oben gewölbt**, ebenso wie die Stufen und das auf den Mittelsäulen ruhende Gesims. Dadurch wurden 2 Probleme gelöst: einmal konnte das Wasser gut abfließen, zum anderen wurde die optische Täuschung aufgehoben, daß bei einer Reihe aufeinanderfolgender Säulen die mittleren jeweils niedriger erscheinen;
- so sind **alle vertikalen Linien am Tempel nicht ganz gerade**. Alle Säulen neigen sich um etwa 7 cm dem Tempelinneren zu, wodurch bei Erdbeben eine größere Standfestigkeit erreicht wurde.

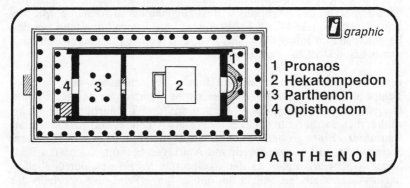

1 Pronaos
2 Hekatompedon
3 Parthenon
4 Opisthodom

PARTHENON

Man betrat den Tempel durch die äußere, mit 6 Säulen bestandene Vorhalle (Pronaos, 1) und gelangte in den Hauptraum des Tempels, in das sog. Hekatompedon (2 , Hekatompedon = Maß von 100 attischen Fuß) mit seinen zweigeschossigen Säulenreihen. In diesem Raum stand die berühmteste Statue der Athena Parthenos, die Phidias eigenhändig geschaffen haben soll. Das Standbild stellte Athena als Kriegsgöttin in etwa 6-facher Lebensgröße (12 m) dar und war aus Holz, Elfenbein und Gold gefertigt. Über die Bedeutung des westlichen Gebäudeteiles, dem eigentlichen Parthenon (3 , d.h. der "Saal der Jungfrauen"), bestehen unterschiedliche Auffassungen. Es wird angenommen, daß in diesem Raum die Tempeldienerinnen, die auch den Gottesdienst abhielten, schliefen; sicher aber ist, daß der Raum die Schatzkammer des Heiligtums war, in dem später auch der Staatsschatz aufbewahrt wurde. In der sich anschließenden Halle (Opisthodomos, 4) wurden die besonders wertvollen Weihegeschenke für die Göttin aufbewahrt.

Da die kultischen Handlungen nicht im Tempelinneren, sondern meistens unter freiem Himmel stattfanden, kam der Ausgestaltung der Außenfassaden besondere Bedeutung zu. Daher erfuhren auch die Skulpturen am dorischen Fries, die Figuren an den Giebelfeldern und die Figuren am ionischen Fries, die alle nach Plänen und Vorgaben des Phidias gearbeitet wurden, große Beachtung und Wertschätzung.

Bis zum Ende des Römischen Reiches blieb der Parthenon unversehrt. Im 6. Jahrhundert wurde er in eine christliche Kirche umgewandelt. Die kostbare Statue der Athena Parthenos wurde nach Konstantinopel gebracht. 1458 eroberten die Türken Athen und richteten im Parthenon eine Moschee mit Minarett ein. 1687 explodierte nach einem Blitzschlag das Pulvermagazin, wodurch der Tempel zerstört wurde. Lord Elgin, der britische Botschafter an der Hohen Pforte, erhielt die Erlaubnis, "einige Steinblöcke mit Inschriften und Figuren" vom Parthenon nach England zu schaffen. In den Jahren 1803 - 1812 brachte er Platten des ionischen Frieses, Metopen und Statuen nach London ins Britische Museum, wo die "Elgin Marbles" bis heute das Kern- und Glanzstück der Antikensammlung sind.

Nach den griechischen Freiheitskriegen begannen die Wiederaufbauarbeiten an der Akropolis; 1842 wurde die Moschee im Parthenon abgerissen, und seit 1926 erfolgte die Rekonstruktion des Tempels.

Erechtheion

Gegenüber vom Parthenon-Tempel liegt das Erechtheion, der wohl merkwürdigste Bau der Akropolis. Im Gegensatz zur Einheit und Geradlinigkeit des Parthenon ist das Erechtheion durch eine komplizierte Gliederung und durch unregelmäßige, miteinander verbundene Bauteile gekennzeichnet. Der Architekt Philokles hatte nicht nur die Heiligtümer verschiedener Götter und Helden in einem Bauwerk, sondern auch die Höhenunterschiede und Unebenheiten des felsigen Geländes zu berücksichtigen.

Hier befand sich der heiligste Teil der Akropolis mit mehreren alten Kultstätten:

- das offene Heiligtum der Athene mit dem heiligen Ölbaum;
- die Stelle, wo Poseidon seinen Dreizack in den Felsen warf und damit eine Quelle öffnete;
- das Grab des Kekrops, des ältesten Königs von Athen, und seiner Tochter, einer Priesterin der Athene;
- die Kultstätte des Hephaistos, des Schmiedes der Götter.

Das Erechtheion gilt als das perfekte Bauwerk ionischer Architektur, das in den Jahren 421 - 406 v.Chr. entstand. Das Bauwerk hieß ursprünglich Tempel der Athena Polias und wurde erst in römischer Zeit zur Unterscheidung vom Parthenon als Erechtheion bezeichnet.

Der Tempel gliedert sich in das Heiligtum der Athena Polias (Ost-Cella) und das Heiligtum des Poseidon Erechtheus. Im Heiligtum der Athena wurde ein altes Kultbild aus Olivenholz (das Xoanon) aufbewahrt, das der Überlieferung nach vom Himmel gefallen, von König Kekrops geweiht und jeweils alle 4 Jahre bei den Panathenäen mit einem neuen Gewand bekleidet worden sein soll. Das Erechtheus-Heiligtum lag etwa 3 m tiefer als das der Athena; in seinem Innern befanden sich wohl die Altäre des Hephaistos und des athenischen Helden Boutes sowie eine mehrzellige Krypta.

Dem rechteckigen Baukörper waren im Norden, Osten und Süden Vorhallen (Portikus) vorgesetzt, die ganz unterschiedlich gestaltet waren.

Der **Südportikus**, der sog. Koren-Portikus, ist der bekannteste Teil des Erechtheion und zugleich eines der bedeutendsten Zeugnisse griechischer Kunst. Auf einem dreistufigen Unterbau stehen 6 überlebensgroße (etwa 2,30 m hohe) Mädchengestalten (Koren, Karyatiden), die den Architrav und das Dachgebälk tragen.
Um weitere, durch die Luftverschmutzung verursachte Schäden zu vermeiden, wurden die Koren 1979 gegen Kopien ausgetauscht und im Akropolis-Museum aufgestellt. Eine Original-Kare befindet sich außerdem seit der Zeit Lord Elgins im Britischen Museum.

Vom Nordportikus führt ein Tor in das Heiligtum der Pandrosos, einer Tochter des Kekrops. Hier stand jener Ölbaum, den Athene wachsen ließ, um ihre Anrechte auf Attika zu betonen - und auch heute wächst an gleicher Stelle ein Olivenbaum.

Akropolis-Museum

Nur wenige Schritte vom Parthenon entfernt liegt das Akropolis-Museum, dessen Besuch äußerst lohnenswert ist. Das Akropolis-Museum stellt ausschließlich Funde von der Akropolis aus.
Öffnungszeiten:

im **Sommer**: werktags:	9.00 - 18.30 Uhr
sonn- und feiertags:	10.00 - 16.30 Uhr
dienstags	geschlossen
im **Winter**: werktags:	9.00 - 16.00 Uhr
sonn- und feiertags:	10.00 - 14.00 Uhr
dienstags:	geschlossen

Die Eintrittskarte zur Akropolis berechtigt auch zum Museumsbesuch.

Athen

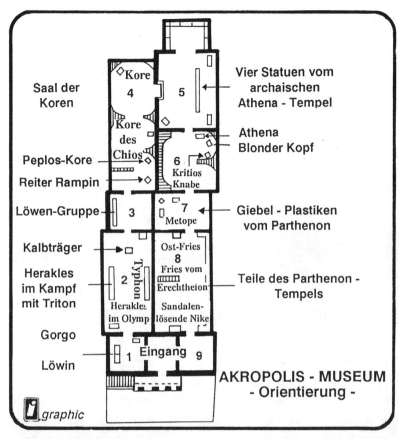

AKROPOLIS - MUSEUM - Orientierung -

Die Ausstellungsstücke sind in 9 Sälen chronologisch geordnet:

Saal 1-4:

Kunstwerke aus dem 6. Jahrhundert v. Chr.; Teile von Giebelfeldern und Friesen der ältesten Gebäude; Skulpturen, Tafeln mit Grabinschriften, Votivgaben;

Saal 5:

Giebelfeld vom alten Athena-Tempel (525 v. Chr.) mit Szenen aus dem Kampf der Titanen gegen die Götter;

Athen

Saal 6:
Kunstwerke von ca. 490 - 450 v. Chr., z.B. Relief der trauernden Athene, Kopf des blonden Epheben, Kare des Euthydikos;

Saal 7:
Blütezeit der griechischen Kunst; Einzelfunde von Parthenon, Erechtheion und Nike-Tempel; Rekonstruktionen der Giebelfelder des Parthenon;

Saal 8:
Skulpturenfunde vom Parthenon - Fries und vom Erechtheion; Skulpturen von der Brüstung des Nike-Tempels;

Saal 9:
4. Jahrhundert v. Chr.; Portrait Alexander des Großen.

5.1.3.3 DIE PLAKA - DIE ALTSTADT ATHENS

Kaum ein Fremder wird einen Besuch der Plaka, der Altstadt am Fuße der Akropolis, versäumen. Er wird durch die vielen schmalen, holprigen Gassen gehen, die Auslagen der unzähligen kleinen Geschäfte betrachten, den Kupferschmieden, Töpfern und Schuhmachern bei der Arbeit

zusehen und sich in einer der zahlreichen Tavernen zu Retsina oder Ouzo niederlassen und dabei griechische Musik genießen.

Obwohl die Plaka inzwischen den Wünschen und Bedürfnissen der Touristen angepaßt wurde und damit viel von ihrer Originalität und Ursprünglichkeit verloren hat, lohnt sich ein Besuch der Plaka, weil das Angebot an Unterhaltungsmöglichkeiten, an Tavernen und Restaurants sehr reichhaltig ist.

 In den Sommermonaten sollten Sie nicht zu früh zur Plaka aufbrechen; das eigentliche Leben beginnt erst gegen 22 Uhr.

Sie werden sich "Ihre" Taverne selbst aussuchen müssen und dabei aus dem breiten Angebot auswählen, das von ganz einfachen, spärlich ausgestatteten Tavernen, in denen der Retsina aus dem Faß abgefüllt wird und Sie Ihr Essen direkt in der Küche bestellen, über folkloristisch ausgeschmückte Lokale, in denen griechische Küche und griechische Musik dem Geschmack der fremden Besucher angepaßt wurden, bis zu Restaurants mit internationaler Atmosphäre reicht.

Wenn Sie schon am Tage durch die belebten Gassen der Plaka mit den unzähligen Souvenirgeschäften streifen oder auf dem Flohmarkt am Monastiraki-Platz das Warenangebot prüfen, sollten Sie sich Zeit zum Auswählen und zu Preisverhandlungen lassen, zu denen die Händler trotz aufgeklebter Preisschilder meistens bereit sind.

5.2 DAPHNI, ELEUSIS UND THEBEN

5.2.1 DAPHNI

Entfernung: 11 km von Athen

Öffnungszeiten:

	im Sommer	täglich	8 - 18 Uhr
		Sonntag	9 - 15 Uhr
	im Winter	täglich	9 - 16 Uhr
		Sonntag	10 - 13 Uhr

An der "Heiligen Straße" von Athen nach Eleusis liegt das **Kloster Daphni**, das zu den interessantesten Klosterbauten Griechenlands gehört. Der Name leitet sich von dem griechischen Wort für Lorbeer (daphne) ab und erinnert damit an das hier gelegene Apollon-Heiligtum, in dessen Kult dem Lorbeerbaum besondere Bedeutung zukam.

Das Kloster wurde 1080 an der Stelle eines Apollon-Tempels und eines älteren Klosters gebaut. Nach starken Beschädigungen während des griechischen Befreiungskampfes wurde das Kloster aufgegeben. Seit 1890 werden Restaurierungsarbeiten durchgeführt.

Neben der Bauweise der Klosterkirche, bei der die Kuppel nicht mehr auf Säulen, sondern auf Wandpfeilern ruht, machen die reichen Mosaiken die besondere Bedeutung des Klosters aus.

Die eindrucksvollen Mosaiken auf Goldgrund stammen aus der Zeit um 1100. Sie sind teilweise restauriert, so daß das Großartige der mittelbyzantinischen Mosaikkunst deutlich hervortritt. Die Ränder sind mit pflanzlichen oder geometrischen Mustern geschmückt; die Mosaikbilder sind bestimmt durch reiche Modellierung, gedämpfte, warme Farben und sehr ausdrucksvolle Personendarstellungen. Besonders eindrucksvoll ist das Bild des Pantokrators in der Kuppel.

In der Nähe der Klosterkirche liegt ein schattiger Park mit einem Touristenpavillion der G.Z.F., in dem jedes Jahr im Juli das große Weinfest stattfindet. Eine Eintrittskarte berechtigt zum Probieren von 60 - 70 griechischen Weinen; zur weiteren Unterhaltung tragen folkloristische Darbietungen bei.

5.2.2 ELEUSIS

Entfernung: 23 km von Athen

Öffnungszeiten:

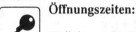

	im Sommer	täglich	8 h bis Sonnenuntergang
		Sonntag	10 - 13 h, 15 - 19 h
	im Winter	täglich	9 h bis Sonnenuntergang
		Sonntag	10 - 13 h, 15 - 17 h

Das Heiligtum von Eleusis und der damit verbundene Mysterienkult zogen die Menschen in antiker Zeit sehr stark an; alljährlich im Herbst kamen Tausende von Pilgern zu den "Großen Mysterien", die als die heiligsten Mysterienfeste in Griechenland galten. Zur Teilnahme war jedermann zugelassen, auch Sklaven konnten an der Einweisung in den Kult teilnehmen.

Es handelte sich um einen Geheimkult, dessen genaue Inhalte bis heute nicht ganz bekannt sind, da den Eingeweihten absolutes Stillschweigen über die Mysterienhandlungen auferlegt war. Als sicher gilt jedoch, daß die zentralen Themen der Einweihung Leben, Tod und Wiedergeburt waren.

Der Pilgerfestzug erreichte Eleusis auf der von Athen kommenden "**Heiligen Straße**" und fand sich auf dem Vorhof vor dem **Heiligen Bezirk** ein.

Mittelpunkt des Heiligen Bezirks war das **Telesterion**, in dem die Einführung der Pilger in die geheimen Riten geschah. Heute sind überwiegend Zeugnisse der römischen Anlage sichtbar. Diese hatte eine Größe von etwa 52 x 54 m. Das nahezu quadratische Gebäude war an einer Seite in den Felsen hineingebaut; durch je 2 Eingänge an den anderen Seiten wurden die 3 000 bis 5 000 Gläubigen zum Inneren des Telesterion zugelassen. Sie konnten von den 8 Treppenreihen, die sich an den Wänden entlangzogen, an den Mysterienfeiern teilnehmen.

Museum

Öffnungszeiten:

täglich von 8 - 13 Uhr

Im Museum sind Architekturteile, Skulpturen, Stelen, Sarkophage, Bronze- und Terrakottagefäße aus der Zeit vom 8. Jahrhundert v.Chr. bis in römische Zeit ausgestellt.

Im zweiten, links gelegenen Saal, befindet sich eine Rekonstruktion des Heiligen Bezirks von Eleusis.

Eleusis

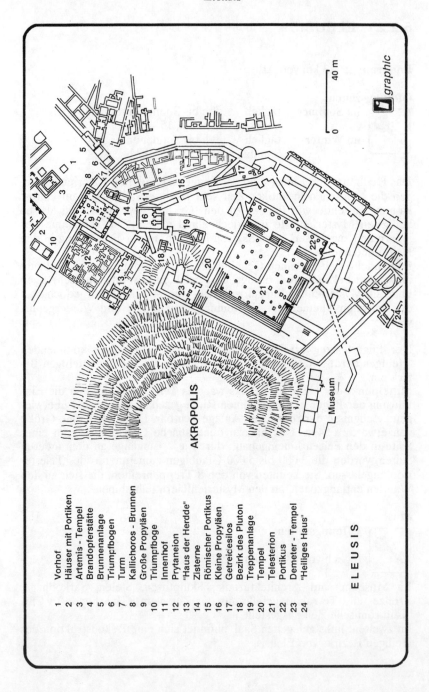

1 Vorhof
2 Häuser mit Portiken
3 Artemis - Tempel
4 Brandopferstätte
5 Brunnenanlage
6 Triumpfbogen
7 Turm
8 Kallichoros - Brunnen
9 Große Propyläen
10 Triumpfboge
11 Innenhof
12 Prytaneion
13 "Haus der Herdde"
14 Zisterne
15 Römischer Portikus
16 Kleine Propyläen
17 Getreicesilos
18 Bezirk des Pluton
19 Treppenanlage
20 Tempel
21 Telesterion
22 Portikus
23 Demeter - Tempel
24 "Heiliges Haus"

ELEUSIS

5.2.3 THEBEN

Entfernung: 72 km von Athen

An der Strecke nach Theben liegen folgende Sehenswürdigkeiten:
- **Kloster Agios Meletios:** Fresken aus dem 16. und 17. Jahrhundert;
- **Panaktos:** mittelalterlicher Turm;
- **Eleutherai:** Festung aus der Zeit um 345 v.Chr.. Achteckige, jeweils 40-50 m voneinander entfernte Türme sind durch 3,5 m hohe Mauern miteinander verbunden.
- **Platää:** In antiker Zeit fanden seit 479 v.Chr. in Platää alle 4 Jahre Festspiele zu Ehren Zeus des Befreiers statt, denn bei Platää gelang den Griechen unter der Führung des Spartaners Pausanias der entscheidende Sieg über die Perser.

Theben

 Da die Stadt Theben 1853 und 1893 durch Erdbeben zerstört wurde, gibt es nur geringe Überreste; ein Besuch lohnt sich deshalb nur für den archäologisch sehr Interessierten.

Mythos und Geschichte

Der Sage nach wurde Theben von Kadmos gegründet, der damit einem Befehl des delphischen Orakels folgte. Zu seinen Nachkommen gehörte Laios, dem zusammen mit seiner Frau Iokoste eine schreckliche Prophezeihung gemacht war: ihnen sollte ein Sohn geboren werden, der seinen Vater töten und seine Mutter heiraten werde. Voller Verzweiflung über diese Vorbestimmung setzte das Königspaar den erstgeborenen Sohn aus, der jedoch von einem Schäfer gerettet wurde und den Namen Ödipus erhielt. Auch ihm sagte das delphische Orakel das unheilvolle Schicksal voraus, das sich bald erfüllte: bei einem Handgemenge mit Laios und seinem Gefolge tötete Ödipus seinen ihm unbekannten Vater, befreite wenig später die Stadt Theben von einer mordenden Sphinx und erhielt dafür als Lohn den Thron und die Hand der verwitweten Königin, seiner Mutter. Mit ihr zeugte er die 3 Kinder Eteokles, Polyneikes und Antigone. Als das schreckliche Geheimnis von Vatermord und Blutschande im Lande durch einen Spruch des delphischen Orakels bekannt wurde, erhängte die Königin Iokaste sich, und Ödipus stach sich beide Augen aus. Blind irrte er durch die Fremde, von seiner Tochter Antigone begleitet, bis er in der Nähe von Athen auf geheimnisvolle Weise starb.

Der Fluch, der auf der Familie des Laios lag, war damit jedoch noch nicht erfüllt. Die Söhne Eteokles und Polyneikes kämpften um das Erbe des Ödipus, wobei Polyneikes getötet wurde. Als Antigone ihren toten Bruder der Sitte gemäß bestattete und damit ihrem Gewissen folgte, aber gegen den ausdrücklichen Befehl des Königs verstieß, wurde auch Antigone zum Tode verurteilt. Damit war der Fluch gesühnt.

Die dramatischen, schicksalhaften Begebenheiten in Theben fanden in den großen Tragödien des Aischylos und Sophokles ihren Ausdruck.

Archäologisches Museum

Öffnungszeiten:

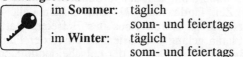

	im Sommer:	täglich	8 - 13 h, 15.00 - 18 h
		sonn- und feiertags	10 - 13 h, 15.00 - 18 h
	im Winter:	täglich	9 - 13 h, 14.30 - 17 h
		sonn- und feiertags	10 - 13 h, 15.00 - 17 h

Ausgestellt sind u.a. Skulpturen archäischer Zeit, Grabstelen aus klassischer Zeit und eine Sammlung bemalter Sarkophage.

Bei den Ausgrabungsarbeiten konnten einige Räume des mykenischen Palastes, Werkstätten, Tongefäße mit Linear B-Schrift, Tontafeln und Elfenbeinschnitzereien freigelegt werden.

5.3 KLOSTER OSSIOS LOUKAS

An der Strecke zum Kloster Ossios Loukas liegen folgende Sehenswürdigkeiten:

Leuktra

Ort der Schlacht, bei der 371 v.Chr. der Thebaner Epaminondas die Spartaner besiegte. Daran erinnert ein Denkmal (das Tropaion), von dem einige Reststücke aufgefunden wurden.

Levadia

Der Hauptort und das Handelszentrum der Provinz Böotien hat 15 000 Einwohner.
Sehenswert sind das fränkische Kastell, das die Stadt beherrscht, und das malerische Altstadtviertel, das am Ufer des Herkyna-Flusses liegt, der von einer türkischen Brücke überspannt wird.

Im Gebiet des ehemaligen, heute trockengelegten Kopais-Sees dehnen sich weite Baumwollfelder aus. Vor den Häusern der kleinen Dörfer sind natur- oder orangefarbene und braune Hirtenteppiche auf Leinen aufgehängt.

Orchomenos

Es ist eine der ältesten Siedlungen Griechenlands aus neolithischer Zeit (6 000 v.Chr.). Das von H. Schliemann ausgegrabene mykenische Kuppelgrab, das sog. Schatzhaus des Minyas, weist große Ähnlichkeit mit dem "Schatzhaus des Atreus" in Mykene auf.
Sehenswert ist außerdem die byzantinische Kreuzkuppelkirche aus dem Jahre 874, die zu den bedeutendsten Griechenlands gehört.

Chaironeia

Der Ort wurde bekannt durch die dort ausgetragene Schlacht zwischen den verbündeten Griechen unter der Führung Athens und Makedonien unter Philipp II.. An dem Sieg der Makedonen hatte der damals 18-jährige Alexander großen Anteil; durch die Schlacht von Chaironeia sicherte Makedonnien sich die Vorherrschaft in Griechenland.

Zur Erinnerung an die getöteten Thebaner wurde auf deren Massengrab der sog. Löwe von Chaironeia errichtet, der noch heute südlich des Ortes steht.

Neben dem Grabdenkmal befindet sich ein kleines **Museum** mit prähistorischen Funden, Keramikfiguren und Grabbeigaben.

 Öffnungszeiten:

täglich	9 - 13 h, 15 - 18 h
Sonntag	10 - 13 h, 15 - 17 h

Ossios Loukas

Geschichte

Der Eremit Loukas siedelte sich bei einer Quelle im Tal von Stiris an. Bei seiner Einsiedelei wurde 941/944 eine kleine Kapelle errichtet; diese war dem Heiligen Loukas geweiht, dem die Fähigkeiten der Weissagung und Wundertätigkeit zugesprochen wurden. Nach seinem Tod (um 950) wurden über seinem Grab eine Kirche zu Ehren der Heiligen Barbara, eine Grabkapelle und ein Kloster gebaut.

Rundgang

Die Klosteranlage besteht aus mehreren, durch Treppen und Gewölbegängen miteinander verbundenen Klostergebäuden und drei Kirchen.

Öffnungszeiten

im Sommer:	täglich	7.30 - Sonnenuntergang
	Sonntag	10.00 - 13 h, 15 - 18 h
im Winter:	täglich	8.00 - Sonnenuntergang
	Sonntag	10 - 13 h, 14.30 - 17h

Die Hauptkirche, das **Katholikon**, wurde um 1030 an die ältere Mönchskirche angefügt. Es ist eine Kreuzkuppelkirche, in der die Kuppel auf 8 Pfeilern ruht. Die Kirche ist mit herrlichen Mosaiken auf Goldgrund ausgeschmückt. 1593 stürzte die Kirchenkuppel durch ein Erdbeben ein, die dabei beschädigten Mosaiken wurden durch Fresken, die die gleichen Themen zum Inhalt hatten, ersetzt.

Die kleinere Theotokos-Kirche, die der Gottesmutter geweiht ist, wurde gegen Ende des 10. Jahrhunderts erbaut. Die Kirche ist ebenfalls geschmückt; die ältesten, kürzlich restaurierten Fresken in der Krypta stammen aus dem 11. Jahrhundert.

Das Grab des Heiligen Loukas befindet sich in der Krypta der Heiligen Barbara und ist von beiden Kirchen aus zugänglich.

Zwar leben auch heute noch Mönche in Ossios Loukas, aber das Kloster ist jetzt weniger eine Stätte der Einkehr und Besinnung als vielmehr eine Touristenattraktion. So gibt es in der Klosteranlage denn auch ein Restaurant, einen Andenkenladen und ein kleines Hotel.

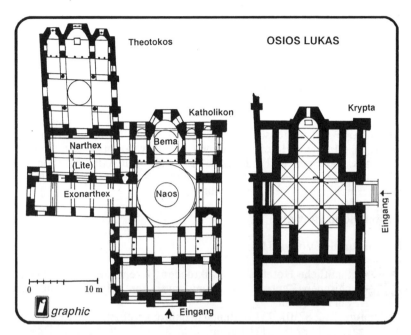

Ab Levadia führt die kurvenreiche Straße in Richtung Delphi hinauf ins Parnassos-Gebirge. Der Parnassos ist ein Kalkgebirge, der in das waldige Karstplateau des Nieder-Parnassos und in den bis zu 2 457 m hoch aufragenden Hoch-Parnassos gegliedert ist. Das Gebirge ist geprägt durch tiefeinschneidende Täler und Kare.

Der Hauptstock des Parnassos, der bis zu 1 900 m Höhe mit Tannen bewachsen ist, gilt als Wetterscheide zwischen West- und Ostgriechenland.

Wandern

Das Parnassos-Gebirge bietet Wanderern und Bergsteigern in den Monaten Juli/August ausgezeichnete Bedingungen; für den Wintersportler wurde ein neues Skizentrum eingerichtet.

Buch- und Kartentip

Georg **Sfikas**, Die Berge Griechenlands, Athen 1980

Die Straße steigt weiter bis **Arachova**, einem Dorf in 942 m Höhe mit 2 800 Einwohnern. Das Städtchen zieht sich malerisch den Berg hinauf, und in den engen Gassen fließen zahlreiche kleine Wasserläufe hinab.

Handgewebte Teppiche, Stickereien, Holzschnitzereien, Wein und Käse werden den vielen Besuchern in guter Qualität angeboten.

5.4 DELPHI

5.4.1 DER HEUTIGE ORT DELPHI

Die heutige Ortschaft ist durch den Reise- und Fremdenverkehr geprägt. Es gibt viele Hotels, Pensionen und Privatzimmer, daneben Restaurants, Tavernen und zahlreiche Geschäfte mit jeder Art von Andenken und Geschenkartikeln. Während der Osterzeit und in den Sommermonaten ist Delphi überfüllt.

Touristische Hinweise

Übernachtung (Vorwahl 0265)

Sämtliche Hotels sind im aktuellen Hotelverzeichnis der Griechischen Zentrale für Fremdenverkehr aufgeführt; hier nur eine Auswahl:

A **Amalia**, Tel.: 82101, 334 Betten, ganzjährig geöffnet, Bar, Restaurant
A **Vouzas**, Tel.: 82232, 111 Betten, ganzjährig geöffnet, Bar, Restaurant, Dachgarten, im Ortszentrum, mit herrlichem Blick auf das Pleistos-Tal
A **Xenia**, Tel.: 82151, 82 Betten, ganzjährig geöffnet, Bar, Restaurant
B **Castalia**, Tel.: 82205, 52 Betten, ganzjährig geöffnet, Bar, Restaurant, Dachgarten
B **Delphi Panorama**, Tel.: 82437, 40 Betten, ganzjährig geöffnet, neuerbautes Hotel
B **Europa**, Tel.: 82353, 92 Betten, ganzjährig geöffnet, Bar, Restaurant
B **King Iniohos**, Tel.: 82701, 70 Betten, ganzjährig geöffnet, Bar, Restaurant, Dachgarten, Tennis
B **Zeus**, Tel.: 82691, 53 Betten, ganzjährig geöffnet, Bar, Restaurant, Parkplätze
C **Acropole**, Tel.: 82676, 51 Betten, ganzjährig geöffnet, 1979 gebautes Hotel, Parkmöglichkeit
C **Graeca**, Tel.: 82241, 26 Betten, von April bis Oktober geöffnet, Parkmöglichkeit
C **Hermes**, Tel.: 82318, 44 Betten, von März bis Oktober geöffnet
C **Leto**, Tel.: 82302, 42 Betten, von März bis Oktober geöffnet, an der Straße nach Itéa
C **Parnassos**, Tel.: 82321, 44 Betten, von März bis Oktober geöffnet, Restaurant, Dachgarten

C **Pythia**, Tel.: 82328, 50 Betten, ganzjährig geöffnet, schöner Ausblick auf das Pleistos-Tal
D **Athena**, Tel.: 82239, 24 Betten, von April bis Oktober geöffnet
D **Phoebus**, Tel.: 82319, 39 Betten, ganzjährig geöffnet
D **Lefas**, Tel.: 82632, 37 Betten, von März bis Oktober geöffnet

5.4.2 DAS ANTIKE DELPHI

Für einen Besuch Delphis sollten Sie mindestens einen ganzen Tag zur Verfügung haben. Die Besichtigung läßt sich gliedern in den Besuch:
- des sehr sehenswerten **Museums**,
- des **Heiligtums der Athena** (Marmaria) und der **Kastalischen Quelle**,
- des weitläufigen **Apollon-Heiligtums**.

5.4.2.1 MYTHOS UND GESCHICHTE

Der Mythos erzählt, daß Zeus, der oberste der Götter, 2 Adler von den beiden Enden der Welt gleichzeitig aufsteigen ließ, um den Mittelpunkt der Erde zu bestimmen. Als die beiden Adler in Delphi zusammentrafen, fiel ein Stein vom Himmel. Dieser "Omphalos" genannte heilige Stein markierte den "Nabel der Welt".

Der Mythos erzählt weiter, daß der Gott Apollon wenige Tage nach seiner Geburt von der Insel Delos zum griechischen Festland aufbrach, um dort nach einer Stätte zu suchen, an der er sich von den Menschen zu seiner Verehrung einen Tempel errichten lassen wollte. Am Fuße des Parnassos angekommen, tötete Apollon den Drachen Python und verließ den Ort Pytho, um sich von der Mordschuld zu reinigen. Er begab sich ins Tempe-Tal und brachte von dort bei seiner Rückkehr nach Delphi einen Lorbeerbaum mit, der ihm heilig war.

Die Einführung des Apollon-Kultes in Delphi wird bei Homer dargestellt. Um kretische Seefahrer aus Seenot zu retten, verwandelte Apollon sich in einen Delphin und führte die Seefahrer sicher nach Kirrha, dem nahegelegenen Hafen von Pytho. Auf die Frage der Kreter, womit sie an einem so unfruchtbaren Ort ihren Unterhalt verdienen sollten, antwortete der Gott, daß sie als seine Priester von den Weihegeschenken der Gläubigen leben könnten. Daraufhin führten die Kreter den Kult des Apollon Delphinios ein und nannten den Ort Delphi.

Im Laufe der Jahre nahm die Zahl der Besucher und Ratsuchenden in Delphi ständig zu.Die Fragen konnten der Pythia mündlich oder

Delphi

schriftlichgestellt werden. Der Ratsuchende hörte selbst die Antwort aus dem Munde der Pythia, die dann von einem Priester interpretiert wurde.

Das Orakel von Delphi gewann weitreichenden religiösen und politischen Einfluß. Wichtigste staatspolitische Entscheidungen wurden häufig erst nach der Einholung des delphischen Orakelspruches getroffen, wie die Aufzeichnungen zeigen, die von den delphischen Behörden über viele Jahrhunderte sorgfältig geführt wurden.

Häufig waren die Antworten so mehrdeutig formuliert, daß die Ratsuchenden die Aussage zuweilen nicht richtig interpretierten. So erhielt Krösus, der reiche König von Lydien, die Antwort, er werde ein mächtiges Reich zerstören, wenn er den Halys überschritte - Krösus glaubte an seinen Sieg und bedachte nicht, daß diese Aussage auch sein eigenes Reich betreffen könnte.

Mit der zunehmenden Bedeutung Delphis wuchs auch sein Reichtum; das führte zu kriegerischen Auseinandersetzungen, in deren Verlauf die Amphiktyonie (ein von 12 Städten gebildeter Bund) den Schutz des Heiligtums übernahm.

Der 1. Heilige Krieg (600 - 590 v.Chr.) wurde gegen Krissa geführt, das den durchreisenden Pilgern hohe Zölle auferlegte. Dieser Krieg endete mit der Zerstörung Krissas. Die Vertreter der Amphiktyonie förderten Ansehen, Einfluß und Bedeutung Delphis durch die Organisation musischer und sportlicher Wettkämpfe, sog. "Pythien", die alle 8, später alle 4 Jahre zwischen 2 Olympiaden stattfanden. Im Jahre 548 v.Chr. brannte der Apollon-Tempel ab und wurde in den nachfolgenden Jahren durch Spendenmittel und Geldsammlungen aus dem gesamten Mittelmeerraum wieder aufgebaut.

Im 2. Heiligen Krieg (448 v.Chr.), in dem sich auch Sparta und Athen gegenüberstanden, wurde Delphi den mit Athen verbündeten siegreichen Phokern zugesprochen. Da die Phoker sich das Recht anmaßten, die Heilige Ebene unterhalb Delphis zu bebauen, kam es zum 3. Heiligen Krieg (354 - 346 v.Chr.). Dabei wurde Delphi von den Phokern geplündert. König Philipp II. von Makedonien griff in die Auseinandersetzungen ein und besiegte 352 die Phoker unter ihrem Feldherrn Onomarchos.

Der 4. Heilige Krieg (340 - 338 v.Chr.) wurde durch die Bebauung der Heiligen Ebene durch die Stadt Amphissa ausgelöst. Die Amphiktyonie rief Philipp von Makedonien zu Hilfe, der durch seinen Sieg über die mit Amphissa verbündeten Athener und Thebaner 338 v.Chr. in Chaironea die makedonische Vorherrschaft in Griechenland gewann.

In hellenistischer Zeit verlor Delphi an Bedeutung; unter römischer Herrschaft wurde das Heiligtum geplündert, erlebte unter Kaiser Hadrian eine letzte Blütezeit, um dann durch eine Verordnung von Kaiser Theodosios 393 n.Chr. wie die anderen heidnischen Kultstätten verboten zu werden.

5.4.2.2 DER GOTT APOLLON

Delphi verdankte dem Orakel, dessen Ruhm weit über die Grenzen Griechenlands hinausging, den materiellen Wohlstand, denn viele der Geschenke, Weihegaben und Stiftungen wurden aus Dankbarkeit für Ratschläge und geleistete Hilfen gegeben.

Die Errichtung der Kunstwerke durch die bedeutendsten Künstler der Zeit geschah jedoch zu Ehren des Gottes Apollon, der von den Griechen hochverehrt und geliebt wurde. Er war der Gott des Lichts, der Ordnung und der Vernunft, er war der Gott der Heilkunst, der Musik und des Gesanges.

Als die griechische Kultur in Philosophie und Kunst ihren Höhepunkt erreichte, verkörperte der delphische Apollon das Streben des Menschen nach Vernunft und Einsicht. Die einprägsamen Worte des Orakels "Erkenne dich selbst" und die Betonung des rechten Maßes in der Einschätzung und Gestaltung des eigenen Lebens "Nichts im Übermaß!" machen deutlich, daß Apollon dem Menschen die Aufgabe auferlegte, sich selbst auf ein Ideal hin zu vervollkommnen. Er spornte die Menschen an, durch Selbsterkenntnis die eigenen Fähigkeiten und Möglichkeiten richtig einzuschätzen und auszuschöpfen. Er führte sie zu einsichtigem Verhalten, erzog sie zu Besonnenheit und Toleranz und strebte nach ethischer Reinheit für sich und die Menschen.

5.4.2.3 AUSGRABUNGEN/RUNDGANG

1838 gelang dem französischen Architekten Laurent die Ortsbestimmung des antiken Delphi. Er begann mit den Ausgrabungsarbeiten, die bis heute andauern, wobei der größte Teil der antiken Kultstätte freigelegt werden konnte. Besondere Schwierigkeiten ergaben sich dadurch, daß das Heiligtum im Laufe der Jahrhunderte überbaut worden war, so daß erst das Dorf Kastri in den Jahren 1892 - 1902 verlegt werden mußte, bevor entscheidende Ausgrabungen durchgeführt werden konnten. Das heutige Dorf Delphi entstand erst ab 1890.

Die Bedeutung Delphis als geistiger Mittelpunkt der griechischen Welt wird durch die außergewöhnliche landschaftliche Umgebung Delphis noch unterstrichen. Das Ausgrabungsgelände liegt auf einer Terrasse und ist von 250 bis 300 m hohen Felswänden eingeschlossen. Dies sind die berühmten Phädriaden, die sich gewaltig von der unterhalb Delphis gelegenen "Heiligen Ebene" mit ihren silbrig schimmernden Olivenbäumen abheben.

Da das sich am Berg hochziehende Ausgrabungsgelände sehr ausgedehnt ist, dauert die Besichtigung mehrere Stunden; deshalb ist es günstig, den Tag so einzuteilen, daß Sie während der Mittagshitze das Museum besuchen können.

Wenn Sie Delphi am frühen Nachmittag erreichen, empfiehlt sich zunächst der Besuch des Heiligtums der Athena Pronaia und der Kastalischen Quelle; der nächste Tag steht Ihnen dann für das Apollon-Heiligtum und das Museum zur Verfügung.

Das Heiligtum der Athena (Marmaria)

Unterhalb der Straße liegt das Heiligtum der Athena, das wie das Apollon-Heiligtum Schatzhäuser und Tempel aus dem 6. - 4. Jahrhundert v.Chr. umfaßte. Athena wurde als Tempelhüterin (Pronaia) verehrt; das bemerkenswerteste Bauwerk ihres Heiligtums war die Tholos, ein Marmorrundbau aus dem 4. Jahrhundert v.Chr.. Auf einem dreistufigen Unterbau standen in einem äußeren Ring 20 dorische Säulen, der innere Ring umschloß mit 10 korinthischen Säulen die Cella. Drei der dorischen Säulen konnten mit Architrav und Fries wieder aufgerichtet werden und erleichtern so die Vorstellung des einstmals sehr anmutigen, in die Landschaft eingebetteten Tempels, dessen Bestimmung bis heute nicht eindeutig geklärt werden konnte.

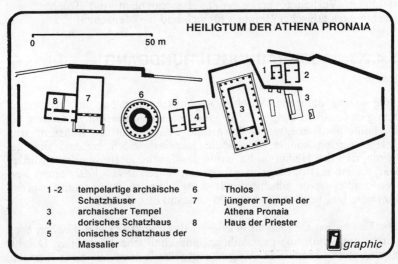

Weitere Bauwerke der Marmaria sind:

Archaische Schatzhäuser, von denen eines von den Einwohnern Massilias, des heutigen Marseille, zwischen 535 und 530 v.Chr. im ionischen Stil erbaut wurde. Die Erbauer eines anderen, dorischen Schatzhauses sind unbekannt;

Der alte Tempel der Athena, der um 510 v.Chr. im dorischen Stil mit einer umlaufenden Säulenhalle errichtet wurde. Dieser Bau stürzte im 4. Jahrhundert v.Chr. nach einem gewaltigen Erdrutsch ein;

Der neue Tempel der Athena wurde an Stelle des eingestürzten Heiligtums im 4. Jahrhundert v.Chr. als Bauwerk mit offener Säulenhalle errichtet.

Das Gymnasion

Wenn Sie weiter nach Norden gehen, stoßen Sie auf die Reste des Gymnasions aus dem 4. Jahrhundert v.Chr.. Dieser Übungsplatz der Athleten liegt auf mehreren Terrassenstufen; es gab eine Laufbahn unter freiem Himmel, eine überdachte Laufbahn, ein Schwimmbad, ein Trainingsgebäude für Ringkämpfer, Umkleide- und Ruheräume.

Die Kastalía-Quelle

Sie liegt zwischen den beiden Phädriaden-Felsen und gilt als der Ort, wo der Drache Python das Heiligtum der Erdmutter Gaia hütete, bevor er von Apollon getötet wurde. Das Wasser der Kastalia-Quelle ist eiskalt und von außergewöhnlicher Klarheit. Die Quelle war mit einer in den Felsen gehauenen Fassade mit sieben Pfeilern geschmückt; die Nischen waren für Votivgaben vorgesehen. Das Quellwasser wurde in einem rechteckigen (10 m x 1 m) Becken gesammelt; aus sieben, mit Bronzetierköpfen geschmückten Öffnungen floß das Wasser in ein tieferliegendes Becken, in dem rituelle Waschungen vorgenommen wurden.

In römischer Zeit galt die kastalische Quelle als von Apollon und den Musen bevorzugter Aufenthaltsort; dichterische und musische Begeisterung sollten sich deshalb hier auf die Menschen übertragen.

 Die Reinheit des Wassers begeistert auch die heutigen Besucher, und so nehmen viele Griechen Wasser aus der Kastalia - Quelle in Korbflaschen und Behältern mit nach Hause; viele Fremde trinken von dem Quellwasser und vertrauen der Überlieferung, die besagt, daß man nach Delphi zurückkehrt, wenn man von der kastalischen Quelle getrunken hat.

Das Heiligtum des Apollon Pythios

Öffnungszeiten

im **Sommer**: täglich 7.30 - Sonnenuntergang
Sonntag 10.00 - 13.00, 15.00 - 19.00 h
im **Winter**: täglich 9.00 - Sonnenuntergang
Sonntag 10.00 - 13.00, 14.30 - 16.30 h

Mittelpunkt des Heiligtums war der Apollon-Tempel, der beherrschend auf einer großen Terrasse lag, zu der die heilige Straße hinaufführte. Beiderseits der Straße standen die Weihegeschenke griechischer Städte, Denkmäler und Schatzhäuser mit Weihegaben. Im oberen Bereich des Tempelbezirks befindet sich das Theater; außerhalb, hoch am Berg, liegt das Stadion.

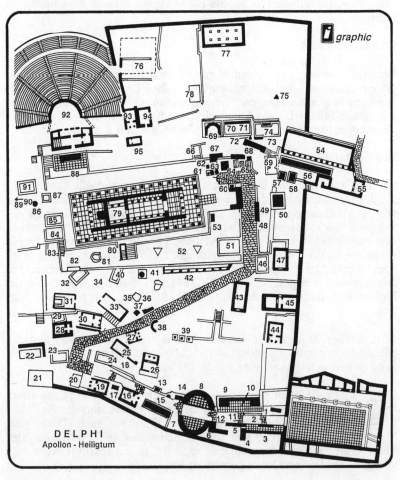

DELPHI
Apollon - Heiligtum

Delphi

Das gesamte Gelände des Apollon-Heiligtums mit seiner Ausdehnung von 195 m x 135 m war schon in archaischer Zeit von einer Mauer (Peribolos) umgeben. Maueröffnungen ermöglichten den Zugang von Osten und Westen; der Haupteingang lag damals wie heute im Südosten. Der rechteckige Eingangsvorplatz diente der Aufstellung der Prozessionen bei den Pythischen Spielen und dem Verkauf von kleinen Weihegeschenken wie Idolen und Dreifüßen. An diesem Vorplatz begann auch die 4 - 5 m breite heilige Straße, die in zwei scharfen Kehren steil zum Apollon-Tempel hinaufführt.

In klassischer Zeit war der heilige Bezirk dicht mit Bauwerken bestanden; der heutige Besucher sieht von den zahlreichen Gebäuden, Statuen und Weihegeschenken meist nur noch die Reste der Basen und Sockeln mit ihren Inschriften und ist verwirrt von der Fülle der herumliegenden Steinblöcke, Mauerreste und Säulenstümpfe, die er in Gedanken zu Schatzhäusern oder Statuen vervollständigen muß.

 Um die Orientierung zu erleichtern, werden im folgenden alle Gebäude und Denkmäler aufgeführt; so ist es einfacher, den jeweiligen Standort zu bestimmen, die einzelnen Bauwerke voneinander abzugrenzen und die Weihegaben zu identifizieren. Die besonders interessanten und bedeutsamen Sehenswürdigkeiten sind gekennzeichnet.

1. der **Bronzestier von Kerkyra**, der von dem Bildhauer Theopropos von Ägina um 480 v.Chr. errichtet wurde als Dank für einen erfolgreichen Thunfischfang;
2. das **Weihegeschenk der Arkader**, eine 9,40 m lange Basis mit 9 Weihegeschenken aus Bronze; nach den Kämpfen in Lakonien im Jahre 369 v.Chr.;
3. **38 Bronzestatuen der Spartaner**, die von verschiedenen Künstlern stammten und bedeutende spartanische Persönlichkeiten darstellten;
4. das sog. **Trojanische Pferd von Argos**, das der Bildhauer Antiphanes zur Erinnerung an den Sieg der Argiver über Sparta im Jahre 456 v.Chr. schuf;
5. das **Weihegeschenk der Athener**, das die Götter von Delphi und Athen, Apollon und Athena, zusammen mit Miltiades darstellt, dem erfolgreichen Führer in der Schlacht bei Marathon im Jahre 490 v.Chr.;
6. die **"7 gegen Theben"**, ein weiteres Weihegeschenk von Argos, das nach dem Sieg der Athener und Argiver über Sparta (456 v.Chr.) geschaffen wurde;
7. das **Weihegeschenk der Epigonen**, ebenfalls von Argos nach einem Sieg über Sparta gestiftet;
8. die **"Fürsten von Argos"**, 10 Bronzestatuen mythischer Könige und Helden von Argos, errichtet nach der Gründung von Messene;
9. die **Überreste eines hellenistischen Bauwerkes** mit einer rechteckigen Nische, die noch nicht näher bestimmt werden konnte;
10. Das **Reiterstandbild des Philopoimen**, eine Bronzestatue zu Ehren des Heerführers des Achäischen Bundes;
11.-14. weitere **Weihegeschenke** und Nischen
15. das **Weihegeschenk von Tarent**, eine Darstellung gefangener Frauen mit Pferden, die dem berühmten Bildhauer Agelados aus Argos zugeschrieben wird;
16. das **Schatzhaus von Sikyon**, das aus dem 6. Jahrhundert v.Chr. stammt, ist noch deutlich im Grundriß erkennbar;
17.- Zwischen den Schatzhäusern von Sikyon und Siphnos waren die **Weihegeschenke**

Delphi

18. der **Knidier** und der **Aitoler** aufgestellt;
19. das **Schatzhaus von Siphnos**, eines der schönsten und ungewöhnlichsten Bauwerke des Heiligtums. Die kleine Insel Siphnos war aufgrund ihrer Gold- und Silbervorkommen sehr wohlhabend. Um 525 v.Chr. errichteten die Siphnier das Schatzhaus aus parischem Marmor und schmückten die Fassade mit 2 weiblichen Statuen (Karyatiden), die das Gebälk und den Giebel stützten, und einem Relieffries, der die vier Seiten des Gebäudes (29,63 m) umlief. Die erhaltenen Teile der Karyatiden und des Figurenfrieses sind im Museum ausgestellt;

20. die **Weihegeschenkbasis** war von den Liparern aufgestellt worden;
21. das **Schatzhaus der Thebaner** wurde nach der Schlacht von Leuktra (371 v.Chr.) errichtet und war mit zahlreichen Ehreninschriften geschmückt;
22. das **Fundament einer rechteckigen Nische** liegt abseits der heiligen Straße;
23. die **Reste des Schatzhauses von Böotien**, das aus Porosstein gebaut war, zeigen noch Namensinschriften;
24. vor dem **Schatzhaus von Megara** befindet sich eine wiederaufgerichtete Mauer, auf der Ratsbeschlüsse der Stadt verzeichnet sind;
25. das **Schatzhaus von Syrakus** wurde 413 v.Chr. nach dem Sieg von Syrakus über Athen errichtet;

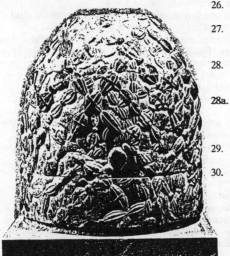

26. das **Schatzhaus der Klazomenier** im aolischen Stil;
27. das **Schatzhaus der Knidier** im ionischen Stil, das um 550 - 545 v.Chr. errichtet wurde;
28. das **Schatzhaus von Potidaia** auf Chalkidiki entstand um 500 v.Chr.;
28a. der steinerne **Omphalos** lag ursprünglich an einer anderen, noch nicht näher bestimmbaren Stelle;
29. über das **archaische Schatzhaus** ist nichts bekannt;
30. das **Schatzhaus der Athener** gehört zu den berühmtesten Weihegeschenken von Delphi. Es steht auf der Höhe der einstigen Kehre der heiligen Straße und konnte in den Jahren 1903 - 1912 von dem französischen Architekten

Replat mit großem finanziellen Aufwand der Stadt Athen wiederaufgerichtet werden. Das etwa 6 m x 10 m große Gebäude war in dorischem Stil ganz aus Paros-Marmor gebaut und mit eindrucksvollen Reliefdarstellungen geschmückt:
Nordseite: Heldentaten des Herakles,
Südseite: Heldentaten des Theseus,
Westseite: Heldentaten des Theseus (Rinderraub),
Ostseite: Amazonen-Schlacht.
Die Giebel waren ebenfalls mit Reliefs verziert.
Ein Sockel an der Südseite trägt die Inschrift: "Die Athener weihen Apollon diesen Bau zur Erinnerung an ihren Sieg über die Perser in der Schlacht bei Marathon". An den Wänden des Schatzhauses waren viele Weihinschriften eingemeißelt; darunter Hymnen auf Apollon, die wegen der Notenzeichen besonders interessant sind;

31. das **Asklepion** konnte teilweise wieder aufgerichtet werden;
32. die **archaische Quelle** war verhältnismäßig gut erhalten und konnte 1977 restauriert werden;
33. im Rathaus (**Bouleuterion**) tagten die 15 Vertreter der Stadt Delphi und 8 Magistratsbeamte (Prytanen);
34. die **Exedra** gilt als Weihgeschenk des Herodes Attikus;
35. in der Nähe liegen die **ältesten Überreste Delphis**, die der Erdgöttin Gaia geweiht waren, die lange vor Apollon in Delphi verehrt wurde. An der Quelle sollen außerdem Themis, die Göttin der Gerechtigkeit, und Poseodon, der Gott des Meeres und der Quellen, verehrt worden sein;
36. **der Felsen der Sibylle**, der von den Phädriaden herabgestürzt sein soll. In der Antike vermutete man hier den Aufenthaltsort der ersten Sibylle, die aus Troja kam und mit Weissagungen begonnen haben soll. Von ihr leitet sich der Name für weissagende Frauen (Sibyllinen) ab, die Kultvorschriften, Orakel und Prophezeiungen weitergaben.
Etwas höher lag auch der Leto-Felsen, von wo aus Apollon, auf dem Arm seiner Mutter Leto, den Pfeil auf den Drachen Python anlegte. Diese ältesten Heiligtümer wurden weitgehend schon im 6. Jahrhundert v.Chr. während der Bauzeit für die Schatzhäuser und für den Apollon-Tempel zerstört;
37. von den **Weihegeschenken der Böotier** sind noch die Sockel erhalten;
38. die **Exedra** und
39. das **Dreisäulendenkmal** gehörten zu dem großen Festplatz (Halos), auf dem Versammlungen stattfanden und die zeremonielle Darstellung der Tötung des Python durch Apollon bei den Pythien aufgeführt wurde;
40. das **archaische Schatzhaus** konnte noch nicht näher bestimmt werden;
41. **die Sphinx der Naxier** ist eine Kolossalstatue aus Marmor, die im Jahre 560 v.Chr. dem Apollon geweiht wurde und sich heute im Museum befindet. Die Gestalt der mythischen Sphinx stand auf einer 12 m hohen Basis und war selbst 2,32 m hoch; sie hatte die Aufgabe, den heiligen Ort zu bewachen. Auf der untersten Säulentrommel bekundet eine Inschrift, daß den Naxiern im Jahre 328/27 v.Chr. das Recht der Promantie bestätigt wurde.
42. die langgestreckte **Athener-Halle** aus dem Jahre 478 v.Chr. wurde im ionischen Stil erbaut und nahm die Beutestücke der Athener nach den Siegen über die Perser auf. Sieben monolithische Marmorsäulen schmückten die Fassade und trugen das höl-

zerne Dach. Eine Inschrift auf der obersten Stufe des Unterbaues (auf dem Stylobat aus grauem Parnassos-Stein) erinnert an die siegreichen Seeschlachten: "Die Athener haben die Halle geweiht, samt den Waffen und Schiffsschnäbeln, die sie von den Feinden erbeuteten."

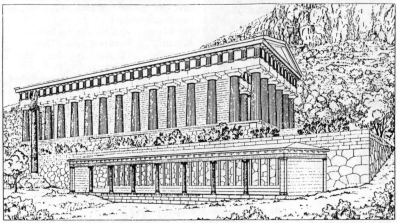

42a. Hinter der Halle liegt die 84 m lange **Stützmauer des Apollon-Tempels**; diese sog. Polygonal-Mauer trägt über 800 Inschriften aus dem 2. und 1. Jahrhundert v.Chr., unter denen viele Freilassungsurkunden von Sklaven sind.
Diese Mauer, die als architektonische Meisterleistung gilt, wurde nach 548 v.Chr. errichtet.
43. das **Schatzhaus der Korinther**, das aus dem 7. Jahrhundert v.Chr. (657 - 627) stammt und als ältestes Schatzhaus in Delphi gilt;
44. das **Schatzhaus der Kyrenier** war im dorischen Stil errichtet;
45. das **Prytaneion**, der Sitz der Magistratsbeamten, lag unmittelbar vor der Umfassungsmauer des Heiligtums.
46. An der Biegung der heiligen Straße liegt ein noch nicht bestimmtes **archaisches Schatzhaus**;
47. das **Schatzhaus des Brasidas** wurde von Spartanern und Akanthiern nach ihrem Sieg über Athen bei Amphipolis in Delphi erbaut.
48. Das **2. Weihgeschenk von Tarent** war ein Gebäude, hinter dem sich der berühmte goldene Dreifuß (s. 49) befand.
49. **Der Dreifuß von Plataä** wurde als Siegesdenkmal aufgestellt (479 v.Chr.) und trug die Namen jener griechischen Städte, die bei Salamis und Plataä über Xerxes und seine Truppen siegten. Der Dreifuß ruhte auf einer Säule, die auf dem erhaltenen dreistufigen Rundsockel stand. Zwischen 356 und 346 v.Chr. wurde der goldene Dreifuß von den Phokern entwendet; Konstantin der Große ließ die Siegessäule nach Konstantinopel bringen, wo sie heute noch auf dem At-Meydani-Platz (Hippodrom) als "Schlangensäule" steht.
50. Der **Wagen von Rhodos** wurde 304 v.Chr. als Weihegeschenk aufgestellt; es stellte das Viergespann des Sonnengottes Helios dar.
51. Dieses **Schatzhaus** konnte noch nicht identifiziert werden.
52. Das **Weihegeschenk der Messenier** von Naupaktos bestand aus zwei Nike-Statuen auf dreieckigen Basen.
53. Das **Denkmal des Aemilius Paulus**, eines römischen Heerführers, sollte ursprünglich die Gestalt des letzten makedonischen Königs Perseus tragen. Nach dessen Niederlage bei Pydna (168 v.Chr.) und der damit verbundenen Unterwerfung ganz Griechenlands unter römische Herrschaft, wurde auf die bereits vollendete Basis

Delphi

das Reiterstandbild des Aemilius Paulus gesetzt. Die Basis zeigt Reliefdarstellungen der Schlachten zwischen Makedonen und Römern.
54. Die **Denkmäler an der Nordostseite** des Heiligtums standen in Beziehung zu den
58. Attaliden von Pergamon: Attalos I. ließ eine große zweigeschossige Halle bauen, vor der sich eine monumentale Weihgeschenkbasis und Statuensockel befanden.
59. Die **Überreste des Schatzhauses** konnten noch nicht bestimmt werden.
60. Der **Altar von Chios** war aus Marmor gefertigt und trägt eine Inschrift, die den Bewohnern von Chios das Recht der Promantie einräumt. Dieses Recht hatten sich die Chioten dadurch erworben, daß sie den großen Altar des Apollon-Tempels errichteten.
61. Der **nördliche Vorplatz** des Apollon-Tempels gehörte zu den bevorzugten Stellen
68. des Heiligtums. Hier befanden sich viele **Weihegeschenkbasen**:
61. das **Weihegeschenk der Athener**, die Eurymedon-Palme von 468 v.Chr.;
62. das **Zweisäulendenkmal der Aristaneta**;
63. Die **Statue des Prusias von Bithynien**;
64. die **Kolossalstatue des Apollon Sitalkas**;
65. 3 Basen mit goldenen Dreifüßen als **Weihegaben der Tyrannen von Syrakus**;
66. die **Kassiotis-Quelle**, die eine wichtige Rolle bei den rituellen Kulthandlungen und den Weissagungen im Apollon-Heiligtum spielte;
67. das **Weihegeschenk der aitolischen Strategen**;
68. das **Denkmal von Korfu**.
69. Auf der hufeisenförmigen Basis befanden sich in hellenistischer Zeit mindestens 17 **Marmorstatuen**;
70. das **Weihegeschenk des Thessaliers Daochas II.** wurde in den Jahren 336 - 332 v.Chr. errichtet, als dieser Gesandter in Delphi war.
71. Die Reste stammen von einer **archaischen Polygonal-Mauer**.
72. Auf der "**Akanthus-Säule mit Tänzerin**" stand ein Dreifuß mit einer Bronzeschale, die von 3 Tänzerinnen getragen wurde. Dieses Weihegeschenk, das die Athener zwischen 350 und 320 v.Chr. stifteten, wurde von dem Baumeister Pankrates aus Delphi gearbeitet. Die Tänzerinnen und die Akanthus-Säule sind im Museum ausgestellt.
73. Der **rechteckigen Basis** konnte noch kein Weihegeschenk zugeordnet werden.
74. Das **Heiligtum** ist ein weiträumiges Gebäude, das zu Ehren des Neoptolemos errichtet wurde. Der Sohn des Achilles war der Überlieferung nach von einem Priester des Apollon in Delphi getötet worden.
75. Zum **Kronos-Stein** wurden jeden Tag Ölspenden gebracht.
76. Die **Reste eines unvollendeten Denkmals** aus dem 4.Jahrhundert v.Chr. liegen in der Nähe des Theaters.
77. Die "**Lesche der Knidier**" - als Lesche bezeichnete man im antiken Griechenland jene Gebäude, in denen Gespräche und Verhandlungen geführt und Versammlungen abgehalten wurden - verdankt ihren Ruhm den Wandgemälden, mit denen der berühmte Maler des 5. Jahrhunderts, Polygnot aus Thassos, die Innenräume ausgestaltet hatte.
78. Vom **Weihegeschenk der Messenier** wurde bisher nur der Sockel gefunden;
79. der **Tempel des Apollon** - s. ausführliche Beschreibung unter 'Apollon-Tempel' im Anschluß an diese Übersicht.
80. Das **Heiligtum der Musen** lag an der älteren Kassiotis-Quelle.
81. Im westlichen Teil des Heiligtums liegen die **Reste weiterer archaischer Schatzhäu-**
85. **ser**, die bisher noch nicht identifiziert werden konnten.
86. An der Nordwestecke des Apollon-Tempels liegen die **Basen**
87. zweier noch unbekannter Statuen.
88. Das **Weihegeschenk des Krateros** war eine Bronzegruppe der berühmten Bildhauer Lysipp und Leochares. Diese waren von Krateros, dem Sohn des gleichnamigen Feldherrn, beauftragt worden, eine bekannte Szene aus dem Feldzug Alexander des Großen nach Asien darzustellen. Das Weihegeschenk zeigt Alexander den

129

Großen bei der Löwenjagd in der Nähe von Susa und jenen Augenblick, da Krateros dem jungen König das Leben rettet.
89. Die **Halle der Aitoler** entstand 279 v.Chr. nach deren Sieg über die Galater; vor der
90. Stoa stehen Weihegeschenkbasen.
91. Das **Schatzhaus** konnte noch nicht näher bestimmt werden.
92. Zum **Theater** führte in antiker Zeit eine monumentale Treppe, die jedoch nie völlig fertiggestellt wurde. Heute erreicht man das Theater über einen parallel zur Treppe verlaufenden Weg. Das Theater entstand um 400 v.Chr., wurde im Jahre 159 v.Chr. durch Eumenes II. von Pergamon erweitert und in römischer Zeit erneuert. Es gehört zu den am besten erhaltenen Theatern Griechenlands; von den 35 Sitzreihen bot sich damals wie heute der Blick auf das eindrucksvolle Panorama von Delphi. In antiker Zeit konnten 5 000 Zuschauer die Aufführungen der Pythischen Spiele erleben. Die Spiele fanden alle 8 Jahre, später alle 4 Jahre statt und standen unter der Aufsicht des Rates der Amphiktyonie. Dargestellt wurde der Kampf Apollons mit dem Python; darüberhinaus gab es Musikwettbewerbe, Tragödien- und Komödienaufführungen, Sportwettbewerbe und Wagenrennen im Hippodrom. Dem Sieger wurde jeweils ein Lorbeerkranz verliehen, der trotz seines geringen materiellen Wertes zu den begehrtesten Auszeichnungen der Antike gehörte.
93. Die beiden **Schatzhäuser** konnten noch nicht bestimmt werden.
94.
95. Die Überreste gehören zu dem **archaischen Poteidanion**.

Das Stadion

Vom Theater führt ein steil ansteigender Weg zum 654 m hoch gelegenen Stadion, das im 5. Jahrhundert v.Chr. errichtet wurde (vom Dorf aus kann man auch mit dem Auto nahe ans Stadion heranfahren).

Zunächst gab es keine Zuschauertribünen; diese ließ erst Herodes Atticus für etwa 7 000 Zuschauer bauen. Das Stadion war etwa 178 m lang und 25,50 m breit; Anfang und Ende der Laufbahn waren durch Plattenreihen gekennzeichnet, in die Rillen und viereckige Löcher eingelassen waren. In die Rillen stellten die Läufer ihre Füße beim Start; die Löcher waren für Pflöcke vorgesehen, die die Abstände zwischen den Wettkämpfern bestimmten.

Aus römischer Zeit stammt der Triumpfbogen, von dem 4 Pfeiler erhalten sind; durch dieses Tor zogen die Athleten ein.

Der Apollon-Tempel

Schon im 7. Jahrhundert v.Chr. wurde von den legendären Baumeistern Agamedes und Trophonios ein Apollon-Tempel errichtet, der jedoch 548 v.Chr. abbrannte; in den Jahren 514 - 504 v.Chr. wurde der Neubau des Tempels durch eine panhellenische Sammlung und durch die athenische Adelsfamilie der Alkmaioniden finanziert. Als auch dieser Tempel 373 v.Chr. durch ein Erdbeben zerstört wurde, trugen wiederum griechische und nichtgriechische Staaten zum Wiederaufbau bei. Von 370 - 340 v.Chr. wurde jener Tempel errichtet, dessen Reste wir heute sehen.

Der Grundriß des 60 m langen und 24 m breiten dorischen Tempels ist noch klar erkennbar: die innen gelegenen Tempelräume waren von einer Säulenreihe aus Tuffstein begrenzt, je 15 Säulen an den Längsseiten, je 6 Säulen an den Schmalseiten. 6 der Säulen konnten teilweise wiederaufgerichtet werden.

Der Zugang zur Vorhalle des Tempels war über eine Rampe möglich.

Das Tempelinnere war in 2 Räume gegliedert; im vorderen Raum, der Cella, befanden sich ein Poseidon-Altar, Statuen von 2 Schicksalsgöttinnen, eine Zeus-Statue, das Standbild des Apollon Moiragetes, der eiserne Sessel des Pindar, wo dieser seine Hymnen an Apollon vortrug, und der Hestia-Altar, an dem ein Apollon-Priester den Sohn des Achilles, Neoptolemos, getötet hatte.

Von der Cella führte eine Treppe hinunter in jenen Raum (Oikos), in dem sich die Ratsuchenden aufhielten und auf den Orakelspruch warteten. Daneben lag das Allerheiligste (Adyton), in dem der Omphalos, der Nabel der Welt, stand. Die Oberfläche des Omphalos war mit einem Netzwerk aus kultischen Wollbändern überzogen, das an den Knoten mit Edelsteinen und Gorgonen-Darstellungen verziert war. Die Spitze des heiligen Steines krönten 2 goldene Adler.

Bei den Ausgrabungsarbeiten fand man am Apollon-Tempel eine hellenistische oder frührömische Kopie des Omphalos, die im Museum aufgestellt ist.

Außerdem befand sich im Allerheiligsten die Erdspalte mit dem Dreifuß, auf dem die Pythia saß und die Orakelsprüche verkündete.

Zum Adyton hatten außer der Pythia nur die Priester Zutritt, die den Pilgern die oftmals doppeldeutigen Weissagungen der Pythia übermittelten (trotz gründlicher Grabungen wurde die Erdspalte bisher nicht entdeckt).

Das Museum

Öffnungszeiten:

täglich	8.00 - 19.00 Uhr
Sonntag	10.00 - 18.30 Uhr
Dienstag	geschlossen

Buch und Kartentip

Im Museum werden mehrere gute Publikationen in deutscher Sprache angeboten.

Delphi

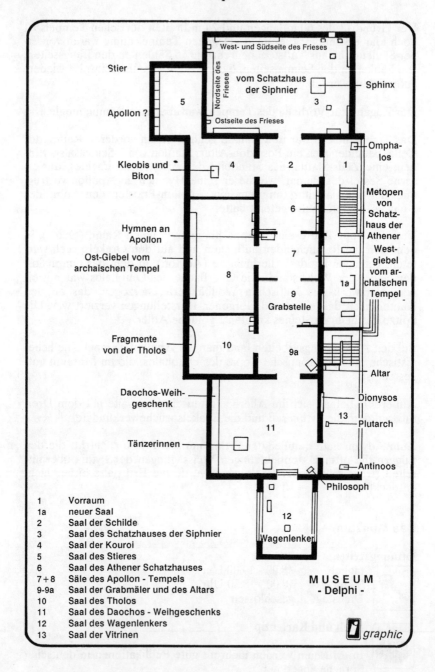

1 Vorraum
1a neuer Saal
2 Saal der Schilde
3 Saal des Schatzhauses der Siphnier
4 Saal der Kouroi
5 Saal des Stieres
6 Saal des Athener Schatzhauses
7 + 8 Säle des Apollon - Tempels
9 - 9a Saal der Grabmäler und des Altars
10 Saal des Tholos
11 Saal des Daochos - Weihgeschenks
12 Saal des Wagenlenkers
13 Saal der Vitrinen

MUSEUM
- Delphi -

Das 1958 fertiggestellte Museum zeigt die Meisterwerke antiker griechischer Kunst in einer Sammlung, die zu den bedeutendsten Griechenlands gehört. Als religiöser Mittelpunkt der griechischen Welt empfing Delphi die kunstvollsten und großartigsten Kunstwerke zum Geschenk. An den Statuen und Skulpturfragmenten läßt sich gut die Entwicklung der griechischen Kunst von der archaischen bis zur hellenistischen Zeit ablesen.

Die Ausstellungsstücke sind nicht chronologisch geordnet, sondern nach Fundstellen oder Herkunftsorten; so sind z.B. in einem Saal die Meisterstücke der Insel Siphnos ausgestellt.

Der Grundrißplan des Museums dient der Orientierung und nennt nur die besonders herausragenden Meisterwerke.

5.5 VON DELPHI NACH PATRAS

Von Delphi führen 2 Straße nach Patras:
- die **Küstenstraße**, an der kleine Ferienorte liegen (98 km bis Nafpaktos),
- die Straße, die über Amfíssa durch das **Landesinnere** führt (130 km bis Nafpaktos).

Vor Nafpaktos stoßen Küsten- und Gebirgsstraße zusammen.

Nafpaktos (Naupaktos)

Die Hafenstadt Nafpaktos mit ca. 8 000 Einwohnern liegt am Eingang zum Korinthischen Golf und an der Meerenge zwischen Festland und

Peloponnes. Der malerische Hafen stammt, ebenso wie die oberhalb der Stadt gelegene Festung, deren Wälle sich bis zum Hafen hinunterziehen, aus venezianischer Zeit.
Die Stadt gehörte von 1407 bis 1499 zu Venedig. In dieser Epoche trug sie den Namen Lepanto, mit dem sich eine der berühmtesten Seeschlachten der Geschichte verbindet. Die Schlacht, bei der die christliche Flotte (mit Schiffen aus Venedig, Genua, Spanien, Savoyen, des Kirchenstaates und der Malteser-Ritter) unter der Führung Juan d'Austrias und die aus 200 Galeeren bestehende türkische Flotte aufeinander trafen, fand westlich von Patras statt. Vom Hafen Lepanto lief die türkische Flotte aus, die vernichtend geschlagen wurde.

 Der Ort bietet Bademöglichkeiten an einem kleinen Kiesstrand, einen malerischen Hafen mit bunten Kaikis und einen schönen Blick über den Golf von Korinth und auf die Höhenzüge der Peloponnes.

Die Hauptstraße führt von Nafpaktos zur Westküste Griechenlands, nach etwa 10 km biegt links die Straße nach Antírrion/Patras ab.
Antírrion liegt am Eingang des Golfes von Korinth. Von den Türken wurde diese Meerenge die "Kleinen Dardanellen" genannt, die sie durch Befestigungen zu sichern versuchten. Heute sieht man noch die verfallene Rumelien-Festung in Antírrion und die Ruinen der Morea-Festung in Rion, die 1499 errichtet worden war. Im Altertum stand auf dem Vorgebirge von Antírrion ein Tempel zu Ehren Poseidons; das Vorgebirge von Rion war mit einer großen Poseidon-Statue geschmückt.
Antírrion ist durch ständigen Fährbootverkehr mit Rion und der Peloponnes verbunden.

6. DER NORDEN DER PELOPONNES: ZWISCHEN KORINTH UND PATRAS

6.1. KORINTH UND UMGEBUNG

6.1.1 ÜBERBLICK

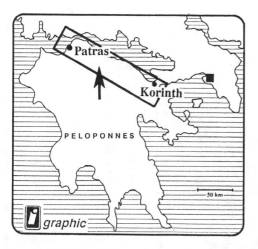

Nur eine Auto- und eine Eisenbahnbrücke, die den Kanal von Korinth überspannen, verbinden das griechische Festland mit der Peloponnes.

Korinthia ist das Tor zur Peloponnes, und Korinth ist seit altersher das Zentrum dieser Provinz, die die Küstenstreifen am Golf von Korinth und am Saronischen Golf, die Halbinsel Perachora mit dem großen Badeort Loutraki und das Bergland von Ziria mit dem 2 376 m hohen Berg Killini umfaßt.

Die Provinz Korinthia bietet dem interessierten Besucher sehenswerte Ausgrabungsstätten, schöne Badestrände in gepflegten Ferienorten und reizvolle Bergdörfer in waldreicher Umgebung, so daß sich ein mehrtägiger Aufenthalt durchaus lohnt:

   - das **Ausgrabungsgelände** der antiken Stadt Korinth und die große Festung **Akrokorinth**, die von der Felsenhöhe einen herrlichen Rundblick auf den Golf von Korinth bietet,
- der **Kanal von Korinth**, der als technisches Meisterwerk gilt,
- die **Ausgrabungen** von Neméa, Lechaion und Kenchries,
- der **Stymphalische See**, der aus der Heldensage des Herakles bekannt ist und heute wegen seiner reichen Sumpfflora aufgesucht wird.

Korinth hat als Handels- und Hafenstadt sehr gute Verkehrsverbindungen nach Athen und zu den Ortschaften der Peloponnes.

Zwischen Korinth und Patras

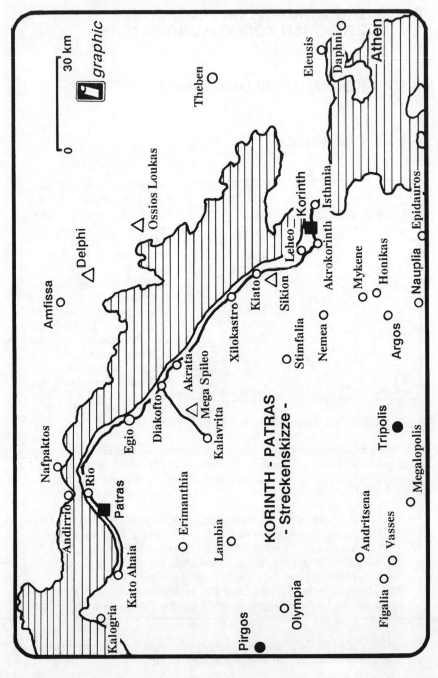

Korinth und Umgebung

6.1.2 TOURISTISCHE HINWEISE

Verkehrsverbindungen mit der Eisenbahn:

Athen	10 - 12 x tägl.	Argos	5 x tägl.
Patras	8 - 10 x tägl.	Tripolis	5 x tägl.
Kalamata	5 x tägl.	Olympia über Pirgos	3 x tägl.

Der Bahnhof liegt an der Ausfallstraße nach Athen.

Wichtige Anschriften

Touristeninformation: Ermou Straße, in der Nähe des Busbahnhofes, Tel.: 0741/23282, Öffnungszeiten: täglich 8 - 20 Uhr
Polizei: Koliatsou Straße
Post: am Hafen

Telefon- und Telegrafenamt O.T.E.: Vassilios Konstantinos, Öffnungszeiten: täglich 6 - 24 Uhr

Entfernungen

Von **Korinth** nach:

Athen	83 km	Epidauros	61 km
Patras	134 km	Mykene	40 km
Nauplia	61 km	Argos	44 km

Busse

Korinth hat zwei Busbahnhöfe.
Die **Busstation für Fahrten nach Argos, Nauplia, Tripolis, Kalamata, Sparta und Gythion** liegt an der Kreuzung Vas. Konstantinou/Aratou-Straße.
Die **Busstation für Athen, Alt-Korinth, Loutraki, Nemea, Isthmía und die nähere Umgebung Korinths** liegt an der Kreuzung Ermou/Koliatsou-Straße.

Taxi

Die Taxizentrale befindet sich in der Nähe der beiden Busbahnhöfe an der Vas. Konstantinou-Straße.

Übernachtung

Es gibt in Korinth Hotels der Kategorien B - E.
B **Bellevue**, Damaskinou-Str.41, Tel.: 0741/22088, 19 Zimmer, in Hafennähe
B **Kypselos**, Theotoki-Str.41, Tel.: 0741/22451, 18 Zimmer, in Hafennähe
C **Akropolis**, Vassileos Georgiou-Str.25, Tel.: 0741/26568, 27 Zimmer, an verkehrsreicher Straße nach Athen gelegen
C **Ephira**, Vassileos Konstantinou-Str.52, Tel.: 0741/22434, 45 Zimmer, zentral gelegenes Haus am örtlichen Busbahnhof

C **Korinthos**, Damaskinou-Str.26, Tel.: 0741/26701, 33 Zimmer, in Hafennähe gelegenes Haus mit Dachgarten und Parkmöglichkeiten

Camping

Corinth Beach: Das Campinggelände liegt an der Küstenstraße von Korinth nach Patras direkt an der Eisenbahnlinie. Unter Bäumen gibt es 122 Plätze für Zelte/Wohnwagen, Restaurant, Snackbar; Tel.: 0741/27967-8

Restaurants
An der Hafenpromenade reihen sich Cafés, Pizzerias und Schnellimbisse aneinander. Am Ende der Straße gibt es kleine Tavernen mit griechischen Speisen.

Banken
Zweigstellen der großen griechischen Banken liegen zentral an der Vassileos Konstantinou-Straße.
Öffnungszeiten: 8 - 14 Uhr

Geschäfte

Die wichtigste Einkaufsstraße ist die Ermou, der Markt mit seinem reichen Warenangebot liegt an der Kiprou-Straße.

Mietwagen

Grogoris Lagos, Vassileos Konstantinou 42, Tel.0741/22617

Ausflüge
Die Reisebüros bieten Fahrten zum Ausgrabungsgelände von Altkorinth an sowie ganztägige Fahrten nach Athen, Mykene, Nauplia, Tiryns und Argos.
Strände

Bademöglichkeiten gibt es außerhalb des Stadtgebietes in den zahlreichen Ferienorten am Golf von Korinth, im Badeort Loutraki und an den Küsten des Saronischen Golfes.

Buch- und Kartentips

Korinthia-Argolis, kostenloses Faltblatt der Griechischen Fremdenverkehrszentrale
Karpodini-Dimitriadi, Der Peloponnes, Athen 1988, deutsche Ausgabe

6.1.3 KORINTH: SEHEN UND ERLEBEN

Ein Blick auf die Karte zeigt, daß der Name Korinth für vier Orte verwendet wird:

1. für Korinth, die **moderne Handelsstadt** mit etwa 22 000 Einwohnern,
2. für Archaia Korinth, ein kleines Dorf an der **antiken Ruinenstätte**,
3. für das **Ausgrabungsgelände** der antiken Stadt Korinth mit den Überresten aus griechischer und römischer Zeit,
4. für die hoch auf dem Felsen gelegene Festungsanlage **Akrokorinth**.

Die **moderne Stadt Korinth** wurde erst ab 1858 errichtet, nachdem der alte Ort beim heutigen Archaia Korinthos durch ein Erdbeben zerstört worden war. Auch die neue Stadt wurde 1928 und 1981 von schweren Erdbeben erschüttert, so daß viel Wiederaufbauarbeit geleistet werden mußte.

Der heutige Besucher findet deshalb in Korinth eine moderne, planmäßig angelegte Stadt mit gerade verlaufenden Straßen und nüchternen, zweckgebundenen Neubauten.

Schön sind die gepflegten Parkanlagen mit Dattelpalmen und Eukalyptusbäumen und der leuchtenden Farbenpracht von Rosen, Bougainvillea, Hibiskus und Oleander.

Die Stadt hat in ihrem Zentrum keine besonderen Sehenswürdigkeiten, eignet sich aber aufgrund ihrer guten Verkehrsverbindungen als Ausgangsort für Reisen auf die Peloponnes.

Die Betriebsamkeit der Stadt bringt etwas Unruhe und Lärm mit sich, so daß sich ein längerer Aufenthalt für Erholungssuchende nicht empfiehlt. Dazu eignen sich eher die nahe gelegenen Badeorte.

Die **herausragenden Sehenswürdigkeiten** in der Umgebung von Korinth sind das **Ausgrabungsgelände** der antiken Stadt, die Festung **Akrokorinth** und der **Kanal von Korinth**.

Alt-Korinth und die Ausgrabungen des antiken Korinth

Ausflüge

In den Reisebüros werden Fahrten zum antiken Korinth angeboten.

Anfahrt
Entfernung: 9 km
Wegstrecke: Vom Zentrum folgt man der Ausschilderung Argos/Patras bis zu jener Kreuzung, an der die Straße nach Patras rechts abzweigt. Dort fährt man geradeaus weiter, überquert die Eisenbahnschienen, fährt unter der Autobahn durch und folgt dann der neuen Ausschilderung "Ancient Corinth".

Zwischen Korinth und Alt-Korinth liegt fruchtbares Land, in dem Zitronen-, Orangen-, Pfirsich- und Aprikosenbäume reiche Frucht tragen. Besonders gut gedeihen auf diesem Boden auch die Weintrauben; und noch immer sind die "Korinthen" ein bedeutender Handelsartikel Griechenlands.

Informationen über Korinthen

Korinthen, Traubenrosinen und Sultaninen gehören zur Familie der Rosinen. Die Beeren verschiedener Weinreben werden im Stadium der Vollreife gepflückt und entweder im Freien oder in Trockenöfen getrocknet.

Korinthen sind die kleinsten unter den Rosinen, schwarzblau und kernlos mit zarter Schale. Sie stammen ursprünglich aus der Gegend um Korinth, woher sie ihren Namen haben. Sie sind herb und kräftig im Geschmack und dürfen nicht geschwefelt werden.

Nach etwa 9 km erreichen Sie das kleine Dorf **Alt-Korinth**, das von der mächtigen Festung von **Akrokorinth** überragt wird.
Der Ort hat heute nur etwa 1800 Einwohner. In den Sommermonaten sind jedoch die Straßen überfüllt von den Besuchern der antiken Ausgrabungsstätte am Ortsrand.

Übernachtung

Gleich am Ausgrabungsgelände liegt der Xenia-Pavillon mit Restaurant und schönem Fernblick.
A **Xenia**, 3 Zimmer, Tel.: 0741/31208, ganzjährig geöffnet, Vorausbuchung ist erforderlich
Außerdem gibt es in Alt-Korinth Übernachtungsmöglichkeiten in zwei kleinen **Pensionen** und einzelne **Privatzimmer**.

Mythos und Geschichte

Korinth zählte zu den bedeutendsten Städten des antiken Griechenlands. Das Gebiet um Korinth war seit prähistorischer Zeit besiedelt; im Zuge der Dorischen Wanderung wurde die Stadt um 1 000 v.Chr. gegründet.

Als ihr Führer wird Sisyphos genannt, "*ein Erzschelm, dem an List und Verschlagenheit weder Götter noch Menschen gleich kamen. Er sammelte eine Schar rüstiger Jünglinge und zog südwärts, bis er auf der Landenge, welche Hellas und den Peloponnes verbindet, den passendsten Ort zu einer Niederlassung fand. Er gründete daselbst zwischen den zwei angrenzenden Meeren das für den Handel wohlgelegene Korinth. Hier verübte er ungescheut Raub, Mord und Plünderung. Von den Klippen herab rollte er Felsen auf die harmlosen Wanderer und bereicherte sich mit ihrer Habe, wenn sie zerschmettert erlagen. Zwar entging er wäh-*

rend seines irdischen Lebens der Strafe, dafür aber büßt er in der Unterwelt. Dort wälzt er mühsam strebend zur Höhe den Felsblock; aber mit Donnergepolter entrollt ihm der tückische Stein, sobald er dem Gipfel nahe ist, und stets von neuem beginnt die mühselige Arbeit." (aus Wilhelm Wächter, Hellas, 1886)

Aufgrund seiner günstigen Lage am Korinthischen und am Saronischen Golf entwickelte sich Korinth zu einer bedeutenden Handelsmacht und zur Mutterstadt des korinthischen Kolonialreiches.

In der Mitte des 7. Jh. v.Chr. stürzte der korinthische Adelige Kypselos die Regierung der Bakchiaden und übergab nach 30jähriger Regierungszeit die Herrschaft im Jahre 627 v.Chr. an seinen Sohn **Periander**. Durch zahlreiche innenpolitische Reformen und eine kluge Außenpolitik konnte Periander, der zu den" Sieben Weisen des Altertums" gezählt wurde, den Wohlstand und die Macht Korinths stärken.

Im 5. Jh.v.Chr. erlebte die Stadt ihre größte Blütezeit; berühmt waren die Metall- und Keramikarbeiten sowie die Schiffsbauarbeiten.

Während der Perserkriege nahm die Stadt an allen Schlachten teil; der anschließende Aufstieg Athens zur führenden See- und Handelsmacht in Griechenland schwächte die Stellung Korinths. Um die alte Vorrangstellung zu behaupten, kämpfte Korinth im Peloponnesischen Krieg 434 v.Chr. an der Seite Spartas gegen Athen, mußte aber trotz des Sieges eine spürbare Einbuße an Macht hinnehmen.

In der folgenden Zeit errang Sparta die Vorherrschaft auf der Peloponnes, Korinth wandte sich vom einstigen Bundesgenossen ab und verbündete sich im Korinthischen Krieg 395 - 387 v.Chr. mit Athen und Argos gegen Sparta, konnte jedoch die Abhängigkeit von Sparta nicht lösen.
Später geriet die Stadt unter die Herrschaft Philipps von Makedonien und der Antigoniden. Nach 243 v.Chr. trat die Stadt dem Achäischen Bund bei, der ab 196 v.Chr. seinen Sitz in Korinth nahm. In der Folgezeit entstanden Spannungen zwischen dem Bund und den Römern, die Handelsbeziehungen verschlechterten sich zunehmend. 146 v.Chr. eroberten die Römer Korinth. Die Stadt wurde in Brand gesteckt, die Mauern wurden dem Erdboden gleichgemacht und alle Schätze nach Rom gebracht. Mehr als hundert Jahre blieb Korinth verwüstet und unbewohnt.

Im Jahre 44 v.Chr. gründete Julius Caesar auf den Ruinen eine römische Kolonie. Römische Freigelassene, später auch Griechen und Händler und Seeleute aus dem Orient ließen, sich in der "Colonia Laus Julia Corinthiensis" nieder, die zum Verwaltungssitz bestimmt wurde und sich rasch zu einer wichtigen Handelsstadt entwickelte.

Korinth und Umgebung

Da sich auch viele Juden in Korinth ansiedelten, besuchte der Apostel Paulus im Jahre 52 die Stadt. Seine beiden " Briefe an die Korinther" richteten sich an die dortige frühe Christengemeinde.

Römische Kaiser, reiche Privatleute und bedeutende Künstler setzten sich für die Verschönerung Korinths ein; Kaiser Hadrian und Herodes Atticus förderten die Stadt, die im 2./3. Jahrhundert n.Chr. als Handelszentrum und Verwaltungshauptstadt sogar Athen an Größe, Reichtum und Bedeutung übertraf.

Die weitere Geschichte der Stadt ist sehr wechselhaft. Gegen Ende des 3. Jahrhunderts begann der Verfall von Korinth, nachdem Heruler und Goten die Stadt geplündert und verheerende Erdbeben die Stadt zerstört hatten.

Unter der Herrschaft Justinians erlebte Korinth im 6. Jahrhundert einen neuen Aufschwung, wurde wieder durch ein Erdbeben verwüstet und nach zögerndem Wiederaufbau im 11. Jahrhundert nach zahlreichen Kämpfen 1458 von den Türken erobert.

Für kurze Zeitabschnitte geriet die Stadt in den Besitz der Johanniter und der Venezianer; von 1715 - 1822 gehörte sie zum türkischen Reich. Nach den Befreiungskriegen wuchs die Stadt, wurde aber schon 1858 wieder durch ein Erdbeben zerstört.

Nach diesem Beben wurde nordöstlich vom antiken Korinth, in der Nähe des Isthmos, die neue Stadt Nea Korinthos gegründet. 1928 verheerte ein Erdbeben auch diese Stadt.

Ausgrabungen und Rundgang

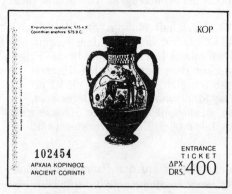

Öffnungszeiten:

täglich 8 - 19 Uhr
sonntags 8 - 18 Uhr

Es gibt **zwei Eingänge** zum Ausgrabungsgelände :

● am **Dorfplatz** von Alt-Korinth

● am **Museum**, am ausgeschilderten Parkplatz

Mit den Ausgrabungen zur Erforschung des antiken Korinth wurde erstmals 1886 vom Deutschen Archäologischen Institut Athen begonnen; 1892 übernahm die Griechische Archäologische Gesellschaft die Arbeit, und seit 1896 werden systematische Grabungsarbeiten durch die American School of Classical Studies in Athen durchgeführt.

Aus griechischer Zeit sind außer dem Apollon-Tempel mit seinen 7 m hohen, aufrecht stehenden Säulen nur geringe Reste erhalten.

Die heute sichtbaren Ruinen stammen vorwiegend aus römischer Zeit, aus der von Caesar 44 v.Chr. gegründeten Stadt, und vermitteln einen guten Eindruck einer römischen Siedlung mit ihren öffentlichen Gebäuden, mit Geschäften, Bädern, Tempeln und Theater.

Beschreibung der Ausgrabungsfunde

1 - 6   Die **Lechaionstraße** und ihre Bauwerke
Die Lechaionstraße führte von der Agora zum nördlichen Stadttor und weiter bis nach Lechaion, dem westlichen Hafen von Korinth. An der Straße lagen Häuser mit Geschäften, große Markthallen, eine Basilika (3), Thermen, die sogenannten Eurykles-Bäder (5), ein Triumpfbogen, ein halbrunder Bau (4), ein von Säulen umgebener Hof (Peribolos des Apollon 6) mit einer Apollon-Statue , ein Propylon (2) und ein kleiner griechischer Tempel aus dem 4. Jahrhundert v.Chr.

7.   **Peirene Brunnen**
In griechischer Zeit wurde das Wasser der Peirene-Quelle in drei Auffangbecken gsammelt, die in den Felsen geschlagen worden waren.
Im 2. Jahrhundert n.Chr. ließ Herodes Atticus die Brunnenanlage prächtig ausbauen, wie die gut erhaltenen Schöpfbecken, Säulen, Ni-

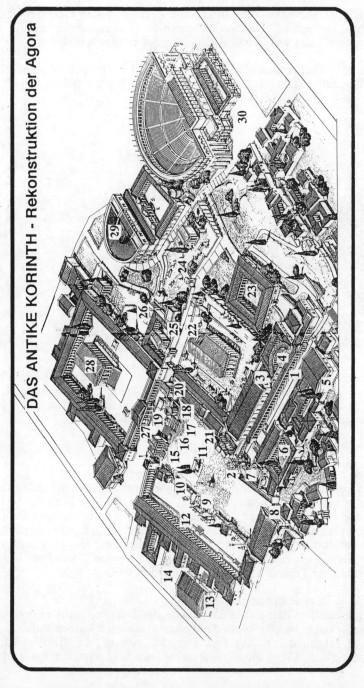

Korinth

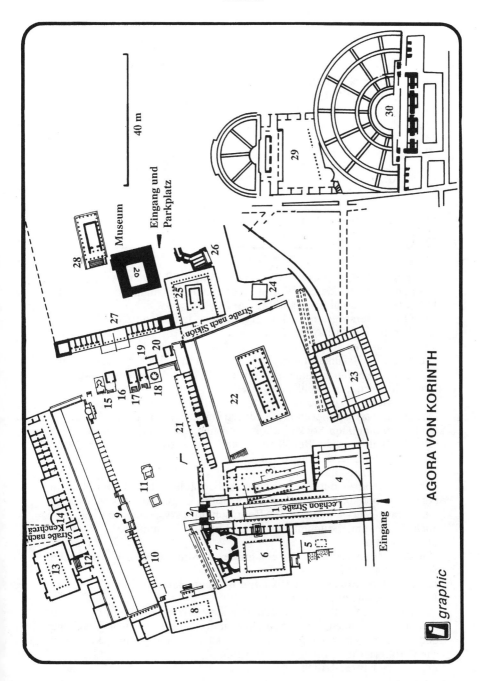

Legende zur Karte auf der vorhergehenden Seite:

1	Lechaion-Straße	16	Tempel G (Pantheon)
2	Propyläen	17	Statue d. Poseidon u. Brunnen
3	Basilika	18	Babbius-Monument
4	Halbrunder Bau	19	Tempel K (der Aphrodite)
5	Eurykles-Bäder	20	Tempel D (des Hermes)
6	Peribolos des Apollon	21	Nordwest-Läden
7	Peirene-Brunnen	22	Archaischer Tempel d.Apollon
8	Basilika Julia	23	Nördliche Agora
9	Bema (Tribüne)	24	Heiligtum d. Athena Chalinitis
10	Zentral-Läden	25	Tempel C (der Hera)
11	Altar	26	Glauke-Brunnen
12	Nord-Stoa	27	West-Läden
13	Nördliche Basilika	28	Tempel E (der Octavia)
14	Bouleuterion (Rathaus)	29	Odeon
15	Tempel F (der Tyche)	30	Theater

schen und Freskenreste zeigen. Der Peirene-Brunnen wurde von 2 Quellen gespeist, deren Wasser über einen 600 m langen und einen 150 m langen Kanal herangeführt wurde.
Die Quelle versorgte noch im vergangenen Jahrhundert die Bewohner von Korinth mit Trinkwasser.

8   Basilika Julia
Die Julische Basilika stammt aus der Zeit des Kaiser Augustus und diente als Gerichtsgebäude. Portraitstatuen der königlichen Familie waren im Inneren der Basilika aufgestellt.

9   Bema (Tribüne)
Das Bema war die berühmte Rednertribüne der Stadt, die sich auf einem monumentalen Sockel erhob. Von hier aus wandte sich der römische Statthalter an die Bevölkerung, und der Apostel Paulus verkündete im Jahre 52 n.Chr. die christliche Lehre.

10   Zentral-Läden
Die Stoa gehörte mit 71 dorischen Außensäulen und 34 ionischen Innensäulen bei 165 m Länge zu den größten Bauwerken Griechenlands. Sie diente Verwaltungs- und Repräsentationszwecken, enthielt aber auch Läden, eine Brunnenanlage und Aufenthaltsräume.

11   Altar
Vor der Rednertribüne lag ein größerer Altar, dessen quadratischer Sockel erhalten blieb.

12 - 14   Nord-Stoa mit Basilika und Bouleuterion
15 - 20   Tempel und Monumente
An der Westseite der Agora befinden sich 4 Tempel und 2 Statuen aus dem 1. und 2. nachchristlichen Jahrhundert. Sie waren von Osten her über Freitreppen zugänglich. Es ist noch nicht endgültig geklärt, welchen Göttern die Tempel geweiht waren.

21   Nordwest-Läden

22 Archaischer Tempel des Apollon

Der Apollon-Tempel ist mit seinen 7 noch aufrecht stehenden Säulen das eindrucksvollste Bauwerk der Agora. Dieser dorische Tempel gehört zu den ältesten Heiligtümern Griechenlands und wurde an der Stelle eines Tempels aus dem 7. Jahrundert v.Chr. in den Jahren 550 bis 525 v.Chr. errichtet. Da er auf einer Anhöhe liegt, überragt er die ganze Agora. Er hatte 6 x 15 Säulen, von denen jede aus einem einzigen Stein gearbeitet war. Diese monolithischen Säulen waren mit Stuck überzogen. Im Inneren war der Tempel in 2 Räume aufgeteilt; im westlichen

Teil befanden sich die Kultstatue des Apollon und unter der westlichen Vorhalle die Schatzkammer.

23   **Nördliche Agora**
24   **Heiligtum der Athena Chalinitis**
Das alte Heiligtum war der "zügelhaltenden Athena" geweiht, die Bellerophon, einem Enkel des Sisyphos, gezeigt hatte, wie das geflügelte Roß Pegasos zu reiten war.

25   **Tempel C der Hera Akraia**
Der kleine Tempel wurde etwa zur Zeit Christi Geburt errichtet und diente als Kultstätte der Verehrung der Hera-Akraia.

26   **Brunnen der Glauke**
Die Glauke-Quelle ist ein großer, durch ein Erdbeben geborstener Felsblock, in den ein Quellhaus mit vier Brunnenkammern eingearbeitet war.

27   **West-Läden**
28   **Tempel E (der Octavia)**
Von dem großen Tempel, der vermutlich der Oktavia geweiht war, sind einige Säulentrommeln mit schönen, reichverzierten Kapitellen erhalten.

29   **Odeon**
Das Odeon wurde im 1. Jahrhundert n.Chr. gebaut. 3000 Zuschauer fanden darin Platz. Die unteren Sitzreihen waren in den Felsen geschlagen woden; durch einen Hof war das Odeon mit dem Theater verbunden. Im 2. Jahrhundert n.Chr. ließ Herodes Atticus das Odeon umbauen und mit Marmorverkleidungen und Mosaiken ausschmücken.
Im 3. Jahrhundert wurde das Odeon durch einen Brand zerstört und nach dem Wiederaufbau für Gladiatorenspiele genutzt.

30 **Theater**

Größer und älter war das Theater, das aus dem 4. Jahrhundert v. Chr. stammt. Etwa 15 - 18 000 Zuschauer konnten an einer Aufführung teilnehmen. Seit dem 3. Jahrhundert n.Chr. fanden auch im Theater Gladiatorenkämpfe und Wasserspiele statt.

Korinth und Umgebung

Museum

Vor dem Museumsgebäude befindet sich eine Sammlung verschiedenartiger Kapitelle. Die im Museum ausgestellten Funde reichen von der mykenischen bis zur byzantinischen Zeit:

Saal 1:	prähistorische Zeit
Saal 2:	geometrische bis klassische Zeit
Saal 3:	römische, byzantinische und fränkische Zeit
Innenhof:	Steinplatten mit Skulpturen aus dem 2. Jahrhundert nach Chr.
Galerie:	Funde aus dem Asklepeion

Die Festung Akrokorinth

Wenn genügend Zeit zur Verfügung steht, lohnt sich die Besteigung der Festung Akrokorinth; vom Gipfel der gut erhaltenen mittelalterlichen Befestigungsanlage bietet sich ein großartiger Blick weithin über den Golf von Korinth.

Anfahrt:
Vom Parkplatz der Ausgrabungen von Korinth folgt man der Ausschilderung "Akrokorinth". Die Straße ist nicht durchgehend befestigt, dennoch gut befahrbar. Am Ende der Fahrstraße gibt es einen Parkplatz.
Entfernung: 6 km

 Öffnungszeiten:

täglich 6 - 22 Uhr

Auf steilem Felsen, in 575 m Höhe, erhebt sich die Festung Akrokorinth, deren Anfänge bis ins 7. Jahrhundert v.Chr. zurückreichen. Die heute sichtbaren Mauern stammen aus fränkisch-byzantinischer und venezianischer Zeit und sind häufig auf den Fundamenten der antiken Mauern errichtet.
Die Burg vermittelt noch heute den Eindruck von Stärke und Wehrtigkeit; die wechselvolle Geschichte der Burg läßt sich an den vielen Besitzern ablesen:

1210	Eroberung nach 5jähriger Belagerungszeit durch die Franken
14. Jh.	Besitztum der Paläologen von Mistra

Korinth und Umgebung

1440-1444	Besitztum der Johanniter
1458	Eroberung durch die Türken
1687	Eroberung durch die Venezianer
1715	erneute Eroberung durch die Türken
1822	Eroberung durch griechische Freiheitskämpfer

 Unterhalb des Eingangstores zur Burg gibt es ein kleines Restaurant.

 Für die Besteigung der Burg sollte man sich mindestens 1 ½ bis 2 Stunden Zeit lassen. In der Sommerzeit empfiehlt es sich, eine Kopfbedeckung und ein Getränk zum Gipfel mitzunehmen.

Rundgang

Akrokorinth gilt als eine der stärksten natürlichen Festungen Europas. Wer immer sich um die Vorherrschaft auf der Peloponnes bemühte, versuchte auch, diese Burg zu erobern, die von altersher nur von der Westseite her zugänglich war.

Der Fußweg führt aufwärts über einen von den Venezianern angelegten Graben. Durch drei Tore, die im Laufe der Jahrhunderte von Venezianern, Florentiner und Türken gebaut worden sind, betritt man das Innere der Festung.
Innerhalb der Mauerringe sieht man zwei Hügel, Überreste von Häusern und zwei Kirchlein aus dem 14.- 18. Jahrhundert. Auf dem süd-

westlichen Hügel stehen die Überreste einer fränkischen Burg mit einem zweistöckigen Wehrturm.

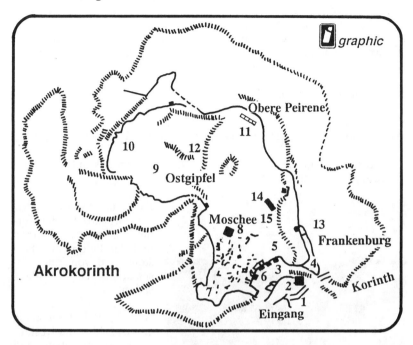

1	Fußweg	9	Aphrodite-Tempel
2	1. Tor	10	Ostmauer
3	2. Tor	11	türkische Kommandantur
4	Bastion	12	Obere Peirene-Quelle
5	3. Mauerring	13	Frankenburg
6	Hellenistischer Turm	14	venezianisches Magazin
7	venezianische Geschützstellung	15	Minarett
8	Moschee		

Auf dem höchsten Gipfel von Akrokorinth, in 575 m Höhe, standen in antiker Zeit zahlreiche Heiligtümer und Tempel, von denen der berühmteste der Aphrodite-Tempel war, dessen Fundamentreste 1926 von amerikanischen Archäologen ausgegraben wurden. Mit diesem Tempel war der Kult der sakralen Prostitution verbunden, in dessen Dienst über 1 000 Tempeldienerinnen (Hierodulen) standen.
Im 5. Jahrhundert wurde an der Stelle des Tempels eine Kirche errichtet, die dann in türkischer Zeit in eine Moschee umgewandelt wurde.
Unterhalb des Tempels lag eine Quelle, die Obere Peirene, deren Wasser in zwei Becken gesammelt wurde. Vom südlichen Becken führten 25 Stufen hinunter zum nördlichen Becken, in das 3 Quellen einmündeten.

Der Überlieferung nach soll die Obere Peirene mit der Quelle innerhalb der Stadt verbunden gewesen sein, jedoch konnte das noch nicht nachgewiesen werden.

 Vom Gipfel bietet sich ein großartiges Panorama, das zu den schönsten der Peloponnes gehört. Man blickt auf die weite Ebene und den Golf von Korinth, sieht hinunter auf den Saronischen Golf bis hin zur Küste von Attika.

Der Kanal von Korinth

Entfernung: 7 km
Wegstrecke: man folgt der Ausschilderung von Korinth nach Athen

Zwischen der Stadt und dem Kanal von Korinth liegt das Industrie- und Gewerbegebiet von Korinth.

Der Kanal wird von einer Autobrücke, die die Verbindung zwischen Athen und der Peloponnes herstellt, und von einer Eisenbahnbrücke überspannt.

Auf beiden Landseiten gibt es zahlreiche Restaurants, Imbißstuben und Souvenirgeschäfte.

Übernachtung:

 Isthmía Motel, Tel.:0741/23454, 140 Betten ganzjährig geöffnet

 Der beste Blick bietet sich von der 45 m hohen Straßenbrücke hinunter auf den Kanal und die durchfahrenden Schiffe.

Nur 6 km breit war die Landenge, die das griechische Festland mit der Halbinsel Peloponnes verband! Nur 6 km Landmasse trennten den Golf von Korinth vom Saronischen Golf! Da

Der Kanal von Korinth

verwundert es nicht, daß sich die Menschen schon seit antiker Zeit Gedanken darüber machten, wie man die Umfahrung der ganzen Peloponnes vermeiden könne oder wie der Isthmos von Korinth zu durchbrechen sei, um so eine Wasserverbindung zwischen der Adria und dem Saronischen Golf herzustellen.

Bereits im 6. Jahrhundert v.Chr. erarbeiteten die Baumeister des Tyrannen Periander von Korinth Lösungsvorschläge. Eine Durchstechung der Landenge wurde aber bald als unmöglich erkannt. So wurde stattdessen der **Diolkos** angelegt, ein etwa 3,50 m breiter gepflasterter Weg, der über den Landrücken führte. Dieser Diolkos wurde als Schleifbahn genutzt, auf der kleine Schiffe auf Schleppwagen über den Isthmos gezogen werden konnten. Das hatte den Vorteil, daß die Schiffe nicht entladen werden mußten.
Teile des Diolkos wurden 1956 bei Posidonia freigelegt.

Auch Caesar und die römischen Kaiser Caligula und Hadrian befaßten sich mit dem Projekt eines Durchstichs der Landenge. Kaiser Nero wollte es im Jahre 67 n.Chr. mit Hilfe von 6 000 jüdischen Sklaven realisieren; Aufstände in Gallien verhinderten dies jedoch.

Erst in den Jahren 1881 - 1893 gelang der Durchstich. Der schon von Nero gewählten Trasse folgend, wurde durch die verschiedenen Kalk-, Mergel- und Sandsteinschichten des Isthmos der 6.343 km lange, 23 m breite und 8 m tiefe Kanal von Korinth gebaut.

Der Kanal ist schleusenlos angelegt und für Schiffe bis zu 8 000 Tonnen befahrbar. An jedem Ende wird er durch große Wellenbrecher geschützt. An beiden Seiten ragen die Felswände bis zu 80 m hoch auf.

Die durch den Kanal entstandene Verbindung zwischen dem Ionischen Meer und dem Saronischen Golf verkürzt für die Schiffahrt den Seeweg je nach Ausgangs- und Zielhafen zwischen 175 und 340 km.
Diesen Vorteil nutzen in heutiger Zeit vor allem kleinere Schiffe, denn der Kanal ist inzwischen für die großen Hochseeschiffe in seiner Tiefe und Breite nicht mehr ausreichend.

Eine starke Strömung von 1 - 3 Knoten erfordert eine vorsichtige und fachkundige Führung durch den Kanal. Während das Schiff in etwa 45 Minuten durch den Kanal geschleppt wird, übernimmt ein Lotse das Kommando. Ampeln regeln an den Enden des Kanals den einbahnigen Verkehr.

Zusätzlich zur großen Autobrücke wurden in Posidonia am Korinthischen Golf und in Isthmía am Saronischen Golf zwei kleine Brücken über den Kanal gebaut, die hauptsächlich für den Nahverkehr und für Fußgänger gedacht sind.

Sehenswertes in der Umgebung Korinths: Loutraki

Interessant ist die Bauweise dieser Brücken am Ende des Kanals: sie sind nicht als Klapp- oder Drehbrücken eingerichtet, sondern so konstruiert, daß bei Bedarf die Brücke ins Wasser versenkt werden kann.

6.1.4 SEHENSWERTES IN DER UMGEBUNG KORINTHS

6.1.4.1 LOUTRAKI

Nur wenige Kilometer von Korinth entfernt liegt am Ostufer des Golfes von Korinth der bekannte Badeort Loutraki, der in den letzten Jahren immer mehr Feriengäste anlockt. So reihen sich an der Strandpromenade die Hotel-Hochhäuser aneinander. Der Strand ist in den Sommermonaten stark besucht, und in den Straßen herrscht bei Tag und Nacht reges Leben.

Durch die Nähe zu Korinth sind alle Ausflugsziele der Peloponnes leicht zu erreichen.

In der näheren Umgebung Loutrakis ist das alte Hera-Heiligtum von Perachora auf der nach Norden vorspringenden Halbinsel einen Besuch wert.

6.1.4.2 AUSFLUGSZIELE FÜR ARCHÄOLOGISCH INTERESSIERTE

Isthmía

Entfernung: ca. 10 km
Wegstrecke: Der Weg nach Isthmía ist nicht ausgeschildert. Man fährt vom Kanal von Korinth etwa 1 km in Richtung Korinth bis zur Ausschilderung nach Epidauros, folgt dieser Straße etwa 3,5 km bis zum Dorf Kirás Vríssi, wo am Ortsrand das neue Museumsgebäude und das Ausgrabungsgelände liegen.

A King Saron, Telefon 0741/37201, 301 Betten, ganzjährig geöffnet, Wassersportmöglichkeiten, Tennis

1880 wurde die antike Stätte von französischen Archäologen entdeckt; 1952 begannen die Ausgrabungsarbeiten amerikanischer Archäologen, in deren Verlauf Überreste des antiken Poseidonheiligtums und des Stadions freigelegt werden konnten.
In Isthmía fanden **seit 582 v.Chr. die Isthmischen Spiele** statt, die jeweils im 1. und 3. Jahr nach den Olympischen Spielen ausgetragen wurden und nach den Spielen von Delphi und Olympia zu den berühmtesten Griechenlands zählten. Zu den Festspielen, die zu Ehren des Gottes **Poseidon** abgehalten wurden und sportliche und musische Wettkämpfe umfaßten, kamen Besucher aus allen Teilen Griechenlands.

"Wer zählt die Völker, nennt die Namen,
die gastlich hier zusammenkamen?
Von Theseus' Stadt, von Aulis'Strand,
von Phocis, vom Spartanerland,
von Asiens entlegner Küste,
von allen Inseln kamen sie ..."

heißt es in Schillers Ballade "*Die Kraniche des Ibykus*", die mit den Worten beginnt:

"Zum Kampf der Wagen und Gesänge,
der auf Korinthus' Landesenge
der Griechen Stämme froh vereint,
zog Ibykus, der Götterfreund.
Ihm schenkte des Gesanges Gabe,
der Lieder süßen Mund Apoll,
so wandert er, an leichtem Stabe,
aus Rhegium, des Gottes voll.
Schon winkt auf hohem Bergesrücken
Akrokorinth des Wandrers Blicken,
und in Poseidons Fichtenhain
tritt er mit frommem Schauder ein...."

Sehenswertes in der Umgebung Korinths: Isthmía

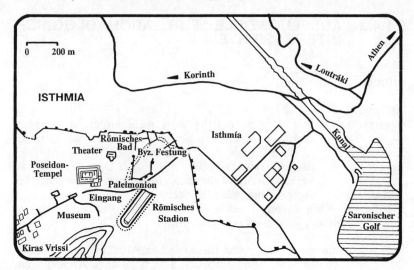

 Öffnungszeiten:
Mo - Sa   9.00 - 15.00 Uhr
So   9.30 - 14.30 Uhr
Die   geschlossen

Sehenswert sind:

- **das Museum,** in dem Fundstücke aus Isthmía ausgestellt sind sowie Rekonstruktionszeichnungen des Poseidon-Tempels und Erläuterungen zu den antiken Festspielen,

- **die Startanlage** für die sportlichen Wettkämpfe im klassischen Stadion.
Die Freilegung dieser komplizierten Startanlage ermöglichte wertvolle Erkenntnisse für die Sportarchäologie . "Mit einem System von Holzlatten, Scharniergelenken und Schnüren, die am Fußboden mit Bronzeösen verspannt waren und die ein gleichzeitiges Starten aller Läufer durch Freigeben der Laufbahn gewährleisten sollten - im Prinzip funktionierte die Ablaufvorrichtung wie die heutigen Startboxen bei Pferderennen - wurde ein komplizierter Mechanismus aufgebaut." (in Weiler, Der Sport bei den Völkern der alten Welt),

- die geringen Überreste des **Poseidontempels,** der um 460 v.Chr. an der Stelle eines älteren Heiligtums errichtet wurde,

- **das Palaimonion,** das zu Ehren der hilfreichen Meeresgottheit Palaimon an der Stelle des antiken Stadions erbaut wurde. Es ist ein säulenumstandener Rundtempel, in dessen Innenraum sich die Figur eines Delphins mit dem toten Palaimon befand.

Sehenswertes in der Umgebung Korinths: Kenchries

- Reste des Theaters aus dem 4. Jahrhundert v.Chr., des römischen Bades und des römischen Stadions,

- Mauern und Türme der **byzantinischen Festung**, die unter Kaiser Justinian im 6. Jahrhundert aus antikem Steinmaterial errichtet wurde.

Kenchries

Entfernung: 12 km von Korinth
Wegstrecke: von Korinth kommend, folgt man am Kanal von Korinth der Ausschilderung nach Epidauros und fährt dann etwa 3 km über die Küstenstraße bis zum Ort Kenchries.

An der gut ausgebauten Straße von Korinth nach Epidauros liegen Überreste der antiken Hafenanlagen.

Kenchries war der östliche Hafen von Korinth. Seine günstige Lage am Saronischen Golf machte ihn zu einem wichtigen Sammel- und Umschlagplatz für alle Handelswaren zwischen den Städten der Peloponnes und den Häfen der Ägäis.
Von den Hafenanlagen sind nur geringe Reste noch sichtbar. Sie liegen heute aufgrund von Landsenkungen teilweise unter Wasser.
Die bisher gefundenen Überreste stammen überwiegend aus römischer Zeit: ein Gebäude mit einem Mosaikboden, die sog. Marmorhalle mit einer gut erhaltenen Pflasterung, Lagerhäuser und die Mauern einer frühchristlichen Basilika, die an der Stelle eines früheren Isis-Heiligtums errichtet worden war.

In Kenchries bildete sich schon sehr früh eine christliche Gemeinde, die vom Apostel Paulus in seinem Brief an die Römer namentlich erwähnt wird.

Loutra Elenis

In der nächsten Ortschaft **Loutra Elenis** gab es im Altertum eine heilkräftige Salzwasserquelle. Heute werden im Ort zahlreiche Privatzimmer vermietet; außerdem gibt es Unterkunftsmöglichkeiten in kleinen Hotels und Ferienhäusern.

B **Politis**, Tel.: 0741/33249, 50 Betten, in Strandnähe, ganzjährig geöffnet
C **Kakanakos**, Tel.: 0741/33211, 30 Betten, ganzjährig geöffnet
C **Sea View**, Tel.: 0741/33551, 42 Betten, ganzjährig geöffnet

Von Loutra Elenis führt die Straße am Meer entlang weiter nach Süden zu den kleinen Ferienorten **Almiri** und **Katakáli**.

Sehenswertes in der Umgebung Korinths: Lechaion

Almiri/Katakáli

B **Almiri Beach,** Tel.: 0741/33301, 86 Betten, Strandlage, Wassersportmöglichkeiten und Tennis, von April bis Oktober geöffnet

B **Orea Heleni,** Tel.: 0741/33231, 42 Betten, von April bis Oktober geöffnet

Camping:

Biarritz, Tel.: 0741/733441, kleiner Platz am Meer mit Einkaufsmöglichkeiten und Restaurant

Poseidon Camping, Tel.: 0741/33302, am Meer gelegener Platz mit Einkaufsmöglichkeiten und Restaurant.

Lechaion

Entfernung: ca. 6 km westlich von Korinth
Wegstrecke: man folgt der Hauptstraße von Korinth nach Patras und biegt kurz vor der Abzweigung nach Alt-Korinth nach rechts zum Meer hin ab

Von der westlichen Hafenstadt des antiken Korinth, die durch eine lange Mauer und die prächtige Lechaion-Straße mit Korinth verbunden war, sind nur ganz geringe Überreste vorhanden, die einen Besuch nur für den archäologisch sehr Interessierten lohnen.
Sehenswert dagegen ist die Ausgrabung einer großen frühchristlichen Basilika aus dem 5. Jahrhundert, von der man annimmt, daß sie die Bischofskirche von Korinth war.

Sikyon

Entfernung: ca. 30 km westlich von Korinth
Wegstrecke: man folgt der Hauptstraße von Korinth nach Patras bis zum Ort Kiáto. Dort biegt man auf die ins Landesinnere führende Straße ein und erreicht nach 4 km Sikyon.

Geschichte

Sikyon, eine der ältesten Siedlungen Griechenlands, gehörte zum Machtbereich von Argos, aus dem Sikyon sich erst im 7. Jahrhundert v.Chr. unter Orthagoras lösen konnte. Dieser errichtete eine Tyrannis, die bis zum Tode des Kleisthenes am Ende des 6. Jahrhunderts Bestand hatte. Während dieser Zeit gewann Sikyon an Wohlstand und Ansehen, wovon sowohl das Schatzhaus von Sikyon im Apollon-Heiligtum in Delphi als auch der Ruf der Bildhauer- und Maler-Schule in Sikyon zeugen. Sikyon nahm an den Perserkriegen teil, kämpfte im Peloponnesischen Krieg auf der Seite Spartas, wurde 369 v.Chr. von den Thebanern unter

Sehenswertes in der Umgebung Korinths: Sikyon

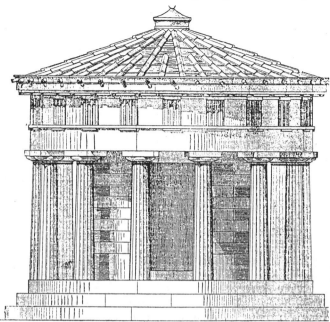

der Führung des Epaminondas erobert und 303 v. Chr. von Poliorketes zerstört.

251 v.Chr. trat Sikyon dem Achäischen Bund bei und übernahm im Kampf gegen die Ausbreitung der makedonischen Vorherrschaft die Führungsrolle. Durch die Zerstörung Korinths im Jahre 146 v.Chr. durch die Römer gewann Sikyon zunehmend an Bedeutung und erlebte eine zweite wirtschaftliche und kulturelle Blütezeit; der Wiederaufbau Korinths unter Caesar leitete den Niedergang der Stadt ein, die durch Erdbeben in den Jahren 23 und 250 n.Chr. dann vollends zerstört wurde.

Bereits 1886 begannen amerikanische Archäologen mit den Ausgrabungsarbeiten, die dann ab 1920 vom Griechischen Archäologischen Institut fortgesetzt wurden.

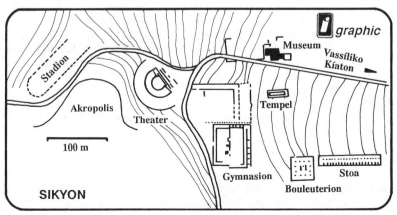

Sehenswertes in der Umgebung Korinths: Neméa

Öffnungszeiten:
an Wochentagen		10.30 - 15.30 Uhr
an Sonn- und Feiertagen	10.30 - 14.30 Uhr
dienstags			geschlossen

Das in den Räumen einer römischen Thermenanlage eingerichtete Museum ist zur Zeit nicht geöffnet.

Im Ausgrabungsgelände gegenüber dem Museum konnten Überreste freigelegt werden:

- ein **dorischer Tempel**, der zu Ehren der Artemis oder des Apollon errichtet worden war,
- das **Gymnasion** mit zwei auf verschiedenen Ebenen liegenden Höfen, die jeweils auf drei Seiten von Säulenhallen umgeben waren,
- das **Rathaus** (Bouleuterion) des Achäischen Bundes, zwischen dessen Innensäulen der abgetrennte Platz für die Redner lag. Die Sitzreihen für die Abgeordneten des Bundes sind erkennbar.
- die **105 m lange Säulenhalle**, in der 20 Läden eingerichtet waren.

Verläßt man das Ausgrabungsgelände und geht auf der Straße aufwärts bis zur nächsten Kurve, sieht man das in den Felsen gearbeitete **Theater** aus dem 3. Jahrhundert v.Chr..

Oberhalb des Theaters lag in hellenistischer Zeit die Akropolis, von der wie auch von dem weiter westlich gelegenen Stadion nur geringe Spuren erhalten sind.

Neméa

Entfernung:	ca. 35 km von Korinth
Wegstrecke:	von der Straße Korinth - Argos biegt eine Straße nach Neméa ab. Man fährt an der Abzweigung nach Alt-Kleonis (Archaia Kleonis) vorbei und sieht nach etwa 4 km im heutigen Dorf Iraklion die Ausgrabungsstätte, die leicht an den drei aufrecht stehenden Säulen zu erkennen ist. Das Dorf Neméa ist noch 5 km entfernt.

Öffnungszeiten:
an Wochentagen:		9.00 - 15.00 Uhr
an Sonn- und Feiertagen:	10.00 - 14.30 Uhr
dienstags:			geschlossen

Mythos und Geschichte

Wie in Olympia, Delphi und Isthmía fanden auch in Neméa Panhellenische Spiele statt. Während der klassischen Zeit wurde allen vier Festspielen große Bedeutung beigemessen. Dies läßt sich daran aufzeigen, daß der große Dichter Pindar den Siegern aller Spielorte seine Hymnen widmete und daß die Stadt Athen ihren Siegern lebenslange Hilfe gewährte, wenn diese an einem der vier Orte den Sieg errungen hatten.

Die Spiele wurden zu Ehren des Zeus durchgeführt. Die Sage erzählt von zwei verschiedenen Ursprüngen der Nemeischen Spiele:

- es wird berichtet, daß der junge Königssohn Opheltes durch einen Schlangenbiß getötet wurde, als seine Wärterin ihn unbeaufsichtigt ins Gras legte, um den rastenden argivischen Fürsten, den berühmten "Sieben gegen Theben", eine Quelle zu zeigen. Als die Fürsten von dem Unglück erfuhren, gründeten sie Opheltes zum Gedenken die Nemeischen Spiele.

- einer anderen Überlieferung folgend gehen die Spiele auf Herakles zurück, der in der einsamen Berglandschaft mit dem nemeischen Löwen kämpfte. *"Dieses vom Typhon und der Echidna erzeugte Ungeheuer, dessen Fell jeder Waffe trotzte, hauste in der Gegend von Neméa und Kleonae. Da Herakles demselben weder mit seinen Pfeilen noch mit seiner Keule etwas anhaben konnte, trieb er es in seine Höhle und erwürgte es in seinen Armen. Der Kopf des Löwen diente ihm hinfort als Helm, das Fell als undurchdringlicher Panzer."* (Seemann, Kleine Mythologie, 1874)

Die Nemeischen Spiele fanden seit 573 v.Chr. alle zwei Jahre im Sommer statt. Dabei wurden Kämpfe ausgetragen in den Sportarten Bogenschießen, Boxen, Ringen, Diskus- und Speerwerfen. Zu den Höhepunkten der Spiele zählten der Stadionlauf in voller Rüstung und das Wagenrennen. Einer der Sieger im Wagenrennen war der berühmte athenische Feldherr Alkibiades.

Sehenswertes

Am Eingang des Ausgrabungsgeländes liegt das neue Museum, das in seinen Ausstellungsräumen mit vielfältigen Fotos, Dokumentationen, Rekonstruktionen und Fundstücken einen sehr guten Einblick in die archäologische Forschungsarbeit gibt und die Bedeutung Neméas anschaulich demonstriert.

 Im Museum erhältlich ist ein **Führer in englischer und griechischer Sprache**, der von der Amerikanischen Schule für Klassische Studien in Athen herausgegeben wurde.
S.G. **Miller**, Nemea. Athen 1984

Sehenswertes in der Umgebung Korinths: Neméa

Zentrum des antiken Heiligtums war der **Zeustempel**, von dem drei dorische Säulen noch hoch aufragen.
Der Tempel (44 x 22 m) wurde um 330 v.Chr. an der Stelle eines älteren Tempels errichtet. Er zählt zu jenen Tempeln, bei denen erstmals dorische, ionische und korinthische Säulen in einem Bauwerk verwendet wurden.

Eine weitere Eigentümlichkeit des Tempels ist ein über eine Treppe erreichbarer, 2 m tiefer gelegener Raum, das Adyton, dessen genaue Bestimmung noch nicht erforscht ist. Es wird angenommen daß dort entweder das Grab des Opheltes war oder daß der Raum als lokale Orakelstätte genutzt wurde.

Nahe beim Tempel lag ein **Heiliger Platz** mit Altären, zwei Brunnen und Statuen; im Westen gab es eine **Palästra** mit einem Badehaus und weiter nach Osten ein langgestrecktes Gebäude, das als **Gästehaus (Xenon)** bezeichnet wird. Über dem Gästehaus wurde im 6. Jahrhundert eine **christliche Basilika** errichtet.

Interessant ist der südlich gelegene Ausgrabungsabschnitt, in dem Werkstätten mit Geräten zur Metallbearbeitung und **Töpfereien** mit Brennöfen, Becken für die Tonbereitung und Trockenplätze für die hergestellten Ziegel und Gefäße freigelegt wurden.

Man geht zum Eingang und weiter bis zur Hauptstraße zurück und sieht nach etwa 400 m an der Straße in Richtung Argos-Korinth das antike **Stadion,** dessen Gelände zur Zeit eingezäunt ist.

Beim Bau des Stadions wurden die natürlichen Bodengegebenheiten genutzt. Die Laufbahn war 180 m lang, im Süden lagen die Zuschauertribünen. Gut erhalten sind die Startrinnen für die Läufer und eine Wasserrinne mit Schöpfbecken entlang der Lauffläche.

Spezialitäten

Das nur 5 km entfernte Dorf Neméa ist wegen seines sehr guten Weines bekannt.

Phlius

Entfernung:	4 km nordwestlich vom Ort Neméa
Wegstrecke:	von der Ausgrabungsstätte Neméa fährt man 5 km bis zur heutigen Ortschaft gleichen Namens. Dort biegt man an einer Kreuzung nach links ab. An einem weiß gekalkten Bildstock geht man rechts einem Feldweg nach, der zu den Ausgrabungen führt.

Die Ausgrabungsfunde sind sehr gering. Erkennbar sind das Fundament und einige Säulentrommeln, die Überreste einer dorischen Säulenhalle aus dem 5. Jahrhundert v.Chr., die Teil der antiken Agora war.

Außerdem gibt es Spuren eines Theaters, eines Asklepios-Heiligtums und einer Akropolis.

6.1.5 VON KORINTH ZU DEN SEHENSWÜRDIGKEITEN DER ARGOLIS

Von Korinth führen gut ausgebaute Straßen zu den großen Ausflugszielen Epidauros, Mykene, Tiryns, Argos und Nauplia, die im Kapitel 11 Argolis ausführlich beschrieben werden.

6.2 VON KORINTH NACH PATRAS

125 km lang ist der Golf von Korinth, der Meeresarm zwischen Mittelgriechenland und der Peloponnes, der von Patras bis nach Korinth reicht. Autobahn und Landstraße verlaufen fast parallel zur Küste und verbinden die beiden Großstädte miteinander. Dazwischen liegen zahlreiche kleine Ortschaften, die ganz auf den Fremdenverkehr eingestellt sind.

Die mautpflichtige Autobahnstrecke ist die schnellste und kürzeste Verbindung zwischen Athen und Patras. Dadurch ist eine schnelle Anbindung an den Fährverkehr mit den italienischen Hafenstädten möglich.

Die alte Landstraße ist gut zu befahren und führt durch die fruchtbare Küstenebene, die landwirtschaftlich intensiv genutzt wird.
In den Sommermonaten ist der gesamte Küstenabschnitt sehr stark besucht. Es sind in der Hauptsache Griechen, die hier ihre Wochenenden und Ferien verbringen, denn die räumliche Nähe zu Patras, Korinth und dem Großraum Athen macht den Golf von Korinth zu einem schnell erreichbaren Ausflugsziel.
Für Fremde ist es fast unmöglich, in den Sommermonaten kurzfristig und ohne Vorbestellung ein Hotel- oder Privatzimmer zu finden. Die Hotels sind langfristig ausgebucht; außerdem werden überwiegend Appartements oder möblierte Wohnungen angeboten, die von den Griechen monatsweise gemietet werden.

Wenn Sie einen längeren Aufenthalt am Golf von Korinth planen, sollten Sie unbedingt im voraus ein Hotelzimmer oder eine Ferienwohnung buchen.

In den kleinen Badeorten herrscht reges, ungezwungenes Leben. Appartementhäuser und Tavernen und die wenigen Hotels reihen sich am Strand dicht aneinander; an den Straßenecken bieten Obst-, Kastanien- oder Maiskolbenverkäufer ihre Waren an.
An den einzelnen Strandabschnitten, die von alten Bäumen schön beschattet sind, gibt es Strandduschen und gelegentlich auch Tretboot- und Surfbrettverleih.

Das Wasser ist im mittleren Bereich des Golfes sehr klar und sauber; in der Nähe von Korinth und Patras wird das Wasser durch die vielbefahrenen Schiffahrtslinien getrübt. Außerdem bringen viele Griechen ihre Motorboote bevorzugt an diese Küste.

Aus der Fülle der Ortschaften sollen einige erwähnt werden:

Kiáto

Die kleine Handelsstadt mit zahlreichen Restaurants liegt 24 km von Korinth.

B **Triton**, Metamorfossis Sotiros 2, Tel.: 0742/23421, 56 Zimmer ganzjährig geöffnet, in Strandnähe
C **Galini**, Mavroula 3, Tel.: 0742/22207, 45 Zimmer, ganzjährig geöffnet, in Strandnähe
C **Pappas**, Sikyonos 31, Tel.: 0742/22358, 76 Zimmer, ganzjährig geöffnet
C **Pefkias**, Neapolis, Tel.: 0742/28650, 22 Zimmer, von Mai bis Oktober geöffnet, in Strandnähe

Sikyon 6 km, s. Kapitel 6.1.4.2

Von Korinth nach Patras

Stimfalischer See

36 km von Korinth. In einer Höhenlage von 588 m liegt der Stimfalische See, wo Herakles, wie der Mythos berichtet, seine fünfte Aufgabe löste und die menschenfressenden Vögel tötete. Von der antiken Ortschaft sind nur ganz geringe Spuren zu entdecken; am Ortsausgang steht die Ruine einer fränkischen Kirche aus dem 13. Jahrhundert.

Xilokastro

37 km von Korinth, kleine Stadt mit guten Bademöglichkeiten an einem mit Kiefern bestandenen, langen Sandstrand.

Anschriften

Touristenpolizei, Odos Fratsi 1, Tel.: 0743/22331

Übernachtung

A **Arion**, Karamanli 3, Tel.: 0743/22230, 120 Zimmer, ganzjährig geöffnet, nur durch eine Straße vom Meer getrennt
B **Fadira**, Agiou Makariou 2, Tel.: 0743/22648, 92 Zimmer, von März bis Oktober geöffnet, Strandlage
B **Miramare**, Ioannou 37, Tel.: 0743/22375, 42 Zimmer, ganzjährig geöffnet, Strandlage
B **Rallis**, Ioannou 55, Tel.: 0743/22219, 132 Zimmer, von April bis Oktober geöffnet, in Strandnähe
C **Periandros**, Makariou 1, Tel.: 0743/22272, 45 Zimmer, ganzjährig geöffnet

Trikala

33 km, beliebtes Ausflugsziel der Griechen im Bergland des Kyllini-Gebirges. Von dort bieten sich gute Wandermöglichkeiten an. Besonders schön ist es in Trikala zur Zeit der Frühjahrsblüte.

C **Asteria**, Tel.:0743/91207, 25 Zimmer, ganzjährig geöffnet
C **Ta Trikala**, Tel.:0743/91260, 41 Zimmer, ganzjährig geöffnet
D **Pigi Tarlaba**, Tel.:0743/91203, 54 Zimmer, von Juni bis September geöffnet
D **Vlassis**, Tel.: 0743/91234, 14 Zimmer, von April bis Oktober geöffnet
D **Ziria**, Tel.: 0743/91227, 37 Zimmer, ganzjährig geöffnet

Derveni: 57 km von Korinth,

D **Evrostini**, Agiou Nicolaou 12, Tel.: 0743/31223, 18 Zimmer, ganzjährig geöffnet
D **Kyma**, Vassileos Pavlou 82, Tel.: 0743/31441, 20 Zimmer, ganzjährig geöffnet

Von Korinth nach Patras

Akratas: 65 km von Korinth, 55 km von Patras

C Acrata Beach, Tel.: 0696/31181, 27 Zimmer, ganzjährig geöffnet
C Silver Beach, Tel.: 0696/31661, 58 Zimmer, ganzjährig geöffnet

Diakoftó: 53 km von Patras, für Ausflüge in die Berge gut geeignet

C Chris-Paul, Tel.:0691/41715, 50 Zimmer, ganzjährig geöffnet
D Akropole, Tel.: 0691/41226, 10 Zimmer
D Chelmos, Tel.: 0691/41236, 15 Zimmer, ganzjährig geöffnet
D Lemonies, Tel.: 0691/41229, 18 Zimmer, ganzjährig geöffnet
D Panorea, Tel.: 0691/41216, 14 Zimmer, ganzjährig geöffnet
D Panorama, Tel.: 0691/41614, 34 Zimmer, von April bis Oktober geöffnet

Ausflüge

- mit der Zahnradbahn zum **Kloster Mega Spileon** und nach **Kalávrita**, s. Kapitel 6.3.4
- zu den Bergdörfern und den "Wassern des Styx", s. Kapitel 6.3.4

Aegion: 35 km von Patras, eine Handelsstadt mit 19 000 Einwohnern. Die Stadt ist ein wichtiger Ausfuhrhafen für landwirtschaftliche Produkte, insbesondere für Sultaninen. Es gibt trotz der langen Geschichte der Stadt keine herausragenden Sehenswürdigkeiten, aber Aegion vermittelt den Eindruck einer lebendigen, betriebsamen Hafenstadt.

Verkehrsverbindungen

mit dem **Bus** :
mit **Patras**   stündlich von 5 - 22 Uhr
mit **Korinth**   stündlich von 5 - 22 Uhr
mit **Athen**   mehrmals täglich

mit der **Eisenbahn**
mit **Patras**   12 - 15 x täglich
mit **Korinth**   12 - 15 x täglich
mit **Athen**   mehrmals täglich

mit der **Fähre**
mit **Agios Nikolaos**/Festland   2 - 3 x täglich
mit **Itea**/Festland   1 - 2 x täglich

Übernachtung

B **Galini**, Vassileos Georgiou 35, Tel.: 0691/26150, 59 Zimmer, ganzjährig geöffnet, mit schönem Blick auf den Golf von Korinth
C **Telis**, Korinthiou 98, Tel.: 0691/28200, 56 Zimmer, ganzjährig geöffnet

E Helmos, Patsaniou 6, Tel.: 0691/22514, 17 Zimmer, ganzjährig geöffnet
E Lory, Kapodistriou 1, Tel.: 0691/27771, 16 Zimmer, ganzjährig geöffnet

Ausflüge

- nach **Delphi**.
  Von Itea aus besteht mehrmals täglich eine Busverbindung zum Heiligtum in Delphi.
- zum **Kloster Taxiarchon** (12 km).
  Das heute noch bewohnte, von Zypressen umgebene Kloster wurde im 18. Jahrhundert erbaut. Sehenswert sind eine schön geschnitzte Ikonostase und eine Sammlung wertvoller Schriften, Ikonen und Meßgeräten. Oberhalb des Klosters sieht man die Überreste eines älteren, aus dem 15. Jahrhundert stammenden Klostergebäudes, das im 17. Jahrhundert durch einen Brand zerstört worden war. Zur alten Klosterruine kann man in ca. 20 Minuten aufsteigen.
- zu den **Bergdörfern** im Hinterland

Geschichte

Die Besiedelung Ägions reicht zurück bis in prähistorische Zeiten. In Ägion soll Agamemnon die griechischen Führer zum Kampf gegen Troja zusammengerufen haben. Später gehörte Ägion zum Achäischen Bund, dessen Hauptstadt es 276 v.Chr. wurde. Während die Stadt in römischer Zeit an Bedeutung verlor, erlebte sie in byzantinischer und fränkischer Zeit eine neue Blüte. Die Stadt wurde zweimal zerstört; zunächst bei der Eroberung durch die Türken im Jahre 1536 und später durch ein heftiges Erdbeben im Jahre 1817. Während des griechischen Freiheitskampfes wurde die Stadt hart umkämpft.

Ríon: 8 km von Patras. Nur 2 km liegen die Peloponnes und das griechische Festland bei Rion auseinander. An dieser engsten Stelle des Golfes von Korinth, bei den sogenannten "Kleinen Dardanellen", überqueren täglich in ständigem Pendelverkehr große Autofähren den Golf.

Verkehrsverbindungen

mit der **Fähre**
Für eine ständige Verbindung mit dem Festland sorgen die Autofähren, die ganztägig im Pendelverkehr nach Antírrion fahren. Die Überfahrt dauert etwa 25 Minuten.

mit dem **Bus**

mit **Patras**   in kurzen Zeitabständen von 5 - 24 Uhr

Übernachtung

A **Porto Rio**, Tel.: 061/992102, 501 Zimmer, von April bis Oktober geöffnet, Tennisplätze und Sportangebot
C **Georgios**, Tel.: 061/992627, 26 Zimmer, ganzjährig geöffnet
C **Rion Beach**, Tel.: 061/991421, 165 Zimmer, ganzjährig geöffnet

Ausflüge

nach Patras, s. Kapitel 6.3
nach Nafpaktos auf dem griechischen Festland

Strände

Die Strände von Rion werden gerne von Patras aus besucht und sind deshalb in den Sommermonaten sehr voll. Hinter dem Hafen liegt ein langer Strand, an dessen Uferpromenade zahlreiche Tavernen liegen. Diese sind ein beliebtes Ausflugsziel.

Geschichte

Wie der Isthmos von Korinth, so war auch die Meerenge von Rion von jeher eine wichtige Verbindung zwischen der Peloponnes und dem griechischen Festland. In antiker Zeit wurde hier der Meeresgott Poseidon verehrt, dem zu Ehren in Rion eine Statue und in dem gegenüberliegenden Antírrion ein Tempel errichtet wurden.

Die Türken erkannten die strategische Bedeutung von Rion und sicherten um 1500 unter Sultan Bayazid II. beide Ufer des Golfes durch Festungsanlagen. Die Festung von Rion wurde 1603 von den Malteserrittern zerstört und 1713 von den Venezianern wiederaufgebaut.

Die einstige Bedeutung der Festung läßt sich heute noch leicht an der mächtigen, von einem Wassergraben umgebenen Burg mit ihren dicken Mauern ablesen.

In den Sommermonaten finden in der Festung "Ton und Licht-Spiele" statt, die die Geschichte der Festung darstellen.

6.3 PATRAS UND DIE PROVINZ ACHAIA

6.3.1 ÜBERBLICK

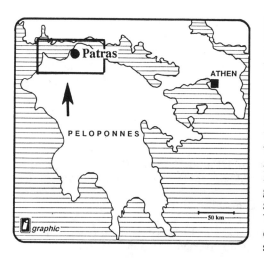

Die Provinz Achaia umfaßt das schmale Küstenland zwischen dem Golf von Korinth und dem Hochland von Arkadien. Die Küstenebene ist fruchtbares Bauernland, in dem bevorzugt Getreide und Wein angebaut werden. Das Bergland Achaias ist stark zerklüftet und wird von engen Schluchten durchschnitten, in denen in den Wintermonaten zahlreiche kleine Bäche niederstürzen.

Mittelpunkt der Provinz ist die große Industrie- und Hafenstadt Patras, die sich aufgrund ihrer günstigen Verkehrsverbindungen mit Athen, dem griechischen Festland, der Peloponnes und den Häfen Italiens zu einem wichtigen Umschlagplatz Griechenlands entwickelte.

In Patras und der näheren Umgebung finden sich einige interessante **Ausflugsmöglichkeiten**:
- mit der **Zahnradbahn von Diakoftó nach Kalávrita**,
- eine **Weinprobe** im berühmten Weingut Achaia-Clauss
- eine Fahrt zu den **Bergdörfern**
- eine **Fahrt über Rion nach Delphi**

6.3.2 TOURISTISCHE HINWEISE

Verkehrsverbindungen

 mit der **Eisenbahn**
nach **Athen**	8 x täglich	
nach **Korinth**	8 x täglich	
nach **Pirgos**	5 x täglich	
nach **Olympia**	4 x täglich	**Kalamata** 4 x täglich
nach **Kiparissia**	4 x täglich	

mit dem **Bus**
nach **Athen** stündliche Abfahrt
nach **Korinth** stündliche Abfahrt
nach **Pirgos** 8 x täglich
nach **Methoni** 4 x täglich **Thessaloniki** 2 x täglich

mit dem **Schiff**
Alle großen Fährlinien zu italienischen Häfen sind in Patras vertreten.
- In den Sommermonaten werden die Häfen von **Ancona, Brindisi, Bari, Otranto** und **Venedig** regelmäßig angelaufen.
- **Igoumenitsa/Korfu**: tägliche Verbindung nahezu aller Schiffahrtslinien, Dauer der Überfahrt: ca 8 Stunden
- **Kefallonia**: täglich
- **Ithaka/Paxi**: täglich

Wichtige Anschriften

Touristeninformation: Othonos/Amalias Straße 40, gegenüber dem Bahnhof am Hafen, Tel.: 061/229002, Öffnungszeiten 6 - 22 Uhr
Polizei: Karaskaki Ermou Str.40, Tel.: 061/278779
Post: Agios Nikolaou
Telefonamt O.T E.: in der Südecke des Platzes Vassileou Georgiou
Griechische Zentrale für Fremdenverkehr: Iroon Politechniou, Tel.: 061/420304
Automobilclub ELPA: Odos Korinthou, Tel.: 061/425411

Entfernungen

Von **Patras** nach:
Athen 217 km
Korinth 134 km
Olympia 106 km

Busse

Der Busbahnhof liegt an der Hafenpromenade in der Nähe des Bahnhofes.

Taxi

Die Taxizentrale befindet sich in der Nähe des Bahnhofes.

Übernachtung

Da die Stadt vornehmlich auf Durchreiseverkehr eingestellt ist, gibt es ein großes Angebot von Hotels aller Kategorien. Alle Hotels sind ganzjährig geöffnet.
A **Astir**, Agiou Andreou 16, Tel.: 061/276311, 120 Zimmer, am Fährhafen gelegen

A **Moreas**, Iroon Politechniou/Kyprou, Tel.: 061/425494, 105 Zimmer
B **Galaxy**, Agiou Nicolaou 9, Tel.: 061/278815, 98 Zimmer
B **Marie**, Gounari 6, Tel.: 061/331302, 24 Zimmer
B **Olympic**, Agiou Nicolaou 46, Tel.: 061/224103, 35 Zimmer
B **Rannia**, Riga Ferreou 53, Tel.: 061/220114, 30 Zimmer
C **Akropole**, Othonos Amalias 39, Tel.: 061/279809, 33 Zimmer
C **Adonis**, Zaimi/Kapsali, Tel.: 061/224213, 56 Zimmer
C **Delfini**, Iroon Politechniou 102, Tel.: 061/421001, 71 Zimmer
C **El Greco**, Agiou Andreou 145, Tel.: 061/272931, 24 Zimmer
C **Esperia**, Zaimi 10, Tel.: 061/276476, 24 Zimmer
C **Mediterranee**, Agiou Nicolaou 18, Tel.: 061/279602, 96 Zimmer

Camping

In der näheren Umgebung von Patras, zwischen Rion und Kato Achaia, liegen folgende Campingplätze:
Arion Camping, Panagopoula Patron, Tel.: 061/421480
Agias Patron Camping, Agias Patron, Tel.: 061/424131
Golden Sunset, Ano Alissos, Tel.: 0693/71276
Kato Achaia, Kato Achaia, Tel.: 0693/22400
Kato Alissos, Kato Alissos, Tel.: 0693/71248
Rio Camping, Rion, Tel.: 061/991585
Rio Mare, Rion, Tel.: 061/992263

Restaurants

Restaurants mit landestypischen Gerichten findet man in Hafennähe nicht mehr. Dafür reihen sich an der Promenade Schnellimbissläden dicht aneinander, in denen sich der eilige Gast versorgen kann.
Etwas entfernt vom Zentrum, an der Platía Psilá Alonia, gibt es einen schönen, baumbestandenen Platz mit traditionsreichen Kafenía. Gepflegte Restaurants findet man in Rion oder an der Straße nach Pirgos.

Banken

Verschiedene Banken liegen am Bahnhofsvorplatz, am Zentralplatz und am Hafengebäude.
Während der Sommermonate hat die Nationalbank am Bahnhof auch an Samstagen und Sonntagen geöffnet.

Mietwagen
Avis, Othonos/Amalias 11, Tel.: 061/275547
Hertz, Odos Kolokotroni 5, Tel.: 061/220990
Interrent, Othonos/Amalias 48, Tel.: 061/220993

Ausflüge

Angeboten werden organisierte Ausflugsfahrten nach Olympia, Delphi und zur Insel Zakynthos.

Strände

Das Wasser am Stadtstrand von Patras ist durch den ständigen Schiffsverkehr stark verschmutzt. Bessere Bademöglichkeiten findet man im vielbesuchten Rion, an der Küste in Richtung Korinth und in südwestlicher Richtung nach Kato Achaia.

Feste

Berühmt ist das Karnevalsfest von Patras, das am Karnevalssonntag mit Umzügen, Maskeraden und Tänzen gefeiert wird.

6.3.3 PATRAS: SEHEN UND ERLEBEN

Die heutige Stadt Patras ist eine junge Stadt. Die Vorgängerin, die um 1100 v.Chr. gegründet worden war, erst in römischer Zeit an Bedeutung gewann und seit 1460 unter türkischer Herrschaft stand, wurde gleich zu Beginn des griechischen Befreiungskampfes durch die Türken völlig zerstört. Der Erzbischof von Patras, Germanos, gehörte zu den Führern der Widerstandskämpfer und spielte eine entscheidende Rolle bei der Befreiung Griechenlands.

Beim Wiederaufbau erhielt die Stadt ein neues, modernes Gesicht durch ein Netz rechtwinklig verlaufender Straßen, klassizistische Gebäude, großzügig angelegte Plätze und baumbestandene Alleen.

Patras und die Provinz Achaia

Patras ist heute mit 140 000 Einwohnern die größte Stadt und der Haupthafen der Peloponnes. Sie ist Verwaltungsmittelpunkt, Sitz eines Erzbischofs und Universitätsstadt.
In den Straßen der Hafengegend herrscht reges, zeitweise auch hektisches und lautes Treiben, während es in der Oberstadt gelassener und beschaulicher zugeht.
Auf einem **Stadtrundgang** lernt man die Sehenswürdigkeiten von Patras kennen.

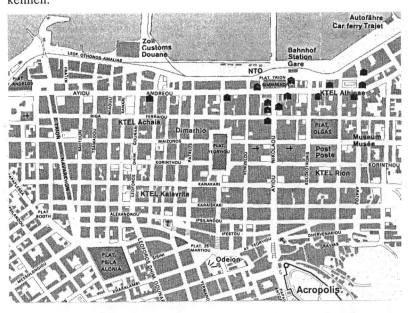

mit freundlicher Genehmigung von Freytag & Berndt, Wien

- Die **Platía Vassileos Georgiou** ist der zentrale Platz der Stadt. Von den klassizistischen Gebäuden fällt besonders das Stadttheater auf, das 1872 nach den Plänen des bayrischen Architekten Ernst Ziller gebaut wurde.
- Die **Andreas-Kathedrale** an der Platia Agiou Andreou am Ende des Hafens. An dieser Stelle soll der Heilige Andreas gekreuzigt worden sein, von dessen Leben eine große Ikone im Kircheninneren erzählt. Neben der großen, erst 1973 fertiggestellten Kirche steht eine kleinere, aus dem Jahre 1836 stammende Kirche, in der die Schädelreliquie des Heiligen Andreas aufbewahrt wird.
- das **Archäologische Museum** an der Platia Vas. Olgas

Öffnungszeiten:
täglich	9.00 - 15.00 Uhr
an Sonn- und Feiertagen	9.30 - 14.30 Uhr
Dienstags	geschlossen

Im Museum sind klassische und römische Skulpturen, Waffen und eine Keramiksammlung ausgestellt; sehenswert ist ein römisches Mosaik, das Theaterszenen und Athleten zeigt.
- das **römische Odeon** an der Platia Martiou. Es wurde um 160 n.Chr. erbaut und bot den Zuschauern auf 28 Sitzreihen Platz. Das Theater, das erst 1889 entdeckt wurde, konnte restauriert werden und wird heute für Aufführungen antiker Theaterstücke und für Musikveranstaltungen genutzt.

Öffnungszeiten:
täglich   8.00 - 15.00 Uhr
an Sonn- und Feiertagen   9.30 - 14.30 Uhr
Telefon 061/279346

- Die **Burganlage** hoch über der Altstadt von Patras. Sie liegt an der Stelle der antiken Akropolis und wurde von Byzantinern, Venezianern und Türken ausgebaut und vergrößert. Die Zitadelle und der Bergfried sind Zeugen der ehemaligen Wehrhaftigkeit. Innerhalb der Burgmauern liegt eine schöne Grünanlage.

Von der Festung bietet sich ein schöner Ausblick auf die Stadt, den Golf und das Bergland von Achaia.

6.3.4 SEHENSWERTES IN DER PROVINZ ACHAIA

Zur Weinprobe auf dem Weingut Achaia Clauss

Entfernung: 6 km
Wegstrecke: an der Straße nach Tripolis

Besuchszeiten

von April bis September:
9.30 - 13.00 h, 16 - 19 h
von September bis April:
10.00 - 16.30 h

Im Jahre 1854 kam Gustav Clauss, ein junger Angestellter einer bayerischen Exportfirma, nach Patras. Nach kurzer Zeit erwarb er in Panachaikos einen kleinen Weingarten und betrieb eine eigene, kleine Weinkellerei. Der überraschend gute Verkauf seines Weines veranlaßte ihn, seinen Besitz zu vergrößern und die umliegenden Weinberge hinzuzukaufen. 1861 gründete er die Achaia-Clauss-Wine-Company.

Sehenswertes in der Provinz Achaia: Weingut Achaia Clauss

In dieser fruchtbaren Gegend, deren Wein schon in der Antike berühmt war, gedeihen besonders gute rote Rebsorten, die unter dem Namen "Mavrodaphne" (Schwarze Daphne) berühmt geworden sind. Mit diesem Namen ehrte Gustav Clauss die Schönheit seiner Verlobten Daphne.
Clauss starb im Jahre 1908; 1920 übernahm der Grieche Blaise Antonopoulos die Firma, unter dessen Leitung sich die Gesellschaft weiter vergrößerte und ihre Weine in ganz Europa verkaufte.
1955 starb Antonopolos; sein ältester Sohn Dinos führte die Firma in den folgenden Jahren so erfolgreich, daß Achaia-Clauss heute einer der größten Weinproduzenten Europas ist.

Mehr als 100 000 Besucher kommen in jedem Jahr zum Weingut Achaia Clauss und genießen den Rundgang durch das traditionsreiche, in einer reizvollen Umgebung gelegene Weingut.
Alle historischen Gebäude sind sorgfältig renoviert; sehenswert sind die alte Fabrik, die Wohnhäuser mit ihren hübschen Türmchen und die schöne, gepflegte Gartenanlage.

Hinter den alten Fassaden sind moderne Lagerräume, Büros und Arbeitsräume untergebracht; Sie können die großen Lagerhallen mit ihren riesigen Weinfässern besichtigen, in der Weinstube die zahlreichen Weinsorten probieren und auch Weine einkaufen. Briefe und Fotos an den Wänden der Probierstube erzählen von zahlreichen Prominenten, die hier zu Gast waren.

Wie tief die Tradition bei Achaia-Clauss verwurzelt ist, zeigt sich auch darin, daß viele der 15 Familien, die heute auf dem Weingut leben, Nachfahren der ersten Arbeiter sind, die von Gustav Clauss angestellt wurden. Für die Bewohner gibt es eine orthodoxe und eine katholische Kirche.

Eine Gebirgsfahrt mit der Zahnradbahn
(Von Diakoftó zum Kloster Mega Spileon und nach Kalávrita)

Zu den eindrucksvollsten Erlebnissen auf der Peloponnes gehört sicherlich die Fahrt mit der Zahnradbahn von Diakoftó am Golf von Korinth nach Kalávrita.

Sehenswertes in der Provinz Achaia: Kloster Mega Spileon

Entfernung: von Patras nach Diakoftó 53 km
von Diakoftó nach Kalávrita 23 km Bahnfahrt
Wegstrecke: von Patras fährt man auf der Landstraße oder Autobahn bahn in Richtung Korinth bis zur Ortschaft Diakoftó. Mehrmals täglich fahren am Bahnhof Die Züge der Zahnradbahn nach Kalávrita ab.

Fahrplan

ab **Diakoftó**	8.03	10.10	12.16	15.16	19.25
an **Kalávrita**	9.14	11.21	13.25	16.25	20.34
ab **Kalávrita**	8.00	10.36	13.40	16.34	17.55
an **Diakoftó**	9.09	11.45	14.49	17.43	19.04

Stetig klettert die Trasse der Schmalspur-Zahnradbahn vom Meer hinauf ins 700 m hohe Bergland. Die Fahrt geht durch eine unwegsame, zerklüftete Bergwelt mit tief eingeschnittenen Tälern, mit schroff abfallenden Felsen, führt durch Tunnels und überwindet eine Steigung von 28 %. Etwas mehr als eine Stunde dauert die abwechslungsreiche und eindrucksvolle Fahrt.

Die Bahnstrecke, die auch durch die Schlucht des Vouraikos-Flusses führt, wurde von französischen Ingenieuren gebaut und nach mehrjähriger Bauzeit 1895 eingeweiht. Die Aufgabe der alten Dampflokomotiven, von denen einige noch am Bahnhof von Diakoftó stehen, haben seit 1962 Dieselloks übernommen.

Die einzige Zwischenstation liegt in Zachlorou, etwa 1 km vom **Kloster Mega Spileon** entfernt, das zu den schönsten und bedeutendsten Klöstern der Peloponnes zählt.

Von der Bahnstation kann man gut zu Fuß zum Kloster gehen. Manchmal werden in der Hochsaison auch Esel für diesen Ritt vermietet.

Wie der Name Mega Spileon (das bedeutet Große Höhle) sagt, liegt das Kloster an einer schroffen Felswand vor einer Höhle, in der im Jahre 342 das Hirtenmädchen Euphrosyne ein wundertätiges Marienbild gefunden haben soll. Die beiden Mönche Symeon und Theodeor waren durch Träume dorthin geleitet worden und bauten eine erste kleine Kirche an der Fundstelle.

Das Kloster wurde um 840 von Kaiser Konstantin Palaiologos gegründet, unter dessen Schutz es sich zu einem der reichsten Klöster entwickelte. Zu seinem Besitz gehörten große Ländereien in den Provinzen Achaia und Elis und sogar in Smyrna und Konstantinopel.
Durch starke Brände in den Jahren 1400, 1640 und 1934 wurden Teile der zumeist aus Holz errichteten Klostergebäude vernichtet; im Jahre

1943 wurde das Kloster, das als Zentrum des Widerstands galt, durch deutsche Truppen völlig zerstört. Siebzehn Klosterbewohner wurden hingerichtet.

Der Neubau des Klosters, ein bis zu 8 Stockwerken hoher Bau, lehnt sich eng an die über 100 m hohe, senkrecht abfallende Felswand an. Die Kirche wurde nach alten Vorlagen wieder hergerichtet und ausgestaltet.

Die Grotte, die als Wallfahrtsstätte viel besucht wird, ist der Panagía Chrysopiliotissa geweiht.
Besonders wertvoll ist die aus dem 8. oder 9. Jahrhundert stammende Ikone der María, die ganz aus Wachs und Harz hergestellt ist.
Sehenswert ist auch das **Museum** mit zahlreichen Ikonen, kirchlichen Gewändern und einigen kostbaren Manuskripten, die zu der einst berühmten, durch Brand aber zerstörten Klosterbibliothek gehörten.

In der unteren Grotte des Klosters kann man die Kellereien besichtigen, wo riesige, mehr als 200 Jahre alte Weinfässer mit einem Fassungsvermögen von 20 000 Litern liegen.

Nach der Besichtigung des Klosters geht man zur Station zurück und fährt weiter mit der Zahnradbahn nach Kalávrita.

Kalávrita

Kalávrita, ein etwa 2 000 Einwohner zählender Ort, ist auch mit dem Auto zu erreichen; man fährt zunächst von Patras in Richtung Tripolis und biegt dann nach links nach Kato Klitoria und Kalávrita ab.

Kalávrita liegt etwa 700 m hoch in einem dichten Waldgebiet und wird während der heißen Sommermonate wegen seines angenehmen Klimas und seines guten Wassers hoch geschätzt.

B **Chelmos**, Platia Eleftherias, Tel.: 0692/22217, 45 Betten,
von Juni bis Oktober geöffnet
C **Maria**, Syngrou 2, Tel.: 0692/22296, 23 Betten, ganzjährig
geöffnet
D **Megas Alexandros**, Tel.: 0692/22221, 10 Betten, ganzjährig geöffnet
D **Paradissos**, Lohagou Vass. Kapota, Tel.: 0692 / 22303, 26 Betten,
ganzjährig geöffnet

Die Gegend um Kalávrita ist seit dem Altertum besiedelt. Die Stadt gehörte im Laufe ihrer Geschichte zum Besitz der Franken, der Byzantiner, der Johanniter und der Despoten von Mistra.

Unterstützt von den Mönchen der beiden nahe gelegenen Klöster, zählte Kalávrita zu den ersten Orten Griechenlands, die sich gegen die türkische Fremdherrschaft auflehnten. Viele Bewohner wurden in ihrem Kampf für die Freiheit getötet.

Ein schreckliches Schicksal erlitten die Menschen von Kalávrita während des 2. Weltkrieges, als am 13. Dezember 1943 die ganze Stadt als Vergeltungsmaßnahme für die Ermordung deutscher Soldaten von deutschen Truppen niedergebrannt wurde. Außerdem wurde den Soldaten der Befehl gegeben, alle männlichen Einwohner, die älter als 15 Jahre waren, zu erschießen. 1 436 Männer und Jugendliche wurden auf die schneebedeckte Höhe von Kalávrita geführt und dort getötet.
Ein großes Mahnmal am Rande der Ortschaft erinnert an die Ermordeten; ein großes Wandbild gegenüber dem Bahnhof ruft zur Versöhnung auf.

Kalávrita eignet sich gut als Ausgangsort für ausgedehnte Bergwanderungen zum Erimanthos (2 224 m) und zum Chelmos (2 341 m).

 Auskünfte über Bergstrecken und über Übernachtungsmöglichkeiten in Berghütten erteilt der Griechische Alpine Bergsteigerverband in Athen, Eolou Str. 70, Tel. 01/3212429 oder in Patras, Pantanassis 29, Tel.: 061/73912

Etwa 6 km südlich von Kalávrita liegt das **Kloster Agia Lavra**, das zu den berühmtesten des Peloponnes gehört.

Das Kloster aus dem Jahre 961 ist eine Gründung des Heiligen Athanassios, der zur gleichen Zeit auch das berühmte Kloster Große Lavra auf dem Athos gründete. Das erste Kloster lag etwa 300 m oberhalb des heutigen Klostergebäudes; dort steht heute eine zweischiffige Kirche, die mit Fresken ausgeschmückt ist.
1689 wurde das neue Kloster gebaut, das in der Zeit der Befreiungskriege eine große Rolle spielte, denn in den Klostergebäuden trafen sich die Widerstandskämpfer zur Vorbereitung des Aufstands. Am 25. März 1821 hißten die Griechen unter der Führung des Bischofs Germanos von Patras in der alten Kirche die Fahne des Aufstandes. Seither ist der 25. März ein Nationalfeiertag in Griechenland.
1826 wurde die Klosteranlage von den Truppen Ibrahim Paschas zerstört; das Kloster wurde wiederaufgebaut und während des 2. Weltkrieges noch einmal von Deutschen, die hier wiederum ein Zentrum der Widerstandskämpfer vorfanden, zerstört.

Zum Kloster gehört ein kleines Museum, in dem die Revolutionsfahne und andere Erinnerungsstücke an den griechischen Freiheitskampf ausgestellt sind. Außerdem sieht man kostbare Stickereien, wertvolle Handschriften und sehr schöne Ikonen.

Etwa 2 km vom Kloster entfernt wurde ein Denkmal zur Erinnerung an die Befreiung Griechenlands aufgestellt.

7. DER WESTEN DER PELOPONNES: ZWISCHEN PATRAS UND METHONI

7.1 VON PATRAS NACH PIRGOS

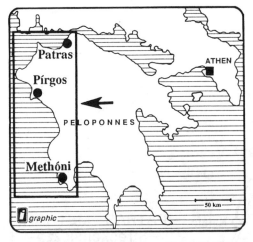

Charakteristische Merkmale der westlichen Peloponnes sind das fruchtbare Schwemmland, im Hinterland liegende Dörfer und kilometerlange, feinsandige Strände an kristallklarem Wasser. Die Hauptstraße von Patras nach Pírgos folgt weitgehend der Küstenlinie und führt zu den wichtigsten Ortschaften und Städten der westlichen Peloponnes. Von dieser Hauptstraße zweigen zahllose kleine Stichstraßen ans Meer ab und enden in einfachen Sommersiedlungen der Griechen oder in großen, gepflegten Feriendorfanlagen, die vorwiegend von Gästen internationaler Reiseveranstalter besucht werden.

 Ferienanlage Lakopetra Beach

400 Betten, 50 000 qm großes Gelände, großes Sportangebot, Surfschule

Hotelanlage Kalogria Beach
350 Betten, am Rande eines Pinien- und Eukalyptuswaldes, großes Sportangebot, Surfschule

Die langen Sandstrände erhalten ihren besonderen Reiz durch Dünen und angrenzende Kiefernwälder. Sie fallen ganz flach zum sauberen Wasser hin ab und sind bestens geeignet für Familien mit Kindern.

Die Straße führt zunächst an der Küste entlang, wendet sich bei Kato Achaia etwas landeinwärts, überquert bei Varda den Fluß Lárissos und damit die Grenze zwischen Achaia und Elis und geht bis zum Ort Lechainá. Dort zweigt eine Straße nach Killíni ab (siehe Kapitel: Die Halbinsel Killíni).
Die Hauptstraße führt weiter nach **Andravída**, einer kleinen Landstadt, die einstmals Sitz der fränkischen Ritterschaft war. An die Blütezeit der Stadt erinnert nur noch die Ruine der Agia Sofia-Kirche. Die Kirche

Zwischen Patras und Methoni

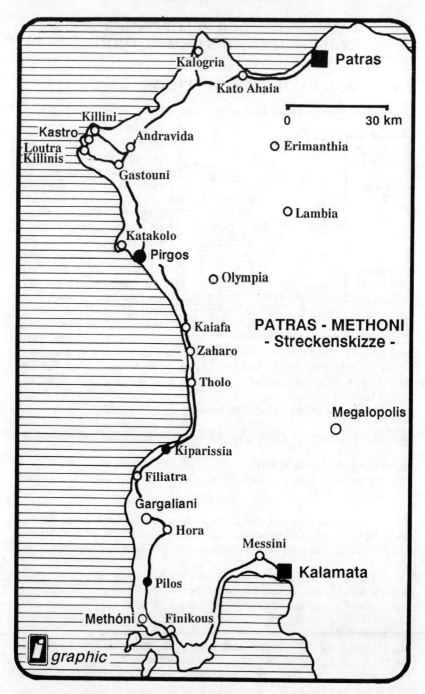

wurde um 1220 als gotische Kathedrale erbaut und war bis zum 15. Jahrhundert Bischofskirche. Erhalten blieb der Chor der Kirche.
Bei Andravída liegt ein Militärflughafen, der jetzt auch von Chartermaschinen angeflogen wird, so daß es von Deutschland aus Direktflüge zur Peloponnes gibt.
Im weiteren Verlauf der Hauptstraße überqueren Sie den Pinios-Fluß und kommen nach insgesamt 98 km nach Pírgos. Zuvor zweigen viele kleine Stichstraßen ab, die zu schönen Stränden führen.

Übernachtung

in Kouroutas
  C Iliaki Akti, Tel.: 0622/22978, 29 Betten, ganzjährig geöffnet
in Skafídia
  A Miramare Olympia Beach, Tel.: 0621/94363, 665 Betten, von Mai bis Oktober geöffnet, Strandhotel mit großem Sportangebot
E **Apollon**, Tel.: 0621/94380, 16 Betten, ganzjährig geöffnet

Pírgos

In **Pírgos**, der Verwaltungshauptstadt von Elis, leben heute 27 000 Menschen. Die Stadt ist zugleich Verkehrsknotenpunkt und Handelszentrum; hier liefern die Bauern der Umgebung vor allem ihre Tomaten ab, die in Pírgos zu erstklassigem Tomatenmark und Ketchup verarbeitet werden.

Verkehrsverbindungen

	mit dem Zug			
	mit **Athen**	6 - 8 x täglich		
	mit **Patras**	6 - 8 x täglich		
	mit **Korinth**	6 - 8 x täglich		
mit **Kalamata**		5 x täglich	mit **Olympia**	5 x täglich
mit **Kiparissia**		7 x täglich	mit **Katakolon**	5 x täglich
	mit dem Bus			
	mit **Athen**	8 - 10 x täglich		
	mit **Patras**	8 - 10 x täglich		
	mit **Korinth**	8 - 10 x täglich		
mit **Kalamata**		2 x täglich	mit **Killíni**	2 x täglich
mit **Olympia**		von 7 - 20 Uhr stündlich		

Wichtige Anschriften

Touristenpolizei: Karkavitsa 4 (am Bahnhof), Tel.: 0621/234585
Ärztliche Versorgung: Das Krankenhaus liegt in der Katakolo Straße, an der Ausfallstraße zum Meer hin.

Entfernungen

Von **Pírgos** nach:

Olympia	21 km	**Kalamata**	120 km
Patras	98 km	**Gythion**	228 km
Korinth	232 km		

Übernachtung

Alle Hotels in Pírgos sind ganzjährig geöffnet
C **Alkestis**, Zakynthou 17, Tel.: 0621/23661, 55 Betten
C **Ilida**, Patron 50, Tel.: 0621/28046, 64 Betten
C **Letrina**, Patron 74, Tel.: 0621/23644, 128 Betten
C **Marily**, Deliyanni 48/Themistocleous, 0621/28133, 51 Betten
C **Olympos**, Karkavitsa 2, Tel.: 0621/23650, 71 Betten
C **Pantheon**, Themistocleous 7, Tel.: 0621/29746, 89 Betten
D **Akropole**, Hermou 7, Tel.: 0621/24415, 27 Betten
E **Emporikon**, Achilleos 2, Tel.: 0621/22925, 18 Betten

Für viele Reisende ist Pírgos nur Durchgangsstation auf dem Weg ins nahe gelegene Olympia. Sehenswert sind nur der im 16. Jahrhundert von Ioannis Tsernotas erbaute Turm, der der Stadt den Namen gab (Pírgos bedeutet Turm) und die im 19. Jahrhundert von dem bayrischen Architekten Ziller im klassizistischen Stil erbaute Markthalle. Hier herrscht in den Vormittagsstunden reges Treiben, wenn vielerlei Geschäfte von den angereisten Bauern der Umgebung getätigt werden.

Katákolon

Der Hafen von Pírgos ist der 11 km entfernte Ort Katákolon, der als Ausflugsort zunehmend besucht wird; an der weiten Sandbucht, an der viele Ferienhäuser gebaut wurden, herrscht vor allem an den Wochenenden reger Betrieb. Die kleinen Kiesstrände hinter dem Hafen sind etwas ruhiger.
Im Hafen von Katákolon werden die landwirtschaftlichen Erzeugnisse von Elis verschifft.

Übernachtung

D **Carel**, Tel.: 0621/41066, 24 Betten, ganzjährig geöffnet, in Hafennähe
D **Delfini**, Tel.: 0621/41214, 17 Betten, ganzjährig geöffnet

Restaurants

Am Hafen und an der Strandpromenade gibt es einige Tavernen, in denen sehr gute, frische Fischgerichte angeboten werden.

Katákolon gegenüber liegt an der Stelle des antiken Hafens Pheia in einer schönen Bucht das kleine Dorf Agios Andreas. Der antike Ort, dessen Überreste teilweise unter Wasser zu sehen sind, wurde durch ein Erdbeben zerstört; im 13. Jahrhundert errichteten die Villehardouins auf den Grundmauern der antiken Akropolis eine fränkische Burg, deren Ruine sich oberhalb des Dorfes erhebt.

7.2 DIE HALBINSEL KILLINI

Die Halbinsel **Killíni** ragt weit nach Westen ins Meer vor. Das fruchtbare Schwemmland wird landwirtschaftlich intensiv genutzt. Ein schmaler Bergrücken, auf dessen höchstem Punkt die Festung Chlemoutsi steht, grenzt es zum Meer hin ab. Im Norden der Halbinsel liegt der Hafen Killíni, im Süden der bekannte Kur- und Ferienort Loutra Killíni.
Killíni ist der Fährhafen für die Überfahrten zu den Inseln **Zakynthos** und **Kefallonia**.

Verkehrsverbindungen

mit dem **Schiff**:
nach **Zakynthos**: 4 - 6 x täglich; die Fähren fahren ganz nach Bedarf, dennoch muß besonders an den Wochenenden mit Wartezeiten gerechnet werden
nach **Kefallonia**: 2 x täglich

mit dem **Bus**
nach **Patras** mehrmals täglich
nach **Korinth/Athen** mehrmals täglich; die Abfahrtzeiten von Bus und Schiff sind jeweils aufeinander abgestimmt

mit dem **Zug**
von der Hauptstrecke Patras - Kalamata zweigt in Kavasílas eine Stichbahn nach Killíni ab; 4 - 6 x täglich

Übernachtung

C **Ionion**, Tel.: 0623/92318, 45 Betten, ganzjährig geöffnet, in Hafennähe gelegen

Im kleinen, 1 500 Einwohner zählenden Ort erinnern nur geringe Spuren von Mauern und Türmen an die Vergangenheit. Killíni war der Hafen des antiken Elis und diente im Peloponnesischen Krieg den Spartanern als Ankerplatz.
Zu Beginn des 13. Jahrhunderts war Glarentsa, wie es nun genannt wurde, in fränkischem Besitz und entwickelte sich zu einem bedeutenden Hafen für den Seehandel mit Venedig, Genua und Frankreich. 1430 wurde Glarentsa zerstört; der Hafen verlor seine Bedeutung.
Vom Hafenort führt ein zunächst unbefestigter Weg zur Ortschaft **Kastro**, die unterhalb der Festung Chlemoutsi liegt.

Loutra Killíni

An dem kilometerlangen Strandabschnitt zwischen dem Hafen Killíni und dem Heilbad Loutra Killíni befindet sich eine der ganz großen Ferienanlagen der Peloponnes.

Die Halbinsel Killíni

Übernachtung

A Robinson Clubhotel Killíni Beach, Tel.: 0623/95205, 624 Betten, von Mai bis Oktober geöffnet, sehr großes Sportangebot

Der Ort **Loutra Killíni**, ein Heilbad gegen Rheumatismus, Bronchitis und Hautkrankheiten, entwickelte sich in den letzten Jahren zu einem sehr beliebten Ferienort.

Zu dieser Entwicklung trug auch das Projekt der Griechischen Zentrale für Fremdenverkehr bei, die in Killíni vorbildliche Hotels, Strandanlagen und einen Campingplatz einrichtete.

Übernachtung

A Xenia, Tel.: 0623/96270, 160 Betten, von April bis Oktober geöffnet, Sportmöglichkeiten
C Glarentsa, Tel.: 0623/92397, 58 Betten, ganzjährig geöffnet
C Xenia, Tel.: 0623/96275, 150 Betten, von April bis Oktober geöffnet, Sportmöglichkeiten

Camping

Xenia Camping, Tel.: 0623/96270, 153 000 qm, sehr gepflegte Anlage der Griechischen Zentrale für Fremdenverkehr mit schönen Grünanlagen, schattigen Stellplätzen, Restaurant, Einkaufsmöglichkeiten, Diskothek, Sportmöglichkeiten

Strände

Der feinsandige Strand mit Dünen und kleinen Kiefernwäldern ist kilometerlang und noch nicht überfüllt. Das Wasser ist sehr sauber, flach abfallend und deshalb auch für Kinder sehr geeignet.

Loutra Killíni wird wegen seiner **Thermalquellen** sehr geschätzt; aber es sind fast ausschließlich Griechen, die die Kuranlagen benutzen.

Von Loutra Killíni kann man über Vartholomío und Gastouni zur Hauptstraße zurückkehren. In beiden Orten gibt es Übernachtungsmöglichkeiten.

Übernachtung

in Vartholomío:
C Alfa, Tel.: 0623/41707, 55 Betten, ganzjährig geöffnet, Strandlage, Wassersportmöglichkeiten
C Artemis, Tel.: 0623/41405, 20 Betten, ganzjährig geöffnet
C **Fegarognemata**, Tel.: 0623/41222, 30 Betten, ganzjährig geöffnet
E **Ilida**, Tel.: 0623/41266, 28 Betten, ganzjährig geöffnet
E **Ionio**, Tel.: 0623/41267, 12 Betten, von April bis Oktober geöffnet

in Gastouni
C **Odysseus**, Tel.: 0623/32726, 20 Betten, ganzjährig geöffnet
E **Astoria**, Tel.: 0623/32553, 9 Betten, ganzjährig geöffnet
E **Avgoustinos**, Tel.: 0623/32404, 12 Betten, ganzjährig geöffnet

7.2.1 ZAKYNTHOS

INSELTELEGRAMM

Größe:	406 qkm
Einwohner:	30 200 Einwohner
Hauptort:	Zakynthos, 9350 Einwohner
Inselbeschreibung:	Zakynthos, auch "Blume der Levante" genannt, gehört zur Ionischen Inselgruppe und ist eine grüne, fruchtbare Insel. Ein angenehmes Klima, feinsandige Badestrände, reizvolle Dörfer, und eine interessante Inselhauptstadt ziehen immer mehr Besucher an.
Lebensgrundlage der Bevölkerung:	Landwirtschaft (Anbau von Korinthen, Wein, Olivenbäumen und Südfrüchten) und in zunehmendem Maße der Fremdenverkehr
Sehenswürdig-keiten:	- venezianische Festung - die Museen von Zakynthos-Stadt - die "blaue Grotte" an der Bucht von Korithi

Verkehrsverbindungen:

mit dem **Schiff**
mit Killíni/Peloponnes 6 x täglich

mit dem **Flugzeug**
mit Athen 2 - 3 x täglich
mit Kefalonia 3 - 3 x wöchentlich
mit Korfu 2 x wöchentlich

7.3. SEHENSWERTES IN DER PROVINZ ELIS

7.3.1 KLOSTER VLACHERNOU

Entfernung: Etwa 1 km vor Killíni, bei der Ortschaft Kato Panagía, liegt das Kloster Vlachernou.
Wegstrecke: In Kato Panagía folgt man der Ausschilderung zur Kirche nach links, biegt zwei Straßen vor der Kirche wie-

derum links ab. Nach etwa 2 km über eine unbefestigte Straße erreicht man eine Wegkreuzung mit einem Bildstock, dort fährt man nach rechts bis zum Kloster.

Das Kloster, das Ende des 12. Jahrhunderts errichtet wurde, liegt einsam in einem grünen Tal. Die Klosterkirche, eine dreischiffige Basilika, fällt durch die Verbindung byzantinischer und fränkischer Stilelemente auf. Im Kircheninneren wird eine wundertätige Ikone der Gottesmutter aufbewahrt.

7.3.2 FESTUNG CHLEMOUTSI

Die sehenswerte Festung Chlemoútsi liegt oberhalb des Dorfes Kastro zwischen dem Hafen Killíni und Loutra Killíni.

Entfernung: ca. 6 km
Wegstrecke: Von Killíni führt die Ausschilderung "Kastro" etwa 6 km über eine unbefestigte Straße hinauf bis zum kleinen Parkplatz an der Festung.

Öffnungszeiten
Da die Burg zur Zeit restauriert wird, gibt es keine festen Öffnungszeiten.

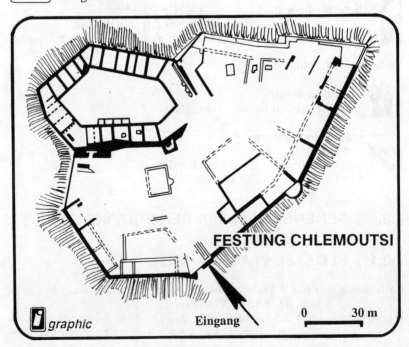

Sehenswertes in der Provinz Elis: Festung Chlemoutsi

Die Geschichte der Festung Chlemoútsi ist so wechselhaft wie die der ganzen Peloponnes.
Um 1220 wurde die Burg von Geoffrey II. Villehardouin gebaut; später gehörte sie zum Besitz der Franken und Byzantiner, bis sie 1460 in die Hände der Türken fiel. 1687 eroberten die Venezianer die Festung und nannten sie Kastell Tornese. 1825 wurde die Burg auf Befehl des Ibrahim Pascha geschleift.

Seit mehreren Jahren werden Restaurierungsarbeiten durchgeführt, so daß der Besucher heute einen guten Eindruck von der gesamten Anlage dieser fränkischen Festung erhält.

Man betritt die Burg von Norden und durchquert zunächst das weite Gelände der Vorburg; hier waren während der türkischen Herrschaftszeit die Artilleriestellungen untergebracht. Die innere Burg war ein sechseckiges Gebäude, das heute noch durch seine hohen, zweistöckigen Gewölbebauten beeindruckt.

Mittelpunkt der Burg war ein großer Saal mit sechs großen Fenstern, zu dem eine breite Freitreppe hinaufführte. In den anderen Flügeln der Burg befanden sich die Zisternen, die Lager- und Wohnräume.

 Von den oberen Festungsmauern bietet sich ein weiter Blick auf die Halbinsel Killíni bis hin zum Meer.

7.3.3 AUSFLUG ZUR ANTIKEN STADT ELIS UND ZUM PINIOS-STAUSEE

Entfernung: 12 km nach Elis
20 km zum Pinios-Stausee
Wegstrecke: Von der Hauptstraße Patras - Pírgos weist kurz vor der Ortschaft Gastouni ein Hinweisschild "Ancient Elis" zur antiken Ausgrabungsstätte.

Im fruchtbaren Schwemmland des Pinios-Flusses lag in antiker Zeit die wohlhabende Stadt Elis.

Nach alter Überlieferung lebte in Elis der reiche König Augias, dessen Viehherden so groß waren, daß ihr Stall nicht mehr von Menschenhand gesäubert werden konnte. Zu den Heldentaten des Herakles zählte deshalb die Aufgabe, diesen Augias-Stall an einem Tag vom Mist zu reinigen. Herakles erfüllte die Aufgabe, indem er einen Fluß durch den Stall leitete, der den Mist wegschwemmte.

Bei den Ausgrabungsarbeiten, die 1910 vom Österreichischen Archäologischen Institut begonnen und seit 1960 vom Griechischen Archäologischen Dienst fortgeführt wurden, konnten nur vergleichsweise geringe Überreste freigelegt werden:

- vom **Theater**, das aus dem 4. Jahrhundert v.Chr. stammt,
- von der **Agora**, in deren Südwestecke das Gymnasion lag, in dem sich Sportler auf die Olympischen Spiele vorbereiteten,
- von der **Burg** und einer **Stadtmauer**, die 312 v.Chr. erbaut worden waren.

Von Elis aus kann man weiter zum Pinios-Stausee bei der kleinen Ortschaft Kendron fahren.

Das Wasser des buchtenreichen, weiten Pinios-Stausees dient der Bewässerung des fruchtbaren Bodens von Elis.

1961/62 wurde von amerikanischen Ingenieuren der große Staudamm gebaut. Beim Dorf **Kendron** kann man auf den Damm hinauffahren; dort hat man einen Blick auf die ausgedehnte Fläche des Stausees, der im Sommer allerdings ziemlich ausgetrocknet ist.

7.4 OLYMPIA

Von Pírgos führt eine ausgeschilderte Straße nach Olympia. Der heutige Ort ist mit zahlreichen Hotels, Restaurants, Geschäften und Souvenirshops ganz auf die vielen Fremden eingestellt, die alljährlich die antike Ausgrabungsstätte besuchen.

7.4.1 ÜBERBLICK

Das antike Heiligtum von Olympia ist eine der meistbesuchten Sehenswürdigkeiten von Griechenland - und sicherlich auch eine der schönsten.

Das Heiligtum ist eingebettet in die schöne, sanft hügelige Landschaft am Alfíos-Fluß. Zwischen Oliven- und Eukalyptusbäumen, unter Kiefern und Zypressen liegen die Überreste von Tempeln, Schatzhäusern und Altären und geben ein eindrucksvolles Bild von der einstigen Größe und Pracht Olympias.

Die ganze Schönheit und Harmonie Olympias erlebt man im Frühjahr, wenn die Mandelbäume blühen und die Ausgrabungsstätte in ein einziges rosafarbenes Blütenmeer verwandeln.

7.4.2 TOURISTISCHE HINWEISE

Verkehrsverbindungen

mit der Bahn
mit **Pírgos**   4 x täglich
mit **Patras** über Pírgos   4 x täglich
mit **Kalamata** über Pírgos   4 x täglich
Der Bahnhof liegt in der Ortsmitte.

mit dem Bus
mit **Pírgos**   stündlich
mit **Tripolis**   3 x täglich
mit **Patras** über Pírgos   8 - 10 x täglich

Wichtige Anschriften

Touristenpolizei: Douma 13, Tel.: 0624/22550
Telegrafenamt O.T.E: an der Hauptstraße,
Öffnungszeiten:
Mo - Fr 7.30 - 22 h, Sa und So 7.30 - 15.00 h

Olympia

Übernachtung

A **Amalia**, Tel.: 0624/22190, 272 Betten, ganzjährig geöffnet
A **Antonios**, Tel.: 0624/22348, 121 Betten, von März bis Oktober geöffnet
A **SPAP**, Tel.: 0624/22514, 97 Betten, ganzjährig geöffnet
B **Apollon**, Tel.: 0624/22522, 168 Betten, von April bis Oktober geöffnet
B **Herkules**, Tel.: 0624/22696, 25 Betten, ganzjährig geöffnet
B **Leonideon**, Tel.: 0624/22560, 14 Betten, ganzjährig geöffnet
B **Neda**, Tel.: 0624/22563, 75 Betten, ganzjährig geöffnet
B **Neon Olympia**, Tel.: 0624/22547, 59 Betten, ganzjährig geöffnet
B **Olympic Village Hotel**, Tel.: 0624/22211, 97 Betten, ganzjährig geöffnet
B **Xenia**, Tel.: 0624/22510, 72 Betten, von April bis Oktober geöffnet
B **Xenios Zeus**, Tel.: 0624/22522, 72 Betten, von April bis Oktober geöffnet
C **Achilles**, Tel.: 0624/22562, 15 Betten, ganzjährig geöffnet
C **Artemis**, Tel.: 0624/22255, 28 Betten, von März bis Oktober geöffnet
C **Ilis**, Tel.: 0624/22547, 102 Betten, von April bis Oktober geöffnet
C **Inomaos**, Tel.: 0624/22056, 22 Betten, ganzjährig geöffnet
C **Kronion**, Tel.: 0624/22502, 41 Betten, von März bis Oktober geöffnet
C **Olympic Torch**, Tel.: 0624/22668, 42 Betten, ganzjährig geöffnet
C **Phedias**, Tel.: 0624/22667, 17 Betten, ganzjährig geöffnet
C **Possidon**, Tel.: 0624/22567, 20 Betten, ganzjährig geöffnet
D **Alexandros**, Tel.: 0624/22536, 31 Betten, ganzjährig geöffnet
D **Heraeum**, Tel.: 0624/22539, 24 Betten, ganzjährig geöffnet
D **Hermes**, Tel.: 0624/22577, 12 Betten, ganzjährig geöffnet
D **Pelops**, Tel.: 0624/22543, 39 Betten, ganzjährig geöffnet
D **Praxiteles**, Tel.: 0624/22592, 16 Betten, von April bis Oktober geöffnet

Camping

Diana, Tel.: 0624/22314, 5 150 qm, 42 Standplätze für Zelte und Wohnwagen, Einkaufsmöglichkeiten, kleines Restaurant, ganzjährig geöffnet

Olympia, Tel.: 0624/22738, 12 000 qm, 73 Standplätze für Zelte und Wohnwagen, Restaurant, Einkaufsmöglichkeiten, Swimmingpool, wenig Schatten

Jugendherberge

Youth Hostel, Tel.: 0624/22580, an der Hauptstraße gelegen

Restaurants

In Olympia gibt es eine Vielzahl von Restaurants und Tavernen, die jedem Geschmack gerecht werden können. Typische Tavernen finden Sie allerdings im Ort selbst nicht mehr, wohl aber in den Nachbarorten.

Olympia

Banken

Die Banken liegen an der Hauptstraße.

Geschäfte

Das Warenangebot der Geschäfte in Olympia ist umfassend und reicht von den einfachen Souvenirs bis hin zu wertvollen Schmuckstücken. In beinahe jedem Haus befindet sich ein mehr oder weniger großer Geschäftsraum, dessen Auslagen die Besucher anlocken sollen. Dabei sind die Preise im allgemeinen etwas höher als an anderen Orten.

Einen Besuch lohnt auf jeden Fall die sehr gut sortierte **Buchhandlung** Orphee an der Hauptstraße, die auch ein großes Sortiment deutschsprachiger Bücher führt.

Buch - und Kartentips

M. **Andronicos**, Olympia, Ausgrabungen und Museum, Athen 1987, deutschsprachige Ausgabe

7.4.3 DAS HEILIGTUM IN OLYMPIA

Geschichte des Heiligtums

In der Landschaft Elis, am Zusammenfluß der Bäche Kladeos und Alpheios, liegt die antike Kultstätte des Zeus und der Hera. Olympia war nie eine Stadt, sondern nur ein Heiligtum, das seit etwa 1 000 v.Chr. dem Zeus geweiht war. Zuvor waren dort andere Götter verehrt worden, z.B. die Göttin Gaia oder die Fruchtbarkeitsgöttin Eileythyia, aber mit dem Vordringen fremder Einwanderer aus dem Norden wurde der Zeus-Kult in Olympia eingeführt.

Das erste in geschichtlicher Zeit faßbare Datum in Verbindung mit der Austragung von festlichen Wettkämpfen in Olympia ist das Jahr 776 v.Chr., das als Geburtsjahr der Olympischen Spiele gilt. In dieses

Jahr fällt auch der Vertragsabschluß über einen Gottesfrieden (Ekecheiria) zwischen dem spartanischen König Lykurg und dem elischen König Iphitos, der den Besuchern und Wettkampfteilnehmern während der Dauer der Spiele Sicherheit garantieren sollte.

Im 8. Jahrhundert v.Chr. bestand das Heiligtum aus dem "Heiligen Hain" mit einem Aschealtar des Zeus und einem Bauwerk, dessen Funktion noch nicht ganz nachgewiesen werden konnte. Im 6. Jahrhundert v.Chr. wurde mit Bauarbeiten begonnen, die das Heiligtum um einen Sakralbau, um Schatzhäuser, Götterbilder, Siegerstatuen und Siegestrophäen erweiterten. Im 5./4. Jahrhundert v.Chr. veränderte sich die Durchführung der Olympischen Spiele durch die stärkere Betonung der sportlichen Wettkämpfe; die ursprünglich zentrale Kultfeier war nur noch ein Teil des Festprogramms. 472 v.Chr. fand eine Neuordnung der Spiele statt; dem Gott des Heiligtums zu Ehren wurde der Zeus-Tempel errichtet. Vom 3. Jahrhundert v.Chr. an nahmen an den Wettkämpfen Berufsathleten teil, wodurch sich die Spiele entscheidend veränderten. Bei Neubauten wurden die Bedürfnisse der Sportler und Besucher berücksichtigt; es entstanden Gästehäuser, Sportanlagen und Bäder.

In römischer Zeit wurde die begonnene Bautätigkeit fortgesetzt, jedoch setzte in der Mitte des 3. Jahrhunderts der allmähliche Verfall Olympias ein. Im Jahre 393 n.Chr. wurden die Olympischen Spiele durch Kaiser Theodosius offiziell verboten; sein Sohn Theodosius II. ließ das Heiligtum im Jahre 408 zerstören. Erdbeben mit Erdrutschen in den Jahren 522 und 551 n.Chr. und häufige Überschwemmungen trugen zum völligen Untergang bei.

Übersicht über die Entstehungszeiten der Bauten im Heiligtum des Zeus:

Bauten der archaischen Zeit		
Entstehungszeit	Bauwerk	Zerstörung ca.
600 v.Chr.	Heraion	300 n.Chr.
590 v.Chr.	Naiskos auf der Schatzhausterrasse	370 n.Chr.
570 v.Chr.	Schatzhaus von Metapont	270 n.Chr.
560 v.Chr.	Schatzhaus von Gela	270 n.Chr.
550 v.Chr.	Stadion	400 n.Chr.
520 v.Chr.	Bouleuterion	400 n.Chr.
510 v.Chr.	Schatzhaus von Megara	270 n.Chr.

Olympia

Bauten der klassischen Zeit		
Entstehungszeit	Bauwerk	Zerstörung ca.
470 v.Chr.	Prytaneion	270 n.Chr.
460 v.Chr.	Schatzhaus von Sikyon	400 n.Chr.
455 v.Chr.	Zeus-Tempel	520 n.Chr.
450 v.Chr.	griechische Bäder	100 n.Chr.
450 v.Chr.	Heroon	270 n.Chr.
430 v.Chr.	Phidias-Werkstatt	600 n.Chr.
420 v.Chr.	Theokoleon	270 n.Chr.
400 v.Chr.	Metroon	270 n.Chr.
370 v.Chr.	Südostbau	60 n.Chr.
350 v.Chr.	Südhalle	270 n.Chr.
340 v.Chr.	Philippeion	400 n.Chr.
340 v.Chr.	Echohalle	270 n.Chr.

Bauten der hellenistischen Zeit		
Entstehungszeit	Bauwerk	Zerstörung ca.
325 v.Chr.	Leonidaion	270 n.Chr.
320 v.Chr.	griechische Altis-Mauer	150 n.Chr.
250 v.Chr.	Palästra	300 n.Chr.
180 v.Chr.	Gymnasion	300 n.Chr.
125 v.Chr.	Gymnasion-Tor	400 n.Chr.
100 v.Chr.	Stadion-Tunnel	400 n.Chr.

Bauten der römischen Zeit		
Entstehungszeit	Bauwerk	Zerstörung ca.
60 n.Chr.	Haus des Nero	200 n.Chr.
100 n.Chr.	Kladeos-Thermen	270 n.Chr.
150 n.Chr.	römische Altis-Mauer	270 n.Chr.
160 n.Chr.	Nymphaeum	400 n.Chr.
170 n.Chr.	Gasthäuser	270 n.Chr.
200 n.Chr.	Ostthermen	270 n.Chr.
200 n.Chr.	Südthermen	400 n.Chr.

Geschichte der Olympischen Spiele

Die ersten Olympischen Spiele fanden 776 v.Chr. statt. Hinweise auf den Ablauf und die Bedeutung der Olympischen Spiele sowie auf Namen und Herkunft der olympischen Sieger ergaben sich aus den "Olympischen Oden" des Dichters Pindar und anderen erhaltenen antiken Schriften.

Organisationsform der Olympischen Spiele

Die Olympischen Spiele fanden von 776 v.Chr. bis 393 n.Chr. alle vier Jahre in den Monaten August/September zur Zeit des Vollmondes statt. Herolde zogen durch Griechenland und riefen die Olympischen Spiele und den damit verbundenen Gottesfrieden aus; teilnahmeberechtigt waren alle freigeborenen Männer des Landes und Knaben, die in besonderen Wettkämpfen antraten. Anfangs gab es für die Wettkämpfer nur die Verpflichtung, rechtzeitig zu den Spielen zu erscheinen; in späterer Zeit, als die Spiele ausgeweitet wurden und auch Berufsathleten daran teilnahmen, mußten die Sportler eine 10-monatige Vorbereitungszeit nachweisen und sich 4 Wochen vor Beginn zum gemeinsamen Training in Olympia oder Elis einfinden. Die Vorbereitungszeit endete damit, daß die Wettkämpfer den Olympioniken-Eid ablegten.

Anfangs dauerten die Spiele nur einen Tag, mit der Einführung neuer Disziplinen wurden sie auf sechs Tage verlängert.

Die Wettbewerbe waren:

Stadionlauf	(192,24 m)
Doppellauf	(Diaulos; 384,48 m; 724 v.Chr. eingeführt)
Langstreckenlauf	(4 614 m; 720 v.Chr. eingeführt)
Fünfkampf	(Pentathlon; 708 v.Chr. eingeführt; er umfaßte die Einzelwettbewerbe Sprung, Stadionlauf, Diskus- und Speerwurf und Ringkampf)
Ringkampf	(708 v.Chr. eingeführt)
Faustkampf	(688 v.Chr. eingeführt)
Wagenrennen mit Vierergespann	(680 v.Chr. eingeführt)
Pferderennen	(648 v.Chr. eingeführt)
Allkampf	(Pankration; 648 v.Chr. eingeführt)
Waffenlauf	(520 v.Chr. eingeführt)

Daneben gab es seit 632 v.Chr. Wettkämpfe für Knaben und seit 396 v.Chr. Wettbewerbe für Herolde und Trompeter.

Gestaltung der Olympischen Spiele

1. Tag: Am Altar des Zeus-Horkios legten die Wettkämpfer den Olympischen Eid ab; Paare und Gruppen für die Ausscheidungskämpfe wurden ausgelost.
2. Tag: Wettkämpfe der Jugendlichen
3. Tag: Pferde- und Wagenrennen im Hippodrom; Entscheidung im Fünfkampf; Totenopfer für Achilleus und Pelops

Olympia

4. Tag: Am Tag des Vollmonds wurden keine Wettkämpfe ausgetragen. Der Tag war Zeus geweiht, dem zu Ehren Opferfeiern stattfanden, die mit einem Festmahl im Prytaneion endeten.
5. Tag: Laufwettbewerbe; Entscheidungen im Ring-, Faust- und Allkampf; Waffenlauf
6. Tag: Siegerehrungen; Prozessionen; Dankopfer und Festessen

Die Sieger der einzelnen Wettkämpfe wurden durch Herolde ausgerufen und mit einem Kranz aus Ölbaumzweigen geehrt; dabei wurde jeweils nur der erste Sieger ermittelt. Dieser genoß höchstes Ansehen und erhielt Geldgeschenke, Vergünstigungen in seiner Heimatstadt und zahlreiche Ehrungen.
Dabei gereichte es zur höchsten Ehre, vom Dichter Pindar besungen zu werden.

Für Hagesidamos, Sieger im Faustkampf der Knaben

Manchmal haben die Menschen an Winden
Den meisten Bedarf und manchmal
An den Wassern des Himmels, den
Regnenden Kindern der Wolke.
Wenn aber mit Mühsal einer es recht gemacht hat:
Dem gehen honigtönende Hymnen auf
Zum Anbeginn späteren Rühmens
Und als verläßliches Unterpfand
Für große Tüchtigkeiten.

Neidlos ist dieses Lob den Olympia-Siegern
Geweiht. Dem will unsere Zunge
Hirte sein. Doch es blüht von Gott her
Ein Mann durch kluge Gedanken gleichermaßen.
Wisse jetzt, Sohn des Archestratos, um deines,
Hagesidamos! Faustkampfs willen werde ich

Einen süßtönenden Schmuck zu dem Kranz
Des goldenen Ölbaums erklingen lassen.

Pindar, Elfte Olympische Ode

Der olympische Sieger hatte das Recht, eine Siegerstatue im Heiligen Bezirk aufzustellen zu lassen; darüberhinaus wurden ihm lebenslängliche Steuerfreiheit und kostenlose Speisung zuteil.

Geschichte der Ausgrabungen

Der französische Geistliche Bernard de Montfaucon konnte während einer Reise 1723 die Lage des antiken Olympia bestimmen, vom dem zu dieser Zeit nur geringe Mauerreste aus etwa 4 m hohen Schwemmsandschichten herausragten. Engländer und Franzosen führten erste Grabungen durch; aber erst 1874 wurde ein Vertrag zwischen Griechenland und dem Deutschen Reich geschlossen, der Griechenland die Eigentumsrechte an den Grabungsfunden sicherte und den deutschen Archäologen die wissenschaftliche Auswertung ermöglichte.

Unter der Leitung von Ernst Curtius und Friedrich Adler wurden von 1875 bis 1881 die Grabungsarbeiten durchgeführt; die Funde wurden im 1887 eröffneten Museum ausgestellt. Von 1906 bis 1929 (allerdings mit Unterbrechungen) grub Wilhelm Dörpfeld in Olympia, um das Alter des Heiligtums zu bestimmen. 1936 wurden die Ausgrabungsarbeiten wieder aufgenommen, während des Krieges ausgesetzt und von 1952 bis 1966 fortgesetzt. Dabei konnte das Stadion freigelegt werden.

Rundgang durch den Heiligen Bezirk

Das Ausgrabungsgelände liegt am Südhang des Kronos-Hügels in einem kleinen Kiefernhain.
Öffnungszeiten:

im **Sommer**: täglich 7.30 - 19.00 Uhr
Sonntag 8.00 - 18.00 Uhr
im **Winter**: täglich 9.00 - 15.30 Uhr
Sonntag 10.00 - 16.30 Uhr

Wenn Sie die Möglichkeit haben, sollten Sie die Ausgrabungsstätte in den frühen Morgenstunden besuchen, bevor die großen Reisebusse anrollen.
Außerdem sollten Sie auf jeden Fall das neue Museum besuchen, das gleich hinter dem großen Parkplatz liegt.

Prytaneion 1

Vom Prytaneion, das im 5. Jahrhundert v.Chr. gebaut und mehrfach erweitert und umgestaltet wurde, sind nur noch die Fundamente erkennbar. Aus den Schriften des Pausanias ist der Zweck des Gebäudes bekannt: Im Inneren stand der Altar des Hestia, der Schutzgöttin des Herdfeuers, auf dem Tag und Nacht ein Feuer brannte. Hier begannen alle Prozessionen. Im Prytaneion lag auch der Speisesaal, wo die Abschlußfeiern zu Ehren der Sieger oder anderer hochgeachteter Persönlichkeiten stattfanden.

Philippeion 2

Dieser Rundbau entstand im Auftrag Philipp II. von Makedonien nach seinem Sieg bei Chaironeia (338 v.Chr.); wurde aber erst in der Regierungszeit Alexander des Großen vollendet. Im Inneren befanden sich 5

Olympia

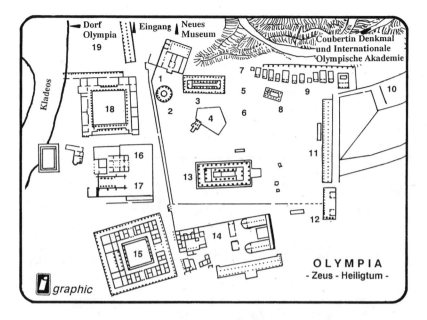

1 Prytaneion
2 Philippeion
3 Heraion
4 Pelopion
5 Vorgeschichtliche Apsishäuser
6 Zeusaltar
7 Nymphaeum
8 Metroon
9 Schatzhausterrasse
10 Stadion
11 Echo-Halle und Weihgeschenke der Ptolemäer
12 Gebäude im Südosten des Heiligen Bezirks
13 Zeus-Tempel
14 Bouleuterion, Hippodamion, Südthermen
15 Leonidaion
16 Theokoleon
17 Werkstatt des Phidias
18 Palästra
19 Gymnasion

Figuren aus Gold und Elfenbein, die makedonische Herrscherfamilie: Alexander mit seinen Eltern Philipp und Olympia auf der einen Seite, mit seinen Großeltern Amynthas und Eurydike auf der anderen Seite. Der Rundbau zeichnete sich durch seine Regelmäßigkeit aus.

Heraion 3

Der Tempel der Hera wurde um 600 v.Chr. im dorischen Stil errichtet. Der Grundriß des Tempels ist durch die wiederaufgerichteten Säulen, durch die Säulenstümpfe und die erhaltenen Grundmauern gut erkennbar. Im Inneren des Tempels befanden sich Statuen der sitzenden Hera

und des aufrechtstehenden Zeus, daneben gab es zahlreiche andere Götterstandbilder aus Elfenbein, Zedernholz und Gold, wie z.B. die der Artemis, des Apollon, der Demeter und der Athena. Bei den Ausgrabungen entdeckte man außerdem die aus Marmor gefertigte Hermes-Statue des Praxiteles; Fachleute diskutieren, ob es sich dabei um das Original oder eine Kopie handelt.
Der Altar befand sich an der Ostseite des Tempels.

Pelopion 4

Der aufgeschüttete Hügel im Süden des Heraions ist das Grabgelände des sagenhaften Königs Pelops, zu dessen Ehren alljährlich, dem Vorbild des Herakles folgend, ein schwarzer Widder über einer Grube geopfert wurde. Innerhalb des Pelopions, das von einer sechseckigen Mauer umgeben war, befand sich noch ein Altar.
Zur Zeit werden hier weitere Ausgrabungen vorgenommen.

Vorgeschichtliche Apsishäuser 5

Die von Dörpfeld ausgegrabenen, 3,70 m breiten und 10,50 m langen Häuser gehörten zu einer prähistorischen Siedlung, die die frühe Besiedlung Olympias bis 1700 v.Chr. belegt.

Zeus-Altar 6

Vom wahrscheinlich ältesten Heiligtum in Olympia konnten keine Spuren aufgedeckt werden, so daß die genaue Lage des Altars nur nach den Angaben des Pausanias vermutet werden kann. Auch die Information über die Entstehung, die Form und die Maße des Altars stammen von Pausanias. Danach wurde die Asche der Tieropfer in jedem Frühjahr mit dem Wasser des nahegelegenen Flusses Alpheios angerührt. Das stark mineralhaltige Wasser bewirkte, daß der Brei sich zu einer harten Masse verfestigte, in die Stufen eingeschlagen werden konnten.

Der Zeus-Altar war das Zentrum Olympias und bis zum 5. Jahrhundert n.Chr. von großer Bedeutung.

Nymphaeum 7

Am Abhang des Kronos-Hügels liegt die Ruine der großen Brunnenanlage, die 150 n.Chr. von Regilla, der Frau des Herodes Atticus, gestiftet wurde. Durch diese Anlage konnte das ganze Heiligtum bewässert werden; das aus dem Osten durch eine gemauerte Rinne herangeführte Wasser trat in die Mitte der halbkreisförmigen Beckenmauer durch einen Wasserspeier aus, sammelte sich im oberen Becken, floß von dort durch wasserspeiende Löwenköpfe in das untere, schmale Becken und von dort aus durch viele kleine Abflußlöcher in eine gemauerte Rinne, aus der das Wasser geschöpft werden konnte.

Das Nymphaeum war mit kleinen Rundbauten und Standbildern der römischen Kaiserfamilie geschmückt.

Metroon 8

Der Tempel der Göttermutter wurde um 400 v.Chr. erbaut und in römischer Zeit dem Kaiserkult gewidmet und mit vielen Statuen geschmückt.

Schatzhausterrasse 9

Am Fuß des Kronos-Hügels standen auf einer Terrasse mehrere Schatzhäuser, die von griechischen Städten errichtet worden waren, um dort die wertvollen Weihegeschenke für den olympischen Zeus aufzubewahren.
Die 12 Schatzhäuser waren durch ihre erhöhte Lage auf der Terrasse weithin sichtbar und wirkten wie kleine Tempel. Von Westen nach Osten gehend, kommt man zu den folgenden Schatzhäusern:
1. Schatzhaus von Sikyon; zwischen 480 und 470 v.Chr.
2. Schatzhaus von Syrakus; vollständig zerstört
3. Schatzhaus von Epidamnos; vollständig zerstört
4. Schatzhaus von Byzanz; 5. Jahrhundert v.Chr.
5. Schatzhaus von Sybaris; 6. Jahrhundert v.Chr.
6. Schatzhaus von Kyrene; um 550 v.Chr.; diente in römischer Zeit als Magazin für Kaiserstatuen
7. Schatzhaus; konnte noch nicht identifiziert werden
8. Schatzhaus; konnte noch nicht identifiziert werden
9. Schatzhaus von Selinunt; 6. Jahrhundert v.Chr.; Dionysos-Statue

10. Schatzhaus von Metapont; 6. Jahrhundert v.Chr.; Endymion-Statue
11. Schatzhaus von Megara; um 500 v.Chr.; Gebälk, Metopen und Gebäudeteile wurden in der Festungsmauer des 3. Jh. gefunden.
12. Schatzhaus von Gela; um 570 v.Chr.

Stadion 10

Das Stadion, das 1960 dem antiken Vorbild des 4. Jahrhunderts v.Chr. nachgebaut wurde, war auf einem flachen Hang angelegt; die Zuschauertribüne war angeschüttet worden, es gab keine steinernen Sitzreihen wie in Delphi oder Athen; vielmehr konnten die etwa 30 000 Zuschauer auf dem aufgeschütteten Wall nach Belieben sitzend, stehend oder hin- und hergehend die Wettkämpfe beobachten.

Etwa in der Mitte des Nordwalls war der Sitz der Demeter-Priesterin angelegt, der einzigen Frau, die den Spielen beiwohnen durfte. Gegenüber, auf dem Südwall, fand man die Fundamente der Kampfrichtertribüne, wo die Schiedsrichter, die Hellenodiken, ihren Sitzplatz hatten. Da die Tribüne von der Zielschwelle des Stadions ziemlich weit entfernt war, wirkten andere Hellenodiken als Linienrichter. Die Gesamtlänge des Stadions betrug 212,54 m; von der Startschwelle im Osten bis zum Ziel im Westen war die Wettkampfstrecke 192,28 m lang. Die steinerne Schwelle am Start, die sog. Bolbis, hatte 2 Rillen als Standpunkt für die Füße der Läufer.
Die gesamte Laufbahnfläche war von einer Wasserrinne aus Muschelkalk mit je einem Becken an der Schmalseite und je 7 Becken an den Längsseiten umgeben. Dort wurde das von den Bergen herabfließende Regenwasser gesammelt und dann abgeleitet; die Sammelbecken dienten jedoch nicht der Trinkwasserversorgung.

Echo-Halle und Weihgeschenke der Ptolemäer 11

Gegen Ende des 4. Jahrhunderts v.Chr. wurde eine Stoa von 98 m Länge errichtet. Sie war mit geweihten Bildtafeln geschmückt und trug deshalb den offiziellen Namen Stoa Poikile (= bunte Halle). Der volkstümliche Name war Echo-Halle, da jeder Ruf siebenmal als Echo zurückschallte. Vor der Echo-Halle waren mehrere Denkmäler aufgestellt; dazwischen lag das Weihegeschenk der Ptolemäer. Dieses Bauwerk war im 3. Jahrhundert v.Chr. als Ehrung für den ägyptischen König Ptolemaios II. und seine Frau und Schwester Arsinoe errichtet worden. Auf den fast 9 m hohen Säulen standen die beiden Statuen der Ptolemäer.

Gebäude im Südosten des Heiligen Bezirks 12

In diesem Teil der Altis liegen die Reste verschiedener Bauten:
- Der sog. Südostbau (um 370 v.Chr.) war wahrscheinlich ein Hestia -Heiligtum.
- Ein Gebäude (um 270 v.Chr.), dessen Funktion bisher noch nicht geklärt ist, wurde in römischer Zeit zusammen mit dem Südostbau zu einer Villa umgebaut, in der Kaiser Nero bei seinen Aufenthalten in Olympia wohnte.
- Badehäuser und Thermalbäder;
- ein Artemis-Altar aus dem 5. Jahrhundert v.Chr.;
- ein römischer Triumpfbogen.

Zeus-Tempel 13

Das Heiligtum des Zeus war das größte und besonders reich geschmückte Bauwerk des Heiligen Bezirkes in Olympia. Die Bauarbeiten wurden von Libon, einem Baumeister aus Elis, zwischen 472 und 468 v.Chr. begonnen und über 15 Jahre geleitet. 457 v.Chr. wurde der Tempel fertiggestellt und erst im 6. Jahrhundert n.Chr. durch ein Erdbeben zerstört.

Der heutige Besucher sieht den vollständig freigelegten Unterbau des Tempels aus Kalkstein mit einem Sockel von drei Stufen. Darüber erhoben sich 6 x 13 dorische Außensäulen; eine Rampe führte zum Säulenumgang auf der östlichen Seite. Einige Säulentrommeln und Kapitelle, die durch das Erdbeben auf das Fundament stürzten, sind in ihrer Lage nicht verändert worden.

Auf dem umlaufenden Fries aus Marmor waren die 12 Heldentaten des Herakles dargestellt.

Eindrucksvoll waren auch die aus parischem Marmor gefertigten Skulpturen, die die Giebelfelder des Tempels schmückten. Sie stellten

im Westgiebel den Kampf der Zentauren gegen die Lapithen dar, im
Ostgiebel die Vorbereitung zum sagenhaften Wettkampf im Wagenrennen zwischen Pelops und Oinomaos. Giebelfelder und Fries befinden sich im Museum.

Im Tempelinneren wurde um 430 v.Chr. die berühmte Zeus-Statue des Bildhauers Phidias aufgestellt, der dieses 12 - 13 m hohe Meisterwerk aus Gold und Elfenbein mit Hilfe des Bildhauers Kolotes und des Malers Panaios schuf.

Von der Statue, die wahrscheinlich von Theodosius II. nach Konstantinopel gebracht und dort 475 n.Chr. durch Brand vernichtet wurde, blieb nichts erhalten. Der Bericht des Pausanias und Abbildungen auf Münzen ermöglichen jedoch eine Beschreibung der Statue, die zu den 7 Weltwundern der Antike gezählt wurde: Zeus saß auf einem mit Malereien, Gold und Edelsteinen geschmückten Thron und hielt in der rechten Hand die Siegesgöttin aus Elfenbein und in der linken Hand ein Zepter. Um die kostbare Statue bemühten sich Wärter, die die Aufgabe hatten, das Kultbild regelmäßig mit Öl abzureiben.

Gebäude südlich des Zeus-Tempels 14

Südlich des Zeustempels befinden sich die Reste
- des **Bouleuterions** (Sitz der Ratsversammlung; 6./5. Jh. v.Chr.),
- der **Südhalle** (Zuschauertribüne; 4. Jh. v.Chr.),
- des **Hippodameions**,
- der **Südthermen** (3. Jh. n.Chr.),
- **spätantiker Häuser**.

Gebäude westlich des Zeus-Tempels

Westlich des Zeustempels lagen

- **griechische Bäder,**
- **Kladeos-Thermen,**
- **römische Gästehäuser,**
- das **Heroon** (ein zu Ehren eines Helden errichtetes Gebäude mit einem Opferaltar im Inneren).

Leonidaion 15

Das Haus wurde um 320 v.Chr. für Ehrengäste gebaut und zählt zu den größten Bauten in Olympia.

Theokoleon 16

(Gebäude mit Wohnungen für die Priester (Theokolen), die die Opferhandlungen während der Olympischen Spiele durchführten; 5. Jahrhundert v.Chr.),

Werkstatt des Phidias 17

Südlich vom Heroon kommt man zur Werkstatt des Phidias, wo dieser die berühmte Zeus-Statue herstellte. Die Identifizierung des Gebäudes war leicht möglich, da die Archäologen auf Werkzeuge und Werkstattabfälle wie Gußformen aus Ton, Bleischablonen, Bruchstücke aus Elfenbein und Obsidian stießen. Außerdem fanden sie einen Tonkrug mit der Inschrift "ich gehöre Phidias".

Das Werkstattgebäude entsprach in den Maßen, der inneren Aufteilung, der Beleuchtung und der Ausrichtung genau dem Inneren des Zeus-Tempels, so daß Phidias und seine Gehilfen die Wirkung der Zeus-Statue schon in der Werkstatt genau überprüfen konnten.

In späterer Zeit diente das Gebäude als Wohnung der Wärter und als Warenlager für Kult- und Opfergeräte. Anfang des 5. Jahrhunderts wurde das durch ein Erdbeben stark beschädigte Haus zu einer christlichen Kirche umgebaut.

Palästra 18

Außerhalb des Heiligen Bezirkes lag die Palästra, in der die Sportler auf die Olympischen Spiele vorbereitet wurden. Im Training wurden Ring- und Boxkampf- sowie Sprungübungen durchgeführt.

Gymnasion 19

Das Gymnasion lag neben der Palästra; hier wurden vor allem leichtathletische Übungen wie Laufen, Springen, Diskus- und Speerwerfen durchgeführt.

Museum von Olympia

Öffnungszeiten
täglich: 7.30 - 19.00 Uhr
Sonntag: 8.00 - 18.00 Uhr
Dienstag: 12.00 - 18.00 Uhr

Apoll

Im neuen Museumsgebäude sind alle Funde aus Olympia in chronologischer Folge ausgestellt; um den zentralen Raum mit den Giebeln des Zeus-Tempels gruppieren sich die übrigen Säle.

Eingangshalle:
In der Eingangshalle sind zwei Modelle aufgestellt:
1. Modell des Heiligtums aus dem Jahre 1931, "gestiftet von S.M. dem Kaiser Wilhelm II. zur Erinnerung an die großen Ausgrabungen des Deutschen Reiches (1875 - 1881), nach den Plänen von Wilhelm Dörpfeld, gefertigt von Hans Schläf."
2. Rekonstruktion nach einem Modell der Essener Folkwangschule

Olympia

Saal 1: Funde aus neolitischer bis geometrischer Zeit (Bronzedreifüße, Ton- und Bronzefiguren),

Saal 2: Funde aus spätgeometrischer bis archaischer Zeit (Bronzegegenstände wie Helme, Rüstungen, Schilde, Reliefschmuck),

Saal 3: Giebel der Schatzhäuser von Gela und Megara; Skulpturen, Bronzen, Keramik,

Saal 4: Weihegeschenk "Zeus entführt Ganymed" (um 470 v.Chr.); Statue der Siegesgöttin; Kleinbronzen, Helme mit Weihinschriften,

Hermes

Saal der Giebel
Giebelskulpturen vom Ost- und Westgiebel des Zeus-Tempels; Metopen aus dem Inneren des Zeus-Tempels,

Saal 5:
Skulpturen aus klassischer und hellenistischer Zeit,

Hermes-Saal:
Hermes-Statue des Praxiteles,

Saal 6:
Keramik und Skulpturen aus hellenistischer und römischer Zeit (Kopf des Antinoos),

Saal 7:
Funde aus archaischer Zeit; Ausstellungsstücke, die im Zusammenhang mit der Geschichte Olympias stehen.

Nur wenige 100 m vom Ausgrabungsgelände entfernt, liegt links von der Straße die **Internationale Olympische Akademie**, die 1961 vom Griechischen Olympischen Komitee gegründet wurde. Hier finden Tagungen und Kongresse für Sportler aus der ganzen Welt statt.

Bevor Sie zur Akademie kommen, sehen Sie ebenfalls auf der linken Seite ein Denkmal, das zu Ehren **Pierre de Coubertins** errichtet wurde.

Olympia

Aus dem Leben Pierre de Coubertins

Pierre de Coubertin wurde 1863 in Paris geboren. Er war Pädagoge und Historiker und gilt als der Begründer des internationalen Sports durch die Wiederbelebung der Olympischen Spiele.

Er leitete bis 1925 das von ihm geschaffene Internationale Olympische Komitee. Das heute noch gültige Zeremoniell der Olympischen Spiele wurde von Coubertin festgelegt.
Nach seinem Tode im Jahre 1937 wurde sein Herz unter einer Stele in Olympia beigesetzt.

Sein Nachlaß, den er dem Internationalen Olympischen Institut in Berlin, das von Carl Diem geleitet wurde, vermacht hatte, wurde während des 2. Weltkrieges bei einem Luftangriff vernichtet.

An diesem Platz wird in einer feierlichen Zeremonie jeweils zu Beginn der Olympischen Spiele das olympische Feuer entzündet.

Im Ort Olympia wurde vom Internationalen Olympichen Komitee (IOC) ein **Museum der Olympischen Spiele** eingerichtet. Zahlreiche Photos, Medaillen, Münzen, Briefmarken und Schriftstücke geben einen Überblick über die neue Geschichte der Olympischen Spiele seit der Wiedereinführung im Jahre 1896.

Öffnungszeiten

im **Sommer**:
täglich   8 - 19.30 Uhr
Sonntag 10 - 18.00 Uhr
im **Winter**:
täglich   9 - 15.30 Uhr
Sonntag 10 - 16.30 Uhr

7.5 VON OLYMPIA INS LANDESINNERE

Mit dem Besuch von Olympia haben Sie auf Ihrer "Klassischen Rundfahrt" die bekanntesten archäologischen Stätten Griechenlands kennengelernt. Wenn Sie nicht mehr Zeit zur Verfügung haben oder nicht weiter in den Süden der Peloponnes reisen möchten, können Sie die günstige West-Ost-Verbindung nutzen und zum Ausgangspunkt Ihrer Rundfahrt zurückkehren.

Entfernung: von Olympia nach Nauplia mit kleinen Abstechern ca. 230 km.

Von Olympia aus erreicht man bequem die Landstraße, die über Megalópolis und Trípolis hinüber zur Ostküste der Peloponnes und zu den großen Sehenswürdigkeiten von Mykene, Tiryns, Epidauros und Nauplia führt.

Diese Hauptverbindungsstrecke durchquert das innere Bergland der Peloponnes und zählt zugleich zu den landschaftlich schönsten Strecken.

Créstena

Von Olympia fährt man nach Süden durch das fruchtbare Tal des Alfíos, durchquert den Ort Makrísia, in dessen Umgebung die Grundmauern eines Tempels gefunden wurden und erreicht die Ortschaft **Créstena** (14 km), wo es zwei einfache Übernachtungsmöglichkeiten gibt.

Es wird vermutet, daß Xenophon nach seiner Verbannung aus Athen in dieser Gegend auf seinem Landgut gelebt hat.

Übernachtung

E **Athena**, Tel.: 0625/23150, 19 Betten, ganzjährig geöffnet
E **Olympia**, Tel.: 0625/21355, 8 Betten, ganzjährig geöffnet

In Créstena stoßen Sie auf die Straße, die im weiteren Verlauf sehr kurvenreich durch das Bergland des Lykeon nach Andrítsena führt.

7.5.1 ANDRITSENA

Andrítsena gefällt schon von weitem. Das Bergdorf, in dem etwa 1 000 Menschen leben, zieht sich am Berghang empor. Am Ortsrand, zwischen Olivenbäumen und Zypressen, liegen weißgestrichene Häuser mit roten Ziegeldächern; im Ortskern gibt es alte, teilweise noch gut erhaltene oder restaurierte Holzhäuser mit Balkons und Erkern.

Andrítsena

An der Dorfstraße gibt es alte Handwerkerläden, Lagerhäuser, kleine Restaurants, Kafenía und Geschäfte. Mittelpunkt des Ortes ist der von einer großen Platane beschattete Dorfplatz mit einer Quelle, dem alten Dorfbrunnen, dem Kafeníon und einer Taverne.

Verkehrsverbindungen

Mehrmals täglich verkehrt ein Bus zwischen Andrítsena und Megalópolis sowie Pírgos.

Wichtige Anschriften

Touristenpolizei: Apollonas Straße 11
Post: an der Hauptstraße, Öffnungszeiten: Mo - Fr 7 - 14.30 h
Telefonamt O.T.E.: hinter dem Dorfplatz am Museum, Öffnungszeiten: Mo - Fr 7 - 14.30 h

Übernachtung

B **Theoxenia**, Tel.: 0626/22219, 58 Betten, von März bis Oktober geöffnet
D **Pan**, Tel.: 0626/22213, 12 Betten, ganzjährig geöffnet
E **Vassae**, Tel.: 0626/22273, 18 Betten, ganzjährig geöffnet

Geschäfte

In den kleinen Läden werden die von Dorfbewohnern gewebten Decken und Teppiche angeboten.

Ausflüge

Andrítsena ist besonders gut als Ausgangsort für einen Besuch des berühmten Bassai-Tempels und für eine Wanderung zur Neda-Schlucht geeignet.

Einen Besuch wert ist die **Bibliothek von Andrítsena**, die als die beste der Peloponnes bezeichnet wird. Die umfangreiche Sammlung umfaßt antike Schriften, zahlreiche Texte und Dokumente aus der Zeit des griechischen Freiheitskampfes und Romane des 19. und 20. Jahrhunderts. Grundstock dieser Bibliothek war eine Sammlung von Nikolopoulos, der diese seinem Heimatort schenkte.

Das Vermächtnis eines griechischen Dorfbewohners

Im vergangenen Jahrhundert verließ A. Nikolopoulos seinen Heimatort und wanderte nach Paris aus, wo er es zu einigem Wohlstand brachte. Seine besondere Liebe galt alten Büchern, die sich mit der Geschichte Griechenlands und besonders der Befreiung Griechenlands beschäftigten. Er fühlte sich seiner Heimat so verbunden, daß er eines Tages den folgenden Brief an den Bürgermeister seines Heimatortes schrieb:

"Hochverehrter Herr Bürgermeister von Andritsäna, geschätzte Gemeinderäte und alle ihr anderen von Andritsänä, Freunde und Brüder!
... Unter viel Leid, Mühsal und im Schweiße meines Angesichts habe ich eine große und bedeutende Bibliothek gesammelt. Ich habe die Absicht, nach Andritsäna zu kommen und meine bescheidenen Kenntnisse, die ich im Kulturland Frankreich erwarb, mit anderen dort zu teilen und glücklich den Rest meines Lebens unter den guten und friedlichen Arkadiern zu verbringen. Ich habe gehört, daß ihr beabsichtigt, eine große und angesehene Schule zu gründen, um eure Kinder zu erziehen und Handel und Ackerbau zum Wohle aller Einwohner Andritsänas zu beleben. Mit großer Freude, meine Freunde und Brüder, schenke ich euch allen Reichtum, den der Allmächtige mir in seiner Gnade gegeben hat, nämlich meine Bibliothek. Ich sage euch mit den Worten des Apostels: Gold und Silber habe ich nicht, aber was ich habe, gebe ich euch.
Sendet mir deshalb sobald als möglich zwei angesehene und vertrauenswürdige Männer von Andrítsena, denen ich sofort und ohne Zögern meine erworbenen Schätze übergeben werde, denn anders ist ein Transport nicht möglich.
... Herzliche Grüße Euer Landsmann Agathophron Nikolopoulos, Bibliothekar zu Paris "

> Nach Erhalt dieses Briefes reisten der Bürgermeister und ein weiterer
> Bewohner Andrítsenas nach Paris. Die ihrem Dorf gestiftete Bücher-
> sammlung war so groß, daß 47 Kisten gepackt werden mußten. Der
> Transport von Paris nach Griechenland war schwierig; in Pírgos wur-
> den die Kisten auf Maulesel geladen und in das Bergdorf gebracht.
>
> Nikolopoulos starb wenig später in Paris, ohne seine Heimat wiederge-
> sehen zu haben. Sein Nachlaß wurde sorgfältig verwaltet; die Biblio-
> thek hat ihren Umfang um das Fünffache vergrößert.

(entnommen aus : R.R.Braun, Griechenland, Rielasingen 1986)

In dem Bibliotheksgebäude befindet sich auch das kleine **Museum**, in dem Funde aus der näheren Umgebung Andrítsenas ausgestellt sind.

7.5.2 ZUM APOLLON-TEMPEL VON BASSAI (VAS-SES)

Von Andrítsena führt eine neue, gut ausgebaute Straße, an deren Rändern junge Akazien angepflanzt wurden, zum Tempel von Bassai. Dieser Tempel wird gleichermaßen wegen seines guten baulichen Zustands und wegen der Schönheit seiner Umgebung gerühmt.

Die Schönheit der mächtigen Gebirgslandschaft ist unverändert; die Schönheit des Tempels aber ist hinter einer Zeltkonstruktion verborgen, die das Bauwerk vor weiterer Verwitterung schützen soll.

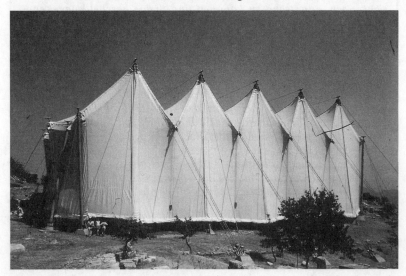

Apollon-Tempel von Bassai

Der Apollon-Tempel liegt in 1 131 m Höhe auf einer schmalen Felsenterrasse des Kotilion-Berges (Paliovlakitsa). Die unzugängliche, von Schluchten durchzogene Berglandschaft bietet eine großartige Kulisse für den Tempel, der um 420 v.Chr. von Iktinos, dem Baumeister des Parthenon, im Auftrag der Bewohner von Phigalia errichtet wurde. Im 2. Jahrhundert wurde der Tempel durch ein Erdbeben zerstört; die abgeschiedene, schwer zugängliche Lage verhinderte, daß die Steine des Tempels als Baumaterial wiederverwendet wurden.

Apollon-Tempel von Bassai

Ein französischer Architekt entdeckte 1765 Reste des Tempels; erste Ausgrabungen begannen 1811, bei denen der Fries der Cella und einige Metopen gefunden wurden, die später das Britische Museum in London erwarb. In den letzten Jahren wurde der Tempel von der Griechischen Archäologischen Gesellschaft teilweise wiederaufgebaut.

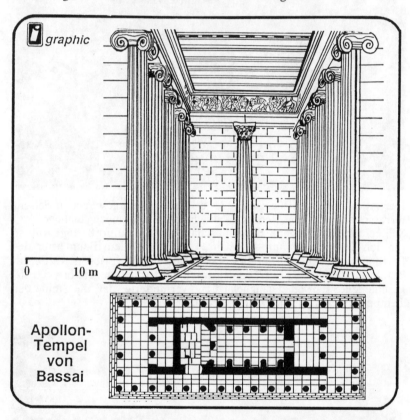

Apollon-Tempel von Bassai

Der Tempel wurde dem Apollon Epikurios zum Dank errichtet, da dieser die Stadt Phigalia vor der Pest bewahrt hatte. Als Baumeister gilt Iktinos, der sein ganzes Können und seine Originalität auch bei diesem Tempelbau unter Beweis stellen konnte, denn der Tempel von Bassai weicht mehrfach von der überlieferten Bauweise ab:

- Der Tempel ist nicht, wie allgemein üblich, nach Osten, sondern **nach Norden** orientiert.
- Der klassische Grundriß mit 6 x 13 Säulen wurde verändert auf **6 x 15 Säulen**.
- Die Aufteilung des Tempelinneren ist durch **variierte Säulenstellungen** gekennzeichnet: 5 ionische Halbsäulen, die bis zur Decke

durchgehen, standen an jeder Längswand der Cella. 2 der Halbsäulen und die Mittelsäule der hinteren Cella tragen korinthische Kapitelle; diese sind das älteste, bisher bekannte Beispiel der korinthischen Säulenordnung, deren Entwurf deshalb auch Iktinos zugeschrieben wird.

- Hinter der Mittelsäule lag der **Raum, in dem die Kultstatue aufgestellt** war und wo sich wahrscheinlich auch ein Altar befand, von dem bisher jedoch keine Spuren entdeckt wurden. Ungewöhnlich war, daß der Raum mit der Kultstatue zugleich wohl auch mit dem Raum verbunden war, in dem sich die Heilung suchenden Kranken zum Heilschlaf niederlegten.

In der näheren Umgebung des Tempels wurden Gebäudereste des antiken Dorfes Bassai und Tempelmauern eines Artemis- und eines Aphrodite-Tempels ausgegraben.

Ein kurzer Aufstieg zum Berggipfel lohnt sich wegen der eindrucksvollen Aussicht auf die Berglandschaft Arkadiens.

Wenn Sie nicht nach Andrítsena zurückfahren möchten, können Sie im Sommer auch den unbefestigten Weg benutzen, der am Parkplatz unterhalb des Tempels beginnt und über Nea Figália hinunter zu den Badeorten an der Westküste der Peloponnes führt. Diese Straße ist allerdings steil und kurvenreich, landschaftlich jedoch sehr reizvoll.

Auf diesem Weg kommt man zum Ort Perivólia, wo ein Schild nach links zur antiken Stadt Phigalia weist. Bei Ano Figália liegen die Überreste der antiken Siedlung, die zu den ältesten Orten Arkadiens gehörte und ein wichtiger Handelsplatz war.

Erhalten blieben Teile der 4,5 km langen antiken Stadtmauer; oberhalb des Ortes lag die Akropolis, auf deren Grundmauern eine mittelalterliche Festung erbaut wurde.

Wanderung
Von Ano Figália aus können Sie eine Wanderung zur Neda-Schlucht und zu dem Wasserfall Aspra Nera (Weiße Wasser) machen.

7.5.3 KARITENA

Kehren Sie vom Bassai-Tempel nach Andrítsena zurück, können Sie auf der Hauptstraße weiterfahren durch das Likeon-Gebirge bis zum Ort **Karítena**. Diese Stecke ist landschaftlich sehr reizvoll und gehört zu den schönsten auf der Peloponnes. Immer wieder bieten sich wunderschöne Ausblicke auf fruchtbare Täler, Zypressenhaine, mächtige Gebirgszüge und auf Schluchten, die der Alfíos durchfließt. Besonders schön ist es im Frühjahr, wenn die Mandelbäume blühen und man durch einen rosafarbenen Blütenschleier ins Tal auf den Fluß schaut.

Nähert man sich Karítena, so sieht man schon von weitem die mächtige Festung, die den Ort, das obere Alfíostal und die Gebirgspässe des Likeon beherrscht. **Karítena** dehnt sich an zwei Berghängen aus und zählt zu den schönsten Bergdörfern Arkadiens. Der Ort liegt auf einer sehr steilen Felskuppe; vermutlich auf den Fundamenten der antiken Stadt Brenthe. Terrassenförmig zieht der Ort sich die Berghänge hinauf. Hohe Steinhäuser mit roten Ziegeldächern und vorkragenden Balkons liegen an schmalen Gassen, in deren Winkeln im Sommer die Blumen ihre ganze Farbenpracht entfalten. Im Dorf gibt es noch traditionelle Kafenía, in denen sich die Männer von Karítena zusammenfinden.

Übernachtung
D **Karítena**, Tel.: 0791/31203, einfache Zimmer, am Ortsrand gelegen mit schöner Aussicht auf das Gebirge
D **Lux**, Tel.: 0791/31262, in der Ortsmitte gelegen

Sehenswert sind die kleinen **Kirchen** von Karítena:

- die am unteren Dorf gelegene **Panagia-Kirche**, die im 11. Jh. gebaut und mit Fresken und einer schön geschnitzten Ikonostase geschmückt wurde. Neben der Kirche steht ein fränkischer Glockenturm, der ebenfalls mit Fresken verziert ist.

Von Pírgos nach Kiparissia

- die von Zypressen umgebene **Agios-Nikolaos-Kirche**, die mit Fresken aus der nachbyzantinischen Zeit ausgemalt ist,
- die **Agios-Andreas-Kapelle**, die am Weg zur Burg liegt. Neben der Kirche steht ein kleines Haus, das "Haus des Kolokotronis".

Lohnend ist der Besuch der hochgelegenen **Festung**, die 1254 von den Franken errichtet wurde, später zum Besitz der Byzantiner gehörte und 1460 von den Türken erobert wurde.
Im großen Freiheitskampf gelang es den Griechen unter der Führung von Theodoros Kolokotrónis, sich in der Burg gegen die Türken unter Ibrahim Pascha zu behaupten.
Die Mauerreste lassen noch das frühere Ausmaß der Burg erkennen. Vom Burgtor aus kann man die Pfeiler der alten **Fränkischen Brücke** sehen, die den Alfíos überspannte. Steinerne Treppenstufen führen vom Fluß hinauf zu einer kleinen Kapelle.

Kehrt man auf die Hauptstraße zurück, so kann man über Megalópolis und Trípolis (s. das Kapitel Arkadien) zur Ostküste der Peloponnes fahren.

7.6 VON PIRGOS NACH KIPARISSIA

Von Pírgos aus führt die Straße nach Süden weiterhin am Meer entlang und verläuft eine lange Strecke fast parallel zur Eisenbahnlinie. Stichstraßen zweigen von der Hauptstraße ab und führen zu den kleinen Ferienorten mit ihrem feinkörnigen Sandstrand und dichten Pinienhainen.

Kaiafas

Etwa 20 km hinter Pírgos liegt in einem Kiefern- und Pinienwald das kleine Heilbad **Kaiafas** mit langem Strand und einfachen Kureinrichtungen.

Übernachtung

B **Jenny**, Tel.: 0625/32252, 16 Betten, von Juli bis September geöffnet
C **Anemoni**, Tel.: 0625/32252, 12 Betten, von Mai bis Oktober geöffnet
C **Archaea Sami**, Tel.: 0625/32257, 46 Betten, ganzjährig geöffnet
C **Geranion**, Tel.: 0625/31710, 77 Betten, von Mai bis Oktober geöffnet
C **Lapitha**, Tel.: 0625/32252, 22 Betten, von Juli bis September geöffnet

Sehr schön und vielbesucht ist die Lagune von Kaiafas, die durch einen mit Pinien und Kiefern bewachsenen Dünengürtel vom Meer getrennt ist. Auf einer kleinen Insel im See, die durch eine Brücke mit dem Land verbunden ist, liegen einfache Kurhotels, die zur Zeit von der Griechischen Zentrale für Fremdenverkehr renoviert werden.

Die warmen Schwefelquellen (32 °C) von Kaiafas, die schon im Altertum berühmt waren, werden heute als Heilmittel bei Arthritis, Allergien, Hepatitis und Frauenleiden aufgesucht. Die einfachen Badeanlagen werden ausschließlich von Griechen besucht.

Die Griechen fahren gerne nach Kaiafas, um zu zelten oder Picknick zu machen im Schatten der Bäume. Viele Andenkenhändler und Maiskolben- und Pistazienverkäufer preisen ihre Waren an.

Zacháro

7 km südlich liegt das kleine Städtchen **Zacháro**, versteckt in einem Olivenwald. 2 700 Menschen leben in diesem Ort, der etwa 3 km vom Meer entfernt liegt. In den Sommermonaten geht es lebhaft zu, denn Zacháro ist Einkaufsort für die Fremden, die im Sommerdorf direkt am Meer ihre Ferien verbringen.

Übernachtung

C **Nestor**, Sidirodromiko Stathmou 7, Tel.: 0625/31206, 6 Betten, ganzjährig geöffnet
C **Rex**, Sidirodromikou Stathmou, Tel.: 0625/31221, 66 Betten, ganzjährig geöffnet
E **Diethnes**, Agiou Spiridonos, Tel.: 0625/31208, 16 Betten, ganzjährig geöffnet

In der Sommersiedlung am Meer werden Privatzimmer vermietet.

Verkehrsverbindungen

mit dem Bus
Zacháro hat mehrmals täglich Busverbindung mit Pírgos, Kiparissía und Kalamáta

mit der Eisenbahn
3 - 4 x täglich verkehren Züge von Pírgos nach Kalamáta, die auch in Zacháro Halt machen

Nach 3 km erreichen Sie den Ort **Kakóvatos**, dessen Sandstrand im Sommer ebenfalls viele Fremde anzieht.

Nur wenige hundert Meter landeinwärts, an der Straße nach Kalídona, liegen die wenigen Überreste einer mykenischen Siedlung, die von Wilhelm Dörpfeld 1909/10 ausgegraben wurden. Die ursprüngliche Annahme Dörpfelds, hier den berühmten Nestor-Palast entdeckt zu haben, wurde in den nachfolgenden Jahren durch die Ausgrabung in Epáno Engliaos widerlegt - aber bis heute vertreten noch andere namhafte Archäologen die Ansicht Dörpfelds.

Südlich von Kakóvatos reihen sich die kleinen Feriensiedlungen **Neochóri, Tholon, Giannitsochóri, Eléa und Kalónero** aneinander, die alle private Übernachtungsmöglichkeiten anbieten.

Camping

Tholon Beach, Tel.: 0625/61345, 15 300 qm, 117 Standplätze, mit kleinem Restaurant und Einkaufsmöglichkeit

In Kalónero zweigt die Hauptstraße nach Kalamáta ab, geradeaus geht es weiter bis Kiparissía.

Kiparissía

Kiparissía, die Stadt der Zypressen, ist ein reizvolles, am Berghang gelegenes Städtchen mit einer fränkischen Festung, einer alten, malerischen Oberstadt und einer modernen, geschäftigen Unterstadt.
Kiparissía ist das Handelszentrum der umliegenden Bauerndörfer. Das fruchtbare Land wird sehr intensiv durch den Anbau von Olivenbäumen, Tomaten und Korinthen genutzt. Häufig begegnet man auf den Straßen schweren Lastwagen, die ganz mit roter Tomatenfracht beladen sind.
Im Bahnhof endet die Eisenbahnlinie Patras - Kiparissía; eine alte, ausgediente Lokomotive ist zur Erinnerung aufgestellt.

Verkehrsverbindungen

mit dem Bus
mit **Patras**   4 x täglich   mit **Kalamáta**   4 x täglich
mit **Methóni**   5 x täglich   mit **Chóra**   7 x täglich
mit **Filiatrá** 7 x täglich

mit der Eisenbahn
mit **Patras**   5 x täglich
mit **Tripolis** 5 x täglich
mit **Kalamáta** 5 x täglich

Übernachtung

C **Artemis**, Doufa Paralia 6 Tel.: 0761/22145, 41 Betten, ganzjährig geöffnet
C **Ionion**, Kalantzakou 1, Tel.: 0761/22511, 57 Betten, ganzjährig geöffnet
C **Vassilikon**, Alexopoulou 7, Tel.: 0761/45 Betten, ganzjährig geöffnet

Camping
Chani, Tel.: 0761/23149, 20 000 qm, 132 Standplätze, mit Restaurant und Einkaufsmöglichkeit, an langem Sandstrand gelegen, wenig Schatten

Die **Geschichte** Kiparissías reicht bis ins 6. Jahrhundert v.Chr. zurück. Die antike Stadt lag etwa an der Stelle des heutigen Ortes. Der thebanische Feldherr Epaminondas (420 - 362 v.Chr.) ließ Kiparissía zum Haupthafen von Messene ausbauen; eine Akropolis überragte die Stadt. 1205 eroberten die Franken die Stadt und errichteten auf der Höhe des Burgberges eine Festung.
1391 geriet Kiparissía zunächst in den Besitz von Genua; 1460 nahmen die Türken die Stadt ein und hielten sie bis 1825 besetzt. Im Verlauf des griechischen Freiheitskampfes wurde Kiparissía von den Truppen Ibrahim Paschas völlig zerstört.
Nach der Befreiung begann der Wiederaufbau der Stadt mit großen Plätzen und breiten Straßen.

Von Kiparissía nach Methoni

Die große Festungsanlage beherrscht die Stadt. Man steigt durch die schmalen Gassen der Oberstadt hinauf zur Burg, die man über eine lange Rampe und durch das Südosttor betritt.

Innerhalb der Burg stehen Reste eines großen Turmes, der wohl schon in byzantinischer Zeit gebaut wurde. Bruchstücke eines äußeren Mauerringes sind noch erhalten.

 Von der Höhe des Burgberges bietet sich eine großartige Sicht auf die Stadt, die weite Küstenebene und das Ionische Meer.

Nur 6 km nordöstlich von Kiparissia, in der Nähe des Dorfes Míro, liegen zwischen Hügeln die drei **Tholosgräber von Peristéria**, die zu der wichtigen mykenischen Siedlung gehörten. Die Gräber stammen aus dem 16. Jahrhundert v.Chr.. Bei den Ausgrabungen wurden in den Gräbern reiche Gold- und Schmuckbeigaben gefunden, von denen einige im Museum von Chóra ausgestellt sind.

7.7 VON KIPARISSIA NACH METHONI

Von Kiparissía führt die Straße weiter durch eine fruchtbare Ebene über Filiatrá, Gargaliáni und Chóra nach Pylos.

Filiatrá

Die kleine Stadt **Filiatrá**, die zwischen Korinthenfeldern und großen Obstbaumgärten liegt, wurde nach dem schweren Erdbeben von 1886 neuaufgebaut. Die 6 000 Einwohner leben vorwiegend von den landwirtschaftlichen Erträgen, jedoch läßt sich auch hier, wie in vielen Orten Griechenlands, eine Abwanderung der jungen Leute in die Großstädte beobachten.

Übernachtung

D Trifylia, Vassileos Konstantinou 4, Tel.: 0761/32289, 24 Betten, ganzjährig geöffnet

Im Süden Filiatrás, bei Agia Kiriakí, sieht man die Überreste einer römischen Badeanlage und einer frühchristlichen Basilika aus dem 5./6. Jahrhundert.

In Filiatrá gibt es eine große Kreuzung: die landeinwärts verlaufende Straße führt über Gargaliáni und Chóra nach Kalamáta.
Möchten Sie weiter nach Süden fahren, so wählen Sie die Küstenstraße, die zu den kleinen Fischerdörfern **Agrilos, Agia Kiriakí und Langovárdos** führt. Hier sind lange Sandstrände zu finden, aber der Fremdenverkehr ist nur sehr gering.

Gargaliáni

Gargaliáni wird wegen seiner Thermalquellen von Griechen gern besucht.

Übernachtung

A **Ionian View**, Mousson 2, Tel.: 0763/22494, 12 Betten, ganzjährig geöffnet
D **Astron**, Platia Kolokotroni 1, Tel.: 0763/22257, 26 Betten, ganzjährig geöffnet
E **Attikon**, Megalou Alexandrou 1 , Tel.: 0763/22274, 15 Betten, ganzjährig geöffnet

Marathópoli

Nur 8 km entfernt liegt der Fischerort **Marathópoli** mit kleinen Strandtavernen mit Fischspezialitäten und einfachen Übernachtungsmöglichkeiten in Privatzimmern.
Der Ort liegt gegenüber der kleinen **Insel Proti**; in den Sommermonaten fahren Fischer auf Anfrage hinüber zum Inselchen.

Von Gargaliáni aus kann man über eine Nebenstrecke an der Küste entlang weiter nach Süden fahren. Diese Straße führt durch Olivenhaine, Weingärten und Obstbaumplantagen nach **Vroméri** und weiter, allerdings abschnittweise noch unbefestigt, nach **Romanós, Petrochóri** und **Giálowa** zur **Bucht von Navarino**.

Der Palast von Epano Engliános

Die Hauptstraße führt von Garagaliáni landeinwärts zur größten archäologischen Sehenswürdigkeit dieser Region, dem **Nestor-Palast**.

Chóra

Zuvor erreicht man das Dorf **Chóra**, das am Fuße des Aegaleon-Gebirges liegt.

Übernachtung

B **Nestor**, Tel.: 0763/31263, 15 Betten, ganzjährig geöffnet
E **Galini**, Tel.: 0763/31305, 15 Betten, ganzjährig geöffnet

Seit 1966 gibt es in Chóra ein sehenswertes Museum, in dem vorwiegend Funde aus dem Nestor-Palast ausgestellt sind.

Öffnungszeiten:
täglich: 9.15 - 15.30 Uhr
Sonntag: 10 - 15 Uhr
Dienstag: geschlossen

Die drei Museumsräume zeigen Rekonstruktionen der Boden- und Wandfresken aus dem Nestorpalast, Funde aus Kuppel- und Kammergräbern, Vasen und Krüge, Waffen sowie Trinkgefäße und Schmuckstücke aus Gold.

Der Hauptstraße folgend, sehen Sie nach 3 km auf der rechten Seite die Ausgrabungen des Nestor-Palastes.

Der Palast von Epano Engliános

Öffnungszeiten:

täglich: 8.45 - 15 Uhr
Sonntag: 9.30 - 14 Uhr

Der Palast, der 1939 entdeckt wurde, steht an Bedeutung den Palästen von Mykene und Tiryns nicht nach.

Nestor, aus dem Geschlecht der Neleiden und König von Pylos, gehört zu den großen Helden der griechischen Frühzeit, deren Kämpfe und Abenteuer überall besungen wurden. Nestor nahm teil am Kampf der Lapithen gegen die Zentauren, an der Jagd auf den Kalydonischen Eber und an der Argonauten-Fahrt und erwarb sich großen Ruhm.
Homer erzählt, daß der reiche König Nestor noch in hohem Alter für den Kampf gegen Troja 90 Schiffe bereitstellte (das war das zweitgrößte Schiffskontingent nach dem des Heerführers Agammemnon) und

Der Palast von Epano Engliános

preist seine Besonnenheit und Klugheit. Immer wieder überzeugte er im Verlauf des Trojanischen Krieges durch die weisen Ratschläge, die er den Griechen gab. Er gehörte zu den wenigen Griechen, die nach 10-jährigem Krieg unverletzt in ihre Heimat zurückkehrten.

Nach seiner Heimkehr empfing er den jungen Telemachos, der zum Nestor-Palast gekommen war, um Nachrichten von seinem Vater Odysseus zu erhalten.

Die Frage nach der genauen Lage des Palastes wurde schon in römischer Zeit gestellt, denn bei Homer werden drei Städte mit dem Namen Pylos erwähnt. Auch heute werden von Archäologen noch verschiedene Auffassungen über den Standort des Palastes vertreten.

Die Anlage des Palastes unterscheidet sich von jenen von Mykene und Tiryns dadurch, daß sie nicht als Befestigungsanlage gebaut war, in der Anordnung und Ausgestaltung der Räume aber besteht Übereinstimmung. Da der Nestor-Palast jedoch besser erhalten ist, trugen die Ausgrabungsergebnisse wesentlich zur Erforschung der mykenischen Kultur bei.

Vom Eingang des Ausgrabungsgeländes führt der Weg durch einen liebevoll gepflegten Garten zur überdachten Ausgrabungsstätte.

Der Palast von Epano Engliános

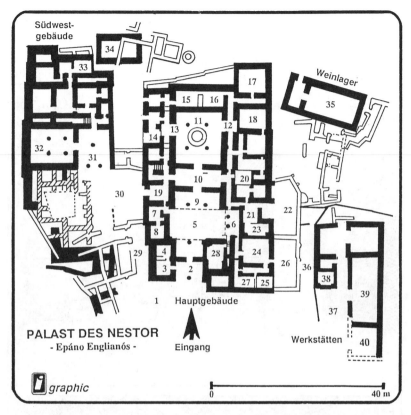

PALAST DES NESTOR
- Epáno Engliános -

1 Hof
2 Propylon
3 Verwaltungsräume
4 Verwaltungsräume
5 Innenhof
6 Vorhalle
7 Warteraum für Besucher
8 Geschirrkammer
9 Vorhalle
10 Vorraum
11 Thronsaal
12 Thron
13 Korridor
14 Magazinraum
15 Magazinraum
16 Magazinraum
17 Magazinraum
18 Magazinraum
19 Treppen zu den oberen Stockwerken
20 Treppen zu den oberen Stockwerken
21 Lobby
22 Hof
23 Badezimmer mit Wanne
24 Saal der Königin
25 Eckraum
26 Hof
27 Waschraum
28 abgetrennte Räume
29 Rampe
30 Hof
31 Vorhalle
32 älterer Thronsaal
33 Badezimmer
34 Weinkeller
35 Weinkeller
36 Rampe
37 Halle
38 Altarraum
39 Gang
40 Altar

Der Palast von Epano Engliános

Der Palast liegt auf einem nach 3 Seiten steil abfallenden Felsplateau; die Palastanlage besteht aus **4 Gebäudekomplexen**:

- **dem Hauptgebäude** mit Verwaltungsräumen, in denen über 1 000 Tontafeln in Linear-B-Schrift Auskünfte über Vorräte und Abgaben

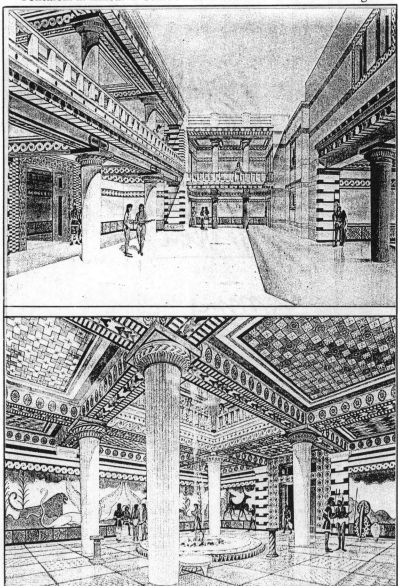

geben; mit Magazinen, in denen große Vorratsgefäße für Öl in Reihen nebeneinander stehen; mit einem Empfangsraum für die Besucher des Königs; mit Fresken geschmückten Privaträumen der königlichen Familie und dem Thronsaal.

Neben dem Tor verläuft die sog. "Libations-Rinne", die zu einer etwa 2 m entfernten Bodenmulde führt. Diese Vorrichtung diente dem Zweck, daß der König bei kultischen Handlungen Trankopfer darbringen konnte, ohne dabei seinen Platz verlassen zu müssen. In der Mitte des Thronraumes stand ein von 4 Säulen umgebener Herd mit Rauchabzug und Lichtschacht.

- **dem sog. Südwestgebäude** mit bemalter Vorhalle, einem großen, wahrscheinlich in älterer Zeit als Thronraum benutzten Saal und Wohnräumen.
- **dem Weinlager,** in dessen Kellerräumen noch 35 große Weingefäße stehen. Es wurden zahlreiche Gefäßscherben und Siegel, mit denen die Weinkrüge verschlossen waren, gefunden.
- **den Werkstätten,** die aufgrund der entzifferten Tontäfelchen als solche erkannt wurden. Die Texte beziehen sich auf Reparaturarbeiten an Waffen und Kriegswagen sowie auf Lederarbeiten.

Nur wenige Schritte vom Ausgrabungsgelände entfernt, etwa 100 m in nordöstlicher Richtung, liegt ein sehenswertes, restauriertes **Kuppelgrab**, das aufgrund wertvoller Grabbeigaben als Fürstengrab bestimmt werden konnte. In der Umgebung wurden noch weitere Gräber gefunden, die jedoch einfacher ausgestattet waren.

Giálowa

Die Hauptstraße führt südwärts bis zum 9 km entfernten Hafen- und Ferienort Giálowa. **Giálowa,** das erst seit einigen Jahren von Fremden besucht wird, liegt an der Bucht von Navarino. Ein Badestrand lädt mit Tamarisken und blühenden Oleanderbüschen zu längerem Aufenthalt ein.

Kuppelgrab

Übernachtung

 D **Villa Zoe**, Tel.: 0723/22025, 28 Betten, von April bis Oktober geöffnet, Familienhotel direkt am Meer mit schöner, blumengeschmückter Terrasse
Außerdem werden zahlreiche Privatzimmer angeboten.

Camping

 Navarino Beach, Tel.: 0723/22761, durch die Durchgangsstraße wird das Gelände geteilt; direkt am Strand gelegen, mit Einkaufsmöglichkeiten, Restaurant

Restaurants

 Direkt am kleinen Hafen liegen mehrere Tavernen, in denen man unter schattenspendenden Bäumen in schöner Atmosphäre griechische Spezialitäten genießen kann.

Sport

 Am **Strand von Giálowa** werden Surfbretter und Tretboote vermietet.
Am **Golden Beach - Strand**, etwa 2 km außerhalb des Ortes, gibt es eine Windsurf-Schule.

Wanderung zur Nestorgrotte und zum Kap Koryphásion

Im Norden der weiten Bucht von Navaríno, gegenüber der Insel Sphaktería, liegt das Kap Koryphásion. Wegen seiner geschützten Lage war dieses Gebiet schon seit der mykenischen Zeit besiedelt.

Am Nordosthang des Koryphásion-Berges sieht man eine große Höhle, die schon in mykenischer Zeit bewohnt war und in der Antike als "**Höhle des Nestor**" bezeichnet wurde.
In der 20 m langen und 12 m hohen Höhle sollen, wie Pausanias berichtet, " die Rinder des Nestor und früher schon des Neleus gehaust haben."
Von der Decke herabhängende Tropfsteingebilde sehen wie aufgehängte Tierfelle aus und erinnern an die Sage, der zufolge Hermes hier die Rinder des Apollon getötet haben soll.

Von der Höhle kann man hinaufsteigen zur Festung **Paléokastro**. An der Stelle der alten Akropolis erbauten die Franken 1278 auf dem ca. 20 000 qm großen Gelände eine Festung, die 1423 in venezianischen Besitz geriet und im 16. Jahrhundert von den Türken erobert wurde.

Der steile Aufstieg zur Festung ist mühsam und dauert von der Lagune aus etwa 1 Stunde. Wegen der dichten Macchia ist festes Schuhwerk erforderlich.
Von der Festung aus kann man weit in die messenische Ebene sehen.

7.8 PYLOS

Die Hauptstraße führt weiter nach Süden, gibt den Blick frei auf die weite Bucht von Navaríno und erreicht nach 9 km die kleine Hafenstadt **Pylos** (3 000 Einwohner), in deren Hafen vorwiegend Fischerboote, kleine Küstenschiffe und Yachten anlegen. Oberhalb der Stadt liegt die türkische Festung.

Von der Straße bietet sich ein schöner, am Abend sehr stimmungsvoller Blick auf die schöne Bucht von Navarino.

Die Bucht von Navaríno bildet einen natürlichen Hafen, der im Westen von der Insel Sfaktiría begrenzt wird. Die Einfahrt liegt im Süden und wird durch zahlreiche Felsenriffe erschwert. Bekannt sind die etwa 35 m hohe Insel Pilos mit dem Kennzeichen eines Tordurchbruches und die flache Insel Chelonoki, die die Form einer Schildkröte hat.

Pylos

7.8.1 TOURISTISCHE HINWEISE

Verkehrsverbindungen

mit dem **Bus**
nach **Athen**   1 x täglich   nach **Kiparissía**   4 x täglich
nach **Chóra**   1 x täglich   nach **Kalamata** 8 - 10 x täglich
nach **Methoni** 4 x täglich

Wichtige Anschriften

Touristenpolizei: am Hafen, Tel.: 0723/22316
Post: der Weg ist vom Hafen her ausgeschildert, Tel.: 0723/22247
Taxi: Tel.: 0723/22555
Telefonamt O.T.E.: der Weg ist vom Hafen her ausgeschildert, Tel.: 0723/22399, Öffnungszeiten 8.30 - 15.30 Uhr

Übernachtung

B   Karalis Beach, Tel.: 0723/23021, 28 Betten, ganzjährig geöffnet, Strandlage
B   Miramare, Tel.: 0723/22226, 30 Betten, ganzjährig geöffnet, Strandlage, Wassersportmöglichkeiten
B   **Nilefs**, Tel.: 0723/22518, 24 Betten, von April bis September geöffnet
C   **Galaxy**, Tel.: 0723/22780, 2 Betten, ganzjährig geöffnet, am Hafen gelegen
C   **Karalis**, Tel.: 0723/22960, 52 Betten, ganzjährig geöffnet, in Hafennähe
D   **Arvanitis**, Tel.: 0723/22641, 32 Betten, ganzjährig geöffnet
D   **Astir**, Tel.: 0723/22204, 28 Betten, ganzjährig geöffnet
D   **Navarinon**, Tel.: 0723/22291, 20 Betten, von April bis November geöffnet
D   **Trion Navarchon**, Tel.: 0723/22206   22 Betten, ganzjährig geöffnet

Außerdem werden viele private Übernachtungsmöglichkeiten angeboten.

Restaurants

Zahlreiche Kafenia und Tavernen liegen am zentralen Platz am Hafen und sind ein beliebter Treffpunkt. Wenn die Fischer mit ihrem Fang zurückkehren, werden die Fische sogleich verkauft und in den umliegenden Tavernen frisch und köstlich zubereitet.

Banken und Geschäfte

Banken und Geschäfte liegen dicht beieinander am zentralen Platz am Hafen.

Mietwagen und Zweiradvermietung

Rent a car, Tel.: 0723/22393, an der Hafenpromenade

Ausflüge

Pylos eignet sich gut als Standort für einen Besuch des Nestor-Palastes, für Ausflüge in die messenische Ebene, nach Methóni, Koróni und Kalamáta.
Außerdem werden am Hafen in den Sommermonaten Bootsfahrten zur vorgelagerten Insel Sfaktiría angeboten.

7.8.2 PYLOS: SEHEN UND ERLEBEN

Der mit Platanen und Zitronenbäumen bestandene Platz am kleinen Fischerhafen ist der Mittelpunkt des Ortes. Hier, an der lebhaftesten Stelle von Pylos, findet man mehrere Geschäfte, drei Banken, einige Kafenía und Tavernen; von diesem Hauptplatz führen Straßen und schmale Gassen hinauf zu den dicht bebauten Hängen.

Der Besucher spürt hier sogleich die sehr ansprechende und noch unverfälschte Atmosphäre eines kleinen, betriebsamen Fischerhafens. In den letzten Jahren erfreut Pylos sich bei ausländischen Besuchern immer größerer Beliebtheit; da aber auch griechische Familien hier ihre Ferien gerne verbringen, bleibt das typisch griechische Straßenbild erhalten : viele ins Gespräch oder ins Tavlispiel vertiefte Männer sitzen bei kleinen Täßchen griechischen Kaffees in den Kafenía, wo auch Ouzo und Mezes serviert werden, und an den Abenden füllt sich der

Platz zur Volta, jenem griechischen Spaziergang um den Dorfplatz herum, bei dem das Sehen und Gesehenwerden das Wichtigste ist.

Historische Bedeutung errang die Bucht von Pylos, deren mittelalterlicher Name "Bucht von Navaríno" viel bekannter ist, durch die berühmte Seeschlacht von Navarino. Am 20.10.1827 wurde die endgültige Befreiung Griechenlands eingeleitet mit dem Sieg der vereinigten britisch-französisch-russischen Flotte unter dem Oberkommando von Admiral Codrington über die türkisch-ägyptische Seemacht.

An diese Schlacht, in deren Verlauf 16 000 Männer getötet und 53 türkische Schiffe zerstört wurden, erinnert das Denkmal an der Platía von Pylos ebenso wie die Wrackteile, die bei ruhigem Wetter in der Bucht zu erkennen sind.

Auf der vorgelagerten, unbewohnten Insel **Sfaktiría** sind Grab- und Denkmäler zur Erinnerung an die französischen, englischen und russischen Seeleute aufgestellt.

 Fischer bieten in Pylos Ausflugsfahrten nach Sfaktiría an. Da die Insel von dichtem Gesträuch überwuchert ist, sind geschlossene Schuhe empfehlenswert.

Sehenswertes in Pylos

Das kleine **Museum** liegt in der Odos Philellinion. Der Weg dorthin ist vom Hauptplatz her ausgeschildert.

 Öffnungszeiten:
täglich: 9.15 - 15.30 Uhr
Sonntag: 10.00 - 15.00 Uhr
Dienstag: geschlossen

Die ausgestellten Funde umfassen den Zeitraum vom Neolithikum bis zur römischen Zeit; der Schwerpunkt der Sammlung liegt jedoch in der Darstellung des griechischen Befreiungskampfes.

Sehenswert sind die beiden Festungen von Pylos, Neo Kastro und Paleo Kastro.
Die über der Stadt gelegene Festung **Neo Kastro** wurde 1572 von den Türken errichtet, um die Südeinfahrt zur Bucht vor venezianischen Angriffen zu schützen.

Öffnungszeiten:
täglich: 9 - 15.30 Uhr
Sonntag 10 - 15.00 Uhr

Die mächtige Festungsanlage mit 6 Bastionen, zwei kleinen Forts und einer Burgmauer beherrschte die Küste.

Pylos

 Von der Festungshöhe bietet sich ein herrlicher Blick auf die Bucht von Navarino.

Im Norden der Bucht liegt das Vorgebirge Koryphásion mit der Festung **Paleo Kastro.** (s. Wanderung zum Paleo Kastro und zur Nestorgrotte in Kapitel 7.7: Giálowa)

Von Pylos führt die Hauptstraße weiter zum 64 km entfernten Kalamáta; man kann jedoch noch weiter nach Süden fahren bis Methóni und von dort an der Küste entlang nach Kalamáta.

8. DER SÜDEN DER PELOPONNES

8.1 VON METHONI NACH KALAMATA

Methóni

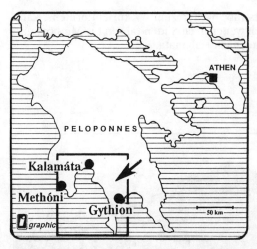

13 km südlich von Pylos liegt zwischen Wein-, Obstbau- und Olivenpflanzungen der kleine Ferienort **Methóni** mit seiner sehenswerten venezianischen Festung. An der langen Durchfahrtsstraße herrscht im Sommer reges Leben. Es gibt viele kleine Geschäfte, Snackbars und Tavernen.

Abseits der Hauptstraße liegen in kleinen Gassen schöne Häuser mit prächtigen Gärten, in denen nicht nur die Sommerblumen in kräftigen Farben leuchten, sondern auch Obstbäume und Weinstöcke reiche Frucht tragen.

Verkehrsverbindungen

mit dem **Bus**
mit **Pylos**   6 - 8 x täglich
mit **Kalamáta**   6 - 8 x täglich
mit **Finikous**   1 - 2 x täglich

Wichtige Anschriften

Touristenpolizei: an der Hauptstraße, Tel.: 0723/31203
Ärztliche Versorgung: Tel.: 0723/31456
Post: an der Hauptstraße, Tel.: 0723/31266
Telefonamt O.T.E.: an der Hauptstraße, Tel.: 0723/31379, Öffnungszeiten 8.30 - 15.30 Uhr

Übernachtung

B **Methóni Beach**, Tel.: 0723/31544, 23 Betten, ganzjährig geöffnet, Strandlage, Wassersportmöglichkeiten, gutes Restaurant mit Terrasse
C **Alex**, Tel.: 0723/31239, 38 Betten, ganzjährig geöffnet, in Strandnähe

Von Methóni nach Kalamáta

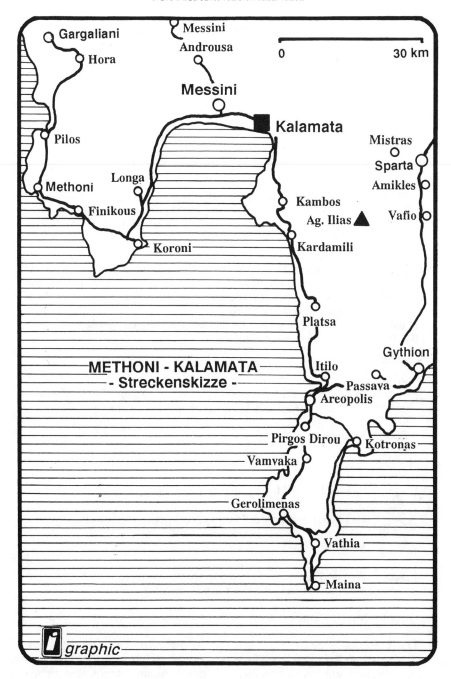

D Finikas, Tel.: 0723/31390, 19 Betten, ganzjährig geöffnet, an der Hauptstraße gelegen
D Galini, Tel.: 0723/31467, 24 Betten, ganzjährig geöffnet, in Strandnähe
D Iliodyssion, Tel.: 0723/31225, 23 Betten, ganzjährig geöffnet, in der Nähe der Festung
E Dionysos, Tel.: 0723/31317, 15 Betten, ganzjährig geöffnet, in der Oberstadt gelegen, schöner Garten
E Rex, Tel.: 0723/31239, 13 Betten, ganzjährig geöffnet, in Strandnähe

Camping

Methóni Camping, Tel.: 0723/31228, 14 000 qm, 100 Standplätze, Snackbar, Einkaufsmöglichkeit, am Meer gelegen mit Blick auf die Insel Sapientza

Restaurants

Sowohl in der Oberstadt als auch am Strand gibt es Tavernen, die wegen ihrer schönen Lage oder ihres duftenden Blumengartens besonders gefallen, z.B. **Kali Kardia** in der Oberstadt, z.B. **Klimataria** am Strand.
Außerdem ist das Restaurant im Hotel Methóni empfehlenswert, wo das Essen auf der Terrasse serviert wird.

Banken und Geschäfte

In Methóni sind zwei Banken und zahlreiche Geschäfte, die auf die Wünsche der Feriengäste eingestellt sind, vorhanden.

Mietwagen

Ostria Tours- Rent a Car, Tel.: 0723/31535

Fahrrad- und Motorradverleih

Das Büro liegt an der Hauptstraße, gegenüber der Post.

Strände

An die Festungsanlage angrenzend dehnt sich ein Sandstrand aus, der nur in Ortsnähe stark besucht ist.

Geschichte der Stadt

Die Geschichte des Ortes reicht bis in die mythische Zeit und zum Trojanischen Krieg zurück. Um den zornigen Achill zu besänftigen und zum Weiterkämpfen zu bewegen, versprach Agammemnon ihm sieben

wunderbare Ortschaften, von denen Pedasos, wie der Ort damals hieß, eine war.
Später gehörte Methóni zum Herrschaftsgebiet Spartas und war seit 191 v.Chr. Mitglied des achäischen Bundes. In römischer Zeit wurde die Stadt befestigt.
Im Mittelalter diente Methóni vielfach den Seeräubern als Schlupfwinkel, bis es 1124 von den Venezianern zerstört wurde.
1206 bauten die Venezianer die Festung aus und richteten hier einen ihrer wichtigsten Handels- und Militärstützpunkte ein. Methóni war außerdem Zwischenstation für alle Pilgerreisenden, die auf dem Weg ins Heilige Land waren. Hier in Modón, wie man die Stadt nun nannte, wurden die Lebensmittelvorräte für die weitere Reise aufgefüllt und die Schiffe überholt.
Nachdem die Stadt in venezianischem, später in genuesischem Besitz war, wurde sie 1500 von türkischen Truppen erobert und erneut stark befestigt.
1685 gelang es den Soldaten Venedigs, die Stadt zurückzuerobern, aber 1715 gelangte sie wieder in den Besitz der Türken.

Von Methóni aus wollte Ibrahim Pascha die Peloponnes zurückerobern. Deshalb landete er 1825 mit seinen ägyptischen Schiffen in Methóni; 1828 wurden die türkisch-ägyptischen Truppen von Kapitän Miaoulis angegriffen, und die Franzosen konnten die Festung befreien.

Die Festung von Methóni

Die Festung liegt auf einem Vorgebirge gegenüber der Insel Sapientza und ist durch einen Graben von der Stadt getrennt. Dieser wurde im 15. Jahrhundert angelegt und durch die beiden Bastionen Bembo und Loredan gesichert.

Man betritt die mächtige Anlage über eine 1828

von den Franzosen errichtete Brücke und muß zunächst drei mächtige Tore durchschreiten, bis man ins Innere der Festungsanlage kommt.

Eindrucksvoll ist die Größe der Festungsanlage, deren Mauern einst die ganze Stadt umschlossen. Die Westmauer stammt aus venezianischer Zeit und war mit 5 Türmen gesichert. Der durch Türme verstärkte Ostwall wurde von den Türken mit Schießscharten für Gewehre und Kanonen versehen; die Brustwehr wurde ebenfalls von den Türken erbaut.

Im Festungsinneren fällt eine antike Granitsäule mit einem byzantinischen Kapitell auf, die sogenannte Morosini-Säule.

 Von der Festungsanlage bietet sich ein schöner Blick auf den Ort, das Meer und den gern besuchten Strand unterhalb der Festung.

Von Methóni nach Kalamáta: Methóni

Buch- und Kartentip

Miguel de **Cervantes**, Don Quijote

Der spanische Dichter Cervantes verarbeitet in seiner Erzählung "Der Gefangene von Modon" Eindrücke und Erfahrungen aus der Zeit seiner eigenen Gefangenschaft in der Festung von Methóni.

Miguel de Cervantes wurde 1547 in Madrid geboren. 1569 begleitete er den späteren Kardinal Aquaviva nach Italien und nahm 1571 als Soldat an der Schlacht von Lepanto teil. In dieser blutigen Galeerenschlacht siegten die vom Papst unterstützten spanischen und venezianischen Truppen unter Juan d'Austria über die Türken.
Cervantes wurde bei den heftigen Kämpfen durch zwei Büchsenschüsse schwer verletzt; seine linke Hand wurde verstümmelt.
Nach monatelangem Lazarettaufenthalt in Messina meldete er sich zu neuen Kriegseinsätzen, kämpfte 1572 in der Schlacht von Navaríno und geriet 1575 in algerische Gefangenschaft, aus der er erst 1580 losgekauft wurde.

1605 entstand der erste Teil des "Don Quijote", 1615 der zweite Teil. Diese berühmte Erzählung entwickelte sich aus einer Satire gegen die Ritterromane zu einem vielschichtigen Romanepos; Cervantes zeigt auf, wie reiner Idealismus in einer Zeit politischen, sozialen und moralischen Verfalls zum Scheitern verurteilt ist.

Sein Held Don Quijote lebt von Illusionen und Traumbildern, denen er mehr Wahrheit zuerkennt als der realen Wirklichkeit, an der er schließlich scheitern muß.

Von Methóni nach Kalamáta: Finikoúnda

> *Don Quijote, der die Menschheit liebt, veläßt sein Haus, um in der Welt ein Reich der Gerechtigkeit zu gründen. Aber er überschätzt die Kraft seiner Liebe :" Liebe ohne Kraft kann nichts ausrichten, und um die eigene Kraft richtig einzuschätzen, muß man die Dinge sehen, wie sie sind.... Windmühlen für Riesen zu halten, ist nicht nur eine Illusion, sondern eine Sünde."*
>
> *Eingeschoben in den ersten Teil des "Don Quijote" ist die Novelle "Der Gefangene"; auf dem historischen Hintergrund der Schlacht von Navaríno erzählt Cervantes von den Erlebnissen seiner eigenen Gefangenschaft.*

Von Methóni aus führt eine kleine Straße durch die Südspitze der Halbinsel. Es bieten sich schöne Ausblicke auf das Meer und die langen, noch wenig besuchten Sandstrände, die unterwegs zum Baden einladen. In einer fruchtbaren Ebene, in der vorwiegend Wein und Gemüse angebaut werden, liegen die kleinen Ortschaften **Finíki** und **Finikoúnda**.

In den letzten Jahren hat sich auch hier der Fremdenverkehr entwickelt. Kleine Geschäfte, Snackbars und Tavernen wurden in den schmalen Gassen eingerichtet; in fast allen Häusern werden Privatquartiere angeboten.

Finikoúnda

Finikoúnda liegt in einer schönen Bucht mit sehr sauberem, allerdings rasch abfallendem Wasser. Am schmalen Strand, an dem die Durchgangsstraße entlangführt, findet man Schatten unter Tamarisken und Kiefern. Hier sitzen zwischen vielen Sommergästen auch die Einheimischen. Die Männer flicken die Fischernetze oder prüfen das Obst und Gemüse, während die Frauen handarbeiten.

 Verkehrsverbindungen

mit dem Bus
mit **Methóni** 2 - 4 x täglich

Von Methóni nach Kalamáta: Koróni

Übernachtung

C **Korakaki, K.**, Tel.: 0723/31421, 50 Betten, von April bis Oktober geöffnet
C **Korakaki, N.**, Tel.: 0723/71332, 20 Betten, von April bis Oktober geöffnet
C **Finikoúnda**, neues Hotel in Strandnähe

Camping

Camping Rombakis, Tel.: 0723/71350
Camping Tsonis, Tel.: 0723/71256

Von Finikounda sind es nur noch 19 km bis zum Fischerhafen Koróni.

Koróni

Die kleine Hafenstadt **Koróni** liegt auf einer Landzunge, die weit in die messenische Bucht hineinragt. Steil führen schmale, gepflasterte Straßen den Berg hinauf, auf dessen Gipfel eine mächtige Zitadelle aus venezianischer und türkischer Zeit liegt.

Nur etwa 1530 Einwohner hat das mittelalterliche Städtchen. Die Hafenpromenade mit ihren Kafenía und Tavernen, mit kleinen Geschäften und winzigen Büros ist das Zentrum des Ortes.
In der Oberstadt ist es stiller. Da die Gassen, die hinauf zur Festung führen, für Autos oft zu schmal sind, trifft man hier noch auf Esel, die schwere Lasten tragen. Zwischen den Häusern sind Fischernetze zum Trocknen ausgebreitet; in den Gärten duften und blühen Sommerblumen, und aus den Käfigen an den Hauseingängen hört man das Gezwitscher der Singvögel.

Verkehrsverbindungen

mit dem **Bus**
mit **Kalamáta**   8 - 10 x täglich

Wichtige Anschriften und Telefonnummern

Touristenpolizei: am Hafen, Telefon Tel.: 0725/22203
Ärztliche Versorgung: Telefon Tel.: 0725/22208
Post: am Hafen, Telefon Tel.: 0725/22260
Telefonamt O.T.E.: am Hafen, Telefon Tel.: 0725/22399

Übernachtung

B **Auberge de la Plage**, Tel.: 0725/22401, 40 Betten, von Mai bis September geöffnet, etwa 2 km vom Ortszentrum entfernt, hoch am Hang gelegen

D **Flisvos**, Tel.: 0725/22238, 16 Betten, ganzjährig geöffnet, am Hafen gelegen
D **Panorama**, Tel.: 0725/22224, 18 Betten, von März bis Oktober geöffnet, in der Unterstadt
E **Diana**, Tel.: 0725/22312, 17 Betten, ganzjährig geöffnet, in Hafennähe
Außerdem werden viele Privatzimmer vermietet.

Camping

Der Campingplatz liegt auf der Höhe gleich am Ortseingang von Koróni.

Strände

Südlich von Koróni gibt es schöne Sandstrände, die noch weniger besucht sind als jene, die am Küstenabschnitt zwischen Koróni und Kalamáta liegen.

Geschichte der Stadt

Die Besiedlung Korónis reicht bis in die mykenische Zeit zurück. Unter spartanischer Herrschaft trug der Ort den Namen Asine, da sich Flüchtlinge aus der Argolis hier neu ansiedelten.

Die Befestigung der hoch gelegenen Stadt erfolgte in byzantinischer Zeit. 1205 eroberten die Franken den Ort, überließen ihn aber schon 1209 den Venezianern.

Damit begann die Blütezeit Korónis, dessen günstige strategische Lage der von Methóni ähnlich war. Methóni und Koróni wurden zu wichtigen Versorgungshäfen ausgebaut; sie waren Umschlagplätze für alle gebräuchlichen Handelswaren und Zwischenstationen für die Pilgerheere ins Heilige Land.

300 Jahre dauerte die Herrschaftszeit der Venezianer, dann teilte Koróni das Schicksal der Peloponnes : die Stadt wurde 1500 von den Türken erobert, gehörte dann für jeweils kurze Zeiträume zum Besitz der Genuesen, der Spanier, der Venezianer und wieder der Türken.
1828 wurde Koróni durch französische Truppen von der Türkenherrschaft befreit.

Die Festung Koróni

Die Festungsanlage vermittelt kein einheitliches Bild, denn sie wurde im Laufe der Zeit immer wieder verändert und weiter ausgebaut, so daß für den heutigen Besucher byzantinische, venezianische und türkische Bauelemente sichtbar sind.

Von Koróni nach Kalamáta

Man betritt die Burg von Norden. Der venezianische Turm stammt aus dem 13. Jahrhundert und wurde auf byzantinischen Grundmauern aufgebaut. Im Inneren der Festungsanlage steht heute das sehenswerte, von Nonnen bewohnte **Kloster Agios Ioannis Prodromos**.

Öffnungszeiten
täglich: von 9 - 13 Uhr und
von 17 - 19 Uhr

Das Kloster ist von vielen kleinen, liebevoll gepflegten Gärten umgeben, in denen Zitronen-, Granatapfel-, Oliven- und Maulbeerbäume gedeihen.
Neben der Klosterkirche findet man die Überreste einer frühchristlichen Basilika und unterirdische Zisternen, die von den Venezianern erbaut wurden.
Die Befestigungen im Osten der Burganlage wurden 1571 von den Türken errichtet.

Von den Mauern der Festung hat man einen wunderbaren Blick auf die Umgebung Korónis; bei klarem Wetter kann man hinüber zur Halbinsel Mani schauen.

Zwischen Koróni und der 30 km entfernten Handelsstadt Kalamáta reihen sich an langen Sandstränden viele kleine Ferienorte aneinander. Sie ähneln einander sehr und sind alle auf Feriengäste eingestellt. Es gibt kleine Hotels, viele Privatquartiere und mehrere Campingplätze.

Zwischen Koróni und Kalamáta

Übernachtungsmöglichkeiten
in **Agios Andreas**
C **Aepia**, Tel.: 0725/31368, 37 Betten, von April bis September geöffnet
C **Akroyali**, Tel.: 0725/31266, 30 Betten, ganzjährig geöffnet
C **Angelos**, Tel.: 0725/31268, 37 Betten, von April bis September geöffnet
C **Longas Beach**, ohne Telefon, 28 Betten, von April bis Oktober geöffnet
In **Longa**, 2 km westlich von Agios Andreas, sind die Ruinen von vier Tempeln zu sehen, die dem Apollon Korythos geweiht waren. Jeder Tempel war auf den Überresten des jeweils vorigen Tempels wieder aufgebaut worden.

Camping

Analipsis, Tel.: 0722/23463, 12 300 qm, 80 Standplätze
Eros Beach, Tel.: 0722/31209, 22 000 qm, Restaurant, Einkaufsmöglichkeit, sehr gepflegter Platz
Petalidi Beach, Tel.: 0722/31154, 14 200 qm, Restaurant, Einkaufsmöglichkeit,

Velika, Tel.: 0722/24789, Einkaufsmöglichkeit, Vermietung von Appartements
Zervas Beach, Tel.: 0722/31223, 22 000 qm, Snackbar, Einkaufsmöglichkeit

Messini

10 km vor Kalamáta liegt der moderne Ort **Messini**, der nur den Namen mit der antiken Ortschaft gemeinsam hat. Messini liegt inmitten einer fruchtbaren, landwirtschaftlich intensiv genutzten Ebene. Hier gedeihen Oliven-, Feigen-, Zitronen- und Orangenbäume, große Weingärten wurden angelegt ebenso wie weite Reisfelder. Messini ist der Hauptort der griechischen Reisproduktion.

Messini ist mit den umliegenden Dörfern durch regelmäßigen Busverkehr verbunden; hier liegt auch der Flughafen von **Kalamáta**.

Verkehrsverbindungen

mit dem Flugzeug
mit **Athen**   1 x täglich
mit dem Bus
mit **Kalamáta**   8 - 10 x täglich, von Kalamáta aus sind alle größeren Ortschaften leicht erreichbar
mit **Koróni**   2 - 4 x täglich

Wichtige Anschriften und Telefonnummern

Touristenpolizei: Tel.: 0722/22211
Ärztliche Versorgung: Tel.: 0722/22493
Post: Tel.: 0722/22248
Telefonamt O.T.E.: Tel.: 0722/23499
Taxizentrale: Tel.: 0722/22233

Übernachtung

C **Drossia**, Tel.: 0722/23248, 14 Betten, ganzjährig geöffnet
C **Messini**, Tel.: 0722/23002, 37 Betten, ganzjährig geöffnet
E **Hellinikon**, Tel.:0722/22401, 14 Betten, ganzjährig geöffnet

Festtage

20. - 29. September: Fest der wundertätigen Ikone des Klosters Voulkanou

8.2 KALAMATA UND UMGEBUNG

8.2.1 ÜBERBLICK

Kalamáta ist die Hauptstadt Messeniens und mit 40 000 Einwohnern nach Patras die größte Industrie-, Handels- und Verwaltungsstadt der Peloponnes.
Bei den Griechen ist Kalamáta als Ferienort sehr beliebt. Der lange Strand und die Hafenpromenade ziehen viele Gäste an; außerdem eignet Kalamáta sich wegen seiner günstigen Verkehrsverbindungen und der vorteilhaften Lage sehr gut als Ausgangsort für Ausflüge nach Sparta und Mistrás, zur Halbinsel Mani und zu den Höhlen von Pirgos Dirou.

Da Kalamáta zu den heißesten Orten Griechenlands gehört, empfiehlt es sich, für einen längeren Aufenthalt auf jeden Fall eines der Strandhotels zu wählen, denn im Sommer ist es tagsüber in der Stadt sehr heiß, laut und staubig.

8.2.2 TOURISTISCHE HINWEISE

Verkehrsverbindungen in den Sommermonaten
mit dem **Flugzeug**

mit **Athen**   1 - 2 x täglich
Der Flughafen liegt 8 km westlich von Kalamáta bei Messíni. Ein Bus von Olympic Airways verkehrt zwischen dem Flughafen und dem Olympic Airways Büro in Kalamáta. Die Tickets sind jeweils im Büro zu kaufen. Fahrtdauer ca. 10 - 15 Minuten
mit der **Eisenbahn**

mit **Athen**	4 x täglich über Tripolis
mit **Athen**	3 x täglich über Patras
mit **Patras**	4 x täglich
mit **Korinth**	3 x täglich

mit **Pirgos**   5 x täglich   mit **Tripolis**   4 x täglich
Der Bahnhof liegt sehr zentral an der Platía Papaflessa. Tel.: 0721/22555
mit dem **Bus**

mit **Athen**	5 - 8 x täglich
mit **Patras**	2 x täglich
mit **Pirgos**	2 x täglich
mit **Sparta**	5 - 8 x täglich

mit **Koroni**   8 - 10 x täglich   mit **Pylos**   8 - 10 x täglich
mit **Olympia**   2 x täglich

Kalamáta

Die zentrale Busstation liegt etwas außerhalb in der Artemidos Straße, in der Nähe des neuen Marktes. Tel.: 0721/22851 und 28581.
Außerhalb der Hauptreisezeit ist der Busverkehr erheblich eingeschränkt.

Entfernungen
Von **Kalamáta** nach:

nach **Athen**	285 km
nach **Patras**	218 km
nach **Korinth**	199 km
nach **Sparta**	60 km

Wichtige Anschriften und Telefonnummern (Vorwahl 0721)

Touristenpolizei: Aristoumenous Straße 74, Tel.: 23187
Touristeninformation und Hotelvereinigung von Messina: Faronstraße 155, im Büro des Griechischen Automobilclubs ELPA, Tel.: 82166
Öffnungszeiten in den Sommermonaten:
täglich 9.30 - 15 Uhr, 17.30 - 20.30 Uhr
Der Weg ist von der Aristoumenos Straße her ausgeschildert.
Ärztliche Versorgung: Athinian Avenue, Tel.: 23165
Hafenpolizei: Navarinou Straße, Tel.: 22218
Post: Iatropoulou Straße, Tel.: 25096, **Öffnungszeiten** 7.30 - 16 Uhr
Telefonamt O.T.E.: Platía Vassileos Georgiou, **Öffnungszeiten** Tag und Nacht geöffnet
Olympic Airways: Sidirodromikou Stathmou, Tel.: 22376, **Öffnungszeiten** 7 - 20 Uhr. Vom Olympic Airways Büro fährt ein Bus 70 Minuten vor dem Abflugtermin zum Flughafen.

Taxi
Es gibt 18 Taxi- Standplätze innerhalb des Stadtgebietes. Die Taxizentrale hat die Rufnummer 0721/23111.

Übernachtung

Bei dem schweren Erdbeben von 1986 wurden auch viele Hotels zerstört. In der nachstehenden Übersicht sind deshalb nur die Hotels aufgeführt, die Ende 1988 den Betrieb wieder aufgenommen hatten.
Es gibt Hotels der Kategorien B - E. Die meisten Hotels der B-und C-Klasse liegen an der Navarínou Straße, der Hafenpromenade, während die einfacheren Häuser im Zentrum und in der Altstadt liegen. Alle Hotels sind ganzjährig geöffnet.
B **Elite**, Navarinou 2, Tel.: 0721/25015, 94 Betten, etwas außerhalb gelegen, nur durch die Uferstraße vom Strand getrennt, Einrichtungen am Strand, Wassersport und Tennis, neues, empfehlenswertes Haus mit sehr freundlicher Bedienung

B **Filoxenia**, Navarinou, Tel.: 0721/23166, 254 Betten, Ferienanlage außerhalb der Stadt am Strand, Tennis, Swimmingpool, Kinderspielplatz,
B **Nedon**, Navarinou 153, Tel.: 0721/26811, 20 Betten, mit Restaurant
C **Achillion**, Kapetan Crompa 6, Tel.: 0721/22348, 27 Betten,
C **Avra** Santarosa 10, Tel.: 0721/82759, 16 Betten,
C **Flisvos**, Navarinou 135, Tel.: 0721/82282, 5 Betten,
C **Galaxias**, Kolokotroni 14, Tel.: 0721/28891, 52 Betten, im Zentrum
C **Haicos**, Navarinou 115, Tel.: 0721/82886, 85 Betten,
C **Valassis**, Navarinou 95, Tel.: 0721/23849, 70 Betten,in Hafennähe
C **Vyzantion**, Iatropoulou 14, Tel.: 0721/92824, 49 Betten, im Zentrum, Renovierungsarbeiten sind fast abgeschlossen
D **Alexandrion**, Navarinou, Tel.: 0721/26821, 10 Betten,
D **Plaza**, Navarinou 117, Tel.: 0721/82590, 40 Betten,
D **Vassilikon**, Polyviou 6,Tel.: 0721/22703, 26 Betten,
E **Akti**, Navarinou 15, Tel.: 0721/82917, 14 Betten,
E **Attikon**, Kapetan Crompa 2, Tel.: 0721/25932, 15 Betten,
E **Elpis**, Faron 202, Tel.: 0721/82750, 9 Betten,
E **George**, Dagre/Frantzi, Tel.: 0721/27225, 16 Betten, am Bahnhof
E **Megas Alexandros**, Poliyviou 1, Tel.: 0721/25932, 13 Betten,
E **Messinia**, Polyviou 21, Tel.: 0721/25183, 16 Betten,
E **Nevada**, Santarosa 9, Tel.: 0721/82429, 26 Betten

Camping

4 Campingplätze liegen im Umkreis von 5 km an den Stränden der Stadt.
Elite, Tel.: 0721/27368, 8 750 qm, 37 Standplätze, Schatten, Restaurant, Disco, Einkaufsmöglichkeit, Sportmöglichkeiten, am Hotel Elite
Fare, Tel.: 0721/29520, 5 000 qm, 28 Standplätze, Restaurant, Einkaufsmöglichkeit
Maria Sea and Sun, Tel.: 0721/41314, 10 000 qm, 35 Standplätze, Restaurant, Snackbar, Einkaufsmöglichkeit
Patista, Tel.: 0721/29525, 14 000 qm, 117 Standplätze, Einkaufsmöglichkeit

Restaurants

An der Hafenpromenade gibt es zahlreiche Restaurants, in denen Fischspezialitäten und Grillgerichte in schöner Umgebung und angenehmer Atmosphäre angeboten werden. Beim Promenadenbummel werden Sie sicher ein Restaurant nach Ihrem Geschmack entdecken.

In der Altstadt finden Sie einfache Restaurants, in denen es griechische Auflaufgerichte wie Moussaka oder Pastitzio und Grillfleisch gibt. Außerdem gibt es an den Hauptstraßen Schnellimbisse und Giros-Stände.

Banken

Die Banken liegen dicht zusammen in dem Straßenviertel zwischen der Eisenbahnstation und der Platia Vasileos Georgiou und an der Aristoumenous-Straße.
Öffnungszeiten: Mo - Fr 8 - 14 Uhr.

Geschäfte

Es gibt in den beiden Hauptgeschäftsstraßen Aristomenous und Faron einige sehr gute Juweliere, Boutiquen und Galerien. Außerdem finden Sie hier Spirituosengeschäfte, Haushaltswaren und Textilien.

Ein Erlebnis besonderer Art war vor dem Erdbeben ein Besuch im alten Basar in der Altstadt. Heute sind in der "Nea Agora" provisorische Marktstände und -hallen aufgebaut. Die Atmosphäre ist nicht mehr so fremdartig und südländisch, aber das Angebot aller denkbaren Waren ist weiterhin groß. Die Händler preisen lautstark ihre Waren an und geben den Kaufinteressierten Gelegenheit zum Prüfen und Probieren. Nach alter Tradition sind die Hallen nach Handwerkszweigen geordnet, so daß alles Vergleichbare dicht beieinander liegt.

Auto- und Zweiradvermietung

Rent a Car Maniatis, Iatropoulou Str.1, Tel.: 0721/27694
Rent a Car Stavrianos, Nedontos Str.89, Tel.: 0721/23041
Masouridis Travel, Aristomenous 31, Tel.: 0721/22492
Bastanos, Rent a vespa, Faronstraße

Strände

Im Osten der Stadt, an den Hafen anschließend, beginnt der Ortsstrand von Kalamáta. Dieser 4 km lange Sand/Kiesstrand liegt in der Tiefe der messinischen Bucht und ist besonders an den Sommerwochenenden sehr stark besucht. Es gibt sanitäre Duschen, Sonnendächer, Tretboote u. Imbißstände; an der dahinterliegenden Strandpromenade reihen sich Cafés u. Restaurants aneinander.

Spezialitäten

Bekannt sind die **Seidenprodukte** von Kalamáta und besonders die schöngefärbten Seidentücher, die in vielen Geschäften angeboten werden.

Die **Oliven** Kalamátas werden als die besten Griechenlands gerühmt.

An der Straße zum Flughafen liegen mehrere große **Töpfereien**, in denen Keramikwaren aller Art angeboten werden.

Sport

In Kalamáta gibt es gute **Wassersportmöglichkeiten**. Weitere Sportangebote sind:
Tennis: in den Anlagen der Hotels Elite und Filoxenia
Reiten: Reitunterricht wird an der Navarinou Straße erteilt, Tel.: 0721/84877
Jagen: Informationen erhalten Sie beim Jagdclub, Aristodimou Straße 75, Tel.: 23744 in der Zeit von 8 - 15 Uhr

Buch-und Kartentips

"**Guide Kalamáta**"- eine Übersichtskarte mit touristischen Informationen in deutscher Sprache,
"**This summer in Messinia**" - die Broschüre informiert in englischer Sprache auch über Kalamáta.
Karte und Broschüre sind bei der Hotelvereinigung von Messinia, Faronstraße 155, erhältlich.

8.2.3 KALAMATA: SEHEN UND ERLEBEN

Geschichte der Stadt

Durch zahlreiche Funde wurde belegt, daß die Gegend schon in mykenischer Zeit besiedelt war. Unter dem Namen Pharai wird sie bei Homer erwähnt, als Agamemnon dem Achilles zur Versöhnung sieben Städte anbietet. In späterer Zeit gehörte die Stadt zu Sparta, war seit 338 v.Chr. messenisch, trat 182 v.Chr. dem Achäischen Bund bei und kam 146 v.Chr. unter römische Herrschaft. Mehr als 1 000 Jahre liegt die Geschichte Kalamátas im Dunkel. Es wird vermutet, daß der Ort in byzantinischer Zeit befestigt wurde. 1206 eroberten die Franken das Gebiet; 1208 wurde unter de Villehardouin die Zitadelle erbaut. Um 1300 gehörte die Stadt zum Herzogtum von Athen, geriet dann 1425 in den Besitz des Despoten von Mistra und später unter türkische Herrschaft. 1685 wurde Kalamáta von den Venezianern zurückerobert, die Befestigungsanlage wurde erneuert und weiter verstärkt. 1715 gelang es den Türken ein zweites Mal, die Stadt zu erobern, die trotzdem bis zu den griechischen Befreiungskriegen ein wichtiges Zentrum des griechischen Widerstandes blieb.

Die moderne Stadt

Die Stadt Kalamáta wurde nach dem griechischen Befreiungskampf unterhalb der venezianischen Festung erbaut. Dieser alte Stadtteil liegt

etwa 2 km landeinwärts und zieht sich mit seinen schmalen Gassen nach Süden hin, wo die Neustadt beginnt. Da die Stadt sich ständig vergrößert, sind diese beiden ehemals von einander getrennten Viertel der Altstadt und der Neustadt inzwischen ganz zusammengewachsen.

In der Vergangenheit wurde Kalamáta mehrfach durch Erdbeben stark zerstört; das letzte Beben von 1986 richtete große Schäden an und vernichtete 70 % der Stadt.

Am Abend des 13. Septembers 1986 erreichte das Beben seinen Höhepunkt; es wurde mit Stärke 7 auf der Richterskala registriert. Wohnhäuser und Kirchen stürzten zusammen, starke Mauern wurden durch Risse gespalten, die Mole im Hafen zersprang, und viele Menschen wurden obdachlos, verletzt oder getötet.

Mit den Aufräumungs- und Wiederaufbauarbeiten wurde so bald als möglich begonnen. Wenn man heute über die breiten Einkaufsstraßen oder über die Hafenpromenade schlendert, sieht man kaum noch etwas von den Zerstörungen durch das Erdbeben. Das Stadtbild ist geprägt durch neue, mehrstöckige Häuser, breite, rechtwinklig verlaufende Straßen und große Plätze, in deren Cafés man das Treiben der Stadt an sich vorbeiziehen läßt.
Im alten Teil der Stadt sind die Spuren des Erd-

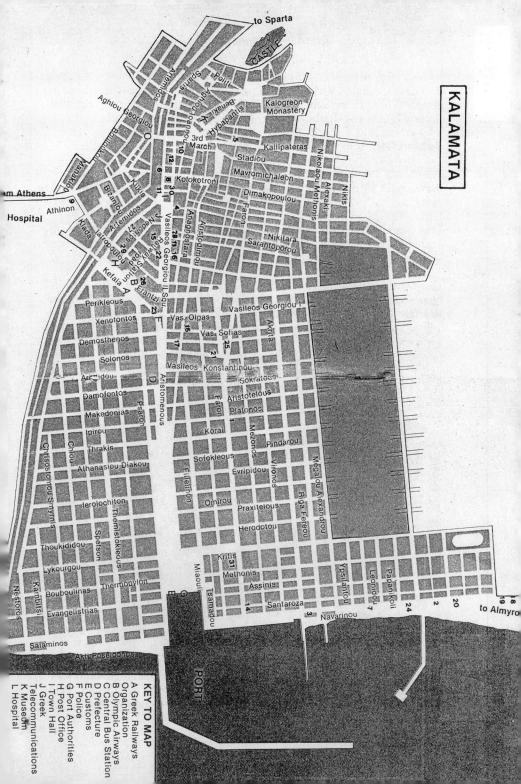

bebens noch überall zu erkennen. Man sieht die Überreste der Kirchen und des bekannten Klosters, man sieht die behelfsmäßigen Baracken, in denen Wohnungen, Schul- und Kindergartenräume und sogar Kirchen untergebracht sind und stößt überall auf umfangreiche Bauarbeiten.

Sehenswertes in Kalamáta

Durch das Erbeben wurden auch die Sehenswürdigkeiten der Stadt, die vorwiegend in der alten Teil der Stadt lagen, stark in Mitleidenschaft gezogen.

Den besonderen Reiz Kalamátas lernt man aber auch heute noch am besten in der Altstadt mit ihren engen Gäßchen, den Treppen, den kleinen Häusern, den Kirchlein und dem Basar kennen.

Da die Renovierungsarbeiten an den sehenswerten Gebäuden bereits begonnen haben, ist zu hoffen, daß sie bald wieder zu besichtigen sein werden. Ich gebe Ihnen deshalb alle Informationen zu diesen Sehenswürdigkeiten unter dem Vorbehalt, daß Ende 1988 die Kirchen, das Kloster und die beiden Museen noch nicht wieder besucht werden konnten, der originalgetreue Neuaufbau aber bevorsteht. Die Museumssammlungen befinden sich zur Zeit der Drucklegung im Museum von Sparta.

Mittelpunkt der Altstadt ist die **Platía Martíou**. Hier lag der Basar, hier steht auch die kleine **Agii Apostoli Kirche**, die erst wenige Jahre vor dem Erdbeben renoviert worden war. Der Ostteil der Kirche, eine kleine Kreuzkuppelkapelle, stammt aus dem 10.Jahrhundert. Der neuere Teil der Kirche wurde 1626 erbaut.

Kalamáta

In einer Seitenstraße hinter der Kirche liegt das **Benaki-Museum**, Tel.: 26209

Öffnungszeiten:
täglich 9.30 - 15.30 Uhr
Sonntag 10.00 - 14.30 Uhr
Dienstag geschlossen

In dem kleinen Museum sind archäologische Funde aus Kalamáta, Kiparissía und Petalidi ausgestellt. Besondere Aufmerksamkeit verdient ein Mosaik, das in einem römischen Haus bei Agios Andreas gefunden wurde. Es zeigt eine Szene mit Dionysos, einem Satyr und einem Panther.

Oberhalb des Benaki-Museums liegt das kleine **Volkskundemuseum** der Stadt, in dem alte Trachten, landwirtschaftliche Geräte und Arbeitsgeräte wie Webstühle und zahlreiche Erinnerungsstücke an die Befreiungskriege zu sehen sind.

Steigt man weiter durch die Gassen hinauf, kommt man zur großen **Kathedrale Ipapanti**, in der eine wunderbringende Ikone der Maria aus dem 14. Jahrhundert aufbewahrt wird.

Daneben steht das **Frauenkloster Kalogríon**, in dem noch heute auf mehreren Webstühlen Seidentücher gewebt werden.

Über Treppen steigt man auf zur höchsten Stelle der Stadt, wo die Ruinen der alten **Festung** stehen. 1208 wurde mit dem Bau des Kastells begonnen, das zur Stammburg der einflußreichen Villehardouins wurde. Im 17. Jahrhundert wurde die Anlage von Venezianern und später von Türken zerstört, so daß heute nur noch zwei Mauerringe und ein Torturm aus dem 13. Jahrhundert erhalten sind. Am inneren Tor ist ein aus dem 17. Jahrhundert stammender Markuslöwe zu erkennen.

Auf der Höhe sieht man noch Überreste einer byzantinischen Kapelle und ein nach dem Befreiungskampf erbautes Kirchlein.

In den Sommermonaten finden gelegentlich Theater- oder Konzertvorstellungen in dem kleinen, von Bäumen beschatteten Theater statt.

Der Aufstieg zur Festung wird belohnt mit einem schönen Blick auf die Stadt.

8.2.4 SEHENSWERTES IN DER UMGEBUNG VON KALAMATA

8.2.4.1 FAHRT ZUR ANTIKEN STADT MESSENE UND AUFSTIEG ZUM BERG ITHOME

 Beachten Sie bitte, daß die antike Stadt nicht an der Stelle der modernen Stadt gleichen Namens liegt. Das alte Messéne liegt bei der heutigen Ortschaft Mavromáti - aber auch dieser Name erscheint zweimal auf der Karte! Orientieren Sie sich deshalb bitte am Berg Ithome, an dessen Fuß die Ausgrabungsstätte liegt.

 Ausflug
Man kann die Fahrt zur antiken Stadt Messene zu einer Rundfahrt oder einem Tagesausflug erweitern, indem man sie mit einer Wanderung zur Bergspitze des Ithome verbindet.

Entfernung: ca. 85 km für die Rundfahrt
Wegstrecke: Von Kalamáta fahren Sie auf der Straße nach Tripolis etwa 22 km, biegen dann nach links zu den Orten Skala und Meligalás ab und durchfahren den Ort **Stathmós**.

 Spezialitäten

Im Ort werden hier gefertigte Keramikwaren angeboten.

Nach etwa 6 km erreichen Sie **Meligalás**, fahren der Ausschilderung Neochóri/Pigáda nach und später den Hinweisschildern "Ancient Ithómi". Sie kommen an einem großen Mahnkreuz vorbei und sehen in der Ortsmitte von **Ileochórion Ithómis** wiederum ein Schild "Ancient Ithómi". Sie durchfahren Olivenhaine und einen dichten Mischwald, aus dem dunkel die Zypressen hoch aufragen, erreichen das Dorf **Zermbísia** und folgen von dort dem Schild zum etwa 5 km entfernten Mavromáti/Ithómi, wo Sie direkt am Arkadischen Tor ankommen.

Geschichte der Stadt Messéne

Schon lange vor dem Ziel sehen Sie den fast 800 m hohen Berg Ithome, der sich aus der fruchtbaren messenischen Ebene erhebt. Von altersher war dies die naturgegebene Fluchtburg der messenischen Bevölkerung.

Sehenswertes in der Umgebung von Kalamáta: Messéne

Für die Geschichte Messénes war die Gegnerschaft zu Sparta, die in vielen Kämpfen ausgetragen wurde, von entscheidender Bedeutung. In den beiden messenischen Kriegen von 743 - 724 v.Chr. und von 645 - 628 v.Chr. gelang den Spartanern der Sieg über die Messenier. Damit errangen sie die Herrschaft über die ganze Peloponnes, die erst mit dem Sieg des thebanischen Feldherrn Epameinondas über Sparta im Jahre 369 v.Chr. endete.

Epameinondas gründete am Fuße des Ithome die neue Hauptstadt Messeniens und nannte sie Messéne. Die Stadt und ihre Ländereien wurden mit einem fast 10 km langen, 4,5 m hohen Verteidigungsring umgeben. Noch in römischer Zeit konnte die Stadt ihre Selbständigkeit bewahren; 395 n.Chr. wurde sie dann von den Goten zerstört.

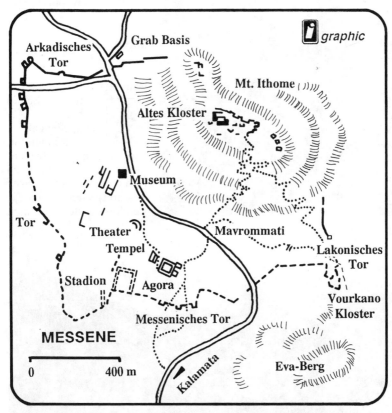

Sehenswert sind die **Festungsmauern und das Arkadische Tor**. Die 9 km langen Festungsmauern, die noch teilweise bis zur Höhe des Wehrganges erhalten sind, führten vom Arkadischen Tor hinauf zum Ithome-Berg und an dessen Nordostseite wieder hinunter und zurück

zum Arkadischen Tor. Dieses ist das besterhaltene Festungstor in Griechenland mit einem großen Innenhof, 2 Nischen für die Standbilder der Schutzgötter und 2 hohen Türmen.

Zur Weiterfahrt durchfahren Sie das antike Tor, wenden sich nach links und erreichen nach 1 km das Dorf **Mavromáti**.

Mavromáti

Wanderung

Am Schild "Ithómi Archaeological Site" können Sie den Wagen am Straßenrand abstellen und zu Fuß den gewiesenen Weg hinuntergehen. Wenn Sie sich links halten, kommen

Sie zum kleinen Friedhof und vorbei an Oliven- und Feigenbäumen zur Ausgrabungsstätte.
Hier lag die einstmals hervorragend befestigte Stadt, von der aber nur geringe Überreste erhalten sind.
Sehenswert ist das **Asklepieion**, das auch als Agora von Messene bezeichnet wird.

Freigelegt wurden die Reste eines gut erhaltenen, kleinen Theaters, die Ruinen des Hierothyseions, in dem die Statuen griechischer Götter und die Bronzestatue des Epameinondas aufgestellt waren, und die Überreste des Asklepeions. In Inneren des von Gebäuden und Säulenhallen umgebenen, fast quadratischen Hofes lag der Asklepios-Tempel, der erst 1969 entdeckt wurde. Er stammt aus späthellenistischer Zeit, wurde aber auf den Resten eines Vorgängertempels aus dem 4. Jahrhundert aufgebaut.

Östlich des Tempels lag ein 12,60 m langer und 2,25 m breiter Altar. Der Hof war von einer doppelten Säulenhalle umgeben und wurde von einer Wasserrinne umzogen, die heute noch mit ihren Gullis deutlich zu sehen ist.

Das **Museum** liegt gleich am Ortsrand an der Straße und zeigt Funde aus Messene und Umgebung, wird aber nur auf Anfrage geöffnet.

Mavromáti

Das heutige Dorf **Mavromáti** lädt mit seinen kleinen Restaurants und Andenkengeschäften zu einem kurzen Aufenthalt ein. Es ist auch Ausgangsort für die Wanderung hinauf zum Berg Ithómi.

Wanderung von Mavromáti zum verlassenen Kloster Vourkánou auf dem Berg Ithome

Dauer der Wanderung: etwa 2 - 3 Stunden
Vom Dorf führen mehrere Pfade hinauf auf den Berg. Am besten benutzt man den Weg, der im Dorf bei der Mavromáti-Quelle beginnt und in vielen Windungen hinaufführt. Auf halbem Weg kommen Sie an dem alten Brunnenhaus der inzwischen versiegten Klepshydra-Quelle vorbei, die in früherer Zeit den Brunnen der Agora speiste. Etwa 20 m höher

am Berg sind noch Überreste eines kleinen ionischen Tempels erkennbar, der der Artemis Limnatis geweiht war.
Sie erreichen den Gipfel des 798 m hohen Ithómi-Berges, wo an der Stelle eines antiken Zeus-Heiligtums im 14. oder 15. Jahrhundert ein kleines Kloster gebaut wurde. Es war das Mutterkloster des späteren Kloster von Vourkano auf dem nahegelegenen Berg Eva. 1950 verließen die letzten Mönche das kleine Kloster.

Vom Gipfel des Ithome bietet sich ein herrlicher Rundblick auf die messenische Ebene, zum Taygetos und bis zum Ionischen Meer.

Wenn Sie den Abstieg nach Süden wählen, kommen Sie zu einem Bergsattel, von dem aus ein Weg wieder hinunter ins Dorf führt. Sie können dort auch noch weitergehen bis zum sogenannten Lakonischen Tor der antiken Befestigungsanlage und weiter bis zum neuen Kloster Vourkano.

Wenn Sie die Rundfahrt fortsetzen, kommen Sie nach 2 km zum Ort **Arsinói**.

Spezialitäten

Im Ort gibt es einen Weinverkauf.

Nach weiteren 4 km fahren Sie an der Kreuzung nach rechts und kommen über eine asphaltierte, stellenweise aber schlechte Wegstrecke zur nächsten Kreuzung. Hier biegen Sie nicht rechts nach Tríkorfo, sondern nach links. Sie kommen nach etwa 4 km zu einem kleinen, liebevoll gepflegten Kirchlein an einer Quelle und erreichen nach weiteren 4 km den Ort Andróusa.

Andróusa

Auf einer Bergplateau liegt der Ort **Andróusa**, in dem heute etwa 1 000 Menschen leben. Hier gibt es Einkaufsmöglichkeiten für die Bewohner der umliegenden kleineren Dörfer, eine Post, eine Busstation, eine Kirche mit einem großen Dorfplatz und drei Kafénia.

Auf einem Bergvorsprung stehen die Überreste der fränkischen Festung Druges aus dem 14. Jahrhundert; erhalten blieben Teile des Mauerringes mit mehreren Türmen. Die Burgreste sind die einzigen Zeugen einer größeren Vergangenheit, denn im 14. Jahrhundert war Andróusa Bischofssitz und eine wohlhabende Handelsstadt.

Über **Amfithéa** und **Tríodos** kommen Sie zum heutigen Ort Messini und von dort auf der Hauptstraße zurück nach Kalamáta.

8.2.4.2 FERIENORTE AM MESSENISCHEN GOLF

Entfernung: 13 km je Wegstrecke

In der weiten Bucht des Messenischen Golfes liegen einige hübsche, im Sommer gern besuchte Ferienorte.

Von Kalamáta aus fährt man zunächst nach Süden auf der Straße zur Halbinsel Mani und erreicht nach 4 km den Ort **Agriliá** und nach weiteren 3 km den Ort **Almíros**.

Almíros

Übernachtung

 B **Messinian Bay**, Tel.: 0721/41251, 86 Betten, ganzjährig geöffnet, Restaurant und Beach Bar, oberhalb der Bucht gelegen

An dem ganzen Küstenabschnitt zwischen **Agriliá**, **Avía** und **Kitriés** wurden in den letzten Jahren viele Apartementhäuser gebaut, in denen Ferienwohnungen vermietet werden.
Auf freie Wohnungen und Privatzimmer weisen ausgehängte Schilder hin; z.B.

- Nouvelles maisons, Tel.: 0721/89591
- Apollon-Apartements
- Bungalows Taygetos Beach, Avía

Hotels gibt es in dieser Gegend nicht.

Restaurants

An den schmalen Sand-und Kieselstränden, ganz dicht am Wasser, liegen kleine Restaurants, in denen man in stimmungsvoller Umgebung gute Fisch- und Grillgerichte genießen kann.

8.3 VON KALAMATA NACH SPARTA

Entfernung: 60 km

Die Straße von Kalamáta nach Sparta, die über den 1 525 m hochgelegenen Langada-Paß durch die Bergketten des Taygetos-Gebirges führt, zählt zu den reizvollsten Strecken der Peloponnes.

Vom Zentrum Kalamátas weisen Schilder nach Sparta. Sie durchfahren zunächst die Ebene des Nedon; dann steigt die Straße allmählich an und führt hoch hinauf ins Taygetos-Gebirge, von wo sich noch einmal ein schöner Blick auf Kalamáta bietet.

Nach ca. 14 km sehen Sie ein Kirchlein, in dem sich das Grab des Heiligen Ethan befindet, und nach ca. 30 km erreichen Sie den Ort **Artemísia**.

Artemísia

Spezialitäten

Der Honig von Artemísia wird wegen seiner guten Qualität sehr geschätzt; in der Dorftaverne wird er zum Joghurt gereicht.
Am Straßenrand sind Stände aufgebaut, an denen je nach Jahreszeit frisches Obst, Maronen, Walnüsse, Kräuter oder Honig verkauft werden.

2 km hinter Artemísia zweigt von der Straße ein Fußweg zum kleinen Kloster **Agios Ioannis Theologos** ab.

Wandern

Sie kommen in eine eindrucksvolle Berglandschaft, die zu ausgedehnten Wanderungen einlädt. An der Straße sind drei Rastplätze und sogar zwei Spielplätze eingerichtet.

In zahllosen Kurven windet sich die Straße hinauf zur Berghöhe.

Übernachtung

B Motel Taygetos, Tel.: 0721/76236, sehr schöne Berglage, gern besuchtes Ausflugsziel mit Restaurant und Bar.

Wandern

Das Hotel eignet sich gut als Ausgangsort für Wanderungen ins Taygetos-Gebirge. Auf einer zweitägigen Wanderung kann man den 2 407 m hohen Profitis Elias, den höchsten Gipfel des Taygetos, ersteigen.

Informationen über Kartenmaterial, Bergführer und Wetterbedingungen erhalten Sie in Sparta bei: Hellenic Federation of Mountaineering and Skiing, Tel.: 0731/24898.

Die Straße führt weiter durch dichte Tannen- und Kiefernwälder; an den Lichtungen bieten sich sehr schöne Ausblicke auf die Bergspitzen des Taygetos, die monatelang schneebedeckt sind.
Sie erreichen die Grenze von Messenien und fahren in den Nomos Lakonien. Laubwälder lösen allmählich die Nadelwälder ab. Die Straße senkt sich in vielen, scharfen Windungen und steilen Kurven, führt durch mehrere Tunnels und wird an einigen Stellen von mächtigem, grau-schwarzem Felsgestein überragt.

In der tiefen Langada-Schlucht, in die kaum Sonnenlicht einfällt, wurde die Straße aus dem steil aufragenden Felsen herausgeschlagen; diese düstere Stelle soll einer der Orte gewesen sein, an denen in antiker Zeit die Spartaner ihre lebensuntüchtigen Kinder ausgesetzt haben.

Am Ausgang der Schlucht, nur noch 9 km von Sparta entfernt, liegt der kleine Ort **Trípi** inmitten von Olivenhainen.

Trípi

Es gibt drei kleine Tavernen.

Übernachtung

   D Keadas, Tel.: 0731/98222, 19 Betten, ganzjährig geöffnet
   D Tripi, Tel.: 0731/26387, 18 Betten, von April bis Oktober geöffnet

Sehenswert ist die Kirche von Trípi, die über einer Quelle errichtet ist.

Die Straße senkt sich weiter bis zur Ortschaft **Margoúla** mit ihren schönen Orangenbaumgärten und führt nach weiteren 3 km nach Sparta.

8.4 DIE HALBINSEL MANI

"Mani - Reise ins unentdeckte Griechenland" nannte Patrick L. Fermor 1958 sein sehr bekannt gewordenes Buch über diese Region. Inzwischen ist zwar auch die Mani von Reisenden entdeckt worden; da aber die natürliche Unzugänglichkeit und Unwegsamkeit der Landschaft die große touristische Erschließung verhindern, sind es vorwiegend Individualreisende, die an die Südspitze des griechischen Festlandes vordringen.

Die Mani ist die mittlere der drei Halbinseln im Süden der Peloponnes. Sie wird von der schroffen, kahlen Gebirgskette des Taygetos durchzogen, der sich mit dem Berg Profitis Ilias auf 2407 m erhebt. Der Boden ist karg und wenig ertragreich und kann seine Bewohner trotz harter Arbeit nur notdürftig ernähren. Deshalb bleibt es nicht aus, daß die jungen Menschen die ohnehin nur dünn besiedelte Gegend verlassen, um in Kalamáta oder in Athen ihren Lebensunterhalt zu verdienen. So sind es fast nur alte Menschen, denen man in den Dörfern begegnet; sie sind fest verwurzelt in der traditionellen Lebensweise ihrer Vorfahren, dem Neuen und Fremden gegenüber zurückhaltend und wenig aufgeschlossen.

Eine gut ausgebaute Straße verläuft an der West- und Ostseite des Taygetos- und des Sangias-Gebirges bis zur Südspitze der Mani und verbindet die kleinen Ortschaften miteinander. Diese Straße ermöglicht auch gelegentliche Busverbindungen und etwas Autoverkehr, aber noch immer sind viele Wohnsiedlungen, Küsten- und Strandabschnitte und landschaftlich besonders reizvolle Gebiete nur zu Fuß oder mit dem Esel zu erreichen.

Die neue Straße bringt auch Fremde in die abgelegenen Dörfer. Viele umrunden die Halbinsel in einer Tagesfahrt, aber es steigt auch die Zahl derjenigen, die sich für einen längeren Aufenthalt entscheiden und die bescheidenen Übernachtungsmöglichkeiten in den Dörfern oder die von Privatleuten und der Griechischen Zentrale für Fremdenverkehr für Reisende hergerichteten Wohntürme annehmen.

Unverwechselbar und einzigartig ist die Mani mit ihrer kargen, fast abweisenden Gebirgslandschaft, den felsigen Küstenabschnitten und den festungsähnlichen Wohntürmen.

Eindrucksvoll sind die Geschichten über die Helden und Freiheitskämpfer der Mani; abschreckend sind die Berichte von der maniotischen Blutrache, die bis ins 20. Jahrhundert hinein ausgeübt wurde und nur allzu oft ganze Familien ausrottete.

Buch- und Kartentip

Patrick Leigh Fermor, Mani, Reise ins unentdeckte Griechenland, Salzburg 1974
P. Greenhalgh/E. Eliopoulos, Mani, Reise zur Südspitze Griechenlands, München 1988

Geschichte der Mani

Zwei Merkmale prägen die maniotische Geschichte; zum einen war die abgeschiedene und unzugängliche Region zu allen Zeiten Zufluchtsort für Flüchtlinge, zum anderen verteidigten die Manioten ihre Freiheit so leidenschaftlich, daß sie nie unter die Fremdherrschaft der Türken gerieten.

In antiker Zeit gehörte die Mani zu Sparta; in römischer Zeit war sie Mitglied im Bund der Eleuthero-Lakonischen Städte, der von Kaiser Augustus gegründet worden war. In der Zeit nach der Auflösung des Bundes durch Diokletian im Jahre 297 n.Chr. flohen viele Bewohner der Peloponnes vor den eindringenden Goten, Slawen und Bulgaren in die Mani.

Eine weite Christianisierung der Mani erfolgte im 9./10. Jahrhundert; jedoch gibt es bei Kypárissos drei ältere, schon aus dem 5. und 6. Jahrhundert stammende Basiliken.

Weitere Flüchtlingsströme folgten nach der Eroberung der Peloponnes durch die Franken im frühen 13. Jahrhundert und seit dem Beginn der Türkenherrschaft um 1460.

Seit dem 17. Jahrhundert bildete sich auf der Mani eine ganz eigenständige Lebensform aus. In den Dörfern schlossen sich die ansässigen Familien zu Sippen zusammen, um sich sowohl gegen den äußeren Feind als auch gegen den Nachbarn behaupten zu können, dem man das zum Überleben notwendige, karge Land neidete.
Die Fehden zogen sich oft über Generationen hin, zeitweilig galt sogar das Gesetz der Blutrache. Austragungsort der Kämpfe waren die mehrstöckigen, bis zu 25 m hohen Wohntürme, wobei die Höhe des Turmes oftmals ausschlaggebend für den Sieg war.
Nur eine Bedrohung von außen setzte den Fehden zeitweilig ein Ende; bis zum Ende des 19. Jahrhunderts aber hielten die Manioten an den überlieferten Traditionen und Gesetzen fest.

In zahlreichen blutigen Kämpfen gegen die Türken konnten die Manioten ihre Freiheit behaupten; die türkische Obrigkeit räumte ihnen sogar einige Privilegien ein, aber bis zum Beginn der Befreiungskriege blieb die Mani ein ständiger Unruheherd.

Auch nach der Befreiung Griechenlands gelang es zunächst nicht, die Manioten in den neuen Staat einzugliedern; nur ganz allmählich konnte die Mani in das moderne Staatsgefüge einbezogen werden.

Rundfahrt auf der Halbinsel Mani

Eine Mulde zwischen dem Taygetos- und dem Sangi-Gebirge teilt die Mani und ist zugleich die Grenze zwischen der äußeren Mani (Exo Mani) und der inneren Mani (Mesa Mani). Durch diese Mulde verläuft die gut ausgebaute Straße zwischen Areópolis und Gythion.

8.4.1   EXO MANI

Almíros

Ausgangspunkt der Rundfahrt ist Kalamáta. Nach 4 km kommen Sie zum Ferienort **Almíros** mit zahlreichen Restaurants, Privatunterkünften und guten Bademöglichkeiten.

 Übernachtung

B **Messinian Bay**, Tel.: 0721/41251, 86 Betten, ganzjährig geöffnet, 1975 gebautes Strandhotel mit Restaurant und Bar

Hinter Almíros steigt die Straße langsam an und führt in vielen Kurven, vorbei an dichten Olivenhainen, ins Gebirge. Hoch ragen die dunklen Zypressen auf, Agaven und Feigenbäume unterbrechen an den Berghängen die dichte Macchia. Sie überqueren ein im Sommer ausgetrocknetes Flußbett und erreichen nach 17 km den Ort Kámbos.

Kámbos

Kámbos liegt am Fuße des Kaláthio-Berges; Mittelpunkt des Ortes ist die aus dem 14. oder 15. Jahrhundert stammende Kreuzkuppelkirche mit teilweise recht gut erhaltenen Fresken aus dem 18. Jahrhundert. Mit mehreren Tavernen, Geschäften und Privatzimmern ist der 600 Einwohner zählende Ort schon auf Feriengäste eingestellt.

Auf einem nahegelegenen Berg sind die Überreste der **Festung Zarnáta** zu sehen, die während der venezianischen und türkischen Herrschaftszeit als wichtigster Verteidigungspunkt der Exo Mani galt. Die Burg wurde auf antiken, polygonalen Fundamenten errichtet, die wohl zur antiken Stadt Gerenía gehörten.
Die Festung wurde häufig heftig umkämpft und mehrfach zerstört; erhalten blieben Teile des fränkischen Mauerringes und der dreistöckige Turm aus dem 18. Jahrhundert.

Außerdem ist 1888 ein Kuppelgrab entdeckt worden, womit nachgewiesen werden konnte, daß diese Gegend schon in mittelmykenischer Zeit besiedelt war.

Am Ortsausgang sehen Sie vor einem verfallenen Wohnturm die Statue des Alexandros Koumoundouros, eines wohlhabenden und einflußreichen Bürgers des Ortes.

Auf der Weiterfahrt senkt sich die Straße wieder zum Meer hin und bietet herrliche Ausblicke auf das Meer und winzige, der Küste vorgelagerte Inselchen.

Das Land wird karger, unfruchtbarer. Zwischen einzeln stehenden, genügsamen Olivenbäumen liegen große Steinbrocken; der nackte Felsen tritt überall zu Tage.

Kardamíli

Nach 33 km kommen Sie zum Ort **Kardamíli**, der sich in den letzten Jahren zu einem beliebten Ferienort entwickelt hat. In den Sommermonaten zieht es auch viele deutsche Touristen hierher.

Im alten Ortsteil, zwischen den Wohntürmen, steht die sehenswerte Agios-Spiridon-Kirche, die im 18. Jahrhundert mit einem schönen Glockenturm gebaut wurde.

Folgt man dem Weg weiter hinauf, sieht man oberhalb der Kirche zwei in den Felsen gearbeitete Grabkammern, die wahrscheinlich aus römischer Zeit stammen.

Auf der Höhe liegen Reste der antiken Akropolis.

Verkehrsverbindungen

in den **Sommermonaten:**

mit Kalamáta   3 - 5 x täglich
mit Areópolis   1 - 2 x täglich

Wichtige Anschriften

Post und Telegrafenamt O.T.E.: an der Hauptstraße, Öffnungszeiten Mo - Fr 7.30 - 13.15 Uhr
Ärztliche Versorgung: an der Hauptstraße, Tel.: 0721/73218

Übernachtung

C **Periklis**, 16 Betten
C **Theano Appartements**, Tel.: 0721/73222, 18 Betten, von April bis Oktober geöffnet
D **Dioskouri**, Tel.: 0721/73231, 12 Betten, von März bis November geöffnet
D **Vlachos**, Tel.: 0721/73220, 18 Betten, von April bis Oktober geöffnet

In der Hauptsaison werden auch zahlreiche **Privatzimmer** vermietet.

Camping

Melitsina, Tel.: 01/6513420, 13 000 qm, 96 Standplätze, Restaurant, Einkaufsmöglichkeiten, am Strand gelegen, von April bis Oktober geöffnet
Außerdem gibt es noch drei weitere kleine Zeltplätze.

Strände

Bademöglichkeiten gibt es an dem groben Kiesstrand am Nordrand des Ortes, in der Hafenbucht und auf der kleinen Insel. An mehreren Stellen erschweren Felsbrocken den Zugang.

Der kleine Hafen, in dem heute bunt gestrichene Fischerboote liegen, war in antiker Zeit ein Hafen Spartas. Er wurde in venezianischer Zeit befestigt ebenso wie die kleine, vorgelagerte Insel.

Wandern

 Nicht weit entfernt beginnt die Schlucht von Vyrou, die etwa 15 km lang ist, tief ins Taygetos-Gebirge führt und wegen ihrer Schönheit mit der berühmten Samaria-Schlucht von Kreta verglichen wird.

Stoupa

Hinter Kardamíli führt die Straße am Meer entlang bis zum kleinen Fischerort **Stoupa** (41 km), der sich in den letzten Jahren zum beliebten Ferienort entwickelt hat.

Verkehrsverbindungen

 in den **Sommermonaten** mit dem **Bus**

mit Kalamáta   2 - 3 x täglich
mit Areópolis   1 - 2 x täglich

Übernachtung

 C **Halicoura Beach**, Tel.: 0721/54303, 30 Betten, in Strandnähe, mit schöner Aussicht
C **Lefktron**, Tel.: 0721/54322, 30 Betten, 50 m vom Strand entfernt
C **Stoupa**, Tel.: 0721/54308, 45 Betten, 50 m vom Strand entfernt
Außerdem gibt es viele Privatzimmer, Appartements und Ferienwohnungen.

Camping

 Kalogria, Tel.: 0721/54319, 19 900 qm, 102 Standplätze, Snackbar, von Mai bis September geöffnet, schattige Lage,

Strand

Der Ortstrand ist feinsandig und für Kinder gut geeignet, in der Sommerzeit jedoch stark besucht. Es gibt einen Tretbootverleih.

Der kleine Ort zieht sich mit seinen Häusern an der schönen Sandbucht entlang. Viele Häuser sind von Orangen- und Zitronenbaumgärten umgeben. Kleine Restaurants an der Bucht laden zum Verweilen unter schattigen Bäumen ein.

In Stoupa hat der griechische Dichter Nikos Kazantzakis zeitweise gelebt, der einem breiten Publikum durch seinen Roman "Alexis Zorbas" bekannt wurde.

Nikos Kazantzakis wurde 1883 in Heraklion auf Kreta geboren. Nach bestandenem Staatsexamen verließ er Kreta für ein Jahr, um seine griechische Heimat kennenzulernen.

In seinen Romanen und philosophischen Abhandlungen stellt er immer wieder "die zwei quälenden Fragen, die sein Leben bestimmen: von woher kommen wir, und wohin gehen wir?"

Zu seinen bedeutendsten Schriften zählen Alexis Zorbas, Freiheit oder Tod, Die Griechische Pas-

sion, Die letzte Versuchung und Rechenschaft vor El Greco. Kazantzakis lebte viele Jahre im Ausland und starb 1957 in Freiburg.

Buchtip

Nikos Kazantzakis, Im Zauber der griechischen Landschaft, München 1976

Hinter Stoupa dehnen sich zu beiden Seiten der Straße junge Olivenhaine aus. Die Straße führt in vielen Windungen bergauf und bietet von den Höhen schöne Ausblicke auf die kleinen Orte am Meer.

In den vier Bergdörfern Platsá, Nomitsí, Thalámes und Langáda, die zwischen Kardamíli und Areópolis liegen, gibt es sehr alte, sehenswerte Kirchen.

Nach 52 km erreichen Sie das hoch gelegene Dorf **Plátsa**. Etwas außerhalb des Ortes liegt Agios Nikolaos Kambinari, eine dreischiffige Kuppelbasilika, die im 9. Jahrhundert erbaut wurde. Die noch gut erhaltenen Fresken stammen aus dem 14. Jahrhundert.

In **Nomitsí**, 54 km, steht die aus dem 13. Jahrhundert stammende Kreuzkuppelkirche Ipapantí.

In **Thalámes** liegt, etwas oberhalb des Ortes, die Agios Ilias- Kirche aus dem 11. Jahrhundert. Außerdem gibt es das kleine Heimatmuseum Mani.

Öffnungszeiten

von Mai bis September : 10 - 18 Uhr

In **Langáda** finden Sie die Agia Sofia-Kirche aus dem 13. Jahrhundert.

Im weiteren Verlauf der Straße kommen Sie noch mehrfach an byzantinischen Kirchlein vorbei, Sie sehen nun aber auch schon die ersten maniotischen Wohntürme und nach etwa 75 km die weite Bucht von Limeni mit dem kleinen Hafen von **Neon Itylon**.

Neon Itylon

Der 400 m weiße Sand/Kiesstrand zieht sich die ganze Bucht entlang. Der Strand ist ohne Einrichtungen, aber es gibt ein gutes, neues Hotel.

C **Itylo**, Tel.: 0733/51300, 45 Betten, von März bis November geöffnet, familiär geführtes Hotel mit Restaurant in Strandlage

Im Süden der weiten Bucht liegt der Fischerhafen mit nur wenigen Häusern. In der Hochsaison werden einige Privatzimmer vermietet und kleine Tavernen geöffnet.

Festung Kelefá

Oberhalb der Bucht, von der Straße gut zu erkennen, liegt die gut erhaltene **Festung Kelefá**. Sie beherrschte einst die tiefe Schlucht, die die innere von der äußeren Mani trennt.

Wegbeschreibung zur Burg:
Etwa 6 km hinter Areópolis, auf der Straße nach Gythion, biegt man nach links ab zum Dorf Kelefá. Sie sehen die Festung auf der linken Seite liegen.

Itylon

Der Festung gegenüber liegt das schöne, alte Dorf **Itylon**, in dem herrschaftliche Häuser und Wohntürme von dem einstigen Wohlstand des Ortes zeugen. Aus der Geschichte des Ortes ist bekannt, daß im Jahre 1675 die Türken 700 Bewohner von Itylon zur Auswanderung nach Korsika gezwungen haben. Es gelang den Manioten, in der Fremde über Jahrhunderte ihre eigene Kultur zu bewahren.

Von Neon Itylon führt die Straße noch einmal auf die kahlen, nur von Macchia überzogenen Höhen des Taygetos-Gebirges und erreicht nach 80 km Areópolis.

8.4.2 MESSA MANI

Areópolis

An der Trennungslinie zwischen der äußeren und der inneren Mani liegt Areópolis, der Hauptort der Mani.

Verkehrsverbindungen
mit dem **Bus**

mit **Gythion**	3 x täglich
mit **Kalamáta**	1 - 2 x täglich
mit **Sparta**	1 x täglich
mit **Geroliménas**	2 x täglich
mit **Kótronas**	1 x täglich

Im Sommer gibt es gelegentlich auch Busse zu den Höhlen von Pirgos Diroú.
Die Bushaltestelle liegt am Hauptplatz des Ortes.

Übernachtung

A **Pirgos Kapetanakou**, Tel.: 0733/51233, 16 Betten, ganzjährig geöffnet; eine Übernachtung in diesem 1979 von der Griechischen Zentrale für Fremdenverkehr renovierten, maniotischen Wohnturm ist ein Erlebnis. Rechtzeitige Voranmeldung ist zu empfehlen.

C **Mani**, Tel.: 0733/51269, 30 Betten, ganzjährig geöffnet, liegt gleich an der Hauptstraße nach Areópolis

C **Areopolis**, Pension am Ortseingang

Außerdem werden einige Privatzimmer angeboten.

Banken, Geschäfte und Restaurants

An der Hauptstraße liegen zwei Banken und mehrere kleine Geschäfte. Das Post- und Telegrafenamt, ein Fahrrad- und Mopedverleih und weitere Geschäfte liegen an der kleinen Gasse, die zum Dorfplatz führt. Am Dorfplatz liegen auch einige Tavernen.

Areópolis ist mit 800 Einwohnern der größte Ort der Mani und zentraler Marktflecken für die Bewohner der abgelegenen Manidörfer. Es ist ein hübscher Ort mit alten Häusern und Wohntürmen, engen, gepflasterten Gassen, sehenswerten Kirchlein und schönen Gärten. Da Fremde sich meist nur kurze Zeit in Areópolis aufhalten, blieb viel von der Ursprünglichkeit des Dorfes erhalten. Der Dorfplatz ist der Mittelpunkt des Ortes. An dem großen Heldendenkmal spielen die Kinder, während die Erwachsenen sich in einem der Cafés oder Restaurants am Platz treffen.

 Areópolis eignet sich sehr gut als Ausgangsort für Wanderungen in die innere Mani und für die Fahrt zu den berühmten Höhlen von Diroú.

Höhlen von Diroú

Nur 11 km entfernt liegen die **Höhlen von Diroú,** die meistbesuchte Sehenswürdigkeit der Mani. Eine gut ausgebaute Straße führt zum Ort Pirgos Diroú, der sich mit kleinen Läden, Restaurants, einem Hotel und einigen Privatzimmern auf die Fremden eingerichtet hat, die die Höhlen besichtigen wollen.

Im Ort zweigt die ausgeschilderte Straße zu den Höhlen ab.

Ein Besuch der unterirdischen Höhlenwelt von Pirgos Diroú ist ein unvergeßliches Erlebnis. Für etwa 1 Stunde werden die Besucher mit Booten von Bootsführern über den Höhlenfluß Glyfáda und die unterirdischen Seen gestakt; dabei durchfährt man eine lautlose, bizarre Stalaktiten- und Stalagmitenlandschaft, die zu den schönsten der Welt zählt.

Als beste Besuchszeit gilt im allgemeinen der frühe Morgen; da gegen 9 Uhr jedoch zahlreiche Reisebusse an der Höhle ankommen, deren Gruppen geschlossen die Höhlen betreten, sind die Höhlenboote schnell besetzt, so daß diese Zeit für Einzelreisende nicht sehr günstig ist.

Vor dem höher gelegenen Kassenhäuschen bildet sich in den Sommermonaten häufig eine lange Autoschlange. Man kann jedoch auch den Wagen auf dem oberen Parkplatz abstellen und zu Fuß zur Kasse und zum Höhleneingang gehen, denn der untere Parkplatz ist nicht sehr groß.

Die Temperatur in der Höhle schwankt zwischen 16 und 20 Grad, so daß es sich empfiehlt, einen Pullover mit in die Höhle zu nehmen.

 Öffnungszeiten:

von Mai bis September	8 - 19 Uhr,
von Oktober bis April	8 - 15 Uhr

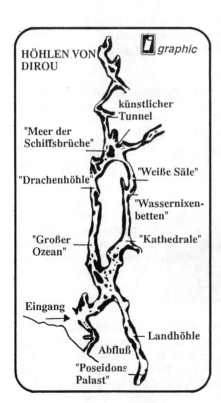

Von den drei großen Höhlen von Pirgos Diroú ist die **Glyfada-Höhle** (auch Vlychada-Höhle genannt) zur Zeit zugänglich; ein Besuch der beiden anderen Höhlen ist nicht möglich, da die Forschungsarbeiten noch andauern.

Die **Glyfada-Höhle** wird durch einen unterirdischen Fluß gebildet; sie besteht aus zwei zentralen, parallel verlaufenden Gängen mit vielen Abzweigungen.

Um den Zugang zu erleichtern, wurde 100 m vom natürlichen Eingang entfernt ein künstlicher Zugang geschaffen. Außerdem wurden die beiden großen Höhlengänge durch einen Stollen miteinander verbunden, so daß die Besucher die Höhle auf einem Rundweg kennenlernen können.

Die Erforschung der Höhlenwelt begann 1949 unter der Leitung der beiden griechischen Höhlenforscher Ioannis und Anna Petrocheilos und wird bis zur Gegenwart fortgesetzt. Die bis heute erforschte Höhlenstrecke ist etwa 5 000 m lang bei einer Gesamtfläche von 33 400 qm.

Eine erst 1982 entdeckte Höhlenstrecke beginnt als unterirdischer See und geht in einen wasserfreien Abschnitt über, der jedoch von einzelnen miteinander verbundenen Seen unterbrochen wird. In den sehr hohen Räumen, Gängen und Hallen gibt es großartige und eindrucksvolle Tropfsteinformationen.

Namen wie Säulen des Herakles, Palmenwald, Bischofsthron oder Steinerner Wald deuten eine Märchenwelt an; die vielfarbigen Stalagmiten und Stalaktiten und die aus dem Wasser aufragenden schneeweißen Sintersäulen machen die Glyfada-Höhle zu einer der schönsten Seenhöhlen der Welt.

Die Bootsfahrt endet an der "Kreuzung"; über einen Gang kommen Sie in den wasserfreien Höhlenabschnitt, wo das Wasser in einem Siphon verschwindet und ins Meer abfließt. An dieser Stelle wurden die Knochen eines Urrinds und eines Urflußpferdes gefunden.

Sie durchqueren den "Palast des Poseidon" und kommen durch einen künstlichen Stollen zum Ausgang am Meer. Vom Höhlenausgang können Sie weitergehen zum Restaurant oder zum kleinen Kies-Badestrand an kristallklarem Wasser.

Die **Alepotrypa-Höhle** liegt ca. 200 m östlich der Glyfada-Höhle. Sie besteht aus vielen Kammern und Gängen und zwei Seen, die jeweils am Eingang und am Ende der Höhle liegen. In der Höhle wurden Schädel- und Skelettknochen von Menschen und Tieren entdeckt; außerdem fand man Werkzeuge aus Stein, Knochen und Metall, Schmuck aus Muscheln und Silber, Vasenscherben und steinzeitliche Felsinschriften.

Da in dieser Höhle ebenso wie in der **Katafiyi-Höhle** noch Forschungsarbeiten durchgeführt werden, ist eine Besichtigung zur Zeit nicht möglich.

Buchtip

 Anna **Petrocheilou**, Die Höhlen Griechenlands, Detaillierter Bildführer durch alle wichtigen griechischen Höhlen, Athen 1984

Rundfahrt um die innere Mani

Eine gut ausgebaute Straße umrundet die innere Mani und führt zu den kleinen Dörfern, deren Bewohner dem kargen Boden mühsam geringe Erträge abringen oder schon längst die Heimat verlassen haben, um in den großen Städten Arbeit zu finden. Die Mani ist rauh und abweisend; ihre herbe Schönheit erschließt sich nur dem Wanderer und dem Fremden, der sich Zeit läßt. Von der graubraunen, verbrannten Landschaft hebt sich eindrucksvoll das leuchtendblaue Meer ab, dessen einsame Kiesstrände den Besucher anlocken.

Hinter Pirgos Diroú biegt nach 2 km eine Straße nach **Charouda** ab, wo eine der schönsten Kirchen der Mani liegt. Die Agios-Taxiarchis-Kirche liegt innerhalb des Friedhofsgeländes. Die Kreuzkuppelkirche stammt aus dem ausgehenden 11. Jahrhundert und wurde im 14. Jahrhundert reich mit Fresken ausgeschmückt.

Auch in den östlicher gelegenen Dörfern **Dríalos**, **Vámvaka** und **Mína** gibt es sehenswerte, alte Kirchen wie z.B. die Agii Theodori-Kirche aus dem Jahre 1075 in Vámvaka.

Von der Hauptstraße kann man einen Abstecher nach **Mézapos** machen, einem kleinen Hafenort an der Westküste der Mani. Hier leben überwiegend Fischer, die ihren Fang den Tavernenwirten anbieten. In der Bucht von Mézapos gibt es einen schönen Kiesbadestrand und einfache Übernachtungsmöglichkeiten.

Im Süden der Bucht liegt die schmale Landzunge **Tigáni** mit den Ruinen einer venezianischen Festung und den Überresten einer frühchristlichen Basilika aus dem 6. Jahrhundert.

Von dem einstigen Wohlstand **Kítas** zeugen noch die zahlreichen Wohntürme und die sehenswerte Kirche Agios Georgios aus dem 12. Jahrhundert. Heute aber ist das Dorf fast menschenleer.

In **Ano Boulári** steht eine der ältesten Kirchen der Mani. Um das Jahr 1000 wurde die Agios Strategos-Kirche gebaut, deren mit Steinplatten bedecktes Dach das hohe Alter verrät.

Messa Mani

Geroliménas

Geroliménas ist ein kleiner Fischerhafen, der erst um 1870 zur Versorgung der Messa Mani gegründet wurde. Inzwischen werden jedoch auch die Manidörfer über die gut ausgebauten Straßen mit Waren versorgt, so daß Geroliménas als Hafen an Bedeutung verloren hat.

Viele der einst wehrhaften Wohntürme verfielen in der Vergangenheit; erst durch den Beginn eines bescheidenen Fremdenverkehrs bietet sich die Chance der Erhaltung und Erneuerung.

Im Ort gibt es einen schmalen Kiesstrand an kristallklarem Wasser, das zum Baden einlädt, und einige ursprüngliche Tavernen.
Der Ort ist von kahlen Berghöhen umgeben; in dem steingrauen Boden wachsen nur ein paar Kakteen und einige Olivenbäume.
Geroliménas eignet sich gut als Ausgangsort für Wanderungen zur Südspitze der Mani.

Verkehrsverbindungen

mit dem **Bus**
mit Areópolis   2 - 4 x täglich

Übernachtung

E **Akroyali**, Tel.: 0733/54204, 12 Betten, ganzjährig geöffnet,
am Hafen

E **Akrotaenaritis**, Tel.: 0733/54205, 10 Betten, ganzjährig geöffnet

Messa Mani

Bootsvermietung

Im Hafen kann man von Fischern Boote mieten für eine Fahrt zum Kap Matapán.

Alika

3 km südlich von Geroliménas liegt das Dorf **Alika**, das sich einst mit vielen Wohntürmen am Hang ausbreitete. Auch hier haben viele Menschen ihr Heimatdorf verlassen; in den schmalen Gassen begegnet man nur alten Männern und Frauen, die den Verfall der alten Familientürme nicht aufhalten können.

Strand

Südlich des Dorfes liegt eine schöne Bucht mit weißem Kiesstrand und herrlichem Wasser.

Von Alika führt die neue Straße hinüber zur Ostküste der Mani.

In zahlreichen Kurven windet sich die Straße nach **Váthy**, dem bekanntesten Mani-Turmdorf. Eingebettet in die karge Hügellandschaft des Kap Matapan stehen die mächtigen Wohntürme so dicht beieinander, daß das Dorf wie eine wehrhafte Festung wirkt. Enge Gassen verbinden die Häuser miteinander, in denen nur noch ganz wenige, meist alte Leute leben. Die Griechische Zentrale für Fremdenverkehr hat einige der Wohntürme erworben und schon instand setzen lassen. Diese restaurierten Türme werden an Fremde vermietet.

Die ausgebaute Straße führt noch 5 km weiter nach Süden bis zur tiefen Bucht von **Porto Kálio** und weiter bis zur Halbinsel Matapán, dem südlichsten Ausläufer der Mani. Nur über Schotterpisten sind die kleinen Dörfer **Mianés** und **Páliros** zu erreichen.

Wanderung

Vom kleinen Hafen von Porto Kálio aus kann man bis zum Leuchtturm am südlichsten Punkt des griechischen Festlands wandern. Da es unterwegs keine Einkehrmöglichkeit gibt, sollten Sie entsprechend vorsorgen.

Die **Halbinsel Matapán** dehnt sich nach Süden aus und trennt mit ihrer Südspitze, dem Kap Taínaron, den Messenischen und den Lakonischen Golf voneinander.
Die Westküste ist nur wenig gegliedert, während die Ostküste sehr buchtenreich ist.

In der Antike und im Mittelalter war die Halbinsel Matapán von Bedeutung; es finden sich Überreste einer mittelalterlichen Festung, Spuren antiker Zisternen und einer Höhle, die mit einem Heiligtum des Poseidon in Verbindung gebracht wird. In der Antike vermutete man hier den Eingang zur Unterwelt, den Ort, an dem Herakles den Hadeshund Zerberus aus der Unterwelt herausgeholt hat.

Die Mani-Rundfahrt wird in Alika fortgesetzt und führt über fast vegetationsloses Bergland zum alten Bergdorf **Lágia** und weiter nach **Kokkála** an der Ostküste der Mani. Dieser Küstenabschnitt ist landschaftlich sehr reizvoll, aber die teilweise sehr zerklüftete Steilküste bietet nur wenig Bademöglichkeiten wie z.B. die kleinen Strände von Kokkála und **Nífi**.

Über **Drimós** und **Flomochóri** mit recht gut erhaltenen Mani-Türmen kommen Sie nach **Kótronas**, einem hübschen Fischerort in einer großen Bucht. Am Hafen gibt es einen Kiesstrand und kleine Tavernen, in denen fangfrischer Fisch angeboten wird. Im Ort gibt es zwei kleine Pensionen und einige Privatzimmer.

Die Straße führt über die beiden Bergdörfer **Chimára** und **Pírichos** zurück nach Areópolis.

8.5 GYTHION UND UMGEBUNG

8.5.1 ÜBERBLICK

In den letzten Jahren hat sich die kleine Stadt am Lakonischen Golf immer mehr zu einem Fremdenverkehrszentrum entwickelt. Gute Straßen- und Verkehrsverbindungen, ausreichende Übernachtungsmöglichkeiten und ein reizvolles Stadtbild trugen zu dieser Entwicklung bei.

Man erreicht Gythion über gut ausgebaute Straßen von Kalamáta und Sparta aus.

8.5.2 TOURISTISCHE HINWEISE

Verkehrsverbindungen mit dem Bus

mit **Kalamáta**	4 x täglich
mit **Sparta**	5 x täglich
mit **Areópolis**	4 x täglich
mit **Monemvasía**	1 x täglich

In Sparta gibt es Umsteigemöglichkeiten nach Athen, Korinth und Tripolis.
Die Busstation von Gythion liegt am Rande der Altstadt, an der Hafenstraße. Tel.: 0733/22228
mit dem Schiff

mit **Piräus**	1 x wöchentlich
mit **Kíthira**	2 x wöchentlich
mit **Kastélli/Kreta**	2 x wöchentlich
mit **Neápolis**	1 x wöchentlich
mit **Monemvasía**	1 x wöchentlich

Die Schiffsagentur am Hafen ist täglich von 8 - 21 h geöffnet. Tel.: 0733/22229

Wichtige Anschriften und Telefonnummern (Vorwahl 0733)

Touristeninformation: bei der Polizei an der Hafenstraße, Tel.: 22100
Ärztliche Versorgung: im Ärztlichen Zentrum von Gythion
Post: Ermoustraße 18, Öffnungszeiten 7.30 - 14.30 h
Telefonamt O.T.E.: Ger. Kapsali, Öffnungszeiten Mo - Fr 7.30 - 21 Uhr, Sa/So geschlossen, in der Nähe des Denkmalplatzes

Entfernungen
Von **Gythion** nach :

Athen	301 km
Kalamáta	108 km
Sparta	46 km
Nauplia	165 km

Taxi

Der Taxistandplatz liegt am Denkmalsplatz am Hafen.

Übernachtung

A **Gythion**, Tel.: 23523, 20 Betten, ganzjährig geöffnet
A **Laconis Bungalows**, Skalas 3, Tel.: 22666, 148 Betten, ganzjährig geöffnet, 3 km außerhalb gelegen, Strandlage, Wassersportmöglichkeiten
B **Belle Helene**, Vathy Ageranou, Tel.: 22867, 180 Betten, ganzjährig geöffnet, 12 km außerhalb gelegen, Strandlage, Wassersportmöglichkeiten, Tennis
B **Cavo Grosso Bungalows**, Mavrovounio, Tel.: 23488, 54 Betten, von April bis Oktober geöffnet, 2,5 km außerhalb von Gythion
C **Laryssion**, Grigoraki 7, Tel.: 22021, 150 Betten, ganzjährig geöffnet, neues Hotel in einer ruhigen Seitenstraße
C **Milton**, Mavrovounion, Tel.: 22091, 30 Betten, ganzjährig geöffnet
C **Pantheon**, Vassileos Pavlou 33, Tel.: 22284, 99 Betten, ganzjährig geöffnet, an der Hafenpromenade

D **Aktaeon**, Tel.: 22294, 32 Betten, ganzjährig geöffnet, am Hafen
D **Kranae**, Vassileos Pavlou 15, 29 Betten, ganzjährig geöffnet
E **Magas Alexandros**, Tel.: 22039, 25 Betten, ganzjährig geöffnet
Außerdem werden viele Privatzimmer angeboten.

Camping

Hellenic Camping Gythion Beach: 3 km in Richtung Areopolis, Strandlage, Tel.: 0733/23441, 37 000 qm, 71 Standplätze, Restaurant, Einkaufsmöglichkeit, Surfschule, großer Baumbestand, von April bis Oktober geöffnet
Mani Beach: 4 km außerhalb, in Mavrovouni, Tel.: 0733/23450, 28300 qm, Einkaufsmöglichkeit, am Strand gelegen, von April bis September geöffnet
Meltemi: 4 km außerhalb, in Mavrovouni, Tel.: 0733/22833, 85 000 qm, 96 Standplätze, Restaurant, Einkaufsmöglichkeit, von April bis Oktober geöffnet

Restaurants

An der Uferpromenade reihen sich viele kleine Restaurants aneinander, in denen vor allem Fischgerichte und Meeresfrüchte angeboten werden. Einladend sind Tische und Stühle dicht am Wasser aufgestellt, und in Schaukästen und an Leinen sind frisch gefangene Tintenfische aufgehängt.
Im alten Viertel von Gythion gibt es Tavernen, in denen schmackhafte griechische Gerichte angeboten werden.

Banken
Die Banken liegen in der Nähe des Denkmalplatzes und des Telefonamtes.

Geschäfte
In den kleinen Geschäften werden wie vielerorts in Griechenland Wollsachen, Stickereien, Holzarbeiten und Spirituosen angeboten.

Motor- und Fahrradvermietung

In den Straßen am Denkmalsplatz gibt es kleine Läden, in denen Mopeds und Fahrräder verliehen werden. Es empfiehlt sich, vor der Ausleihe den Zustand der Fahrzeuge zu überprüfen.

Strände

In der weiten Bucht des Lakonischen Golfes liegen in der Umgebung von Gythion zahlreiche feinsandige Strände. Die in Stadtnähe gelegenen Strandabschnitte haben einfache Strandeinrichtungen, kleine Tavernen und Bootsverleih.

Sport

Am Strand von Gythion gibt es eine Surfschule mit Surfbrettverleih.

8.5.3 GYTHION : SEHEN UND ERLEBEN

Die kleine Hafenstadt, in der 7 500 Menschen leben, ist die wichtigste Stadt des lakonischen Teils der Mani und zugleich eine der malerischsten Orte der Peloponnes.

Vor dem Hintergrund des mächtigen Taygetos-Gebirges breitet sich die Stadt am Lakonischen Golf aus. Weiß gekälkte Häuser leuchten von den Berghängen; alte, pastellfarbene Häuser mit klassizistischen Fassaden stehen in den verwinkelten Gassen der Altstadt, an der Hafenpromenade sind bunte Sonnendächer aufgespannt, und im Hafenbecken liegen buntgestrichene Fischerboote und kleine Yachten.

Das Leben spielt sich vor allem hier in der Nähe des Hafens ab: Fischer hocken an der Mole und flicken die weit ausgebreiteten Netze; an der langen Hafenpromenade liegen zahlreiche Restaurants, Geschäfte, Büros und Hotels. Tagsüber ist der große Platz am Hafen ein beliebter Treffpunkt, wo man sich in den Cafés ausruht, plaudert und die Vorübergehenden beobachtet.

Ergänzt wird das malerische Stadtbild durch die kleine, der Stadt vorgelagerte Insel **Marathonísi**, die durch einen Damm mit dem Festland verbunden ist. Auf der Insel liegt in einem kleinen Kiefernhain ein zinnengekrönter Wohnturm, und an der Inselspitze steht ein Leuchtturm.

Der Spaziergang zur Insel, die in antiker Zeit Kranae hieß, ist bei den Griechen sehr beliebt, denn hier soll, so ist es seit Homer überliefert, der erste Zufluchtsort von Paris und der schönen Helena gewesen sein, als diese vor Menelaos von Sparta nach Troja flohen.

Komm, wir wollen in Lieb uns vereinigen, sanft gelagert.
Denn noch nie hat also die Glut mir die Seele bewältigt,
Auch nicht, als ich zuerst aus der lieblichen Flur Lakedämon
Segelte, dich entführend in meerdurchwandelnden Schiffen,
Und auf Kranaens Au mich gesellt' dir in Lieb und Umarmung,
Als ich anjetzt dir glühe, durchbebt von süßem Verlangen.
Sprach's und nahte dem Lager zuerst; ihm folgte die Gattin.
Beide ruheten im schöngebildeten Bette.
(Homer, III, 440)

Gythion

Geschichte der Stadt

Schon minoische und phönizische Kaufleute hatten die geschützte Hafenbucht besiedelt; Bedeutung bekam die Stadt aber erst, als Sparta zunehmend Macht und Einfluß gewann und Gythion zum wichtigsten Hafen Spartas wurde. 455 v. Chr. wurde Gythion von den Athenern zerstört; 396 v. Chr. konnte die Stadt mit ihrer starken Befestigung der Belagerung durch die Truppen des Epaminondas standhalten; 195 v.Chr. wurde sie von den Römern erobert. In römischer Zeit, als Gythion zum Städtebund der Eleuthero-Lakonen gehörte, erlebte die Stadt eine Blütezeit. Den materiellen Wohlstand verdankte sie der Purpurfischerei und dem regen Warenumschlag im Hafen. Im Mittelalter verlor Gythion an Bedeutung und verfiel allmählich. Erst als sich am Ende des 18. Jahrhunderts die einflußreiche Familie Grigorakis an der Stelle des alten Gythion niederließ, wurde der alte Standort neu besiedelt.

Sehenswertes

Gythion hat keine nennenswerten Sehenswürdigkeiten.

Von der **antiken Stadt** sind nur geringe Reste erhalten: Bruchstücke der Mauer, die die Akropolis umgab, Spuren einer Arena und eines Aquaeduktes.

Erwähnenswert ist das **römische Theater**, das am östlichen Stadtrand liegt.

Wegbeschreibung:
Am Ortsende in Richtung Skala, vor einer Reihe hoher Zypressen, biegt die Grigoraki-Straße links ab. An der Mauer ist der Weg zum Theater ausgeschildert "To ancient Theatre". Nach 30 m biegen Sie rechts ab zu den Kasernen; unmittelbar dahinter liegt das Theater.

Erhalten sind 9 Sitzreihen, die sich hinter der Orchestra erheben. Am rechten Seiteneingang zur Orchestra sind drei Räume eines Heiligtums erkennbar, das später zu einer christlichen Kirche umgebaut wurde.

 Ende Juli/Anfang August finden im Rahmen einer Festwoche im römischen Theater Aufführungen statt.

Das örtliche **Museum** ist im Rathausgebäude am östlichen Hafen untergebracht. Ausgestellt sind prähistorische Werkzeuge, hellenistische Grabbeigaben, Funde aus römischer Zeit, z.B. Statuen, Büsten, Grabsteine und ein reliefgeschmücktes Säulenkapitell aus byzantinischer Zeit; im Innenhof wurden Bruchstücke frühchristlicher Kirchen gesammelt.

Sehenswertes in der Umgebung von Gythion

Nur 8 km von Gythion entfernt, an der Straße nach Areópolis, liegt das **Kastell Passavás**, das 1254 von Jean de Neuilly erbaut wurde. Es diente als Bollwerk nach Nordosten zur Verteidigung der Halbinsel Mani und wurde 1685 von Morosini zerstört.

Von Gythion nach Sparta

Von Gythion führt die Hauptverbindungsstraße durch die fruchtbare Ebene des Eurotas, in der noch einige interessante Überreste aus antiker Zeit liegen. (s. Kapitel 8.6.3 'Sehenswertes in der Umgebung von Sparta')

8.6　SPARTA

8.6.1　ÜBERBLICK

Der heutige Ort Sparta (12 000 Einwohner) entstand erst 1834. Er liegt in einer schönen, fruchtbaren Landschaft im Tal des Eurotas am Fuß des Taygetos-Gebirges. Die wenigen antiken Ausgrabungen vermitteln nichts von der einstigen Größe und Bedeutung Spartas. Im Archäologischen Museum sind Fundstücke aus der Umgebung ausgestellt, die Zeugnis von der besonderen Kultur Spartas ablegen.

8.6.2　TOURISTISCHE HINWEISE

Verkehrsverbindungen
mit dem Bus

mit **Athen**	8 x täglich		
mit **Tripolis**	8 x täglich		
mit **Argos**	8 x täglich		
mit **Korinth**	8 x täglich		
mit **Gythion**	5 x täglich	mit **Areópolis**	2 x täglich
mit **Kalamáta**	2 x täglich	mit **Monemvasía**	3 x täglich

Die Busstation für diese Linien liegt in der **Brasidou-Straße**, nahe der Hauptverkehrsstraße.

Die Busstation für die Busse, die 10 - 12 x täglich nach **Mistra** fahren, liegt in der **Lykourgou-Straße/Ecke Agisilaos Straße**.

mit dem Flugzeug

mit **Athen** 1 x täglich
Diese Flugverbindung besteht **nur in der Hauptreisezeit**.
Informationen und Tickets sind erhältlich bei:
Olympic Airways, Central Square, Tel.: 0731/25040

Entfernungen

Von **Sparta** nach :

Athen	255 km	**Korinth**	169 km
Patras	231 km	**Kalamata**	60 km

Wichtige Anschriften und Telefonnummern

(**Vorwahl 0731**)
Touristenpolizei: Hilonos 8, Telefon 28701, in der Nähe des Museums
Ärztliche Versorgung: im Ärztlichen Zentrum von Sparta
Post und Telegrafenamt O.T.E.: Kleowrotou Straße; von der Hauptstraße, gegenüber der Bank of Crete, ist der Weg ausgeschildert.
Öffnungszeiten : 7.30 - 22 Uhr

Übernachtung

B **Lida**, Tel.: 23601, 75 Betten, ganzjährig geöffnet
B **Menelaion**, Paleologou 65 C, Tel.: 22161, 88 Betten, ganzjährig geöffnet, zentrale Lage an der Hauptstraße
C **Apollo**, Thermopylon 14, Tel.: 22491, 82 Betten, ganzjährig geöffnet, an der Straße nach Tripolis
C **Dioscouri**, Lykourgou 94, Tel.: 28484 , 60 Betten, ganzjährig geöffnet
C **Lakonia**, Paleologou 61 C, Tel.: 28951, 62 Betten, ganzjährig geöffnet, an der Hauptstraße
C **Maniatis**, Paleologou 60 C, Tel.: 22665, 150 Betten, ganzjährig geöffnet, an der Hauptstraße
C **Sparta Inn**, Tel.: 21021, 155 Betten, ganzjährig geöffnet, in einer Seitenstraße
D **Anessis**, Lykourgou 60, Tel.: 21088, 16 Betten, ganzjährig geöffnet
D **Cecil**, Stadiou 1, Tel.: 24980, 27 Betten, ganzjährig geöffnet
D **Panhellinion**, Paleologou 43 C, Tel.: 28031, 30 Betten, ganzjährig geöffnet
E **Kypros**, Leonidou 72, Tel.: 26590, 30 Betten, ganzjährig geöffnet
E **Spart**, Aghissilaou 46, Tel.: 21343, 21 Betten, ganzjährig geöffnet

Camping

Mistras:
Tel.: 0731/22724, 8 000 qm, 60 Standplätze, Restaurant, Einkaufsmöglichkeit, der Platz liegt an der Straße nach Mistras

Restaurants

Zentraler Treffpunkt ist die Platía Georgiou. Hier liegen zahlreiche Cafés und Restaurants; interessant ist das Restaurant Dimarchion, das im restaurierten Rathaus aus dem Jahre 1906 eingerichtet wurde.

In den Seitenstraßen gibt es kleine Restaurants, Snackbars und Pizzerias.

Fahrradverleih
Maniatakou, Lykourgou 144

8.6.3 SPARTA: SEHEN UND ERLEBEN

Erst 1834, nach den griechischen Befreiungskriegen, wurde die neue Stadt Sparta gegründet. Die Anlage der Stadt wurde von den bayerischen Architekten geplant, die mit dem ersten griechischen König ins Land kamen. Dabei wurde die Stelle des antiken Sparta am Fuße des Taygetos wiedergewählt. Die Straßen wurden fast schachbrettartig gerade angelegt; zwischen den neuen Häusern sehen Sie noch schöne klassizistische Gebäude mit schön geschmiedeten Toren und Balkonbrüstungen.

Sparta ist die Hauptstadt Lakoniens, Sitz des Metropoliten von Sparta und zugleich landwirtschaftliches Zentrum der Region.

Die Stadt bietet nur wenig Sehenswürdigkeiten, ist aber gut als Ausgangsort für Wanderungen in die großartige Gebirgslandschaft des Taygetos geeignet und für den Besuch der nahegelegenen Ruinenstadt Mistrás.

Mythos und Geschichte

Die Besiedlung Spartas reicht bis in die prähistorische Zeit zurück. Nach der Einwanderung der Dorer wurde in Sparta etwa im 9. Jahrhundert v.Chr. eine neue Regierungsform eingeführt: das Doppelkönigtum. Zwei auf Lebenszeit gewählte Könige lenkten in Kriegszeiten die Geschicke des Staates; in Friedenszeiten regierten der Rat der Alten und fünf Ephoren gemeinsam mit den Königen.

Das Leben in Sparta war entscheidend geprägt durch die Gesetzgebung des sagenhaften Gesetzgebers Lykurg.

"König Eunomos ward im Gewühle innerer Unruhen erschlagen. Sein ältester Sohn Polydektes folgte ihm daher nach dem Herkommen in der Landesverwaltung. Da jedoch auch dieser früh starb, so sollte der jüngere Bruder Lykurgos die Herrschaft übernehmen. Die Witwe seines Vorgängers bot ihm auch zu diesem Zwecke ihre Hand an. Da sie jedoch bald nachher eines Sohnes genas, so trat Lykurgos mit dem Kinde in die Volksversammlung, hielt es auf seinen Armen hoch empor als den rechtmäßigen König von Sparta und gab ihm den bedeutungsvollen Namen Charilaos (Freude des Volkes).

Dennoch entging er der Verleumdung nicht. Die Witwe und ihre Verwandten streuten das Gerücht aus, er trachte als ein ungetreuer Vormund dem Kinde nach dem Leben, um es zu beerben. Den ungerechten Vorwürfen zu entgehen, verließ Lykurgos sein Vaterland. Zuerst ging er nach Kreta, dann nach Ionien in Kleinasien, von wo er, wie man sagt, die Gesänge Homers zuerst nach Griechenland brachte; endlich soll er sogar Ägypten und das entlegene Indien besucht haben. Überall lernte er die bürgerlichen

Verfassungen kennen und holte sich Rat bei den Weisen und Lehrern dieser Länder. Besonders ward er mit Thaletas aus Kreta bekannt, der in lieblichen Dichtungen seine Ansichten vom Leben und von bürgerlicher Ordnung vortrug. Er bewog ihn, nach Sparta zu gehen, damit sein Volk für Gesetz und Verfassung empfänglich gemacht werde. Dies gelang über Erwartung. Die Bürger sehnten sich, den Mann wieder in ihrer Mitte zu haben, dessen Weisheit ihnen Abhilfe von den sie bedrängenden Übeln zu bringen versprach. Sobald Lykurgos dies erfuhr, begab er sich nach Delphi, wo ihn die Priesterin als den von den Göttern geliebten Weisen bezeichnete, dem Zeus selbst seine Ratschlüsse mitgeteilt habe. Das Gerücht von diesem Ausspruche des allverehrten Orakels ging ihm nach Sparta voraus. Bald erschien er selbst mit dem Ansehen eines göttlichen Gesandten bekleidet. Dreißig der edelsten Spartaner umstanden ihn in voller Rüstung, als er vor das versammelte Volk trat, um seine Gesetze zu verkünden.

Der junge König Charilaos war im Anfang betroffen über die entscheidenden Schritte seines Oheims; bald aber trat sowohl er als auch der andere König Archelaos auf die Seite Lykurgs, und die Menge vernahm nun die Verkündigung der Gesetze in ehrfurchtsvoller Stille."

(entnommen aus : Wägner, Hellas)

Kennzeichen spartanischer Lebensformen und Gesellschaftsordnung waren:

● **3 Gesellschaftsschichten :**

* die **Spartiaten** dorischer Herkunft als vollwertige Bürger und Krieger;
* die **Periöken**, die meist als Händler und Handwerker lebten; sie waren frei, hatten aber geringere Rechte;
* die **Heloten**, die unterworfene Urbevölkerung, die als Sklaven ohne bürgerliche Rechte arbeiten mußten.

● **die spartanische Erziehung:**

Ab dem 7. Lebensjahr wurden die Jungen aus der Familie gelöst und unter der Aufsicht eines Erziehers in staatlichen Gemeinschaften zu Gehorsam und Kriegstüchtigkeit erzogen. Mit 20 Jahren traten die Männer in den Heeresverband ein, dem sie bis zum 60. Lebensjahr angehörten. Während seiner 40-jährigen Wehrfähigkeit lebte der Spartiate in Zelt- und Speisegemeinschaften.

Die ganze Erziehung, auch die der Mädchen, war auf die Hinführung zur Anspruchslosigkeit, Härte gegen sich selbst, Gehorsam und Aufopferung für den Staat gerichtet.

● das Privatleben :

Das Privatleben des Einzelnen wurde weitgehend eingeschränkt; eine Loslösung von der Gemeinschaft war unerwünscht.

Sparta war auf die Kampfeskraft und Wehrtüchtigkeit der dünnen Schicht der Spartiaten angewiesen, da sich die unterworfenen Messenier und Arkadier immer wieder gegen Sparta auflehnten. Im 5. Jahrhundert führte Sparta die griechischen Städte erfolgreich gegen die Perser an (480/479 v.Chr.); mit der Gründung des Attischen Seebundes durch Athen begannen die Machtkämpfe und Auseinandersetzungen zwischen den beiden Städten, die zum Peloponnesischen Krieg führten, den Sparta gewann. Aber die anschließende Politik gegenüber den Besiegten und den Verbündeten führte zu neuen Auseinandersetzungen, die mit der Niederlage Spartas und dem Sieg Thebens unter Epameinondas endeten.

Durch Gebietsverluste und die abnehmende Zahl der Spartiaten wurde die spartanische Gesellschaft weiter geschwächt. Nach der Unterwerfung durch die Römer (146 v.Chr.) war Sparta nur noch Provinzstadt und verlor weiterhin an Bedeutung, bis es im 13. Jahrhundert von der Bevölkerung verlassen wurde. Erst nach der Befreiung Griechenlands wurde die Stadt 1834 neu erbaut.

Sehenswertes in Sparta

"Wenn nun die Stadt der Lakedämonier verödete und nur die Heiligtümer und die Grundsteine der anderen Bauten übrigblieben, dann würden wohl die Menschen nach einem längeren Zeitraum die Kunde von der Macht dieses so viel gerühmten Volkes nur ungläubig hinnehmen. Und doch besitzen sie selber zwei Fünftel des Peloponnes, beherrschen ihn insgesamt und verfügen noch über viele auswärtige Bundesgenossen. Da aber die Stadt nicht eng zusammengebaut wurde und keine kostspieligen und prächtigen Tempel und Bauwerke errichtet hat, vielmehr nach althellenischer Sitte aus einzelnen Dorfsiedlungen besteht, würde ihre Macht weit weniger bedeutend erscheinen. Wenn den Athenern dasselbe zustieße, dann würde es nach dem Aussehen der Stadt erscheinen, als habe Athen doppelt soviel Macht besessen, als tatsächlich der Fall war."

So schrieb Thukydides im 5. Jahrhundert v.Chr., und tatsächlich sind nur geringe Überreste des antiken Sparta sichtbar.

Zur **antiken Stadt** fahren Sie bis zum Ende der Paleologou-Straße, an deren Ende ein modernes Denkmal für Leonidas steht. Dort wenden Sie sich nach links und folgen der Ausschilderung "Ancient Sparta". Hinter dem kleinen Sportplatz liegt das antike Gelände.

Sparta

Sparta

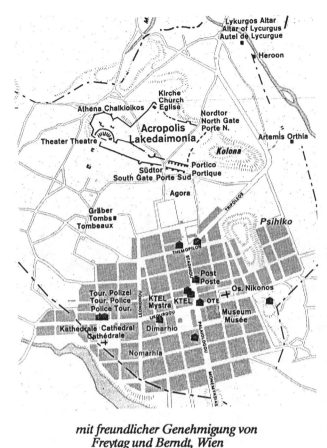

mit freundlicher Genehmigung von Freytag und Berndt, Wien

Da die Ausgrabungsarbeiten noch nicht abgeschlossen sind, sieht man bisher nur sehr geringe Überreste der **Agora**, einer zweigeschossigen Säulenhalle. Durch das **Südtor**, das zur römischen und byzantinischen Stadtmauer gehörte, erreicht man den niedrigen Hügel der **Akropolis**. Dieser war in antiker Zeit unbefestigt. Erst im 3. - 9. Jahrhundert n.Chr. wurden die Mauern zum Schutz gegen Goten und Slawen errichtet.

Sehenswert ist auf dem Akropolishügel die aus dem 10. Jahrhundert stammende dreischiffige **Nikon-Basilika**, in der der Heilige Nikon Metanoeite begraben wurde.

Am Südhang des niedrigen Akropolis-Hügels liegen Reste des aus hellenistischer Zeit stammenden **Theaters**, das im 2. oder 1. Jahrhundert v.Chr. von den Römern erweitert und umgebaut wurde.

Auf der Höhe der Akropolis sind die Fundamente des **Tempels der Athena Chalkioikos** zu erkennen. An der Stelle eines noch älteren Tempels wurde dieses Bauwerk im 6. Jahrhundert v.Chr. unter der Leitung des berühmten Architekten, Bildhauers und Hymnendichters Gitiades errichtet.

Am nordwestlichen Stadtrand liegt das **Leonidion**, das "Grabmal des Leonidas".

Sparta

Wegbeschreibung:
Sie fahren über die Paleologou-Straße bis zur Abzweigung nach rechts in Richtung Tripolis. An dieser Kreuzung biegen Sie nach links in die Thermopylen-Straße. Von dort weist ein Schild zum Leonidion.

Sichtbar sind die Überreste eines kleinen Tempels aus dem 3. Jahrhundert v.Chr., der fälschlicherweise dem Leonidas zugeschrieben wird, dessen eigentliches Grab sich näher hin zum Theater befand. Von diesem Grab sind jedoch keine Reste erhalten.

Am westlichen Stadtrand, zwischen der Straße nach Tripolis und dem Eurótas, liegt das **Heiligtum der Artemis Orthía**. Seit dem 10. vorchristlichen Jahrhundert war dieser Ort der Göttin Artemis geweiht; hierhin brachten Iphigenie und Orestes aus dem Lande der Taurier das hölzerne Kultbild der Artemis.

Mit dem Kult der Artemis war eng das Menschenopfer verbunden. Lykurg verordnete in seiner Gesetzgebung die Aufhebung der Todesriten und führte stattdessen im Rahmen der Männerweihe die blutige Geißelung der Jünglinge am Altar der Artemis ein.

In hellenistischer und römischer Zeit verlor dieser Brauch seine religiöse Bedeutung und geriet immer mehr zum Schauspiel, das sensationslustige Zuschauer anzog.

Vom Heiligtum der Artemis sind nur noch Fundament- und Mauerreste des Tempels aus dem 6. Jahrhundert v.Chr. sichtbar. Geringe Überreste sind vom römischen Theater aus dem 3. Jahrhundert n.Chr. erhalten.

Das **Museum** wurde in einem klassizistischen Gebäude aus dem Jahre 1875 eingerichtet und liegt in einem kleinen Park an der Odos Lykourgou.

Öffnungszeiten:
täglich 8.45 - 15.00 Uhr,
Sonntag 9.30 - 14.30 Uhr
Dienstag geschlossen

Die Fundstücke stammen aus Sparta und der näheren Umgebung. Besonders interessant sind die neolithischen Funde von Pirgos Dirou in der Mani und die mykenischen und archaischen Ausstellungsstücke, die in der Nähe der Akropolis von Sparta gefunden wurden.

Sehenswert sind auch einige Stelen aus dem 6. und 5. Jahrhundert v.Chr., von denen eine pyramidenförmige Stele Agamemnon und Klytämnestra zeigt.

Aus parischem Marmor gearbeitet ist die Statue eines spartanischen Hopliten, die in der Akropolis gefunden wurde. Da sie nur kurze Zeit nach der Schlacht bei den Thermopylen angefertigt wurde, wird angenommen, daß es eine Darstellung des heldenhaften Leonidas ist.

8.6.4 SEHENSWERTES IN DER UMGEBUNG VON SPARTA

Amikles

Entfernung: 6 km je Wegstrecke
Wegstrecke: Fahren Sie von Sparta auf der Hauptstraße in Richtung Gythion bis zur Ortschaft Amikles. Der Ausschilderung 'Amykleion' folgend, biegen Sie gleich am Ortsanfang nach links ab und erreichen nach etwa 1,5 km den Hügel Agia Kiriaki mit der gleichnamigen kleinen Kapelle.

Der antike Ort Amyklae war eines der fünf Dörfer Spartas und in der Antike wegen seines bedeutenden Apollon-Tempels berühmt. Von diesem blieben nur äußerst geringe Überreste erhalten, die einen Besuch nur für den archäologisch sehr Interessierten lohnen.

Im Altertum war der Name Amyklai eng mit dem Kult des Apollon und des Hyakinthus verbunden. Hyakinthos war ein schöner Jüngling, der von Apollon geliebt wurde. Unglückseligerweise traf ein von Apollon geworfener Diskus den Jüngling am Kopf und tötete ihn. Aus dem Blut des Hyakinthos ließ Apollon Blumen sprießen und nannte sie zur Erinnerung Hyazinthen.

Hyakinthos wurde als Fruchtbarkeitsgott verehrt; dieser Kult ging später auf Apollon über und erreichte seinen Höhepunkt bei dem alljährlich im Sommer stattfindenden Fest der Hyakinthien.

Váfion

Entfernung: 2 km südlich von Amikles
Wegstrecke: Man verläßt Amikles auf der Hauptstraße in Richtung Gythion, biegt nach links zum Ort Váfion ab und folgt dann von dort der Ausschilderung "Vafio Tholos Tomb".

Auf einem Hügel sieht man die Grundmauern eines der beiden Kuppelgräber von Váfion. Ein 25 m langer Dromos führt zu dem Grabbau, das einen Durchmesser von 10 m hatte.

Das Kuppelgrab von Váfion ist älter als das berühmte Schatzhaus des Atreus in Mykene. Obwohl es schon in der Antike ausgeraubt worden war, stießen die Archäologen auf wertvolle Funde, wie z.B. die beiden goldenen Becher, die heute im Nationalmuseum in Athen ausgestellt sind.

Die beiden sogenannten Váfion-Becher wurden um 1500 v.Chr. angefertigt; die großartigen Darstellungen auf dem Becherpaar zeigen den Fang wilder Stiere und zahme Rinder auf der Weide.

Menelaion

Entfernung: ca. 4 km je Wegstrecke
Wegstrecke: Fahren Sie zunächst in Richtung Tripolis, biegen dann nach rechts ab in Richtung Geráki. Nach etwa 3,2 km weist ein Schild nach links zum Menelaion. Von dem Kirchlein Zoodochos Pigi führt ein Fußweg zum Heiligtum.

Auf dem Hügel stand das 8 m hohe Grabmal, das im 5. Jahrhundert v.Chr. zu Ehren des Menelaos und der Helena errichtet worden war.

Bei Ausgrabungsarbeiten in den Jahren 1973/74 stießen die Archäologen auf zahlreiche kleine Blei- und Bronzefiguren und entdeckten außerdem eine mykenische Siedlung.

 Vom Menelaion bietet sich ein schöner Blick auf die fruchtbare Ebene des Eurótas und die hohen Gipfel des Taygetos-Gebirges.

Ölivenöl - das flüssige Gold Griechenlands

Auffallendstes Merkmal der Landschaft sind die weiten, silbrig-grün schimmernden Olivenhaine, deren mehr als 11 Millionen Olivenbäume den Wohlstand ausmachen. Aber dieser Wohlstand ist nur durch harte Arbeit zu erringen, denn Pflege und Ernte der Olivenbäume sind äußerst mühsam.

Der Olivenbaum wird seit beinahe 5 000 Jahren im Mittelmeerraum kultiviert; er ist genügsam und anpassungsfähig und gedeiht auch auf ganz kargen Böden, wenn diese ausreichend kalkhaltig und nicht zu feucht sind. Im typischen Mittelmeerklima mit heißen Sommern, langen Trockenperioden und kühlen Wintern gedeihen Olivenbäume am besten an freien Gebirgshängen; dabei entwickeln die Oliven ihr bestes Aroma bei großen Temperaturschwankungen, wenn heiße Tage mit kühlen Nächten abwechseln.

Die Kultivierung von Olivenbäumen erfordert viel Geduld, denn die Bäume tragen nur alle zwei Jahre und frühestens nach dem 10. Jahr. Die höchsten Ernteerträge gibt es vom 25. bis 200. Jahr; durch Bodenbearbeitung, Düngung, Rückschnitt und zusätzliche Bewässerung versuchen die Bauern, die Erträge zu verbessern.

Die Blütezeit des Olivenbaumes liegt zwischen April und Juni; dann sieht man die kleinen, unscheinbaren Blüten, die gelblich-weiß schimmern. Nach der Windbestäubung reifen die Früchte bis Oktober zu ihrer endgültigen Größe heran; zu diesem Zeitpunkt werden die grünen Früchte als Eßoliven geerntet. Ab November färben sie sich dunkler, bis sie zwischen Dezember und Februar fast schwarz und ganz reif werden. Dann beginnt die mühevolle Ernte: nur für die Herstellung einfacherer Öle werden mechanische Rüttler eingesetzt. Auf ausgebreiteten Tüchern und gespannten Netzen werden die Oliven aufgefangen und dann schnellstmöglich zur weiteren Verarbeitung in die Olivenlager gebracht.

Für das qualitativ hochwertige reine Olivenöl werden die Früchte jedoch weiterhin mit der Hand gepflückt, da nur so gesichert ist, daß die empfindliche Haut nicht verletzt und das Fruchtfleisch nicht zerdrückt wird. Nachdem die Oliven in Sieben verlesen wurden, werden sie kistenweise zu den nahegelegenen Ölivenmühlen gebracht, denn in den Olivenanbaugebieten gibt es überall kleine genossenschaftliche Ölpressen.

Der Wert des Olivenöles, das schon in der Antike hoch geschätzt wurde, ist heute durch vielfältige wissenschaftliche Untersuchungen nachgewiesen worden: Olivenöl ist gesund!

Mistra

Die nachfolgende Zeichnung zeigt die Stationen der Ölgewinnung und macht deutlich, daß das naturreine Olivenöl auf kaltem Weg gewonnen wird und keine chemische Behandlung erfährt.

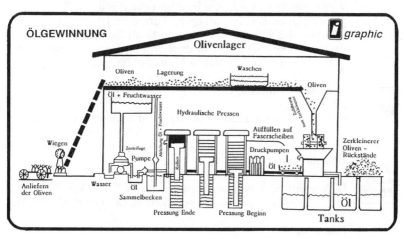

8.7 MISTRA

Entfernung: 5 km westlich von Sparta
Wegstrecke: von der Paleologou-Straße, der Hauptstraße, folgt man nach links der Ausschilderung Mistrá.

Mistra

Ein Besuch der byzantinischen Stadt Mistrá gehört mit der Vielzahl ihrer Kirchen, Klöster und Ruinen zu den Höhepunkten jeder Peloponnes-Reise. In den Sommermonaten ist Mistrá ein vielbesuchtes Touristenziel.

Um in der Weitläufigkeit des Geländes die Fülle der Sehenswürdigkeiten ganz aufnehmen zu können, brauchen Sie mindestens 3 - 4 Stunden Zeit für die Besichtigung. Wenn Sie bis zur Festung hinaufsteigen wollen, sollten Sie einen ganzen Tag zur Verfügung haben.

Da es erhebliche Höhenunterschiede gibt und der Aufstieg zur Burg sehr anstrengend ist, sollten Sie wegen der großen Hitze im Sommer mit dem Rundgang auf jeden Fall am frühen Vormittag beginnen und einen Sonnenschutz mitnehmen.

Innerhalb des Ausgrabungsgeländes kann man weder Getränke noch Eßwaren kaufen. Es empfiehlt sich deshalb, vor allem Getränke mitzunehmen.

Für Fotografen ist wegen der besseren Beleuchtung besonders der Vormittag geeignet.

Wenn Sie Mistrá mit Kindern besuchen, müssen Sie gut aufpassen. Überall laden Mauern, Türme und Felsen zum Klettern ein, die aber oft brüchig und baufällig sind. Kleiner Kinder verlaufen sich leicht in dem großen Gelände oder verlieren sich in der sommerlichen Menschenmenge.

**Verkehrsverbindungen
mit dem Bus**
von Sparta aus verkehren in den Sommermonaten bis zu 12 x täglich Linienbusse; Fahrtdauer: ca. 15 Minuten

Übernachtung

B **Vyzantion**, Vassilissis Sophias, Tel.: 0731/93309, 38 Betten, ganzjährig geöffnet, an der Durchgangsstraße

Camping

Mystras: Tel.: 0731/22724, 8 000 qm, 60 Standplätze, Einkaufsmöglichkeit, Snackbar

Restaurants und Geschäfte

Im Dorf gibt es mehrere kleine Restaurants, Snackbars und Souvenirgeschäfte

Taxi

Der Taxistandort ist am Dorfplatz, bei dem Hotel Vyzantion

Geschichte

1248 erobert der fränkische Kreuzfahrer Guillaume de Villehardouin die Festung von Monemvasía und erringt damit die Herrschaft über Lakedämonien. Ein Jahr später, 1249, läßt er auf dem Hügel von Mistrá eine Burg errichten; davon erzählt die 'Chronik von Morea':

"Und wie er alle Plätze dort absuchte, fand er einen merkwürdigen Berg, vom Gebirge abgetrennt, etwa eine Meile oberhalb von Lakedaimon. Da er großen Gefallen daran fand, einen festen Platz zu schaffen, beschloß er, oben auf dem Berg eine Burg zu bauen, und den Namen Myzithra gab er ihr, denn so nannte man den Berg; eine glänzende Burg errichtete er und eine große Festung."

1259 gerät Villehardouin in byzantinische Gefangenschaft, aus der er sich nur durch den Verzicht auf seine drei Burgen freikaufen kann. Wieder berichtet die Chronik:

"...daß er dem Kaiser für ihre Freiheit die Burgen von Monemvasía und Maina gibt und die dritte und schönste Burg, die von Mistra."

Damit kommt die Burg schon 1263 in byzantinischen Besitz; die Bewohner Spartas siedeln sich am Berghang, unterhalb der Festung, an und bauen Wohnhäuser und Kirchen. Im Laufe der Zeit dehnt die Stadt sich immer weiter aus; es entstehen vom 13. - 15. Jahrhundert prächtige Häuser, Kirchen und Klöster, wie z. B.

- der **Statthalter-Palast** (um 1250),
- die **Kirche Agii Theodori** (um 1295) mit Katholikon,
- das **Peribleptos-Kloster** (14. Jahrhundert),
- das **Pantanassa-Kloster** (um 1430).

In diesen beiden Jahrhunderten ist Mistrá der Mittelpunkt des byzantinischen Geisteslebens und Hauptort Lakoniens, in dem etwa 42 000 Menschen leben. Nach einer reichen Blütezeit setzt mit dem Beginn der 2. Türken-Herrschaft seit 1715 der Niedergang ein, aber erst mit der Neugründung Spartas 1834 wird die Stadt aufgegeben.

Gegen Ende des 19. Jahrhunderts wird mit der Restaurierung der Kirchen Mistrás begonnen; seit 1952 ist das Griechische Archäologische Amt für die Erhaltung Mistrás zuständig.

Besichtigung

Öffnungszeiten:
täglich   7.30 - 19.30 Uhr
Sonntag   10.00 - 18.00 Uhr

Es gibt drei **Eingänge:**
1. unterer Eingang am **Marmara-Brunnen**
2. Haupteingang und Parkplatz **gegenüber dem Xenia-Pavillon**
3. oberer Eingang und Parkplatz am **Nauplia-Tor** (geeignet für die Besichtigung der Oberstadt und der Festung)

Buch und Kartentip

Nikos V. Georgiadis, Mistra, Athen 1987; an den Kassenhäuschen erhältlich
Wolfgang Löhneysen Frh.v., Mistra, Griechenlands Schicksal im Mittelalter, München 1977

Durch die Weitläufigkeit des Geländes und die Vielzahl der Gebäude wirkt die Ruinenstadt auf den Besucher zunächst verwirrend. Eine grobe Gliederung soll Ihnen die Orientierung erleichtern:

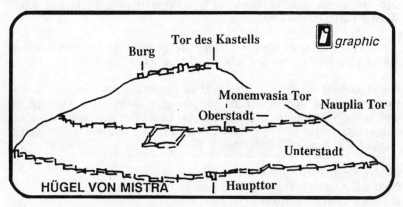

Der Hügel von Mistrá ist durch zwei stark befestigte Mauerringe und durch die uneinnehmbare Festung gesichert; dadurch werden drei Bereiche deutlich von einander abgegrenzt:

- die **Unterstadt** mit Wohnhäusern und Kirchen als Siedlung der Bürger,
- die **Oberstadt** mit Verwaltungsgebäuden, Herrenhäusern und dem Palast, die durch zwei mächtige Tore, das Monemvasía-Tor und das Nauplia-Tor, geschützt war,
- die **Burg**, die in Friedenszeiten als Wachtturm, in Kriegszeiten als letzte Zufluchtsstätte diente.

Mistra

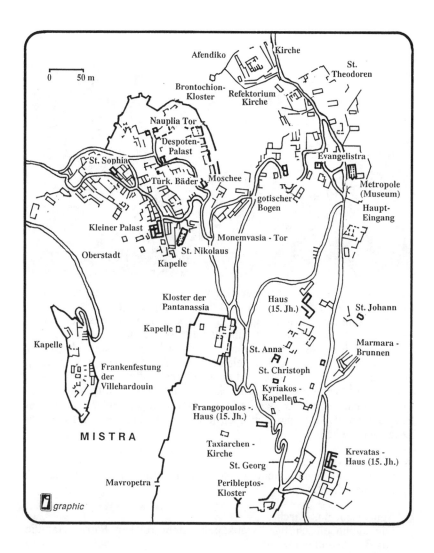

Mistra

Dabei besteht ein Höhenunterschied von etwa 300 m zwischen dem Eingang am Marmara-Brunnen und der Festungsanlage.

 Innerhalb des Geländes gibt es keinen ausgewiesenen Rundweg. Auf die Beschreibung eines Rundganges wird hier verzichtet, weil es sinnvoller scheint, sich selbst einen Weg zu suchen zwischen den vielen kleinen Straßen, Treppenabsätzen und Gängen. Alle Gebäude sind aber gut beschriftet; außerdem gibt es ausreichend Wegweiser und Hinweistafeln als Orientierungshilfen.

Beginnt man mit der Besichtigung am **Haupteingang oder am unteren Eingang**, so wendet man sich nach links und kommt zu den folgenden Sehenswürdigkeiten:

- **Marmara-Brunnen**:
  So genannt nach einem antiken Marmorsarkophag, der hier als Brunnen diente;

- **Agios Georgios-Kirche**:
  Die kleine einschiffige Grabkapelle einer reichen Patrizierfamilie, aus Bruchsteinen errichtet;

- **Krevattas-Haus**:
  18. Jahrhundert; Wohnhaus einer des angesehensten Familien Mistras;

- **Peribleptos-Kloster**:
  Um 1350; Zweisäulenkirche mit Kuppel; nahezu unversehrte Fresken aus der 2. Hälfte des 14. Jahrhunderts, die zu den schönsten Malereien Mistras zählen; reizvolle Felsenlage;

Mistra

...5. Jahrhundert;

...ine;

...he mit spätbyzantinischen Malereien aus dem ...rgewöhnliche Fassade und schöner dreige... ...m mit hochgewölbter Kuppel und 4 kleinen ...s einziges Kloster noch von Nonnen bewohnt;

- **Monemvasia-Tor**:
  13. Jahrhundert; öffnet den Zugang zur Oberstadt;

- **Despoten-Palast**:
  Mittelpunkt Mistras; um 1250 errichteter Palast, der in den folgenden Jahrhunderten mehrfach erweitert wurde; in türkischer Zeit wurde der Platz vor dem Palast als Basar genutzt; von der Ruine aus bietet sich ein wunderbarer Blick auf das Tal des Eurotas;

- **Nauplia-Tor:**
  zweiter Zugang zur Oberstadt;

- **Agia Sophia-Kirche:**
  Um 1350 - 1370; diente als Palastkirche und wurde in türkischer Zeit in eine Moschee umgewandelt; Architekturmerkmale sind eine Säulenhalle, ein Turm und eine dem Kirchenbau vorgelagerte Kapelle; nur geringe Freskenreste; Christusdarstellung in der Mittelapsis; Restaurierungsarbeiten 1939 und 1955;

Mistra

Despotenpalast

- **Festung:**
  Steiler, mühsamer, aber wegen des herrlichen Ausblicks lohnender Aufstieg zur Festung; ältestes Bauwerk von Mistra aus dem Jahre 1249;

- **Kleiner Palast:**
  Repräsentatives, weltliches Gebäude aus dem 15. Jahrhundert;

- **Agios Nikolaos-Kirche:**
  17. Jahrhundert; Kreuzkuppelkirche mit Fresken aus dem 18. Jahrhundert, die vom Leben des Nikolaus von Myra erzählen;

- **Evangelistria-Kirche:**
  Um 1400; Kreuzkuppelkirche;

- **Brontochion-Kloster:**
  1295; von der Klosteranlage sind noch zwei Kirchen gut erhalten: die Agii Theodori-Kirche von 1296 und die Gebieter-Kirche (Afendiko). Letztere wurde 1311 errichtet und verbindet Elemente einer Basilika mit denen einer Kreuzkuppelkirche; gut erhal-

tene Wandmalereien; Kapelle mit Grabmälern; Überreste des Refektoriums und einiger Klosterzellen;

● **Metropolis:**

1291; Bischofskirche von Mistra; dreischiffige Basilika, die vermutlich im 15. Jahrhundert durch das Dach mit 5 Kuppeln und durch ein Stockwerk mit einer Galerie für Frauen und eine Herrscherloge verändert wurde; prächtige Innenausgestaltung mit Fresken, Inschriften und Reliefbändern; schöner, von Arkaden umgebener Hof;

● **Museum:**

Es liegt neben der Metropolis und stellt Funde aus Mistra aus; Bauteile wie Kapitelle, Brüstungen, Ikonenständer und Kleinfunde wie Schmuck, Münzen und Gebrauchsgegenstände.

9. ARKADIEN - DAS BERGLAND DER PELOPONNES

Mit den Worten "Auch ich war in Arkadien geboren" - beginnt Schiller sein bekanntes Gedicht "Resignation". Arkadien - das war von der hellenistischen Zeit bis hin zur deutschen Klassik, von Theokrit und Vergil bis hin zu Goethe und Schiller, der Traum vom "einfachen Leben" in idyllischer Landschaft, der Inbegriff eines irdischen Paradieses, in dem die Schäferinnen Blumenkränze binden, die Hirten auf der Panflöte blasen und alle Menschen in unbeschwerter Glückseligkeit leben.

Keiner jener schwärmenden Dichter und Maler ist jemals in Arkadien, dem gebirgigen Hochland im Inneren der Peloponnes, gewesen.

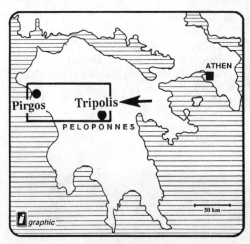

Die natürliche Begrenzung des Landes sind im Norden und Nordwesten die mächtigen Bergmassive der Kyllíni, des Chelmos und des Erímanthos, die bis zu Höhen über 2 300 m aufsteigen. Zum Landesinneren senken sie sich zu dichtbewaldeten Höhenzügen zwischen 1 200 und 2 000 m und fallen nur im Osten und Süden zu einigen größeren Hochebenen ab.

In diesen Ebenen entstanden die einzigen größeren Siedlungen **Trípolis** und **Megalópolis**.

Heute durchziehen Straßen das Land und verbinden die Hauptorte miteinander. Abseits dieser Straßen ist die Region jedoch noch immer unberührt. In der Abgeschiedenheit der Dörfer bieten sich nur wenige Erwerbsmöglichkeiten für die Bevölkerung. Hirten ziehen noch immer mit ihren Herden über das Land; Bauern bewirtschaften weiterhin den kargen Boden, aber immer mehr junge Leute verlassen ihre Heimat, um in den Städten Arbeit zu finden.

Für den Reisenden sind die Abgeschiedenheit und Unberührtheit der Landschaft sehr reizvoll. Er erlebt die herbe Schönheit Arkadiens in der großartigen Bergwelt mit rauschenden Wasserfällen und reißenden Sturzbächen, mit dichten Eichen- und Kiefernwäldern, engen Schluch-

Arkadien

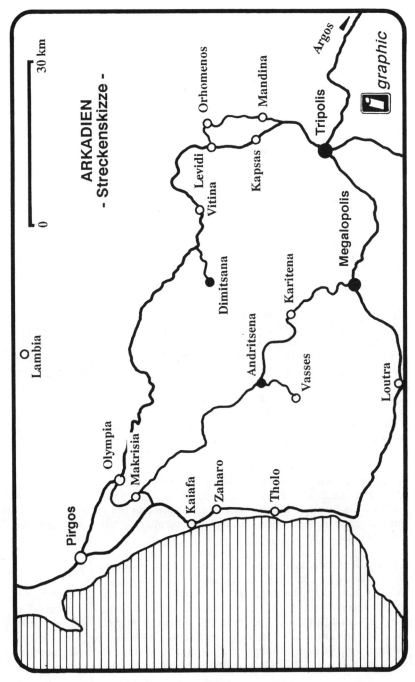

ten und wunderbaren Ausblicken und erfährt die Stille und Einsamkeit der Natur.

An der Hauptstraße, die die Peloponnes in ihrer ganzen Breite durchzieht und die West- und Ostküste miteinander verbindet, liegen die beiden Städte Trípolis und Megalópolis.

9.1 TRIPOLIS UND UMGEBUNG

Trípolis ist mit 20 200 Einwohnern die Hauptstadt des Nomos Arkadien und das Verkehrs- und Handelszentrum der Peloponnes.

Von Trípolis führen gut ausgebaute Straßen zu allen größeren Städten und zu allen wichtigen Sehenswürdigkeiten der Peloponnes.

Die Stadt liegt in der weiten Hochebene Arkadiens, die landwirtschaftlich sehr intensiv genutzt wird, wobei neben dem Obst- und Weinanbau der Viehzucht besondere Bedeutung zukommt.

Trípolis ist eine moderne Industriestadt mit viel Lärm und Hektik, die sich als Ort für einen längeren Ferienaufenthalt nicht eignet. Aus allen Regionen der Peloponnes laufen in diesem Verkehrsknotenpunkt die Straßen zusammen. Busse, Lastwagen und Personenwagen zwängen sich laut hupend durch die Stadt; in den engen Straßen liegen viele kleine Handwerksbetriebe und Reparaturwerkstätten. Außerdem gibt es große Gerbereien, Töpfereien und Teppichfabriken.

Trípolis ist eine junge Stadt, die erst im 14. Jahrhundert gegründet wurde und seit dem 17. Jahrhundert den Namen Tripolitsa trägt. 1770 wurde Trípolis zum Sitz des Paschas der Morea erwählt.

Im griechischen Befreiungskampf fanden in Trípolis grausame Kämpfe statt. 1821 gelang es den Griechen unter Kolokotronis, die Stadt zu erobern. Alle türkischen Bewohner von Trípolis wurden getötet. Der Versuch Ibrahim Paschas, die Stadt zurückzuerobern, endete mit ihrer fast völligen Zerstörung.

Die Stadt wurde nach den Befreiungskriegen wieder aufgebaut, bietet jedoch keine nennenswerten Sehenswürdigkeiten.
An die Zeit der Türkenherrschaft erinnert nur noch der Basar, der einen Besuch wert ist. Mit fast orientalischem Gepräge findet hier Tag für Tag ein Markt statt, auf dem mit Allem gehandelt wird, was man sich denken kann. Da gibt es Blumen und Gemüse, Eier und Fleisch, Hühner und Hasen, Schafe und Ziegen, aber auch Teppiche, Lampen, Autozubehörteile und Fernsehapparate.

Trípolis und Umgebung

Touristische Hinweise

Verkehrsverbindungen

mit dem Bus
mit **Athen** 8 - 10 x täglich
mit **Argos** 8 - 10 x täglich
mit **Kalamata** 8 - 10 x täglich
mit **Sparta** 4 x täglich; Umsteigemöglichkeit nach **Gythion** und **Monemvasía**
mit **Pylos** 2 x täglich mit **Olympia** 3 x täglich
mit **Kiparissía** 2 x täglich mit **Tegéa** 9 - 10 x täglich

Es gibt in Trípolis keinen gemeinsamen Busbahnhof für alle Buslinien. Die Abfahrtsstationen hängen von der jeweiligen Strecke ab. Die Busbahnhöfe befinden sich an folgenden Straßen:
Station für alle Busse in Fahrtrichtung Argos - Athen: Platía Kolokotróni
Station für alle Busse in Fahrtrichtung Sparta: Vasilissis Olgas Straße
Station für alle Busse in Fahrtrichtung Kalamata: Platía Georgiou
Station für den örtlichen Nahverkehr: Platía Theodoros Petrinou

mit der Bahn
mit **Athen** 4 x täglich
mit **Argos** 4 x täglich
mit **Korinth** 4 x täglich
mit **Kalamata** 4 x täglich

Entfernungen

nach **Athen** 195 km
nach **Korinth** 109 km
nach **Patras** 171 km
nach **Kalamata** 90 km
nach **Gythion** 106 km

Wichtige Anschriften und Telefonnummern (Vorwahl 071)

Touristenpolizei: Platía Georgiou, 222039
Ärztliche Versorgung: im städtischen Krankenhaus

Übernachtung

In Trípolis gibt es Hotels der Klassen A - E; alle Hotels sind ganzjährig geöffnet
A **Menelaion**, Platia Areos, Tel.: 222450, 58 Betten, altes, empfehlenswertes Haus, das 1983 renoviert wurde
B **Arcadia**, Platia Kolokotroni 1, Tel.: 225551, 85 Betten, an einem der Hauptplätze gelegenes, sechsstöckiges Haus mit Dachgarten
C **Alex**, Vassileos Georgiou 26, Tel.: 223465, 59 Betten, an der lauten Durchgangsstraße
C **Anaktorikon**, 48 Konstantinou XII, Tel.: 222545, 58 Betten

Trípolis und Umgebung

C **Artemis**, Dimitrakopoulou 1, Tel.: 225221, 126 Betten, modernes Haus in ruhiger Lage
C **Galaxy**, Platia Georgiou B, Tel.: 225195, 150 Betten, zentral an einem der Hauptplätze gelegen
D **Akropole**, Agiou Konstantinou 4, Tel.: 222457, 57 Betten
D **Crystal**, Paleologou 3 C, Tel.: 222297, 26 Betten
D **Neon**, Lagopati 71, Tel.: 222843, 18 Betten

Restaurants

Beliebtester Treffpunkt der Stadt ist die Platía Areos mit ihren großen, schönen Cafés, die im Schatten alter Bäume liegen. Auch an den kleineren Plätzen der Stadt gibt es Cafés und Restaurants.

Ausflüge

Trípolis eignet sich als Ausgangsort für Fahrten zu den archäologischen Stätten von Tegéa, Aséa, Mantínea und Orchomenós.

Sehenswertes für archäologisch Interessierte in der Umgebung von Trípolis

Tegéa

In antiker Zeit war Tegéa die wichtigste Stadt Arkadiens, von deren Bedeutung noch die Überreste des berühmten Athena-Tempels zeugen.

Entfernung: 8 km südlich von Trípolis
Wegstrecke: Sie fahren von Trípolis auf der Straße nach Sparta bis nach Kerasítsa, biegen dort nach links ab und sehen dann bald die Ausgrabungsstätte und das Museum im heutigen Ort Tegéa.

Mythos und Geschichte

Tegéa soll durch den Zusammenschluß von acht ländlichen Gemeinden durch den König Aleós entstanden sein. Während seiner Herrscherzeit wurde das Athena-Heiligtum errichtet, das im ganzen Lande als Zufluchtsort für Verbannte und Flüchtlinge bekannt wurde. So soll auch Orest nach Tegéa geflohen sein, nachdem er Klytaimnestra, seine Mutter, und Aigisthos erschlagen hatte.

Nach langen Kämpfen wurde Tegéa um 550 v.Chr. von Sparta unterworfen, wurde Mitglied des Peloponnesischen Bundes und nahm in den Perserkriegen an den Schlachten von Mantineia und Plataä teil. Im Peloponnesischen Krieg kämpfte Tegéa an der Seite Spartas; nach dem Sieg der Thebaner über Sparta trat Tegéa dem Arkadischen Bund bei. Unter Kaiser Augustus wurde die Stadt geplündert und unter Alarich um 400 n.Chr. zerstört. Dem Wiederaufbau in byzantinischer Zeit folgte die Befestigung zur Zeit der Franken, die der Stadt den Namen Nikli gaben. 1296 kam die Stadt wieder in byzantinischen Besitz; während der Türkenzeit verlor Tegéa an Bedeutung.

Die Ausgrabungen von Tegéa

Die Überreste des Tempels wurden schon 1880 entdeckt; in den Jahren 1888 - 1910 wurden die Ausgrabungen von der Französischen Archäologischen Schule durchgeführt.
Dabei wurden die Fundamente und mehrere Säulentrommeln des Athena-Tempels freigelegt, die allerdings keinen Eindruck mehr von der einstigen Größe und Pracht des Tempels vermitteln.

Der Tempel der Athena Alea war kultischer Mittelpunkt des Arkadischen Bundes und galt als einer der schönsten Tempel der Peloponnes.
An der Stelle des alten, 394 v.Chr. durch ein Feuer zerstörten Tempels wurde unter der Leitung des berühmten Baumeisters und Bildhauers Skopas aus Paros um 350 v.Chr. ein neuer Tempel gebaut. Es war ein ganz aus weißem Marmor errichteter Tempel mit 6 x 14 äußeren dorischen Säulen und korinthischen Halbsäulen in der Cella.
Besondere Bedeutung kam der Ausgestaltung der Giebelfelder durch Skopas bei, die im Ostgiebel die Jagd auf den Kalydonischen Eber und im Westgiebel den Kampf des Telephos mit Achilles zeigten.
In der Cella stand die aus Elfenbein gefertigte Statue der Athena Alea aus dem 6. Jahrhundert v.Chr..

Nur 200 m vom Tempel entfernt liegt das **Museum** von Tegéa.

Öffnungszeiten

täglich 8.45 - 15 Uhr,

Ausgestellt sind Funde vom Athena-Heiligtum; sehenswert sind die Skulpturenfragmente vom Tempel, Original und Nachbildungen einiger Arbeiten des Skopas sowie Weihegaben und Keramiken von der Steinzeit bis zur mittleren Bronzezeit.

Paleó Episkopí

Entfernung: 6 km südlich von Trípolis

Auf der Rückfahrt von Tegéa nach Trípolis sieht man die große Parkanlage von Episkopí mit einer im Jahre 1880 erbauten Kreuzkuppelkirche mit 5 Kuppeln.

An der Stelle der Kirche lag in antiker Zeit ein Theater, das 174 v.Chr. von Antiochos IV. Epiphanes von Syrien an der Stelle eines älteren Theaters errichtet worden war.

Im Park sieht man unter einem Schutzdach sehr schöne frühchristliche Mosaike, die zu einer einschiffigen Kirche des 5. Jahrhunderts gehörten. Im Westen der Parkanlage sind noch Funde aus der römischen Kaiserzeit und Überreste der mittelalterlichen Stadtmauer zu sehen.

9.2 FAHRTEN DURCH ARKADIEN

Für die meisten Reisenden ist Trípolis Durchgangsstation auf ihrer Fahrt über die Peloponnes in West-Ost-Richtung von oder nach Olympia bzw. Nauplia.

In der weiteren Umgebung von Trípolis liegen die antiken Stätten Asća, Mantínea und Orchomenós; die Überreste sind vergleichsweise gering, so daß sich der Besuch nur für archäologisch sehr interessierte Reisende lohnt.

Von Trípolis führen zwei Straßen an die Westküste der Peloponnes und nach Olympia:

- die **Hauptstrecke von Trípolis über Megalópolis nach Pírgos und Olympia**: Gesamtstrecke:ca. 135 km

   Im Verlauf dieser Straße fahren Sie durch eine sehr schöne Berglandschaft mit den malerischen Ortschaften Karítena und Andrítsena. Von Andrítsena aus lohnt sich der Besuch des berühmten Tempels von Bassae.

- die **Strecke über Vitína und Dimitsána nach Pírgos und Olympia**: Gesamtstrecke: ca. 135 km

   Wenn Sie die landschaftlichen Schönheiten Arkadiens kennenlernen möchten, können Sie von Trípolis aus nach Norden fahren, die an dieser Straße gelegenen Ausgrabungsstätten von Mantínea und Orchomenós aufsuchen und in den Bergdörfern Vitína und Dimitsána Station machen, die wegen ihres gesunden Klimas und der guten Wandermöglichkeiten sehr geschätzt sind.

9.2.1 VON TRIPOLIS ÜBER MEGALOPOLIS NACH PIRGOS UND OLYMPIA

Entfernung: ca. 135 km

Aséa

An der Hauptstraße von Trípolis nach Megalópolis liegt nach etwa 17 km das Dorf Kato **Aséa**, in dessen Nähe man noch geringe Mauerreste aus hellenistischer Zeit sieht.
Von schwedischen Archäologen wurde nachgewiesen, daß die Akropolis von Aséa schon seit der neolithischen Zeit besiedelt war. In antiker Zeit gehörte Aséa zu jenen 40 Städten, deren Bevölkerung vom thebanischen Feldherrn Epaminondas im Jahre 368 v.Chr. zwangsweise zur neugegründeten Hauptstadt Megalópolis umgesiedelt worden war.
Ein Teil der Ausgrabungen wurde nach der Auswertung wieder zugeschüttet.

Spezialitäten

An den Straßenrändern stellen die Bauern im Sommer Stände auf und verkaufen aus frischer Ernte Kirschen, Äpfel, Maronen oder Walnüsse.
Besonders geschätzt wird der hiesige Knoblauch, der in langen Zöpfen angeboten wird.

Megalópolis

Bei der Weiterfahrt bietet sich Ihnen ein schöner Blick auf die fruchtbare, von bewaldeten Bergketten eingerahmte Hochebene von **Megalópolis**, das Sie nach 34 km erreichen.

Von Trípolis über Megalopolis nach Pírgos und Olympia

Die **moderne Stadt**, in der etwa 3 400 Menschen leben, entstand erst nach den griechischen Befreiungskriegen und ist heute ein wichtiger Verkehrsknotenpunkt. Zentrum der Stadt ist der Kolokotroni-Platz mit zahlreichen Geschäften und Cafés.
Etwa 1 km nördlich liegen die Ruinen der **antiken Stadt** Megalópolis. Dicht dabei steht das riesige staatliche Braunkohle-Kraftwerk, das das Land mit Energie versorgt. Durch die Förderung der Braunkohle im Tagebau verändert sich die Landschaft; die weite Hochebene von Megalópolis ist ein riesiges Abraumgebiet, über dem die Dunstglocke der Kraftwerkabgase liegt.

Touristische Hinweise

Verkehrsverbindungen
mit dem **Bus**

	mit **Trípolis**	8 x täglich
	mit **Patras**	2 - 3 x täglich
	mit **Kalamáta**	6 - 8 x täglich
	mit **Korinth**	6 - 8 x täglich
	mit **Athen**	6 - 8 x täglich

Der Busbahnhof liegt nahe des Hauptplatzes in der Nikolaos- Straße.
mit der **Eisenbahn**

2 x täglich
Eine Stichbahn verbindet Megalópolis mit Trípolis; von dort gibt es 5 x täglich Anschlußverbindungen nach Korinth, Athen und Kalamáta.

Übernachtung

Alle Hotels gehören zur selben Kategorie und sind ganzjährig geöffnet. Wegen der hohen Luftverschmutzung durch das nahe gelegene Braunkohlekraftwerk ist ein längerer Ferienaufenthalt nicht zu empfehlen.

D **Achillion**, Sambatakaki 61, Tel.: 0791/23276, 36 Betten,
D **Arcadia**, Agiou Athanassiou 30, Tel.: 0791/22223, 15 Betten,
D **Pan**, Papanastassiou 7, Tel.: 0791/22270, 30 Betten,
D **Paris**, Agiou Nikolaou 5, Tel.: 0791/22410, 47 Betten

Von Megalópolis führt die Hauptstraße nach Nordwesten zu den besuchenswerten Ortschaften Karítena und Andrítsena (vgl. Kapitel 7.5).

Sehenswertes in der Umgebung von Megalópolis

Die antike Stadt Megalópolis

Die Überreste der antiken Stadt, die zwischen 1890 und 1893 von englischen Archäologen ausgegraben wurden, liegen etwa 1 km nördlich der heutigen Stadt.

Von Trípolis über Megalopolis nach Pírgos und Olympia

Die Geschichte der Stadt beginnt im Jahre 371 v.Chr.. Im Kampf um die Vorherrschaft auf der Peloponnes war Sparta von den Thebanern unter der Führung ihres bedeutenden Feldherrn Epaminondas besiegt worden. Zum Schutz gegen Sparta schlossen sich 40 arkadische Städte zum Arkadischen Bund zusammen und gründeten Megalópolis (d.h. die große Stadt) als Hauptstadt und als Sitz des Arkadischen Bundes.

Alle großen Städte wurden zur Sicherung der neuen Stadt durch die Bereitstellung größerer Geldsummen und durch die Ansiedlung neuer Bewohner verpflichtet, was eine zwangsweise Umsiedlung und eine Verödung anderer arkadischer Städte zur Folge hatte.

Bei den Kämpfen zwischen Sparta und Theben zeigten sich politische Unstimmigkeiten innerhalb des Arkadischen Bundes und führten dazu, daß seine Mitglieder auf beiden Seiten kämpften. 223 v.Chr. wurde Megalópolis durch den Spartanerkönig Kleomenes III. zerstört.
Dem Wiederaufbau folgte 146 v.Chr. die erneute Zerstörung durch die Römer; unter Kaiser Augustus und bis ins 3. Jahrhundert hinein wurde die Stadt durch Stiftungen wieder aufgebaut, hatte jedoch keine politische Bedeutung mehr. Nach den Slaweneinfällen im 7. Jahrhundert wurde die Stadt endgültig aufgegeben.

Von der antiken Stadt blieben das Theater und das Thersileion erhalten.

Das **Theater** liegt in einer Mulde am Nordhang eines Hügels. Es war mit 50 Sitzreihen, auf denen 20 000 Zuschauer Platz fanden, das größte Theater Griechenlands. Hier fanden jedoch nicht nur Theateraufführungen statt, sondern auch die Versammlungen des Arkadischen Bundes, an denen 10 000 Menschen teilnahmen.

Nur die Orchestra mit einem Durchmesser von 30 m und die unteren 8 Sitzreihen blieben erhalten; die Ehrensitze in der ersten Reihe wurden um 350 v.Chr. von einem Kampfrichter gestiftet.

Das **Thersileion**, das den Namen seines Erbauers trägt, stammt aus dem Jahre 367 v.Chr. und wurde als Beratungssaal des Arkadischen Bundes genutzt. Eine von 4 Säulen umstandene Rednertribüne lag etwas außerhalb der Hallenmitte; um allen Teilnehmern eine gute Sicht zu ermöglichen, waren die 67 Stützpfeiler des Daches in 5 konzentrischen Säulenreihen angeordnet.
Von dem 66 x 52 m großen, säulengeschmückten Gebäude sind nur wenige Säulenstümpfe erhalten.

Weitere Überreste im Ausgrabungsgelände wie die nach Philipp II. von Makedonien genannte Stoa Philippeios, die Agora oder eine römische Badeanlage sind nur schwer zu erkennen.

Leondári

11 km südlich von Megalópolis liegt die Ortschaft Leondári, die von den Byzantinern gegründet und im 15. Jahrhundert von Thomas Palaiologos als Residenz genutzt worden war. Zur Zeit der Türkenherrschaft war Leondári Sitz des Paschas der Morea, bis es von Trípolis abgelöst wurde.

Von der **mittelalterlichen Burg**, die außerhalb des Dorfes in 678 m Höhe über einem engen Paß liegt, der die Grenze zwischen Arkadien und Messenien bildet, sind nur noch geringe Mauer- und Turmreste zu erkennen.

Sehenswert ist die aus dem 10./11. Jahrhundert stammende **Apostel-Kirche**, in der Elemente einer Basilika und einer Kreuzkuppelkirche verbunden sind.
Die am Kirchplatz aufgestellten **Denkmäler**, z.B. die Büste von Kolokotronis, erinnern an die Führer des griechischen Freiheitskampfes.

Lykósura

12 km südwestlich liegen die geringen Überreste des **Despoina-Tempels** aus dem 4. Jahrhundert v.Chr. und einer dorischen Stoa. Drei Altäre waren den Göttinnen Despoina, Demeter und Gae geweiht.
In dem kleinen **Museum** sind Fragmente großer Kultstatuen aus dem 3. Jahrhundert v.Chr., Bruchstücke von Gebäuden und zahlreiche Kleinfunde ausgestellt.

Ein Besuch lohnt sich nur für archäologisch sehr interessierte Besucher.

9.2.2 VON TRIPOLIS ÜBER VITINA UND DIMITSANA NACH PIRGOS UND OLYMPIA
(mit Abstechern zu den antiken Städten Mantínea und Orchomenós)

Von Trípolis aus fährt man auf der Straße nach Patras nach Norden.

Mantineia

Ausflug

Für einen Besuch der antiken Stadt Mantinea biegt man nach etwa 10 km rechts ab und folgt der Ausschilderung. Nach ca. 3 km kommt man zu einer ungewöhnlichen, auffälligen Kirche. Von dort aus führt ein unbefestigter Weg in ein paar Minuten zu den Ausgrabungen.

Mantineia war neben Tegéa und Orchomenós die dritte antike Stadt in der weiten Ebene von Trípolis. Die Geschichte der Stadt ist geprägt durch ständige Auseinandersetzungen mit Tegéa und durch die Bundesgenossenschaft mit Sparta.

Mit dem Namen Mantínea eng verbunden sind drei bedeutende Schlachten:

418 v.Chr. Im Peloponnesischen Krieg werden die verbündeten Mantineier, Argiver und Athener von Sparta besiegt,

362 v.Chr. Den Kampf zwischen Theben und Sparta/Athen um die Vorherrschaft auf der Peloponnes und in ganz Griechenland kann der thebanische Feldherr Epaminondas für seine Stadt entscheiden: Epaminondas selbst fällt in dieser Schlacht,

207 v.Chr. Im römisch-makedonischen Krieg erleiden die Spartaner als Bundesgenossen Roms eine Niederlage durch den mit den Makedonen verbündeten Achäischen Bund.

Ende des vergangenen Jahrhunderts wurde mit den Ausgrabungen in Mantínea begonnen; die Überreste der Agora, des Rathauses und einiger Tempel sind nur gering. Von dem kleinen **Theater**, das auf einem aufgeschütteten Hügel um 360 v.Chr. erbaut wurde, sind die unteren Sitzreihen erhalten.

Sehenswert ist jedoch der **Mauerring** von Mantínea, der die Bauweise einer griechischen Befestigungsanlage deutlich macht. Erhalten ist der steinerne Unterbau des Mauerringes, der noch heute das gesamte Stadtgebiet in einer Länge von 3 942 m umzieht. Der ellipsenförmige Ring hatte eine Stärke von 4,20 - 5 m und war durch 105 Türme und 9 Tore gesichert.

Auffälliger als die antiken Mauern ist die **moderne Kirche**, die 1972 nach den Plänen des griechischen Architekten Papatheodoros gebaut wurde. Die Verwendung unterschiedlichster Stilmittel aus allen Epochen verleiht der Kirche ein uneinheitliches, oft widersprüchliches Aussehen. Eine allgemeine Wertschätzung dieser Kirche gibt es nicht, so daß sich jeder Besucher selbst seine Meinung bilden kann.

Von Mantínea kehrt man auf die Hauptstraße zurück und fährt etwa 15 km bis zur Ortschaft **Levídi**.

Levídi

 Übernachtung

D **Menalon** Papanastasssiou 17, Tel.: 0796/22226, 14 Betten, ganzjährig geöffnet

Mittelpunkt des Ortes ist der große Platz mit seinen Cafés; oberhalb dieses Platzes liegt das **Museum**. Hier sind Erinnerungsstücke an Alexandros Papanastassiou zusammengetragen, der 1876 in Levídi geboren wurde und 1924 griechischer Ministerpräsident wurde.

Öffnungszeiten

täglich   8 - 14 Uhr
sonntags   geschlossen

Ausflug

Vom Hauptplatz zweigt eine Straße rechts nach Kandíla ab. Nach etwa 4 km folgen Sie der Ausschilderung nach links zu dem kleinen Ort **Orchomenós**. Ein etwa halbstündiger, leider nicht gekennzeichneter Fußweg führt vom Dorf hinauf auf den Bergrücken.

Die Ruinen, einsam gelegen und nur wenig besucht, vermitteln nichts mehr von der einstigen Bedeutung der antiken Stadt. Orchomenós war eine wichtige Handelsstadt und Bündnispartner Spartas in vielen Kriegen. Erst nach dem Sieg Thebens über Sparta trat auch Orchomenós dem Arkadischen Bund bei; mit der Gründung von Megalópolis verlor Orchomenós an Bedeutung.

Zu den 1913 von der Französischen Schule freigelegten Überresten, die etwa 2 km oberhalb des heutigen Dorfes liegen, gehören die Fundamente eines Apollon- und eines Aphrodite-Tempels, einer Stoa und des Bouleuterions.

Vom kleinen **Theater** sind 7 Sitzreihen und zwei Ehrensitze erhalten; eindrucksvoll ist die Umgebung des Theaters.

Von der Höhe bietet sich ein großartiger Blick über die Ebene auf die Gipfel Arkadiens.

Hinter der Ortschaft **Vlachérna** zweigt die Straße nach Patras ab; die Hauptstraße führt um die Nordspitze des Menalon-Gebirges herum bis nach Vitína.

Vitína

Der Luftkurort **Vitína** liegt inmitten von Tannenwäldern in 1 030 m Höhe. Das angenehm frische Klima, die gute Luft und die wunderschöne Gebirgswelt machen Vitína bei den Griechen zu einem beliebten Ferienort; ausländische Besucher gibt es nur wenige.

Übernachtung

B **Villa Valos**, Tel.: 0795/22210, 92 Betten, ganzjährig geöffnet, 1975 renoviertes Haus mit Restaurant und Bar
B **Xenia Motel**, Tel.: 0795/22218, 40 Betten, ganzjährig geöffnet, schön gelegenes, in die Landschaft eingebettetes Haus

mit Restaurant, Bar und großem Kamin. Das Haus gehört der Griechischen Zentrale für Fremdenverkehr und eignet sich auch für einen Winteraufenthalt.

C **Aegli**,
Tel.: 0795/22316, 23 Betten, von Juni bis September geöffnet, Familienpension mit schönem Garten
C **Menalon**,
Tel.: 0795/22217, 32 Betten, ganzjährig geöffnet,
D **Vytina**,
Tel.: 0795/22262, 27 Betten, ganzjährig geöffnet, einfaches Haus,

Ausflüge

Vitína eignet sich als Ausgangsort für sehr schöne Wanderungen im Menalon-Gebirge.
Außerdem kann man Ausflüge machen:
- zum Kloster **Panagia Kernítsis** und zu den Ruinen der gleichnamigen mittelalterlichen Stadt,
- zum kleinen Höhlenkloster Sphirída,
- zu den Überresten der antiken Stadt **Methydrion** aus dem 4. Jahrhundert v.Chr.,
- zum sehr schönen Bergdorf Langádia, dessen mehrstöckige Herrenhäuser fast am Berg kleben. An Markttagen herrscht reges Leben.

Spezialitäten

Die Bewohner Vitínas sind als gute Holzschnitzer bekannt. Nach alter Tradition werden hier sehr schöne Holzschnitzereien hergestellt und verkauft.

Von Vitína führt die Straße nach **Karkaloú**, wo sich einige Mauerreste der antiken Stadt Theisóa befinden.

Hier zweigt eine Straße rechts ab nach **Langádia** und führt dann weiter durch das Tal des Ladon nach Olympia und Pírgos.

Wenn Sie der bisherigen Straße weiter folgen, durchfahren Sie das bewaldete, zuweilen wilde Flußtal des Loúsios und kommen nach Dimitsána.

Dimitsána

Dimitsána ist eines der schönsten Bergdörfer Arkadiens. In großartiger Lage, hoch über der engen Loúsios-Schlucht, liegen die Häuser in einem Gewirr kleiner Gassen.
Aufgrund seiner nur schwer zugänglichen Lage war Dimitsána in der Zeit der Türkenherrschaft ein Zufluchtsort für viele Griechen. Ab 1764, nach der Gründung einer Höheren Schule, wurde der Ort zu einem griechischen Kulturzentrum. In Kirchen und Klöstern lehrten Priester und Mönche in "Geheimen Schulen" die griechische Sprache; griechisches Kulturgut wurde überliefert. Zu den berühmtesten Schülern zählen Bischof Germanos von Patras, der Anführer im griechischen Freiheitskampf, und der Patriarch Gregor V.

Museum, Archiv und Bibliothek von Dimitsána zeigen Ausstellungsstücke aus der Zeit der Befreiungskriege.

Übernachtung
C **Dimitsana**, Tel.: 0795/31518, 52 Betten, ganzjährig geöffnet, in sehr schöner Lage inmitten eines Tannenwaldes über der Schlucht

Ausflüge

Dimitsána ist ein guter Ausgangsort für Wanderungen ins Innere Arkadiens.

Stemnítsa

Von Dimitsána führt die Straße weiter nach **Stemnítsa** (auch Ypsous genannt).
Die Häuser des 1 100 m hoch gelegenen Dorfes ziehen sich am Hang des Klinitsa-Berges hoch. Es ist ein wohlhabendes Dorf, das seit Jahrhunderten durch seine Gold- und Silberschmiede in Griechenland bekannt ist.
In neuerer Zeit entstanden hier aus privater Initiative eine Schule für Goldschmiedelehrlinge und ein Handwerksmuseum.

Übernachtung

C **Trikolonion**, Tel.: 0795/31297, 38 Betten, ganzjährig geöffnet

Ausflüge

Von Stemnítsa führen teilweise ausgeschilderte Wege zu alten Klöstern, die in völliger Abgeschiedenheit versteckt in Wäldern und Schluchten liegen:

- das Kloster Agios Ioannis Prodromos, das im 12. Jahrhundert gegründet wurde. Im Kloster leben noch einige Mönche, die Ikonen nach alten Vorlagen anfertigen;
- das Kloster Philosophou, das an einer steilen Felswand gebaut wurde. Es ist unbewohnt und dem Verfall preisgegeben;
- das Nonnenkloster Panagia Aimilou, das mit schönen Fresken ausgeschmückt ist.

Von Stemnítsa führt die Straße in zahlreichen Kurven nach Karítena und von dort weiter nach Pírgos und Olympia (vgl. Kapitel 7.5 'Von Olympia ins Landesinnere').

Von Gythion nach Monemvasía

10. DER OSTEN DER PELOPONNES

Von Gythion und Sparta führen gut ausgebaute, teilweise ganz neu angelegte Straßen in die südöstliche Spitze der Peloponnes, die wie ein Finger ins Meer ragt.

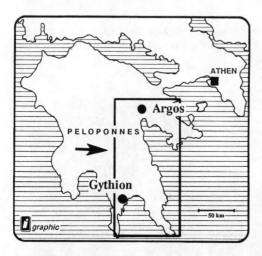

Bedeutendste Sehenswürdigkeit dieser Gegend ist der Burgberg von Monemvasía; fährt man noch weiter in den Süden, so kommt man zu dem kleinen Hafenstädtchen Neápolis und kann von dort aus die Inseln Elafónissos und Kíthira besuchen.
In den kleinen, am Meer gelegenen Ortschaften wie **Káto Glikovríssi, Elaea, Assopós** und **Karavostási** gibt es gute Bademöglichkeiten an wenig besuchten Stränden.

Mit Schnellbooten aus Piräus kommen Feriengäste zu den kleinen Hafenorten der lakonischen Ostküste **Kiparíssi** und **Limani Géraka**.

10.1 VON GYTHION NACH MONEMVASIA

Von Gythion aus führt die Straße über **Skála** in den Südosten. Die Küstenebene, die vom Eurotas durchzogen wird, wird durch den Anbau von Baumwolle und Reis sehr intensiv genutzt.
Vorbei an den am Berg gelegenen Ortschaften **Mólai** und **Sikea**, nähert man sich allmählich wieder dem Meer.

Epídauros Liméra

Der Ort **Epídauros Liméra** liegt in einer weiten Bucht und bietet den Feriengästen neben einem langen Sandstrand auch den schönen Ausblick auf den hochaufragenden Felsklotz Monemvasía.

 Übernachtung

Im Ort werden Ferienhäuser, Appartements und Privatzimmer angeboten.

Der Osten der Peloponnes

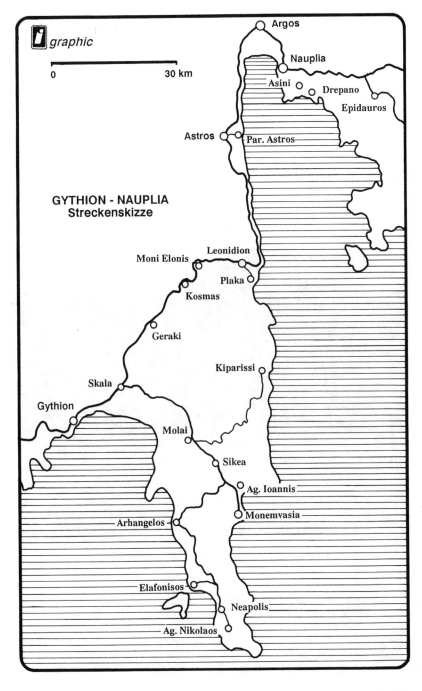

4 km sind es noch bis **Monemvasía**, das zu den schönsten Ausflugszielen der Peloponnes gehört.

Für den Fremden, der sich vom Land her nähert, ragt groß und beeindruckend ein riesiger Felsen aus dem Meer empor, ein 300 m hoher, steiler, abweisender Inselberg. Daß er einst im Mittelalter eine einflußreiche und mächtige Stadt trug, läßt dieser Anblick nicht erahnen.

Géfira

Nach insgesamt 77 km kommen Sie nach **Géfira**, dem modernen, noch auf dem Festland gelegenen Ortsteil von Monemvasía. Hier gibt es Übernachtungsmöglichkeiten, Restaurants und Geschäfte.

Wichtige Anschriften und Telefonnummern (Vorwahl 0732)

 Touristeninformation: bei der Touristenpolizei in Géfira, Oktobriou Straße 28, Telefon 61210
Telegrafenamt O.T.E.: von der Hauptstraße vor der Post nach rechts abbiegen
Post: an der Hauptstraße Spartis, mehrere Hinweisschilder
Taxi: am Hafenplatz

Verkehrsverbindungen in den Sommermonaten
mit dem **Schiff**

mit **Piräus**   2 x wöchentlich
mit **Kreta**   2 x wöchentlich
mit **Kíthira**,
Neápolis und **Gythion**   2 x wöchentlich

Von Gythion nach Monemvasía

mit dem Bus

	mit Molai	3 - 4 x täglich; dort besteht die Möglichkeit, nach **Korinth** und **Athen** umzusteigen
	mit Gythion	1 - 2 x täglich
	mit Sparta	2 - 3 x täglich

Übernachtung

Übernachtungsmöglichkeiten gibt es in Géfira und in stilvoll wieder hergerichteten Häusern mit viel Atmosphäre innerhalb des Kastros.

- A **Malvasia II**, Kastro, Tel.: 61323, 15 Betten, ganzjährig geöffnet, sehr schöne, möblierte Appartements im Kastro
- A **Kastro**, Tel.: 61413, 23 Betten, von April bis Oktober geöffnet; die Pension liegt im Ortsteil Géfira
- B **Malvasia**, Kastro, Tel.: 61323, 16 Betten, ganzjährig geöffnet, mit großer Sorgfalt restaurierte Pension im alten Kastro, Appartements mit stilvoller Einrichtung und sehr schöner Atmosphäre, Meerblick
- B **Monemvasia**, Tel.: 61381, 18 Betten, ganzjährig geöffnet,
- B **Panos**, Kastro, Tel.: 61480, 18 Betten, von April bis Oktober geöffnet, schön möblierte Appartements im Kastro
- C **Minoa**, Tel.: 61209, 30 Betten, ganzjährig geöffnet, im Ortsteil Géfira
- D **Aktaeon**, Tel.: 61234, 40 Betten, ganzjährig geöffnet, im Ortsteil Géfira, nahe am Damm zur Insel
- D **Angelas House Hotel**, Tel.: 61418, 28 Betten, von April bis Oktober geöffnet, im Ortsteil Géfira
- E **Akroyali**, Tel.: 61202, 17 Betten, ganzjährig geöffnet, im Ortsteil Géfira an der Hauptstraße
- E **Likinion**, Tel.: 61209, 18 Betten, ganzjährig geöffnet, am Ortsanfang von Géfira

Camping

Capsis, Tel.: 0732/61123, 4 km südlich von Monemvasía, 16 000 qm, 111 Standplätze, Einkaufsmöglichkeit, Restaurant, von April bis Oktober geöffnet,

Restaurants

In Géfira gibt es einige kleine Restaurants; origineller und stimmungsvoller sind die kleinen Lokale im Kastro auf der Insel.

Strände

 Im Norden und Süden von Géfira gibt es schöne Sandstrände, die noch nicht überlaufen sind.

Unterhalb des Kastro gibt es zwei kleine, felsige Badeplätze, die man über Leitern erreicht. Die reizvolle Umgebung lockt viele Besucher zum Baden, so daß der Badeplatz im Sommer häufig sehr voll ist.

Geschichte der Stadt

Der Inselberg war in früheren Zeiten durch eine Zugbrücke mit dem Festland verbunden. Nur über diesen Zugang war die Insel zu betreten, der dann auch dem Ort seinen Namen gab: moni emvasis, d.h. einziger Zugang.
Heute verbindet ein schmaler Damm die Insel mit der Peloponnes.

Die Besiedlung der Insel reicht bis ins Altertum zurück; Bedeutung erringt Monemvasía jedoch erst seit dem frühen Mittelalter, als es der Bevölkerung Lakoniens immer wieder sichere Zuflucht vor herannahenden Feinden bietet.

Ländereien auf dem Festland, zahlreiche Privilegien in der Zeit der byzantinischen und später auch der fränkischen Herrschaft, eine starke Festung, ein wichtiger Hafen und eine große Handelsflotte sicherten den Wohlstand Monemvasías, das zwischen dem 13. und 16. Jahrhundert unter Byzantinern und Venezianern zu einer bedeutenden Stadt ausgebaut wird.

Mehr als 30 000 Menschen leben während der Blütezeit auf dem Felsen; mehr als 40 Kirchen hat die Stadt, die zugleich Sitz des Metropoliten ist.

Nach der Eroberung der Peloponnes durch die Türken, flieht der letzte Despot von Mistrá nach Monemvasía, das sich zunächst unter den Schutz des Papstes stellt und 1464 einen Schutzvertrag mit Venedig abschließt.

1540 endet nach schweren Auseinandersetzungen mit den Türken die venezianische Herrschaftszeit.

Die Türken halten den Burgberg bis 1690 besetzt; es folgt die Eroberung der Peloponnes durch Francesco Morosini und die erneute kampflose Übergabe der Stadt an die Türken im Jahre 1715.

Während der türkischen Herrschaftszeit verlassen viele Bewohner den Ort, der zunehmend an Wohlstand und Bedeutung verliert.

Im griechischen Befreiungskampf wird die Festung nach langer Belagerungszeit 1821 von den Türken übergeben; aber im modernen Staat Griechenland gewinnt die Stadt ihre einstige Bedeutung nicht zurück.

Zur Zeit leben etwa 360 Menschen im festländischen Ortsteil Géfira, aber nur etwa 40 auf dem Burgberg von Momenvasía. Für die Zeit der Sommermonate zeichnet sich seit wenigen Jahren eine Veränderung ab: Interessierte Athener und Fremde, Künstler und Freischaffende kauften einige der alten, fast verfallenen Häuser auf, ließen sie herrichten und verbringen nun den Sommer in dem reizvollen Ort.

Ein Besuch auf dem Burgfelsen von Monemvasía

Es gibt vor dem Stadteingang auf Monemvasía einen kleinen Parkplatz, jedoch ist dieser in den Sommermonaten meist besetzt. Besser ist es, den Wagen in Géfira abzustellen und zu Fuß in etwa 20 Minuten über den Damm zur Stadt hinaufzugehen.

Nikos Kazantzakis beschreibt seinen Besuch auf dem Inselberg mit folgenden Worten:

"Es tagte gerade, als ich das einzige Eingangstor passierte, das den jähen Felsen Monemvasías mit dem Festland verbindet. Ich schritt voran, die Blicke auf den stolzen Felsen gerichtet, an dem ich mich nicht satt sehen konnte. Bis jetzt glaubte ich, das das Castell von Karytäna das höchste sei, was ich in der Peloponnes hätte erblicken können. Doch wieviel strenger, imposanter und einsamer ist dieser Granit, dieses Gibraltar Griechenlands. In der Nacht war er mir vorgekommen wie ein schreckliches wildes Tier auf der Lauer; heute im Licht des Morgens glänzte er wie ein riesiger Amboß auf dem Wasser."

(aus : Zauber der griechischen Landschaft)

Man geht über den Damm hinüber zur Insel und folgt der Straße, die langsam bergan führt; von der Stadt ist noch immer nichts zu sehen, bis Sie schließlich zum kleinen Friedhof kommen und kurz danach, ganz überraschend, vor dem Stadttor stehen, dem Eingang zur Unterstadt.

Das **Stadttor** und die **Westmauer** wurden im 16. Jahrhundert an der Stelle einer älteren byzantinischen Mauer errichtet und von den Venezianern um 1690 erneuert. Die Festungsmauern mit ihren Türmen und Zinnen sind auf einer Länge von 200 m teilweise in der ganzen Höhe erhalten und verbinden die beiden Bastionen miteinander, die unten am Meer und auf der Felsenhöhe errichtet wurden.

Gleich hinter dem Eingangstor beginnt der Zauber des mittelalterlichen Ortes.

Sie schlendern durch enge, winklige Gassen, die sich immer wieder verzweigen, kommen durch überwölbte Treppengänge zu schönen, aus Bruchstein gebauten Wohnhäusern und zu alten Kuppelkirchen mit sehenswerten Ikonostasen.

Sehenswertes in der Unterstadt

Wenn Sie der Hauptstraße durch das Gassengewirr folgen, kommen Sie zur Platía Tsami, dem **Hauptplatz** von Monemvasía. Zwischen Bäumen wurde ein zum Meer hin ausgerichtetes Kanonenrohr aufgestellt, das die Jahreszahl 1763 trägt.

Am Hauptplatz liegt die **Kirche Christos Elkomenos**, eine der ehemals 40 Kirchen Monemvasías, die zugleich einmal die größte mittelalterliche

1 Stadttor und Westmauer
2 Hauptstraße
3 Christos Elkomnos-Kirche
4 Hauptplatz
5 Panagia Myrtidiotissa-Kirche
6 Agios Nikolaos-Kirche
7 Panagia Chrysaphitissa-Kirche
8 Stellakis-Haus

Kirche Lakoniens war. Sie wurde im 13. Jahrhundert errichtet, mehrfach zerstört oder umgebaut, 1697 am Portal mit byzantinischen Fragmenten teilweise erneuert und nach einer weiteren Zerstörung während des Orloff-Aufstandes im Jahre 1770 erst im 19. Jahrhundert als dreischiffige Basilika mit einer Kuppel über dem Mittelschiff wieder aufge-

baut. Aus der venezianischen Zeit stammt der angefügte Glockenturm; sehenswert sind zwei Throne im Inneren, die aus dem 13. Jahrhundert stammen und als Fürstensitze bezeichnet werden.

In der Christos-Elkomenos-Kirche finden heute noch Messen statt.

Rechts von der Kirche liegt das **Haus des Bischofs** von Monemvasía, über dessen Eingang ein Marmorrelief mit dem Markuslöwen angebracht ist.

Auf der anderen Seite des Platzes steht die **Agios Paulus-Kirche**, die schon im Jahre 956 erbaut wurde. In türkischer Zeit wurde sie zu einer Moschee umgebaut und dient heute als Museum.

Oberhalb des Hauptplatzes liegt die **Kirche Panagia Mirtidiotissa**, die zu Beginn des 18. Jahrhunderts von den Venezianern errichtet wurde. Die einschiffige Kirche, die eine schöne Kuppel ziert, ist im Inneren nur wenig ausgeschmückt, besitzt aber eine schöne Ikonostase aus dem 13. Jahrhundert mit sehenswerten Schnitzereien.

Folgt man der Hauptstraße nach Osten, kommt man zur **Agios Nikolaos-Kirche,** die im Jahre 1703 mit kreuzförmigem Grundriß gebaut wurde.

Im Südosten der Unterstadt liegt die **Panagia Chrysaphitissa-Kirche**, eine leuchtend weiß gestrichene Kuppelkirche mit rotem Ziegeldach.

Eine Legende gab der Kirche ihren Namen; eine Ikone aus dem Ort Chryssapha soll nach Monemvasía geflogen sein und, nachdem die Bewohner dieses Ortes sie in ihr Dorf zurückgeholt hatten, auch noch ein zweites Mal den Flug unternommen haben. Eine Einigung zwischen den Bewohnern kam zustande, und die Ikone verblieb in einer kleinen Kapelle südlich der Kirche von Monemvasía.

Zur Erinnerung findet alljährlich am 2. Mai eine feierliche Prozession statt, der sich Festessen und Tänze anschließen.

Vom Vorplatz der Panagia Chrysaphitissa aus kann man entlang der gut erhaltenen Stadtmauer bis zur Südwestbastion gehen.

Von den Stadtmauern haben Sie einen schönen Blick hinüber zum Festland mit dem Ortsteil Géfira.

Sie kommen zu einem großen Platz, an dessen Westseite das **Stellakis-Haus** liegt, eines der schönsten Herrenhäuser Monemvasías.

Sehenswertes in der Oberstadt

Hinter der Mirtidiotissa-Kirche führt eine steiles Gäßchen hinauf zu jenem Pfad, der sich an der nackten Felsenmauer entlang zum Eingangstor der Oberstadt hinaufwindet. Durch ein Gewölbe erreicht man das Plateau der Oberstadt.
Dieses Hochplateau des Inselberges wurde schon im 7. Jahrhundert besiedelt; 1911 verließen die letzten Bewohner die Oberstadt, die heute von Wildpflanzen überwuchert ist. Die wenigen noch sichtbaren Ruinen stammen größtenteils aus dem 17. und 18. Jahrhundert, als die Oberstadt von Türken und Venezianern befestigt wurde.

Sehenswert ist die **Agia Sophia-Kirche**, eine der schönsten Kirchen Monemvasías und eine der großartigsten Architekturdenkmäler Griechenlands. Sie wurde im 13. Jahrhundert an der steilsten Stelle des Felsens, ganz nahe am Rande des Abgrunds, errichtet. Es ist eine Acht-Pfeiler-Kuppelkirche, die mit Wandmalereien und Marmorfriesen geschmückt war, von denen jedoch nur wenig erhalten ist. Durch die 16 Fenster der großen Kirchenkuppel dringt viel Licht ein, das die Kirche hell und freundlich macht.

Von dem dazugehörigen Kloster sind nur noch geringe Mauerreste vorhanden.

Von der Kirche kann man weiter hinaufsteigen zum **Gipfelkastell**. Die Überreste der Befestigungsanlage sind inzwischen von Strauchwerk überwachsen.

Von der Höhe des Inselberges werden Sie hinabschauen auf die Unterstadt und den phantastischen Ausblick auf das Meer und die Peloponnes genießen.

Der Abstieg führt an den gewaltigen **Zisternen** vorbei zum **Haus des Festungskommandanten**, in dessen Nähe sich ein Ausguck befand, von dem aus die Verteidigung der Stadt gelenkt wurde.

Beim weiteren Abstieg bieten sich immer wieder sehr reizvolle Ausblicke auf die Unterstadt.

Nach dem Abstieg können Sie sich im Schatten der kleinen Restaurants, die sich in den kopfsteingepflasterten Gassen der Unterstadt aneinanderreihen, ausruhen und in Muße das Leben ringsum betrachten.

"Der größte lebende Dichter heißt Yannis Ritsos." So beginnt ein Artikel von Louis Aragon!
Am 1. Mai 1909 wurde Yannis Ritsos auf Monemvasia geboren. Seine Jugend wurde vom Tod seiner Eltern und seiner Schwester überschattet. Schon als 8 jähriger verfaßte Ritsos erste Gedichte. Nach dem Besuch des Gymnasions von Gythion ging Ritsos nach Athen, wo er verschiedene Arbeiten annahm, um sein Studium zu finanzieren. Er erkrankte jedoch bald an Tuberkulose und verbrachte längere Zeit in einer Lungenheilanstalt.

Nach seiner Genesung setzt Ritsos sich in seinen Gedichten für soziale Gerechtigkeit ein; er lehnt sich gegen Ungerechtigkeit auf und engagiert sich für die sozial Benachteiligten. In dem bekannten, von Mikis Theodorakis vertonten

Gedichtband "Epitaphios" nähert er sich erstmals der kraftvollen, lebendigen Ausdrucksweise des griechischen Volksliedes.
1967, zur Zeit des griechischen Militärregimes, wurde Ritsos verhaftet und in den Lagern von Jaros und Leros gefangen gehalten.

In seinem Werk lassen sich drei Hauptrichtungen unterscheiden:

- die politisch engagierten Gedichte aus der Zeit des Klassenkampfes, des Widerstandes und des griechischen Bürgerkrieges,
- die langen Gedichte in Monologform, die mit Hilfe von Symbolgestalten Schwächen der Gesellschaft aufzeigen und
- die kurzen Gedichte, die allgemein menschliche Erfahrungen wie in Momentaufnahmen festhalten.

Griechisches Profil

Dunkles Meer atmet unmerklich in der Nacht.
Die Boote, leer, liegen vor Anker; ihr tiefes Geheimnis
stumm in dem durchnäßten Holz. Jemand zündet ein Streichholz an,
dann die Zigarette. Dieses zwanzigjährige
Profil im Schiff kennen wir seit dreitausend Jahren (das Haar in gleicher
Weise gelegt).
Ein Stern fiel hinter den dunklen Masten
und erhellte die holzgeschnitzte Gallionsfigur mit dem wehenden Haar.

10.1.1 VON MONEMVASIA NACH NEAPOLIS

Von Monemvasía kann man über die zunächst gut ausgebaute Straße bis Nómia und von dort über eine unbefestigte Straße weiter in den Süden nach Neápolis fahren.

Man kann aber auch von Monemvasía aus etwa 10 km zurückfahren in Richtung Molai und dann die Hauptstraße nach Süden benutzen.

Sie durchfahren fruchtbares Land mit großen Bananen-Plantagen, alten Eukalyptusbäumen und schönen Akazienalleen.

Elafónisos

Etwa 7 km vor Neápolis zweigt rechts eine Straße ab, die zur Anlegestelle der kleinen Schiffe nach Elafónisos führt.

 Im Abstand von 60 - 90 Minuten bringen Kaikis in der Hochsaison Fahrgäste hinüber zur Insel Elafónisos, die nur etwa 1 km vom Festland entfernt ist.

Auf der kleinen Insel, deren höchste Erhebung 276 m hoch ist, gibt es nur eine Ortschaft. Im Hafenort Elafonísi geht es beschaulich zu; nur an der Uferstraße herrscht etwas Betriebsamkeit.
Für die wenigen Fremden, die die Insel durchwandern oder sich an den schönen Badestränden ausruhen, werden im Ort Privatzimmer angeboten.

Neápolis

Kehrt man auf die Hauptstraße zurück, kommt man nach 7 km nach **Neápolis**.

Verkehrsverbindungen

mit dem **Schiff**
mit **Kíthira**   mehrmals wöchentlich
mit **Piräus**   2 - 3 x wöchentlich mit Tragflügelbooten

Übernachtung

B **Aiviali**, Tel.:0732/41287, 50 Betten, ganzjährig geöffnet, modernes Haus am Hafen, Restaurant
D **Neapolis**, Tel.: 0732/41339, 8 Betten, ganzjährig geöffnet,
E **Aktaeon**, 8 Betten, ganzjährig geöffnet,

Neápolis liegt in einer sehr schönen, weiten Bucht, der die beiden Inseln Elafónisos und Kíthira vorgelagert sind.
An der Hafenpromenade liegen einige Kafenia und Tavernen; von hier aus kann man das Ein- und Auslaufen der Fährschiffe beobachten, das der Stadt Leben verleiht.

Neápolis eignet sich auch als Ausgangsort für Fahrten zu den Dörfern Agios Nikólaos und Velanídia und für Wanderungen an die Südspitze der Halbinsel.

10.2 VON GYTHION NACH LEONIDION

Die von Gythion nach Leonídion führende Straße ist die einzige Verbindung von der Mani nach Nordosten. Die Straße ist von Gythion bis Geráki und von Kosmás bis Leonídion ausgebaut und gut befahrbar.
Nur das etwa 18 km lange Teilstück zwischen Geráki und Kosmás ist trotz mehrjähriger Bauarbeiten noch nicht fertiggestellt; die Fahrt über den Parnon-Paß ist sehr zeitaufwendig, für Wohnmobile und Wohnwagen unmöglich und auch für Personenwagen mit wenig Bodenfreiheit nicht zu empfehlen.

Bis Geráki ist die Strecke ausgeschildert; danach gibt es wegen der Bauarbeiten und der damit verbundenen Änderungen im Straßenverlauf keine Hinweisschilder mehr; die Orientierung ist stellenweise schwierig.

Die Straße führt von Gythion zunächst am Lakonischen Golf entlang und wendet sich dann ins Landesinnere. Nach 16 km kommen Sie zur Ortschaft **Skála**, die in einer fruchtbaren Ebene liegt. Hier werden vor allem Baumwolle und Reis angebaut.

Sie folgen der Ausschilderung nach **Geráki**, das Sie nach 21 km erreichen.

Geráki

Verkehrsverbindungen

mit dem **Bus**
mit **Sparta**   2 - 3 x täglich

Übernachtung

Es gibt kein Hotel im Ort. Nach privaten Übernachtungsmöglichkeiten kann man im Kafeníon am Dorfplatz fragen.

Reizvoll ist die Lage Gerákis am Rand der fruchtbaren Eurotas-Ebene vor dem Hintergrund des mächtigen Parnon-Gebirges. Heute leben etwa 2 000 Menschen in dem beschaulichen Ort; Mittelpunkt ist der Dorfplatz mit seinen Kafenía, in denen sich die Männer nach alter Sitte zusammenfinden und sich die Zeit bei Kaffee oder Ouzo mit Diskutieren und Tavlispielen vertreiben.

Gerákis Geschichte reicht bis ins Neolithikum zurück, wie zahlreiche Funde beweisen. In der Antike gehörte Geráki zu den Periöken-Städten Spartas und später zum Eleuthero-Lakonischen Bund. Teile der kyklopischen Akropolismauern sind noch erhalten. In byzantinischer Zeit gewann die Stadt unter einem byzantinischen Archonten an Bedeutung; in fränkischer Zeit ließ Guy de Nivelet 1254 auf dem 590 m hohen Bergrücken eine Festung bauen. Unterhalb der Festung siedelte sich die Bevölkerung an, so daß im Laufe der Zeit eine große, wohlhabende Stadt entstand, die sogar Bischofssitz war.

Erst der Machtzuwachs Mistrás in spätbyzantinischer Zeit verringerte die Bedeutung Gerákis.

Von 1460 bis zum griechischen Freiheitskampf stand auch Geráki unter türkischer Herrschaft, die nur in den Jahren 1463 - 1468 und 1687 - 1715 unterbrochen wurde, als Geráki zur Republik Venedig gehörte.

Lohnenswert ist ein Besuch Gerákis wegen der zahlreichen Kirchen aus byzantinischer Zeit, die im heutigen Dorf und in der mittelalterlichen Ruinenstadt zu besichtigen sind und in ihrer Bauweise an Mistrá erinnern.

 Am zentralen Dorfplatz in Geráki findet man den offiziellen Wärter (o fílakos), der die Kirchenschlüssel verwahrt und die Kirchen auf Wunsch aufschließt.

Sehenswerte Kirchen in Geráki

Agios Nikolaos-Kirche:	eine zweischiffige Kirche aus dem 13. Jh.; die Fresken sind nur schwer zu erkennen;
Agios Soson-Kirche:	eine gut erhaltene Kreuzkuppelkirche aus dem 12. Jh.;
Agios Athanasios-Kirche:	schöne Kreuzkuppelkirche aus dem 13. Jh. mit teilweise erhaltenen Fresken, am Friedhof gelegen;
Agios Ioannis Chrisostomos-Kirche:	einschiffige Kirche aus dem 13. Jh. mit schönen Fresken. Zum Bau der Kirche wurden neben Bruchstein auch antike Bauteile verwendet; sehenswert sind die Türpfosten, an denen Markt- und Preisverordnungen aus der Zeit des römischen Kaisers Diokletian (Ende des 3. Jhs. n.Chr.) erkennbar sind.
Evangelistria-Kirche:	die älteste Kirche Gerákis stammt aus dem 12. Jh., Kreuzkuppelkirche mit gut erhaltenen, sehenswerten Fresken aus dem 12. Jh.;

Kirchen in der Ruinenstadt

Wegbeschreibung zur Ruinenstadt:
Vom Friedhof, der unterhalb des heutigen Dorfes liegt, führt ein unbefestigter Weg den Berghang hinauf bis zum Eingang der mittelalterlichen Stadt.

Agia Paraskevi-Kirche:	kleine, teilweise verfallene Kirche aus dem 12. Jh. mit einer kleinen Votivkapelle;
Dimitrios-Kirche:	von der Kirche ist nur noch eine Apsis erhalten; auch die Fresken sind nur schwer erkennbar;
Taxiarchen-Kirche:	aus dem 13. Jh., die Fresken stellen die Eroberung Jerichos dar;
Profitis Ilias-Kirche:	Fresken aus dem 15. Jh.;
Zoodochos Pigi-Kirche:	einschiffige Kirche am Eingang zur Festung mit Fresken aus dem 15. Jh.;

Agios Georgios-Kirche: eine dreischiffige Basilika aus dem 14. Jh., die als Hauptkirche Gerákis mit schönen Fresken reich ausgeschmückt war. Über der Eingangstür ist ein fränkisches Wappen zu erkennen, das wahrscheinlich das Wappen des Erbauers Guy de Nivelet ist; sehenswert ist auch die steinerne Votivkapelle an der Nordwand der Kirche.

Von der 1234 erbauten **Festungsanlage** sind Teile der südlichen Festungsmauern mit Zinnen und einem Turm erhalten. Die bis 1,70 m dicken Mauern sind Zeichen der einstigen Wehrhaftigkeit. Von den Gebäuden im Inneren der Festung sind nur geringe Reste zu sehen.

Von der Festung haben Sie einen sehr schönen Blick auf die weite Eurotas-Ebene.

Von Geráki über das Parnon-Gebirge nach Leonídion

Hinter Geráki beginnt der zur Zeit noch nicht fertiggestellte Teil der Straße nach Leonídion; für die 18 km lange Strecke, die voller Schlaglöcher und oft von Felsbrocken verstellt ist, brauchen Sie etwa 1 ½ Stunden Fahrzeit.

Trotz der schlechten Wegstrecke lohnt sich die Fahrt durch die großartige Bergwelt. Sie durchfahren dichte Tannenwälder, kommen an tiefen Schluchten vorbei, steigen immer höher ins Parnon-Gebirge hinauf und genießen sehr schöne Ausblicke auf die Berggipfel.

Nach 18 km erreichen Sie das alte Dorf **Kosmás**, das zu den schönsten Bergdörfern der Peloponnes zählt.
Umgeben von Kastanien- und Walnußbäumen liegen die Häuser, deren Dächer mit Schiefer gedeckt sind, dicht beieinander. Der alte Dorfplatz, wo die wenigen Bewohner im Kafeníon zusammentreffen, wird im Sommer von einer großen Platane beschattet; hier gibt es auch ein kleines Restaurant und einfache Übernachtungsmöglichkeiten.

Hinter Kosmás führt die Straße in engen Serpentinen durch eine einsame Gebirgslandschaft; nach etwa 17 km sehen Sie das **Kloster Elónis**, das an einer steilen Felswand des Parnon-Berges klebt.

Kloster Elónis

Ein Weg zweigt von der Straße zum Kloster-Parkplatz ab.
Das Kloster, das der Mutter Gottes geweiht ist, wird heute von Nonnen bewohnt. Gegen den dunklen Felsen heben sich die weiß getünchten

Von Gythion nach Leonidion

Klostergebäude und die einschiffige Kirche mit ihrem Glockenturm deutlich ab; im kleinen Innenhof leuchten und duften Rosen, Oleander, Hortensien und Geranien in zahllosen Töpfen auf den Treppenstufen und an den Hauswänden.

Viele Besucher kommen zum Kloster, betrachten die kunstvoll geschnitzte Ikonostase und zünden vor der wundertätigen Panagia-Ikone ihre Kerzen an. Im Inneren der Kirche hängen an silbernen Ketten viele Weihgaben.

Dicht am Felsen gibt es einen Brunnen, aus dessen Tiefe heilkräftiges Wasser im kleinen Kupfergefäß hochgezogen wird.

Vom Kloster führt die Straße durch das Dafnon-Tal nach Leonídion.

Leonídion

Umgeben von den rostroten Felsen des Parnon-Gebirges, liegt der Ort **Leonídion**, der sich an den bewaldeten Berghängen ausdehnt. Leonídion, wo heute 3 000 Menschen leben, ist der Hauptort des Verwaltungsbezirks Kynouría.

 Verkehrsverbindungen
mit dem **Bus**
mit **Athen**   2 x täglich
mit **Tripolis** 2 x täglich

Von Gythion nach Leonidion

	mit Argos	3 x täglich
	mit Sparta	1 x wöchentlich
mit dem Schiff		

mit Piräus — in der Hauptsaison täglich, außerhalb der Saison 2 - 3 x wöchentlich mit den Tragflügelbooten "Flying Dolphins"
mit Piräus — 2 x wöchentlich mit der Fähre

Übernachtung

C **Kamaria Apartments**, Tel.: 0757 / 22757, 40 Betten, von April bis Oktober geöffnet
E **Neon**, Tel.: 0757/22383, 23 Betten, ganzjährig geöffnet

Leonídion ist ein gepflegtes Landstädtchen, das mit seinen mehrstöckigen, aus Natursteinen gebauten Häusern, den geschmiedeten Toren und den schön angelegten Gärten und Innenhöfen den Wohlstand seiner Bewohner verrät. Waren es in der Vergangenheit Seefahrer und Händler, die zum Wohlstand der Stadt beitrugen, so sichern heute die reichen Erträge der Landwirtschaft den Lebensunterhalt.
Durch die Kultivierung des fruchtbaren Schwemmlandes gedeihen in der Umgebung Leonídions Orangen-, Zitronen- und Mandarinenbäume; Olivenhaine dehnen sich weithin aus. Auf den Feldern werden Tomaten, Auberginen, Paprika, Zucchini und Bohnen angepflanzt, die gleich nach der Ernte auf der neuen, schnellen Küstenstraße nach Athen gebracht werden.

Fremdenverkehr gibt es in Leonídion kaum; wie in früheren Zeiten kommen auch heute nur wenige Fremde in den Ort, der, wie die Halbinsel Mani, nie von den Türken eingenommen wurde.

Die Abgeschiedenheit des Ortes ist auch die Ursache einer ethnischen Besonderheit. Noch heute leben in Leonídion alte Menschen, die einen eigenen, anderen Griechen unverständlichen Dialekt sprechen, der mit dem Alt-Dorischen verwandt sein soll.

Pláka

4 km von Leonídion entfernt liegt **Pláka**, der hübsche Fischerhafen Leonídions, mit einem sauberen Kiesstrand und klarem Wasser. In Pláka legen auch die Schiffe aus Piräus an.

Übernachtung

D **Dionysios**, Tel.:0757/22379, 30 Betten, ganzjährig geöffnet, direkt am Strand gelegen
Außerdem werden Privatzimmer angeboten.

Poulíthra

5 km südlich von Pláka liegt der Fischerort **Poulíthra**. Wasser und Strand sind sauber und laden, wie die kleinen, von Johannisbrotbäumen beschatteten Tavernen, zu längerem Aufenthalt ein.

Übernachtung

D **Kentavros**, Tel.:0757/22114, 45 Betten, von März bis November geöffnet, in Strandnähe, Wassersportmöglichkeiten

10.3 VON LEONIDION NACH ARGOS UND NAUPLIA

Die Straße zwischen Leonídion und Argos gehört zu den schönsten und abwechslungsreichsten Küstenstraßen Europas. Die Straße führt zunächst am Meer entlang zu den kleinen Ferienorten mit ihren langen Sandstränden; dann wieder steigt sie und bietet von der Höhe der Parnon-Ausläufer herrliche Ausblicke auf den Argolischen Golf. Sie durchfahren lichte Laubwälder, alte Olivenhaine und ausgedehnte Zitrusfruchtplantagen.

Nördlich von Leonídion reihen sich mehrere Fischerorte aneinander, die sich in den letzten Jahren zu beliebten Ferienorten entwickelten. Sehr schön sind die langen Sandstrände und die einsamen Badebuchten, an denen die Olivenbäume fast bis ans Wasser reichen.

Die Küste am Argolischen Golf ist wegen der guten Wassergegebenheiten bei Sporttauchern sehr beliebt.

Livadi

Im hübschen Ort, der von Bergen umgeben in einer schönen Bucht liegt, gibt es auch eine Taverne, deren Wirt im Sommer Zimmer vermietet.
Manoleas Taverne, Tel.: 0757/22292

Paralia Tiroú

Paralia Tiroú ist ein gern besuchter Ferienort, an dessen feinem Kiesstrand im Sommer reges Treiben herrscht. Die lange Uferpromenade mit Cafés und Tavernen ist am Abend ein beliebter Treffpunkt.

Übernachtung

Die meisten Hotels liegen an der Tagmatarchoustraße, nur wenige Meter vom Strand entfernt.
C **Anessis**, Tel.: 0757/41398, 21 Betten, von April bis September geöffnet,

C **Apollon**, Tel.: 0757/41393, 23 Betten, ganzjährig geöffnet,
C **Blue Sea**, Tel.: 0757/41369, 41 Betten, ganzjährig geöffnet,
C **Kamvyssis**, Tel.: 0757/41424, 40 Betten, ganzjährig geöffnet,
D **Acropole**, Tel.: 0757/41373, 14 Betten, ganzjährig geöffnet,
D **Aktaeon**, Tel.: 0757/41216, 13 Betten, ganzjährig geöffnet,
D **Arcadia**, Tel.: 0757/41211, 11 Betten, ganzjährig geöffnet,
D **Galini**, Tel.: 0757/41210, 20 Betten, ganzjährig geöffnet,
D **Oceanis**, Tel.: 0757/41244, 32 Betten, ganzjährig geöffnet,
D **Tsakonia**, Tel.: 0757/41322, 15 Betten, ganzjährig geöffnet,
D **Tyros**, Tel.: 0757/41235, 26 Betten, ganzjährig geöffnet

Tirós

Nur 3 km landeinwärts liegt das alte Gebirgsdorf **Tirós** in schöner Lage hoch oben auch einem Bergsattel des Parnon-Gebirges.

Vom Dorf bietet sich ein großartiger Ausblick auf den Argolischen Golf.

Makronísi, **Agios Dimitrios** und **Agios Andreas** sind die nächsten Orte an der Küstenstraße. Es gibt gute Bademöglichkeiten in schönen, noch kaum besuchten Buchten, einfache Tavernen und Privatunterkünfte.

Agios Andreas

Camping

Arcadia-Camping, bei Agios Andreas, Tel.: 0755/31190, 29 500 qm, 100 Standplätze, in einem alten Olivenhain, direkt an einem schönen Kiesstrand gelegen

Astros ist das landwirtschaftliche Zentrum dieser Region, in der Pfirsich- und Aprikosenbäume besonders gut gedeihen.

Paralía Astros

4 km von Astros entfernt liegt der Strandort **Paralía Astros**, der von Jahr zu Jahr mehr Reisende anzieht. Der kleine Hafen, in dem buntgestrichene Fischerboote neben internationalen Yachten liegen, die Überreste der mittelalterlichen Festung und die lange Promenade mit ihren Cafés und Tavernen verleihen dem Ort ein ansprechendes Aussehen.

Paralía Astros eignet sich gut für einen längeren Aufenthalt; kilometerlange Strände zum Baden, ideale Windverhältnisse zum Surfen und Segeln, die nahegelegene, zum Wandern geeignete Bergwelt des Parnon-Gebirges und die geringe Entfernung zu den berühmten Ausgrabungsstätten von Mykene, Tiryns und Epidauros und zur sehenswerten Stadt

Nauplia bieten von April bis November beste Voraussetzungen für erholsame und abwechslungsreiche Ferien.

Verkehrsverbindungen
mit dem **Bus**

    mit **Athen**   3 x täglich
    mit **Argos**   3 - 5 x täglich, Umsteigemöglichkeit nach **Korinth** und **Athen**
    mit **Nauplia** 2 - 3 x täglich

Übernachtung

C **Georgakakis**, Tel.: 0755/51412, 35 Betten, ganzjährig geöffnet, nur durch eine kleine Straße vom Meer getrennt, Restaurant und Strandterrasse
D **Anthini**, Tel.: 0755/22498, 23 Betten, ganzjährig geöffnet, im Ort Astros
D **Chryssi Akti**, Tel.: 0755/51294, 44 Betten, ganzjährig geöffnet, am Dorfplatz, in der Nähe des kleinen Hafens gelegen
D **Astros**, Tel.: 0755/22405, 6 Betten, ganzjährig geöffnet,
Außerdem werden in Paralía Astros Ferienhäuser und -wohnungen sowie Privatzimmer vermietet.

Camping

    Camping Astros, Tel.: 0755/51500, 8 850 qm, 69 Standplätze, Restaurant und Einkaufsmöglichkeit, am Strand von Paralía Astron

Strände

Am langen Strand von Paralía Astros werden Tret- und Ruderboote und Surfbretter vermietet.

Ausflüge

In Paralía Astros werden organisierte Tagesausflüge nach Epidauros, Olympia, und nach Sparta, Mistrá und Monemvasía angeboten.

Die **Geschichte von Astros** reicht bis ins Altertum zurück. Eine nicht fertiggestellte antike Mauer, die in Paralía Astros gefunden wurde, läßt den Schluß zu, daß das heutige Astros an der Stelle der antiken Hafensiedlung Thyrea liegt.
Der heutige Ort Astros wurde im 12. Jahrhundert gegründet und zum Schutz vor Piraten mit einer Burganlage befestigt, von der noch Mauern und Fassaden teilweise erhalten sind.

In griechischen Geschichtsbüchern wird Astros erwähnt, weil hier im Jahre 1822 die 2. verfassungsgebende Nationalversammlung stattfand - zu einer Zeit, da andere Gebiete Griechenlands noch nicht von der Türkenherrschaft befreit waren.

Ausflug zum Kloster Sotíros Loukoús

4 km westlich von Astros, an der Hauptstraße nach Trípolis, liegt das Nonnenkloster, das zu den schönsten der Peloponnes zählt.
Die Klosteranlage stammt mit der Metamorfosis-Kirche aus dem 12. Jahrhundert; das Kircheninnere ist mit einem Bodenmosaik aus vielfarbigen Marmorsteinchen, mit Wandfresken aus dem 17. Jahrhundert und mit vielarmigen Messingleuchtern ausgeschmückt. Sehenswert sind die kostbaren Ikonen der Ikonostase, die im 16. und 17. Jahrhundert gemalt wurden.
Für das Bauwerk wurden auch antike Bauteile verwendet, denn das Kloster wurde an der Stelle eines Landsitzes von Herodes Atticus errichtet. So können Sie an der Westseite der Kirche korinthische Kapitelle entdecken.
Den besonderen Zauber von Sotíros Loukoús aber macht der schön angelegte und liebevoll gepflegte Klostergarten aus. Zypressen, Granatapfel-, Zitronen- und Orangenbäume wachsen hier ebenso wie Maulbeerbäume und Dattelpalmen; an den weiß gekälkten Klostermauern ranken blühende Clematis und Bougainvillea und wetteifern mit Rosen, Geranien, Oleander und Hibiskus.

Fährt man zur Küstenstraße zurück und weiter nach Norden, kommt man zum kleinen Fischerort **Xiropígado**.

Xiropígado

Der 400 Einwohner zählende Ort liegt in einer weiten Bucht. Die weißen Häuser des Ortes liegen, umgeben von schönen Gärten, dicht am Meer. Am Strand breiten Fischer ihre großen, gelben Netze zum Flicken aus, während sich in den schattigen Tavernen Einheimische und Gäste ausruhen.

Verkehrsverbindungen
mit dem **Bus**

mit **Athen**	1 - 2 x täglich	
mit **Argos**	3 - 5 x täglich,	Umsteigemöglichkeit nach **Korinth** und **Athen**
mit **Nauplia**	2 - 3 x täglich	

Übernachtung

Übernachtungsmöglichkeiten gibt es in Ferienhäusern und -wohnungen sowie Privatzimmern.

Strand
Am Ortsstrand werden Ruder- und Tretboote vermietet.

Ausflüge
Vom örtlichen Reisebüro werden Schiffsausflüge nach Spetsä und Hydra und Tagesfahrten zu den Ausgrabungsstätten der Peloponnes angeboten.

Kivéri

Auf der Höhe des Pontínos-Berges sind die Überreste einer fränkischen Festung zu erkennen.

In der Nähe von Kivéri entspringt eine unterseeische Süßwasserquelle, die durch eine Staumauer vom Meer abgegrenzt ist.
Deutsche Techniker bauten ein Pumpwerk, das das Süßwasser zur Bewässerung in die Argolis leitet. Damit konnte die Gefahr einer allmählichen Versteppung und Versalzung gebannt werden, die durch das Absinken des Grundwasserspiegels und durch das Eindringen von Meerwasser entstanden war.

Lérna

Am südlichen Ortsrand von Míli liegen die sehenswerten Überreste der Siedlung **Lérna** aus vormykenischer Zeit.
Eng mit dem Namen Lérna ist der Mythos von Herakles verbunden, der die neunköpfige Wasserschlange tötete.

Herakles und die lernäische Hydra

Das Ungetüm, die vielköpfige Wasserschlange, machte die Gegend von Lérna in Argolis unsicher, da sie Menschen und Vieh raubte. Auf dieses Abenteuer nahm Herakles den Sohn seines Bruders Iphikles mit, welcher Iolaos hieß. Nachdem der Held mit Pfeilschüssen die Schlange von ihrem Lager emporgetrieben hatte, ging er unerschrocken auf sie los, griff sie mit den Händen und schlug ihr mit einem sichelförmigen Schwerte die Köpfe ab.
Allein zu seinem Schrecken wuchsen an Stelle jedes abgeschlagenen Kop-

> *fes zwei neue hervor. Da ließ er den Iolaos einen benachbarten Wald anzünden und fuhr nun mit den von seinem Gefährten ihm dargereichten Feuerbränden über die Hälse hin und her, bis er die Schlange endlich getötet hatte. Mit der Galle des giftigen Wurms bestrich er seine Pfeile, die von nun an unheilbare Wunden verursachten."*
> (aus: Seemann, Mythologie, 1874)

Die Tötung der lernäischen Schlange durch Herakles soll Sinnbild sein für die mühevollen und fast aussichtslosen Bemühungen der Menschen um die Trockenlegung des Sumpfgebietes von Lérna. Drei Quellen und drei Sümpfe in der Umgebung Lérnas erschwerten die Arbeiten. Wie die Köpfe der Wasserschlange immer wieder nachwuchsen, so brach auch an bereits trockengelegten Stellen immer wieder Wasser auf.

Das Gebiet von Lérna war vom 6. Jahrtausend v.Chr. bis zur hellenistischen Zeit besiedelt. Die Nutzung der fruchtbaren, wasserreichen Ebene und die Nähe des Meeres begünstigten das Anwachsen der Siedlung, die um 2500 v. Chr. eine Blütezeit erlebte.

Die Gegend um Lérna blieb auch in mykenischer Zeit noch bewohnt, während sich die Besiedlung in historischer Zeit weiter nach Norden erstreckte.

Bei den Ausgrabungsarbeiten, die 1909 und von 1952 - 1957 durchgeführt wurden, stießen Archäologen auf einem flachen Hügel auf eine Burg der frühen Bronzezeit. Bemerkenswert war die Entdeckung eines mehrräumigen Herrenhauses, des sogenannten Dachziegelhauses, das als das einzige Beispiel frühhelladischer Palastkultur auf dem griechischen Festland gilt.

Rundgang

Öffnungszeiten

im Sommer   täglich 9 -15 Uhr,
dienstags   geschlossen

Im Ausgrabungsgelände sind von der einstigen Siedlung nur die Fundamente zu sehen; Sie erkennen

- die Überreste einer durch Türme verstärkten **Mauer** aus dem frühen 3. Jahrtausends,
- Spuren eines steinzeitlichen **Hauses**,
- Reste einer **Befestigungsanlage**,
- **Unterbauten** mehrerer Häuser,

- **Mauerreste eines Palastes** aus dem 3. Jahrtausend,
- Reste eines **Magazins** mit Vorratsgefäßen,
- zwei **Schachtgräber** aus dem 16. oder 15. Jahrhundert v.Chr..

Das bedeutendste Gebäude in Lérna ist das "**Haus der Dachziegel**", das jetzt unter einem Schutzdach liegt.
Es war das 12 x 25 m große Haus eines Fürsten, das noch vor seiner Fertigstellung durch einen Brand zerstört wurde.
Die Mauern waren aus ungebrannten Lehmziegeln errichtet; das Dach bestand aus einer Holzkonstruktion, die mit Schieferplatten und mit in Lehm gebetteten gebrannten Flachziegeln gedeckt war.

Die Ausgrabungsfunde von Lérna sind im Museum von Argos zu besichtigen.

An der großen Straßenkreuzung hinter Míli zweigt die Straße rechts ab nach Nauplia und zur Argivischen Halbinsel; geradeaus führt die Straße weiter nach Argos und Korinth.

11. DIE ARGOLIS UND IHRE SEHENSWÜRDIGKEITEN

Die Argolis liegt im Nordosten der Peloponnes und umfaßt die weite, von Gebirgen umgebene Ebene von Argos und die karge, gebirgige Halbinsel Akte mit den vorgelagerten Inseln Spétsä, Hydra, Póros und Ägina.

Keine andere Region der Peloponnes ist so vielseitig und abwechslungsreich wie die Argolis:

- sie bietet dem Besucher eine fast überwältigende Fülle dicht beieinander liegender Sehenswürdigkeiten wie z.B. die Ausgrabungen von Mykene, Tyrins und Epidauros;

- sie hat so unterschiedliche Landschaften wie die weite, fruchtbare Ebene von Argos und das karge Bergland im Süden der argivischen Halbinsel;

- es gibt vielbesuchte Ferienorte wie Nauplia und Portochéli und kleine Fischerdörfer, in die sich kaum ein Fremder verirrt;

● kilometerlange Sandstrände und steinige Felsbuchten laden mit kristallklarem Wasser zu unbeschwerten Badefreuden ein und bieten gute Wassersportmöglichkeiten.

11.1 ARGOS

Die Stadt Argos liegt nur 6 km entfernt von der Küste des Golfes von Nauplia in einer fruchtbaren Ebene am Fuße zweier Berghügel. Schon von weitem sieht man die fränkische Burganlage von Argos hoch oben auf dem Lárissa-Berg.

Argolis

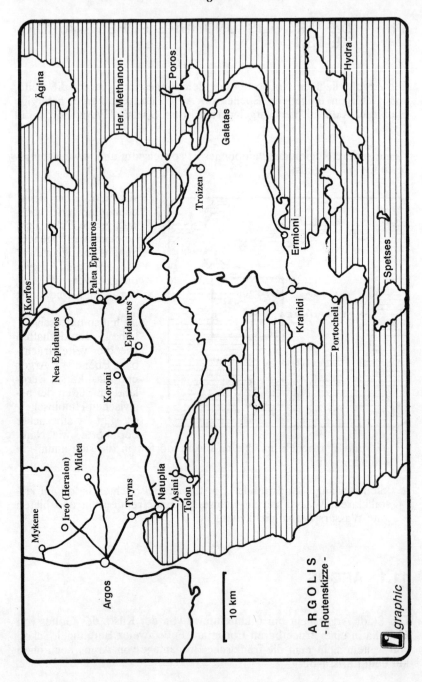

11.1.1 TOURISTISCHE HINWEISE

Verkehrsverbindungen
mit dem Bus

    mit **Athen**   8 - 10 x täglich
    mit **Korinth**   8 - 10 x täglich
    mit **Tripolis**   7 - 9 x täglich
    mit **Nauplia**   alle 30 Minuten
mit **Mykene** 6 x täglich   mit **Olympia**   3 x täglich
Der Busbahnhof liegt im Zentrum bei der Agios-Petros-Kirche.

mit der Bahn

    mit **Athen**   5 x täglich
    mit **Korinth**   5 x täglich
    mit **Tripolis**   5 x täglich
    mit **Kalamata** 5 x täglich
Der Bahnhof liegt an der Durchgangsstraße nach Nauplia.

Entfernungen
Von **Argos**

    nach **Athen**   135 km
    nach **Korinth**   49 km
    nach **Patras**   172 km
    nach **Tripolis**   60 km
    nach **Kalamata** 150 km

Wichtige Anschriften und Telefonnummern

(**Vorwahl 0751**)
Touristenpolizei: Angelou Bobou 10, Tel.: 27222
Ärztliche Versorgung: Tel.: 27330

Übernachtung

C **Mycenae**, Platia Agiou Petrou 12, Tel.: 28569,42 Betten, ganzjährig geöffnet, im Zentrum der Stadt
C **Telessila**, Danaou & Vassilissis Olgas, Tel.: 28351, 60 Betten, ganzjährig geöffnet
D **Hermes**, Vassileos Konstantinou 10, Tel.: 27510, 32 Betten, ganzjährig geöffnet
D **Palladion**, Vassilissis Sophias 5, Tel.: 27346, 22 Betten, ganzjährig geöffnet
D **Theoxenia**, Tsokri 31, Tel.: 27370, 38 Betten, ganzjährig geöffnet

Restaurants

Viele Cafés und Restaurants liegen dicht beieinander am Platz der Agios Petros-Kirche.

Banken
Zweigstellen von 6 großen griechischen Banken liegen in der Stadtmitte in der Nähe der Agios Petros-Kirche.
Öffnungszeiten: 8 - 14 Uhr

Geschäfte

Das Geschäftszentrum liegt um den Platz der Agios Petros-Kirche herum.

Museum
Das Museum von Argos liegt im Zentrum in der Odos Olgas. Tel.: 0751/ 28819

Öffnungszeiten:
täglich 8.45 - 15.00 Uhr
sonntags 9.30 - 14.30 Uhr
dienstags geschlossen

Buch- und Kartentip

Iakovidis, Mykene, Epidauros, Argos, Athen 1985, deutsche Ausgabe
Karpodini-Dimitriadi, Der Peloponnes, Athen 1988, deutsche Ausgabe

11.1.2 ARGOS: SEHEN UND ERLEBEN

Die moderne Stadt breitet sich an der Stelle des antiken Argos aus. Mittelpunkt der Stadt ist der Platz an der Agios Petros-Kirche, wo sich Geschäfte, Cafés und Restaurants aneinander reihen und die Griechen sich zur Volta treffen.
Etwas weiter nördlich liegt ein zweiter Platz mit dem schönen Gebäude der Markthallen, wo reges Leben herrscht. Einige klassizistische Bauwerke wurden nach den Befreiungskriegen nach Plänen von Ziller gebaut. Erhalten sind die Häuser der beiden Generäle Tsokris und Gordon, die als Freiheitskämpfer berühmt wurden.

Für die meisten Reisenden ist Argos nur Durchgangsort auf der Fahrt nach Korinth oder Nauplia. Für archäologisch Interessierte bietet die Stadt jedoch zahlreiche Sehenswürdigkeiten, die einen längeren Aufenthalt lohnen.

Mythos und Geschichte

Da die Besiedlung der Stadt bis in die prähistorische Zeit zurückreicht, wird Argos oft als die älteste Stadt Griechenlands bezeichnet.

Argos

Der Mythos erzählt von den Stadtgründern Inachos und Danaos und ihrem schrecklichen Schicksal.

"Als der älteste König und Begründer von Argos wird Inachos genannt, ein Sohn des Okeanos und der Thetys. Er soll über 1900 Jahre vor unserer Zeitrechnung gelebt haben. Nachkommen seiner Tochter Io sollen Ägyptos und Danaos gewesen sein. Jener hatte fünfzig Söhne, dieser ebenso viele Töchter, welche von den ersteren zur Ehe begehrt wurden. Danaos verabscheute diese Verbindung, befrachtete ein Schiff mit seinem Reichtum an Mädchen und Habe und entrann über das Meer nach Argos. Indessen folgte ihm auch dahin der beharrliche Ägyptos mit allen seinen Söhnen und setzte, unterstützt durch die stattlichen Jüngliche und ihre Waffen, die Bewerbung mit solchem Erfolge fort, daß er endlich seinen Zweck erreichte.

Am Abend des Hochzeitstages berief Danaos seine Töchter noch einmal zu sich und erfüllte ihre Herzen mit demselben Zorn gegen die erzwungene Verbindung, den er selbst fühlte. Er ließ sie zugleich geloben, daß eine jede von ihnen in der Nacht den aufgedrungenen Gatten ermorden wolle. Die blutige Tat ward von neunundvierzig der Neuvermählten vollbracht. Nur die liebende Hypermnestra hatte Lynkeus, ihren Gatten, verschont und ihm Mittel zur Flucht verschafft. Ihre mörderischen Schwestern starben früh und büßten in der Unterwelt für ihren Frevel. Ohne Rast und Ruhe mußten sie Wasser in ein durchlöchertes Faß tragen und also die ewige Pein vergeblicher, mühevoller Arbeit erdulden.
Ein Nachkomme jenes Lynkeus ist Perseus."
(aus: Wägner, Hellas I)

Das antike Argos breitete sich auf den beiden Hügeln Aspis und Lárissa aus. Die älteste Siedlung lag in mykenischer Zeit auf dem 289 m steil aufragenden Lárissa-Felsen, während die später einwandernden Dorer sich auf dem niedrigeren Hügel Aspis ansiedelten.

Mit der dorischen Einwanderung gewinnt Argos im 1. Jahrtausend v.Chr. immer mehr an Bedeutung und erlebt im 7. Jahrhundert v.Chr. unter dem Tyrannen Pheidon eine erste Blütezeit. Das Stadtgebiet wird vergrößert; der Handelsverkehr breitet sich weiter aus, so daß Pheidon es für notwendig erachtet, eigene argivische Münzen zu prägen.
Die nächsten Jahrhunderte stehen unter dem Zeichen der Gegnerschaft zu Sparta. Argos nimmt deshalb auf der Seite Athens am Peloponnesischen Krieg teil und erleidet eine schwere Niederlage.
Im 5. Jahrhundert gehört die Bildhauerschule von Argos zu den Besten Griechenlands und ist eng mit dem Namen Polyklet verbunden, den zwei berühmte Bildhauer des 5. und 4. Jahrhunderts v.Chr. tragen.

146 v.Chr. wird Argos von den Römern erobert. Damit beginnt eine Zeit wechselnder Herrschaften. Nach Plünderungen in den Jahren 267 und 305 durch die Goten verliert die Stadt immer mehr an Bedeutung;

lediglich die günstige strategische Lage läßt sie für Venezianer und Türken interessant erscheinen. Argos gehört von 1388 - 1453 und von 1686 - 1715 zum Besitz Venedigs; von 1453 - 1686 und von 1715 - 1826 steht es unter türkischer Herrschaft.

Nach dem Befreiungskrieg finden in Argos 1821 und 1829 Nationalversammlungen im antiken Theater statt.

Sehenswertes in Argos

Auf einem Rundgang können Sie gut die Sehenswürdigkeiten der Stadt kennenlernen.

Das **Museum von Argos** ist eine Schenkung der Französischen Archäologischen Schule, die die Ausgrabungen von Argos durchgeführt hat. Der Neubau ist dem klassizistischen Kallérghi-Haus angegliedert, in dem ebenfalls Ausstellungsräume sind.

- **Kleiner Saal:**
  Grabbeigaben aus Argos und Umgebung aus mittelhelladischer, mykenischer und geometrischer Zeit (2000 - 900 v.Chr.)

- **Großer Saal:**
  In chronologischer Reihenfolge sind Funde von der geometrischen bis zur klassischen Zeit ausgestellt, besonders Vasen, Idole und Bratspießhalter in Form von Schiffen. Die zugehörigen "Bratspieße" wurden auf der Peloponnes als Zahlungsmittel benutzt und behielten ihre Gültigkeit noch lange nach der Einführung des Münzgeldes.
  Die wichtigsten Ausstellungsstücke dieses Saales sind der spätgeometrische Helm und der Panzer eines argivischen Kämpfers aus dem 7. Jahrhundert v.Chr..

- **Untergeschoß des Kallérghi-Hauses:**
  Zusammenhängend sind hier die Funde von den Ausgrabungen in Lerna ausgestellt : Vorratsgefäße, Tonfiguren und Siegelabdrücke. In der Mitte des Raumes steht ein runder Herd, der wahrscheinlich kultischen Zwecken diente.

- **Obergeschoß des Kallérghi-Hauses:**
  Hier wurden Fundstücke aus hellenisti-

scher und römischer Zeit zusammengetragen wie Plastiken, Statuen, Büsten und Reliefs.

● **Museumsgarten:**
Sehenswert sind teilweise guterhaltene Fußbodenmosaiken, die in einem römischen Haus in der Nähe des Theaters gefunden wurden. Dargestellt sind verschiedene Jahreszeiten und Bacchus mit seinem Gefolge.

Die antike Stadt

Öffnungszeiten:

täglich   9.30 - 15.00 Uhr
sonntags   9.30 - 14.30 Uhr

An den südwestlichen Ausläufern des Lárissa-Hügels, an der heutigen Straße nach Tripolis, lag die antike Stadt, die von der Französischen Archäologischen Schule teilweise freigelegt wurde.

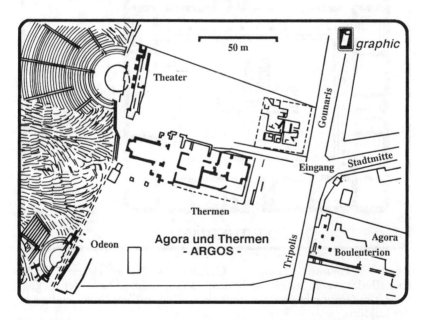

Die **Agora** wurde im 5. Jahrhundert v.Chr. angelegt. Geringe Reste des Bouleuterions sind erhalten; das quadratische Bauwerk hatte eine Seitenlänge von 32 m. Das Dach wurde von 16 ionischen Säulen getragen. Nach Überqueren der Straße betritt man das weite Ausgrabungsgelände und kommt zu den eindrucksvollen Ruinen der **römischen Ther-**

men, die im 2. nachchristlichen Jahrhundert auf der Agora errichtet und im 4. Jahrhundert nach Zerstörung durch die Goten erneuert wurden.

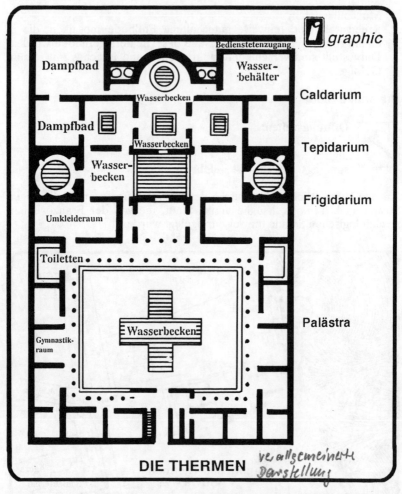

DIE THERMEN — verallgemeinerte Darstellung

Römische Thermen weisen viele Gemeinsamkeiten auf. Diese öffentlichen Bäder waren nicht nur Badeanstalten, sondern Orte der Begegnung, des Gesprächs, der gymnastischen Übungen, des Spiels und sogar der Lektüre.

Das Baden vollzog sich in **drei Phasen**:
- Der Gast betrat die Anlage durch eine Eingangshalle und ging zu den Umkleideräumen, an deren Wänden umlaufende Ziegelbänke gemauert waren.

- Nach dem Auskleiden wusch man sich im heißen Wasser des Caldariums.
- Danach entspannte man sich im lauwarmen Wasser des Tepidariums und erfrischte sich zuletzt durch Untertauchen im Kaltwasserbecken des Frigidariums.

Das Caldarium war mit einer unterirdischen Heizanlage, dem Hypokaustum, ausgestattet.

Der westliche Teil der Thermen von Argos ist recht gut erhalten, da das Gebäude in christlicher Zeit als Kirche genutzt wurde.

Eindrucksvoll sind die Überreste des freigelegten **Theaters**. Es wurde gegen Ende des 4./Anfang des 3. Jahrhunderts v.Chr. erbaut und, wie eine Inschrift sagt, von Kaiser Hadrian restauriert. Mit 89 Sitzreihen, auf denen 20 000 Zuschauer Platz fanden, war es eines der größten Theater der Antike. Es war größer als die Theater von Athen und Epidauros, was deshalb beeindruckt, weil ein großer Teil der Sitzreihen aus dem Felsen herausgeschlagen werden mußte.

Heute sind noch einige der Sitzreihen erhalten, außerdem die Orchestra mit einem Durchmesser von 26 m und Reste des griechischen Skenengebäudes.

Wie sehr auch der Bau eines Theaters von der jeweiligen Zeit beeinflußt wird, läßt sich am Theater von Argos gut ablesen. Während es in griechischer Zeit einen unterirdischen Gang zur Orchestra gab, der für die Auftritte von Gestalten der Unterwelt gebraucht wurde, ist in römischer Zeit die Orchestra zu einem großen, marmorverkleideten Wasserbecken umgestaltet worden, damit dramatische Seeschlachten wirkungsvoll dargestellt werden konnten.

Etwa 100 m südlich vom Theater liegt das kleinere **Odeon**, das schon im 5. Jahrhundert v.Chr. errichtet wurde. Im 1. und 3. Jahrhundert haben es die Römer erneut aufgebaut und renoviert. Es wurde nicht nur für Musikveranstaltungen benutzt, sondern diente zu allen Zeiten den Bürgern von Argos auch als Versammlungsort. Von den 35 Sitzreihen blieben 14 teilweise erhalten.

Südlich vom Odeon konnte das **Heiligtum der Aphrodite** freigelegt werden, zu dem ein Weihbezirk (Temenos) mit einer Umfassungsmauer und der im Jahre 430 v.Chr. erbaute Tempel gehörten.

Burgberg Lárissa

Lohnenswert ist der Aufstieg zum **Burgberg Lárissa**, der heute meist Kastro genannt wird.

Wanderung:

Vom Theater aus kann man auf einem recht beschwerlichen Fußweg zum 276 m hohen **Lárissa-Berg** aufsteigen.

Anfahrt:
Auch mit dem Wagen kann man zur Burg hinauffahren. Man fährt zunächst in Richtung Korinth, biegt am Stadtrand nach links ab und nach etwa 2 km ein weiteres Mal nach links ab und folgt dann der Straße, die zum Parkplatz an der Burg führt.

Siedlungsspuren auf dem Lárissa-Berg reichen bis ins 2. Jahrtausend v.Chr. zurück. Im 6. und 5. Jahrhundert wurde er mit starken Mauern befestigt, von denen noch Überreste erhalten sind. Die Archäologen stießen außerdem auf Tuffstein-Fundamente eines Zeus- und eines Athena-Tempels.

In byzantinischer Zeit wurden auf den antiken Mauern neue Befestigungsanlagen errichtet, wie z.B. die sechseckige Zitadelle. Im 13. Jahrhundert verstärkten die fränkischen Herzöge von Athen die Burganlage durch Türme und einen Mauerring, der im 15. Jahrhundert von den Venezianern noch durch eine rechteckige Bastion ergänzt wurde. Die Türken erweiterten in späterer Zeit ebenfalls.

Von der Lárissa-Festung hat man einen herrlichen Ausblick auf den Golf von Argolis, der für den etwas mühsamen Aufstieg voll entschädigt.

Dem Lárissa-Berg gegenüber liegt der 100 m hohe **Apsis-Hügel**, auf dem um 2 000 v.Chr. die Akropolis von Argos errichtet wurde.

Nur ganz geringe Überreste blieben an den Hängen von einem Apollon- und einem Athena-Heiligtum und von mykenischen Gräbern aus dem 14./13. Jahrhundert erhalten.
Heute steht auf dem Hügel die kleine Agios Ilias-Kapelle.

11.1.3 SEHENSWERTES IN DER UMGEBUNG VON ARGOS

Heraion

Entfernung: 11 km nordöstlich von Argos
Wegstrecke: Von Argos fahren Sie zunächst zur Ortschaft Chonikas; dort biegen Sie am Ortsende links ab und erreichen nach etwa 2 km das Heraion.

Heraion

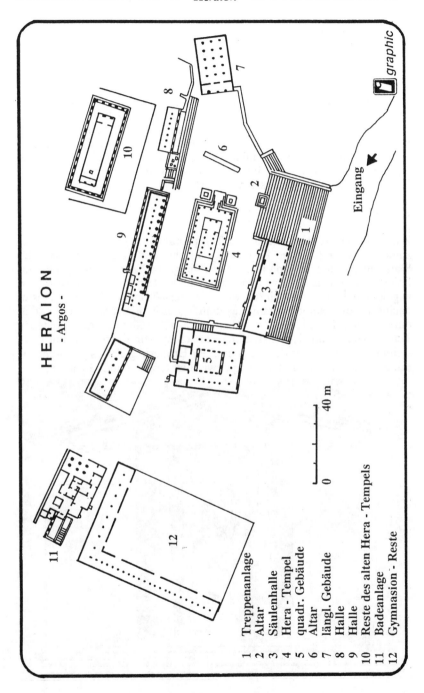

HERAION - Argos -

1 Treppenanlage
2 Altar
3 Säulenhalle
4 Hera - Tempel
5 quadr. Gebäude
6 Altar
7 längl. Gebäude
8 Halle
9 Halle
10 Reste des alten Hera - Tempels
11 Badeanlage
12 Gymnasion - Reste

Sehenswertes in der Umgebung von Argos

Öffnungszeiten:

täglich: 8.45 - 15.00 Uhr
sonntags: 9.30 - 14.30 Uhr

Das Heraion war das bedeutendste Hera-Heiligtum der Antike und zugleich das Nationalheiligtum der Argiver. Der Hera-Kult breitete sich von hier in verschiedene griechische Landschaften aus. Die Verehrung der Hera erreichte jedes Jahr ihren Höhepunkt im berühmten Hera-Fest, wenn in kultischen Handlungen die Eheschließung Heras mit Zeus nachvollzogen wurde und die Hera-Priesterin in einem mit Kühen bespannten Wagen die Prozession anführte.

Rundgang

Zunächst betritt man die große **Tempelanlage (1)**, an deren oberen Ende ein **Altar (2)** liegt. Aus dem 5. Jahrhundert stammt die dorische **Säulenhalle, die Süd-Stoa (3)**, die wie die große Treppenanlage bei den Feierlichkeiten als Tribüne benutzt wurde; Mittelpunkt des in Terrassen angelegten Heiligen Bezirkes war der **Hera-Tempel (4)**. Der älteste, nachweisbare Tempel stammt aus dem 7. Jahrhundert; er wurde jedoch durch einen Brand zerstört wurde. Um 420 v.Chr. wurde ein neuer Tempel vom Baumeister Eupolemos errichtet. Sein Giebel war mit Darstellungen der Geburt des Zeus und der Eroberung Trojas geschmückt; seine Metopen zeigten den Kampf zwischen Göttern und Giganten.

In der Cella stand die berühmte Gold-Elfenbein-Statue des Bildhauers Polyklet, die Hera sitzend darstellte. Sie hielt in der einen Hand einen Granatapfel, in der anderen das königliche Zepter. In römischer Zeit schenkte Kaiser Nero der Hera-Statue eine goldene Krone und ein Purpurgewand; Kaiser Hadrian stiftete der Göttin das ihr heilige Tier, einen mit Edelsteinen geschmückten Pfau.

Unterhalb der Terrasse lag ein großes **quadratisches Gebäude (5)**, das gegen Ende des 6. Jahrhunderts v.Chr. als Festgebäude und Banketthaus errichtet wurde, wie die steinernen Sockel der Liegebetten belegen.

Weitere Gebäude und Einrichtungen waren:

- ein 17 m langer **Altar (6)**,
- ein geschlossener **Hallenbau (7)** aus dem 5. Jahrhundert, der wohl kultischen Zwecken diente,
- eine kleine **Halle mit Denkmälern (8)**,
- eine **Halle (9)**, in der in späterer Zeit drei Zisternen angelegt wurden,
- der alte **Hera-Tempel (10)**, der Anfang des 7. Jahrhunderts errichtet wurde und 423 v.Chr. abbrannte,
- **römische Badeanlage (11)**,
- **Gymnasion (12)**.

Von der oberen Tempelterrasse bietet sich ein herrlicher Blick auf die Landschaft der Argolis.

Midéa/Déndra

Entfernung: 14 km
Wegstrecke: von Argos fährt man in Richtung Agia Triada und von dort weiter nach Midéa. Am Ortsanfang weist die Ausschilderung nach rechts zur mykenischen Burg.

Nach alter Überlieferung soll die Burg von Midéa von Perseus erbaut worden sein.
Die mykenische Burg aus dem 14. Jahrhundert v. Chr. liegt in einer kargen Hügellandschaft.
Bei den Ausgrabungen schwedischer Archäologen konnten geringe Reste eines Palastes und einiger Häuser freigelegt werden. Erhalten sind auch noch Teile der kyklopischen Burgmauer, die in einer Höhe bis zu 7 m aufragen und die eindrucksvolle Stärke von 5 - 6 m haben.

Wahrscheinlich wurde die Burg schon im 12. Jahrhundert v.Chr. durch Brand zerstört.

Von der Höhe des Burgberges haben Sie einen scönen Blick über die weite Ebene von Argos.

In der Nähe des heutigen Dorfes **Déndra** lag der Friedhof von Midéa, wie die Freilegung von einem Kuppelgrab und 13 Kammergräbern belegt. Die Auswertung der Funde gibt wichtige Aufschlüsse über den mykenischen Totenkult. Das Kuppelgrab, dessen Kuppel eingestürzt ist, hat einen Durchmesser von etwa 7 m und einen 25 m langen Dromos.

Das Grab stammt wie die Burg aus dem 14. Jahrhundert v.Chr.; unter dem Kuppelbau waren 4 Gruben ausgehoben. Zwei davon wurden als Gräber genutzt, in denen das Königspaar und eine Prinzessin beigesetzt waren; in den beiden anderen Gruben fand man Weihegaben und die Überreste von Schlachtopfern.

Die Grabbeigaben aus den Kammergräbern befinden sich im Nationalmuseum in Athen; die vollständige Rüstung eines mykenischen Kriegers ist im Museum von Nauplia ausgestellt.

11.2 MYKENE

Die mykenische Burg mit ihrem berühmten Löwentor, den Schachtgräbern und dem Schatzhaus des Atreus zählt zu den meistbesuchten Sehenswürdigkeiten Griechenlands.
Die Ausgrabungsstätte liegt etwa 1 ½ km vom heutigen Dorf Mikíne entfernt, das mit Hotels, Restaurants und Souvenirgeschäften ganz auf die vielen Besucher eingestellt ist.

Anfahrt: Von der Hauptverkehrsstraße Argos - Korinth zweigt bei Fíchti die Straße zum Dorf Mikíne ab. Der Weg zur Ausgrabungsstätte ist ausgeschildert und führt direkt zum großen Parkplatz am Eingang.
Zuvor sehen Sie auf der linken Straßenseite das sogenannte "Schatzhaus des Atreus".

11.2.1 TOURISTISCHE HINWEISE

Verkehrsverbindungen
mit dem **Bus**

In den Sommermonaten fahren die Busse fast stündlich nach Argos. Von dort gibt es Anschlußverbindungen zu allen größeren Orten.

Mykene

 mit der **Bahn**
Mykene ist Bahnstation an der Eisenbahnstrecke Athen-Kalamata, die bis zu 5 x täglich befahren wird.

Übernachtung

 B **La Petite Planète,**
Leoforos Christou Tsounta, Tel.: 0751/66240, 56 Betten, ganzjährig geöffnet, am Ortsrand in Richtung Ausgrabungsstätte gelegen

C **Agamemnon,** Leoforos Christou Tsounta 3, Tel.: 0751/66222, 16 Betten, ganzjährig geöffnet, an der Durchgangsstraße gelegen

E **Orea Helena,** Leoforos Christou Tsounta 15, Tel.: 0751 / 66225, 10 Betten, ganzjährig geöffnet, an der Durchgangsstraße gelegen; einfaches Hotel in einem alten, von Heinrich Schliemann erbauten Gebäude

Camping

 Atreus, Tel.: 0751/66221, 7 000 qm, 44 Standplätze, Restaurant, Einkaufsmöglichkeit, am Ortsanfang gelegen

Mykene, Tel.: 0751/66247, 3 200 qm, 20 Standplätze, Restaurant, Einkaufsmöglichkeit, im Ort gelegen

Restaurants

 Die meisten Restaurants liegen an der Durchfahrtsstraße und sind ganz auf die schnelle Bedienung der meist nur durchreisenden Gäste eingestellt.

Geschäfte

 An der Hauptstraße liegen viele Souvenirshops dicht beieinander, deren Angebote an Handarbeiten, Keramiken, Bildern und Büchern sich nur wenig unterscheidet.

Vor der Ortschaft Mykene liegt eine Töpferei, in der Schalen, Vasen, Krüge und Vorratsgefäße in vielen Größen hergestellt werden.

Ausflüge

 In den größeren Städten und Ferienorten werden von nahezu allen griechischen Reisebüros "Klassische Rundfahrten" angeboten, zu deren Stationen auch Mykene gehört.

Buch- und Kartentips

 Iakovidis, Mykene - Epidauros, Athen 1985, deutsche Ausgabe

Karpodini-Dimitriadi, Der Peloponnes, Athen 1988, deutsche Ausgabe

11.2.2 MYTHOS UND GESCHICHTE

Mit dem Namen und der Geschichte von Mykene verbinden sich die Namen so bedeutender sagenumwobener Gestalten wie Perseus, Pelops, Atreus, Agamemnon, Aigisthos, Klytaimnestra und Orest und die tragischen Ereignisse, in die diese Menschen verstrickt waren.

Von Perseus, dem Begründer Mykenes, übernahmen die Söhne des Pelops, Atreus und Thyestes, die Herrschaft. Sie lebten in Unfrieden miteinander, und im Streit tötete Atreus die Söhne seines Bruders und setzte sie diesem zum Essen vor.

Thyestes wiederum zeugte mit seiner eigenen Tochter den Sohn Aigisthos, der später Atreus erschlug. Der Sohn des Atreus war Agamemnon, der die Griechen im Kampf gegen Troja anführte. Nach seiner Heimkehr wurde er von Aigisthos, dem Liebhaber seiner Frau Klytaimnestra, ermordet. Orest, Agamemnons Sohn, rächte den Tod seines Vaters und tötete seine Mutter Klytaimnestra und Aigisthos.

Wegen dieser Tat wurde er von den Rachegöttinnen, den Erinnyen, verfolgt, bis er durch die Fürsprache Apollons und Athenas vor dem Gerichtshof in Athen freigesprochen wurde. Orest übernahm die Herrschaft in Mykene, starb später an den Folgen eines Schlangenbisses und vermachte sein Reich seinem Sohn Tisamenos. Damit endete auch der Fluch, der über dem Geschlecht des Atreus lag.

Mythos und geschichtliche Wirklichkeit sind ineinander verwoben. Sicher ist, daß der Burghügel von Mykene und seine Umgebung schon im 3. Jahrtausend v.Chr. bewohnt waren und um 2 000 v.Chr. von den Achäern besiedelt wurden. Um 1600 v.Chr. muß Mykene schon eine blühende, wohlhabende Siedlung gewesen sein, die z.B. mit Kreta enge Beziehungen unterhielt, wie sich an Grabbeigaben nachweisen läßt. Bis zum 13. Jahrhundert v.Chr. breitete sich die Macht Mykenes weiter aus; um 1350 wurde der Berggipfel erstmals befestigt; um 1250 entstand die

Mykene

heute noch sichtbare Befestigung mit dem kyklopischen Mauerwerk. Um 1200 v.Chr. wurde der Palast gebaut.

Die mykenischen Herrscher dehnten ihre Vormachtstellung in der nordöstlichen Peloponnes aus. Agamemnon, der Anführer der Griechen vor Troja, war der einflußreichste Herrscher. Im 12. Jahrhundert wurden die Königsburg sowie die Stadt durch Feuerbrünste und kriegerische Auseinandersetzungen mehrfach stark beschädigt und stellenweise zerstört. Gegen Ende des 12. Jahrhunderts v.Chr. eroberten die ins Land eindringenden Dorer die Stadt; nach einer starken Feuerbrunst um 1100 v.Chr. wurde die Akropolis verlassen.

Zwar ließen sich in den nachfolgenden Jahrhunderten wieder Menschen in Mykene nieder, aber die Stadt hatte ihre Vorrangstellung im griechischen Raum eingebüßt. Etwa 468 v.Chr. wurde Mykene von den Argivern zerstört; in den Berichten von Pausanias wird Mykene nur noch als Ruinenstadt erwähnt, die die Besonderheiten des Löwen-Tores und des Atreus-Grabes aufweist.

11.2.3 AUSGRABUNGEN

Gelegentliche Ausgrabungsarbeiten wurden schon im 18. und 19. Jahrhundert durchgeführt; 1841 legten Archäologen der Griechischen Archäologischen Gesellschaft das Löwentor frei. 1874 begann Heinrich Schliemann in Mykene zu graben und entdeckte, genau den Angaben Homers folgend, die Königsgräber und das "Grab der Klytaimnestra". 1877 fand der Grieche Stamatakis ein weiteres Grab, und in den Jahren 1880 - 1902 konnte der Palast von Mykene ausgegraben werden. Von 1919 - 1966 arbeitete die Britische Schule von Athen an den Ausgrabungen; die Funde sind im Nationalmuseum von Athen und im Archäologischen Museum von Nauplia ausgestellt.

Die Geschichte der Ausgrabungen von Mykene ist mit zwei Persönlichkeiten eng verbunden:

- mit **Heinrich Schliemann** (1822 - 1890), der von der geschichtlichen Wahrheit der Dichtungen Homers überzeugt war und deshalb den geographischen Angaben der homerischen Texte Glauben schenkte. Nachdem er 1870 - 1872 das sagenhafte Troja entdeckt hat, beginnt er 1874 mit den Ausgrabungsarbeiten in Mykene. Dabei vertraut er den Angaben des Pausanias, der etwa 170 n.Chr. die Ruinenstätte von Mykene besucht hatte.

"Mykenai zerstörten die Argiver aus Eifersucht. ...Trotzdem stehen noch Reste der Stadtmauer und vor allem das Tor. Über ihm stehen Löwen,

Mykene

und auch diese Mauern sollen ein Werk der Kyklopen sein, die dem Proitos die Mauer in Tiryns bauten. In den Trümmern von Mykenai befindet sich die Perseia genannte Quelle und die unterirdischen Gebäude des Atreus und seiner Söhne, in denen sich ihre Geldschätze befanden. Und das Grab des Atreus ist da..... Klytaimnestra und Aigisthos wurden etwas entfernt von der Mauer begraben, innerhalb verwehrte man es ihnen, wo Agamemnon selbst lag und die mit ihm Ermordeten."

Schliemanns Textinterpretation unterscheidet sich von der anderer Archäologen: "Ausgehend von einer Textstelle im Reisebericht des Pausanias, hatte er (Schliemann) damals die neuartige Theorie aufgestellt, daß die Königsgräber der Atriden **innerhalb des kyklopischen Burgwalles** lagen und nicht, wie die meisten Fachgelehrten aus dieser Textstelle geschlossen hatten, innerhalb der Ringmauer der unteren Stadt. Wie bei seinen Forschungen in der Ebene von Troja brannte Schliemann auch jetzt darauf, seine umstrittene Theorie zu beweisen!"
(aus: Heinrich Schliemann, Eine Biographie von Leo Deuel)

Und er behält recht! In den Jahre 1874 - 1876 kann er die Schätze von Mykene bergen, die er selbst in seinen Aufzeichnungen beschreibt: Diademe, Trinkgefäße, Gürtel, Siegelringe, Brustpanzer, Masken - alles aus purem Gold. Insgesamt 30 Pfund wogen allein die goldenen Gegenstände, die neben wertvollen Gerätschaften aus Kupfer und Bronze, Waffen und Keramikarbeiten ausgegraben wurden.

- mit **Michael Ventris** (1922 - 1956), dem es gelang, die sogenannte Linear-B-Schrift zu entziffern. Die in Mykene gefundenen Tontafeltexte waren in einer Sprache abgefaßt, die Ventris eindeutig als griechisch identifizieren konnte.

11.2.4 RUNDGANG

Öffnungszeiten

im Sommer:	täglich	7.30 - 19.30 Uhr
	Sonntag	10.00 - 18.00 Uhr
im Winter:	täglich	9.00 - 17.30 Uhr
	Sonntag	10.00 - 16.30 Uhr

Mykene

 Aufgrund einer amtlichen Verfügung war 1988 die Mitnahme von Videokameras nicht erlaubt. Am Eingang wurden entsprechende Kontrollen durchgeführt.

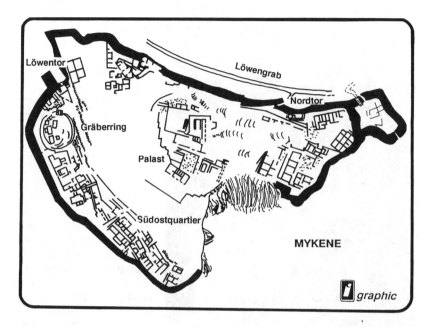

Akropolis

Die Burg liegt auf einem Areal von etwa 30 000 qm auf einem Hügel in 278 m Höhe und ist von einer etwa 900 m langen Mauer umschlossen. Diese Umgrenzung, der Palast und die Häuser stammen aus der Zeit von 1350 - 1330 v.Chr..

Das **Löwen-Tor** war der Haupteingang der Burg und wurde um 1250 v.Chr. nachträglich in die etwa 100 Jahre ältere Burgmauer eingefügt.
Das Tor wird im Osten von der Befestigungsmauer und im Westen von einer etwa 14 m vorspringenden Bastion begrenzt. Es ist aus 4 gewaltigen Blöcken aus Konglomerat gebaut, die als Schwelle, Türwände und Türsturz dienen. Allein das Gewicht des Türsturzes wird auf 20 Tonnen geschätzt. Zur Entlastung wurde oberhalb des Türsturzes ein Dreieck von über 3 m Höhe ausgespart; dieses wurde mit einer 70 cm dicken Kalksteinplatte zugestellt, die mit einem Löwenrelief geschmückt war: auf einem Altar steht eine Säule, die das Dachgebälk des königli-

chen Megarons trägt. Seitlich waren 2 aufrecht sitzende Löwen dargestellt; das Relief war zugleich Ausdruck weltlicher und religiöser Macht des Herrschers von Mykene.

Vom Löwentor führten eine Rampe und der mehrfach gewundene Hauptweg hinauf zum Palast. Westlich der Rampe liegt der Gräberkreis I mit den Königsgräbern.

Die **Königsgräber** der Akropolis wurden 1876 von Heinrich Schliemann entdeckt (das letzte Grab wurde von Stamatakis freigelegt); es sind 6 rechteckige Gruben von unterschiedlicher Größe, in denen die Skelette von insgesamt acht Männern, neun Frauen und zwei Kindern der königlichen Familie und reiche Grabbeigaben gefunden wurden.

Die Krieger trugen goldene Gesichtsmasken und kostbare Gewänder; ihnen waren Waffen mit kostbaren Elfenbeingriffen und Gold- und Silberverzierungen beigelegt. Bei den Skeletten der Frauen fanden sich vor allem Goldschmuck und goldene Kultgefäße.

Auf der Schachtgräberterrasse fand Schliemann die Reste von 17 Kalkstein-Grabstelen, die mit Reliefs verziert waren.

An den Gräberkreis schließt sich ein **Viertel mit Wohn- und Lagerhäusern** aus spätmykenischer Zeit an. Die Häuser waren z.T. mehrstöckig gebaut; die bekanntesten sind das "Haus der Kriegervase", das "Haus an der Rampe", das "Südhaus", das "Haus an der Zitadelle", das "Tsountas-Haus".

Der **Atriden-Palast** nahm den Gipfel des Burgberges ein und zog sich über mehrere, durch Stützmauern entstandene Terrassen hin. Während man heute den Palast von Westen kommend erreicht, führte in mykenischer Zeit von Süden her eine breite Freitreppe über einen Vorraum auf den 25 m x 12 m großen Mittelhof, an dem die wichtigsten Räume lagen:
- im Westen des Hofes der Thronsaal, in dem auch offizielle Besucher empfangen wurden;
- im Osten des Hofes eine Säulenhalle und ein Vorraum des Herrenhauses, ein fast quadratischer Raum von 12.80 m x 11.90 m, in dessen Mitte der Heilige Herd, von 4 Säulen umgeben, stand. Die Wände der Königsgemächer waren mit Wandgemälden geschmückt, von denen Bruchstücke jetzt im Nationalmuseum in Athen ausgestellt sind.

Der Palast wurde um 1100 v.Chr. zerstört.

Der **Palast-Tempel** lag an der höchsten Stelle der Akropolis. Es wird angenommen, daß der Tempel entweder Athena oder Hera geweiht war. Ein Relief aus Kalkstein, das eine Göttin darstellt, befindet sich im Museum von Athen.

Am Osthang des Burghügels befinden sich außerdem:
- das "**Haus mit den Säulen**", ein kleines, palastähnliches Gebäude, dessen Raumaufteilung große Ähnlichkeit mit dem bei Homer beschriebenen "Palast des Odysseus" aufweist;

- eine **unterirdische Zisterne** aus dem 13. Jahrhundert v.Chr., durch die die Wasserversorgung der Burg sichergestellt war. Die Zisterne wurde durch das Wasser der 360 m entfernten Perseia-Quelle gespeist; der Besucher kann noch die 101 Stufen bis zur Brunnenstube hinabsteigen.

 Für diesen Weg empfiehlt es sich, festes Schuhwerk zu tragen und eine Taschenlampe mitzunehmen.

Unterstadt und Gräber

In der Nähe des Löwentores liegt der **Gräberkreis II** mit Kuppel-, Schacht- und Flachgräbern. Zu den Gräbern des Aigisthos (um 1500 v.Chr.) und der Klytaimnestra (um 1200 v.Chr.) steigen Sie den Abhang hinunter; diese beiden Tholos-Gräber sind wie die Königsgräber gebaut, hatten jedoch nicht ganz so kostbare Grabbeigaben.

Übersicht über die in Mykene aufgefundenen Grabtypen aus vorgeschichtlicher Zeit:

Zeit	Grabtyp	Kennzeichnung
2000-1600 v.Chr.	Flachgräber	in Erde oder Felsen gelegene Gruben, in denen der Leichnam mit angezogenen Knien auf der Erde lag; geringe Grabbeigaben;
2000-1600 v.Chr.	Plattengräber	der Leichnam wurde zwischen vier rechteckige Grabplatten gelegt, eine Deckplatte schloß das Grab ab; geringe Grabbeigaben;
1600-1400 v.Chr.	Schachtgräber	in Felsen gehauene Gräber, die mit Steinplatten bedeckt waren und mehrere Tote aufnahmen; Grabbeigaben;
1600-1200 v.Chr.	Kammergräber	die Grabkammer, die als Familiengrab für einen langen Zeitraum diente, war über einen in den Felsen geschlagenen Korridor zu erreichen (Dromos); reiche Grabbeigaben;
1510-1300 v.Chr.	Kuppelgräber	die mit Kuppeln versehenen Rundbauten (Tholos - Gräber) waren nur für die königliche Familie bestimmt; äußerst kostbare Grabbeigaben.

An der nach Míkini führenden Straße sind die Reste mykenischer Häuser mit Wohnräumen, Vorratskammern, Kellern und Werkstätten aus dem 13. Jahrhundert v.Chr. zu sehen: das "**Haus der Schilde**" (Funde kleiner Elfenbeinschilde), das "**Haus des Ölhändlers**" (Funde zahlreicher Ölgefäße), das "**Haus der Sphinxe**" (Kleinfiguren - 2 Sphinxe - aus Elfenbein).

Das Schatzhaus des Atreus

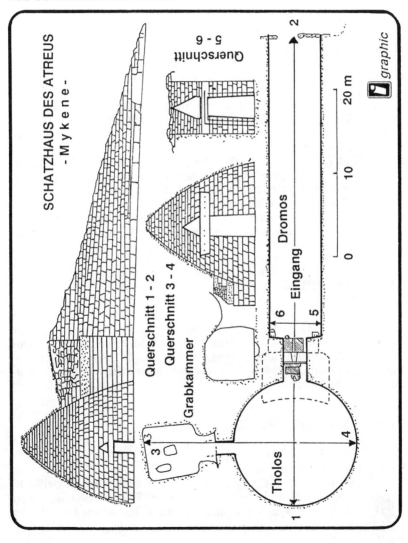

Das größte und bestausgestattete Kuppelgrab von Mykene ist das Schatzhaus des Atreus; es liegt etwa 500 m von der Akropolis entfernt (eigener Parkplatz).
Dieses Grab, das auch "Grab des Agamemnon" genannt wird, wurde von Heinrich Schliemann ausgegraben. Es stammt aus der Zeit um 1330 v.Chr., wie einige hier gefundene Vasenscherben zeigen. Außer diesen Keramikresten fanden sich in der Grabkammer keine Beigaben mehr, denn das Grab war schon im Altertum ausgeplündert worden und in den nachfolgenden Jahrhunderten von Hirten als Schutzhütte benutzt worden.
Das Schatzhaus des Atreus besteht aus:

- einem 36 m langen und 6 m breiten Korridor (**Dromos**), der in den Felsen geschlagen wurde und auf den Eingang des Grabes zuführt;
- dem **Eingangstor** mit einer Höhe von 5,40 m und einer Breite von 2,70 m. Wie am Löwentor gibt es auch hier ein Entlastungsdreieck, das mit Mustern, Rosetten und möglicherweise Skulpturen geschmückt war. Der Türsturz besteht aus 2 gewaltigen Steinblöcken, von denen das Gewicht des inneren Monolithen auf 120 Tonnen geschätzt wird;
- der **Tholos**, deren Kennzeichen der bienenkorbartig gewölbte Innenraum mit einer Höhe von 13.20 m und einem Durchmesser von 14,50 m ist. Die Kuppel war wohl mit Bronzerosetten verziert, wie einige Befestigungslöcher vermuten lassen;
- der eigentlichen **Grabkammer**, die in den Felsen eingeschlagen wurde; diese Kammer war etwa 6 m lang und mit Steinplatten ausgekleidet.

11.3 NAUPLIA

Nauplia ist die Hauptstadt der Provinz Argolis. Die schöne Lage der kleinen Hafenstadt am Argolischen Golf und die Nähe zu den bedeutenden Ausgrabungsstätten Tiryns, Mykene und Epidauros machen Nauplia zu einem beliebten Ferienort mit zahlreichen Hotels, Restaurants und Geschäften.

11.3.1 TOURISTISCHE HINWEISE

Verkehrsverbindungen

In der Hochsaison verkehren 4 - 6 x täglich **Tragflügelboote** zwischen Nauplia und Piräus. Diese "Flying Dolphins" legen auch in Portochéli und an allen Inseln des Saronischen Golfes an.

Nauplia

Fahrtdauer von Nauplia nach :

Portochéli	1 Stunde	Poros	2 3/4 Stunden
Spetses	70 Minuten	Ägina	3 1/4 Stunden
Hydra	2 1/4 Stunden	Piräus	4 Stunden

Regelmäßiger **Busverkehr** verbindet Nauplia mit Athen und den anderen Orten des Peloponnes.

Athen	mehrmals täglich über Korinth	Mykene	2 - 4 x täglich
Korinth	fast stündlich	Epidauros	2 - 4 x täglich
Argos	alle 30 Minuten von 6 - 22 Uhr	Ermioni	2 - 4 x täglich
Tolon	8 - 10 x täglich		

Die Busstation liegt in der Syngrou-Str.8, Tel.: 0731/27423 oder 28277.

Wichtige Anschriften

Telegraphenamt O.T.E.: in der Nähe des Stadtparks, Tel.: 0731/28399, Öffnungszeiten 7 - 24 Uhr
Post: Vellini Str.3, Tel.: 0731/24230, Öffnungszeiten 7.30 - 14.30 Uhr
Touristenpolizei : Sidiras Merarchias 10, Telefon 0731/27776
Olympic Airways: Bouboulinas 2, Tel.: 0731/27456 (Dort werden auch Schiffstickets und Eintrittskarten für die Festspiele von Epidauros verkauft.)

Entfernungen

Von **Nauplia** nach:

Athen	144 km	Mykene	23 km
Korinth	61 km	Tiryns	5 km
Argos	12 km	Epidauros	28 km

Taxi

Der Taxi-Sammelplatz liegt an der Syngrou-Straße gegenüber der Busstation.

Übernachtung

Das Angebot in Nauplia reicht von einfachen Unterkunftsmöglichkeiten in der Jugendherberge bis zum Aufenthalt im luxuriösen Xenia-Hotel.

L **Xenia's Palace und**
L **Xenia's Palace Bungalows**, Akronauplia, Tel.: 28981, 105 Zimmer
Hoch über der Altstadt gelegenes Luxushotel mit einem herrlichen Blick. Die Hotelanlage wird von der Griechischen Fremdenverkehrszentrale geführt und zählt zu den besten Griechenlands. Durch einen Tunnel ist das Hotel mit dem Ort verbunden. Swimmingpool.

Nauplia

- **A**   **Amphitryon**, Akti Miaouli, Tel.: 27366, 48 Zimmer
  ruhig gelegenes Hotel in Hafennähe,ganzjährig geöffnet, Swimmingpool
- **A**   **Xenia**, Akronauplia, Tel.: 28991, 58 Zimmer, am Meer gelegen, ganzjährig geöffnet
- **B**   **Agamemnon**, Akti Miaouli 3, Tel.: 28021, 40 Zimmer
  an der Hafenpromenade gelegen mit Blick auf die Insel Bourzi, Sportmöglichkeiten
- **C**   **Alkyon**, Argous 43, Tel.: 27714, 18 Zimmer, zentral gelegen
- **C**   **Amalia**, Argous 93, Tel.: 27068, 8 Zimmer, zentral gelegen
- **C**   **Athina**, Platia Syntagmatos, Tel.: 27695, 14 Zimmer
  im Ortskern gelegenes einfaches Haus, ganzjährig geöffnet
- **C**   **Dioskouri**, Zigomala 7, Tel.: 28550, 51 Zimmer
  in Hafennähe mit schönem Blick
- **C**   **Galini**, Sidiras Merarchias 37, Tel.: 28103, 38 Zimmer
  zentral gelegen
- **C**   **Helena**, Sidiras Merarchias 17, Tel.: 23888, 42 Zimmer
  zentral gelegen
- **C**   **Hotel Des Roses**, Argous 42, Tel.: 27223, 13 Zimmer
  zentral gelegen
- **C**   **Nauplia**, Navarinou 11, Tel.: 28167, 56 Zimmer, zentral gelegen
- **C**   **Park**, Devernakion 1, Tel.: 27428, 70 Zimmer
  am kleinen Stadtpark in zentraler Lage
- **C**   **Rex**, Bouboulinas 17, Tel.: 28094, 51 Zimmer
  von Mai bis Oktober geöffnet
- **C**   **Victoria**, Spiliadou 3, Tel.: 27420, 36 Zimmer, in Hafennähe
- **D**   **Epidauros**, Kokinou 1, Tel.: 27541, 8 Zimmer
  familiär geführtes, altes Haus
- **D**   **King Otto**, Farmakopoulou 3, Tel.: 27585, 12 Zimmer
  traditionsreiches, altes, einfaches Hotel im Zentrum der Stadt in klassizistischem Gebäude mit schönem Garten

Jugendherberge

An der Straße nach Argos liegt die Jugendherberge in der Neo Vyzantio Str., Tel.: 24720

Camping

Gute Campingplätze liegen in den umliegenden Ortschaften am Argolischen Golf, z.B. in Tolon, Drepano oder Assini.

Restaurants

An der Hafenpromenade reihen sich gepflegte Cafés und Restaurants aneinander; in den dahinterliegenden Gassen findet man einfachere Tavernen. Fische, Meeresfrüchte und griechische Spezialitäten werden serviert bei:

Savouras, Fischtaverne, Telefon 27704,
Remezo, an der Hafenpromenade gelegenes Restaurant, Tel.:27096,
Noufara an der Platia Syntagmatos,
Kolios am Hafen, Telefon 27675.

Banken
Alle großen griechischen Banken sind mit Zweigstellen in Nauplia vertreten; sie liegen in der Amalias-Straße und an der Platia Syntagmatos.

Geschäfte
In den Jueweliergeschäften werden hochwertige, handgearbeitete Gold- und Silberschmuckstücke angeboten, die nach antiken oder byzantinischen Vorlagen gefertigt sind.
Beliebt sind außerdem Keramikwaren und handgeknüpfte Teppiche sowie Strickwaren aus Wolle und feine Stickereiarbeiten.

Ausflüge
Von Nauplia aus werden Tagesausflüge und mehrtägige Fahrten zu den Inseln des Saronischen Golfs und den klassischen Stätten Mykene, Epidauros, Sparta, Mistrá und Olympia angeboten.
Diese Fahrten können in den Reisebüros gebucht werden:
Bourtzi Tours, Sigrou 4, Tel.: 22691
Yannopoulos Travel Agency, Bouboulinas 83, Tel.: 28054

Strände
In Stadtnähe gibt es zwei Badestrände:
Arvanitis Beach, der unterhalb des Xenia-Hotels gelegene Strand mit Restaurant und sanitären Einrichtungen,
Karathona Beach, unterhalb der Palamidi-Festung gelegener Sandstrand mit Beach Bar und Surfschule.

Buch - und Kartentip
This summer in Nauplia, kostenlose Informationsschrift in englischer Sprache

11.3.2 NAUPLIA: SEHEN UND ERLEBEN

Etwa 10 000 Einwohner zählt die heutige Stadt Nauplia, die wegen ihrer herrlichen Lage am Argolischen Golf viele Besucher anlockt. Der Ort dehnt sich unterhalb des mächtigen, in den Argolischen Golf vorragenden Felsens Akrónauplia und der 216 m hoch gelegenen Festungsanlage Palamidi aus.
In den Sommermonaten herrscht an der Hafenpromenade und in den verwinkelten Gassen reges Leben; der Besucher findet vielseitige Geselligkeit und Unterhaltung.

Geschichte der Stadt

Als Gründer der Stadt gelten Nauplios, ein Sohn des Meergottes Poseidon, und sein Sohn Palamedes. Palamedes nahm am Kampf der Griechen gegen Troja teil und wurde dort wegen seiner Klugheit und seiner weisen Ratschläge hoch geachtet.
Ihm schreibt man sowohl die Einführung bekannter Würfel- und Brettspiele (z.B. Schach) bei den Griechen zu, wie auch zahlreiche Erfindungen, z.B. die der Buchstaben und des dekadischen Systems. Da Palamedes durch eine List Odysseus zur Teilnahme am Trojanischen Krieg überredet hatte, klagte dieser ihn fälschlicherweise des Hochverrats an, so daß Palamedes gesteinigt wurde. Nauplios rächte seinen Sohn dadurch, daß er am Kap Kaphareus falsche Leuchtfeuer setzte, wodurch viele griechische Schiffe bei der Heimfahrt von Troja zerschellten.
Siedlungsspuren reichen bis in die mykenische Zeit; nach anfänglicher Selbständigkeit wurde Nauplia 628 v.Chr. von Argos erobert und als Hafen benutzt. Erst im Mittelalter erlangte Nauplia durch seine geschützte Lage am Meer Bedeutung. In byzantinischer Zeit wurde die Stadt von fränkischen Kreuzfahrern belagert und schließlich 1246 erobert. Während der Herrschaftszeit der Venezianer und der Türken (1388 - 1821) war Nauplia ein stark befestigter Handelsstützpunkt. In den griechischen Befreiungskriegen wurde die Stadt heftig umkämpft; 1822 eroberten die Griechen die Festungsinsel Bourzi und die Festung Palamidi. 1823 versammelte sich die griechische Revolutionsregierung in Nauplia, und Ministerpräsident Kapodistrias rief die Stadt zur ersten Hauptstadt des befreiten Griechenlands aus. Prinz Otto von Bayern landete 1833 in Nauplia und wurde mit großen Ehren empfangen; aber schon 1834 verlegte er die Hauptstadt nach Athen.

Sehenswertes

Hafen und Insel Bourzi

Der Hafen ist wegen seiner geringen Wassertiefe nur für kleine Schiffe und Boote geeignet. Ein Wahrzeichen Nauplias ist die kleine, nur

Nauplia

450 m vom Kai entfernte Insel Bourzi, die 1473 von den Venezianern mit einem Turm und gegen Ende des 17. Jahrhunderts mit einer Festung bebaut wurde. Auf der Insel tagte vorübergehend die griechische Revolutionsregierung; später lebte dort der Scharfrichter, der auf der Festung Palamidi seinen Dienst verrichtete.

Archäologisches Museum

Das Museum befindet sich in einem venezianischen Gebäude, dem alten Zeughaus der Flotte, an der Platia Syntagmatos.

Öffnungszeiten:

 täglich 9.00 - 13.00 h
 16.00 - 18.00 h
So 10.30 - 14.30 h
Di geschlossen

Im Museum befinden sich Funde aus Nauplia und anderen antiken Stätten der Argolis: Kultidole, Gefäße, Tierfiguren, Teile eines Frieses und Fresken.

Besonders sehenswert ist eine vollständige bronzene Rüstung aus mykenischer Zeit. Sie wurde in einem Grab bei Dendra gefunden und setzt sich aus einzelnen Bronzebändern zusammen, die mit Metallblechen verbunden waren. Der Helm war aus Eberzähnen gefertigt.

Volkskunde-Museum (Vassilis Alexandrou 1)

 Öffnungszeiten:
täglich   9 - 13 Uhr, 17 - 19 Uhr
Dienstag   geschlossen

Das 1974 eingerichtete Museum stellt Volkstrachten, Webarbeiten, Stickereien, Möbel, Werkzeuge, Zeichnungen und Fotografieren von Argolis und der Peloponnes aus.

Altes Parlament, an der Platia Syntagmatos

Das Gebäude wurde um 1550 als Moschee erbaut und seit 1822 als Parlament genutzt. Vor dem Eingang sieht man einen venezianischen Löwen, der von einem der nicht mehr erhaltenen Stadttore stammt.

Philhellenen-Platz

An diesem Platz befinden sich ein Denkmal zur Erinnerung an die Befreiung Griechenlands und die Kirche Agios Nikolaos, die 1713 errichtet wurde.

Agios Spiridonos-Kirche

Sie wurde 1702 erbaut. Bei dieser Kirche wurde der erste Präsident Griechenlands, Ioannis Kapodistrias, im Oktober 1831 von Mörderhand erschossen.

Frangoklissia

In der Klosterkirche aus fränkischer Zeit befindet sich ein Denkmal, auf dem die Namen der im griechischen Freiheitskampf gefallenen Philhellenen verzeichnet sind.

Das Denkmal des Bayerischen Löwen (an der 25.Martiou-Straße)

Es wurde 1834 von König Ludwig I. von Bayern zum Andenken an die gefallenen bayrischen Soldaten errichtet und mit der Inschrift versehen:" *Die Offiziere und Soldaten der Königlich Bayerischen Brigade ihren Kameraden 1833 und 1834. Zur Vollendung gebracht durch Ludwig I. König von Bayern*".

Festung Akronauplia

Die Festung liegt auf einem Felsplateau, das in den Golf von Argolis hineinragt. Zu allen Zeiten gab es hier Befestigungsanlagen. Auf den Fundamenten der antiken Befestigung wurde um 1200 ein Bollwerk errichtet; im 16. Jahrhundert wurden die Befestigungen durch Stützmauern miteinander verbunden. 1701 - 1704 entstand eine Bastei, der die Venezianer 1713 ein großes Tor anfügten.

Die gesamte Befestigungsanlage, gebildet aus den Burgen der Griechen, der Franken und der Venezianer, wird Akrónauplia genannt.
Heute steht auf dem Gelände der ehemaligen Burganlage der große Xenia-Hotelkomplex.

Festung Palamidi

Die Festung, die die Stadt überragt, ist das zweite Wahrzeichen Nauplias.
Man kann sich den allerdings anstrengenden Spaß machen, die 857 Treppenstufen, die aus der Stadt zur Festung führen, hinaufzusteigen; man kann aber auch mit dem Wagen zum Haupttor der Palamidi-Festung hinauffahren.

Anfahrt: von der Straße nach Epidauros biegt eine Fahrstraße nach rechts zur Festung ab.

Die Festung entstand 1711 - 1714 unter den Venezianern und war durch einen Geheimgang mit der Zitadelle Akronauplia verbunden. Es gab mehrere selbständige Forts, von denen 4 die Namen bedeutender Griechen trugen, z.B. Achilleus, Miltiades, Themistokles, Leonidas.

 Von der Festung bietet sich ein herrlicher Blick auf den Golf und die Ebene von Argolis.

Festung Palamidi

11.4 TIRYNS

Nur 5 km von Nauplia entfernt, an der Straße von Nauplia nach Argos, liegen die Ruinen der mykenischen Burg Tiryns in der weiten und fruchtbaren Ebene von Argolis.

11.4.1 MYTHOS UND GESCHICHTE

Tiryns gehört zu den ältesten Siedlungen in der Argolis. Schon im 3. Jahrtausend v.Chr. wurde auf dem Berghügel ein Rundbau von etwa 28 m Durchmesser errichtet, der als Fürstensitz und Wehrturm diente. Die Blütezeit Tiryns lag im 15. Jahrhundert v.Chr.; die Befestigung der Siedlung umfaßte damals die sog. "Oberburg". Im 14. Jahrhundert v.Chr. wurde die Anlage durch die Mittelburg im Norden, eine Bastion und einen neuen Eingangsbereich erweitert. Zwischen 1300 und 1230 v.Chr. erfolgte eine weitere Vergrößerung; die nördliche, mit Gebäuden bestandene Unterburg wurde ebenfalls von der 6 m dicken Burgmauer eingeschlossen. In dieser Zeit erhielt der Palast seine endgültige Gestalt, die wir an den heute sichtbaren Grundmauern erkennen können.
Um 1200 v.Chr. wurde die Oberburg vermutlich durch ein Erdbeben zerstört. In der weiteren Zeit blieben jedoch die Unterburg und die am

Tiryns

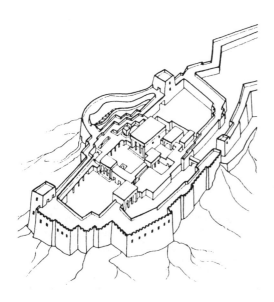

Burghügel liegende Stadt besiedelt, bis sie 468 v.Chr. von den Argivern zerstört wurden und bis zum 2. Jahrhundert n.Chr. unbewohnt blieben. Erst in byzantinischer Zeit ließen sich in Tiryns wieder Menschen nieder; zwischen 950 und 1400 gab es dort auch eine Kirche und einen Friedhof.

11.4.2 AUSGRABUNGEN

Die ersten Ausgrabungen wurden schon 1831 durchgeführt; aber erst nach den Versuchsgrabungen von 1876 konnten Heinrich Schliemann und sein Mitarbeiter Wilhelm Dörpfeld in den Jahren 1884/85 die Burg planmäßig freilegen. Von 1905-1925 übernahm das Deutsche Archäologische Institut die weiteren Grabungsarbeiten; 1957 richteten griechische Archäologen die Burgmauern auf, und seit 1967 führt erneut das Deutsche Archäologische Institut die Forschungsarbeit durch.

Das Burggelände von Ober- und Unterburg wird von der berühmten, 725 m langen Burgmauer umschlossen. Diese galt in der Antike als Meisterwerk. Drei Bauphasen lassen sich heute noch unterscheiden:

1. ältere Phase
Die Mauern bestehen aus kleinen, behauenen, etwa 60 - 70 cm hohen Steinen, die horizontal so geschichtet sind, daß nur geringe, mit wenig Steinen auszufüllende Lücken entstanden.

2. mittlere Phase
Es wurden gut bearbeitete, aber größere Steine verwendet, besonders an für die Verteidigung wichtigen Stellen; dabei wird die horizontale Schichtung nicht mehr durchgängig eingehalten.

3. jüngste Phase
Große, nur wenig behauene Steinblöcke, die bis 13 Tonnen wiegen, fanden Verwendung. Die entstandenen Zwischenräume wurden mit Steinen aufgefüllt.

11.4.3 RUNDGANG

Öffnungszeiten:
täglich   8 - 19 Uhr
sonntags   8 - 18 Uhr

Die Festungsmauer ist entlang der Unterburg 6 - 7 m dick; rings um die unregelmäßigere Oberburg beträgt die Mauerstärke zwischen 5 und 17 m. Man kann sich eine gute Vorstellung von der einstigen Wehrkraft der Mauern machen, denn sie sind noch etwa bis zur Hälfte der ursprünglichen Höhe von 20 m erhalten.

Den Eingang zur Burg erreicht man über eine Rampe (1), die in früheren Zeiten Zufahrtsweg für Wagengespanne war. Der Aufgang (2) zur Oberburg führt durch das Haupttor (3), das in der Konstruktion und in den Maßen dem berühmten Löwentor von Mykene entspricht.
Man erreicht durch ein zweites Tor (4) einen Hof (5), der durch Säulenreihen begrenzt war. Unterhalb des Hofes liegt die sogenannte Ostgalerie (6) mit 6 gleich großen Räumen, deren Bestimmung noch nicht eindeutig geklärt ist.

An der Westseite des Vorhofes lag das Große Propylon (7), das den Haupteingang des Palastes bildete. Der äußere Palasthof (8), zu dem sich das Tor öffnete, war ebenfalls von Säulenreihen umgeben.

Der südliche Komplex mit der Südgalerie hatte mehrere Räume.

Tiryns

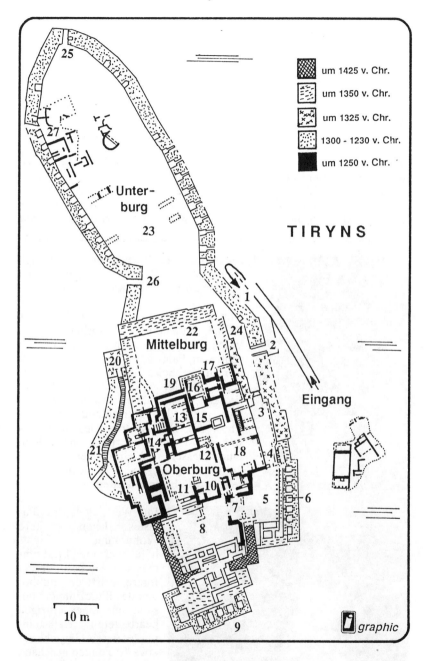

Legende zum Plan auf der vorhergehenden Seite:

1	Kyklopische Rampe	15	Hof
2	Eingang	16	Kleines Megaron
3	Haupttor	17	Megaronähnlicher Trakt
4	Tor	18	Wohnhäuser
5	Hof	19	Korridor
6	Ostgalerie	20	Turm
7	Großes Propylon	21	Westliche Bastion
8	Äußerer Palasthof	22	Mittelburg
9	Kasematten	23	Unterburg
10	Wach- und Archivräume	24	Nische
11	Propylon	25	Gewölbtes Tor
12	Zentraler Palasthof	26	Gewölbtes Tor
13	Großes Megaron	27	Unterirdische Galerien
14	Bad		

Im Südteil der Burganlage befand sich eine mächtige Bastion mit 5, über eine Treppe erreichbaren Kasematten (9).

Vom großen Hof gelangt man durch das Kleine Propylon (11), vorbei an den Wach-oder Archivräumen (10), in den zentralen Palasthof (12). Der Palasthof war an drei Seiten von Säulenhallen umgeben. Im Norden befanden sich das mit Fresken geschmückte Megaron des Königs (13), das Herrenhaus und der Thronsaal. Das Zentrum des Megarons war der runde Feuerplatz mit 3,30 m Durchmesser; der Herd diente sowohl kultischen Zwecken als auch der Zubereitung von Festmahlzeiten.

Im Westflügel des Palastes lagen weitere Wohnräume, zwei Lichthöfe und ein Badezimmer, das von besonderem Interesse ist: der Fußboden des Badezimmers besteht aus einer einzigen bearbeiteten Kalksteinplatte, deren Gewicht auf etwa 20 Tonnen geschätzt wird. Da diese Platte an

Ort und Stelle gelegt sein mußte, bevor die übrigen Räume gebaut werden konnten, liegt die Vermutung nahe, daß es sich um einen bedeutsamen Raum, möglicherweise um ein Kultbad, gehandelt haben muß.

Der Palastgrundriß ähnelt mit seinen vielen kleinen Räumen dem der minoischen Paläste. Im Norden des Palastes liegt die sog. Mittelburg; die Unterburg diente der Bevölkerung als Zufluchtsort. In Friedenszeiten befanden sich dort Wohnhäuser und Werkstätten.

 Am Kassenhäuschen zum Ausgrabungsgelände wird der illustrierte "Führer durch Tiryns" auch in deutscher Sprache angeboten.

11.5 VON NAUPLIA NACH EPIDAUROS

Von Nauplia führt eine neue, gut ausgebaute Straße durch die fruchtbare Ebene von Argolis nach Epidauros.

Ligourion

Nach 15 km erreicht man den Ort **Ligourion**.

 Für die Besucher, die nach einer Theatervorstellung im antiken Theater von Epidauros keine lange Rückfahrt mehr machen möchten, bietet Ligourion einige einfache Übernachtungsmöglichkeiten.
C **Avaton**, Tel.: 0753/22059, 20 Betten, ganzjährig geöffnetes Motel
D **Alkyon**, Steno, Tel.: 0753/22552, von Mai bis Oktober geöffnet
D **Asklipios**, Asklipiou 65, Tel.: 0753/22251, ganzjährig geöffnet
D **Koronis**, Asklipiou 62, Tel.: 0753/22267, ganzjährig geöffnet

In Ligourion teilt sich die Straße und führt weiter zum antiken Theater oder zu den beiden Ortschaften Alt- und Neu-Epidauros.

11.5.1 EPIDAUROS

Folgen Sie der Ausschilderung zum Theater bis hin zum großen Parkplatz.

 Übernachtung

B **Xenia Bungalows**, Tel.: 0753/22003, 48 Betten, ganzjährig geöffnet

Direkt an der Ausgrabungsstätte wurde von der Griechischen Zentrale für Fremdenverkehr inmitten einer gepflegten Grünanlage ein Hotel eingerichtet. Die Bungalows liegen ruhig unter alten Kiefern und Zypressen.

Restaurant

Auf dem Gelände des Xenia-Hotels gibt es ein gutes, schön gelegenes Restaurant.

Wie in Korinth erscheint auch der Name Epidauros gleich drei mal auf der Landkarte:
1. das **antike Epidauros** mit dem berühmten Theater im Heiligtum des Gottes Asklepios
2. der 19 km entfernte, am Meer gelegene Ferienort **Palea Epidauros** (Alt-Epidauros),
3. das 18 km entfernte Bauerndorf **Nea Epidauros** (Neu-Epidauros).

Die neugriechische Aussprache des Namens ist Epídavros; so lauten auch die Beschriftungen der Karten Paléa und Néa Epídavros.

Die archäologische Stätte liegt inmitten einer lieblichen und fruchtbaren Landschaft. In der Antike war Epidauros das bedeutendste Heiligtum des Gottes Asklepios, den die Menschen wegen seiner Heilkunst verehrten.

Heute ist der Besuch von Epidauros fester Bestandteil fast jeder Peloponnes-Reise, denn das große Theater ist sehr gut erhalten und beeindruckt auch die heutigen Besucher durch seine außergewöhnliche Akustik.

11.5.2 MYTHOS UND GESCHICHTE

Es ist überliefert, daß Asklepios ein Sohn des Lichtgottes Apoll und der Königstochter Koronis war. Als diese den Gott noch während ihrer Schwangerschaft betrog, tötete Apoll sie, rettete jedoch das Kind und übergab es dem weisen Zentauren Chiron zur Aufzucht. Chiron unterrichtete Asklepios in der Heilkunst, die dieser schnell erlernte und so vollkommen beherrschte, daß er zahllose wunderbare Heilungen bewirkte und sogar Tote wieder zum Leben erweckte. Dadurch glaubte Hades, der Gott der Unterwelt, sein Reich bedroht, beklagte sich bei Zeus, und der oberste der Götter tötete Asklepios.

Asklepios fand viele Nachfolger, die sein Wissen von der Heilkunst weitergaben; der berühmteste darunter war in der Antike der Arzt Hippokrates (460 - 375 v.Chr.).

Epidauros

Der Asklepios-Kult kam aus der thessalischen Stadt Trikka gegen Ende des 6. Jahrhunderts v.Chr. nach Epidauros, wo schon der Gott Apoll verehrt wurde. Der Kult erreichte seinen Höhepunkt im 4. Jahrhundert v.Chr.; schon ab 420 v.Chr. wurden von Epidauros aus viele Tochter-Heiligtümer gegründet. In Epidauros entwickelte sich der heilige Bezirk zu einem der größten "Kurorte" mit prachtvollen Bauten (z.B. dem Theater), Badeanlagen und Tempeln. Von der Dankbarkeit vieler Heilungssuchenden zeugen die zahlreichen Gedenkinschriften und reichen Opfergaben. Über den Verlauf der Zeremonien, denen die Pilger und Kranken sich unterziehen mußten, sind Einzelheiten bekannt:

- Jeder Heilungssuchende mußte zuerst an **kultischen Reinigungen** teilnehmen und dem Gott Apollon rituelle Opfer darbringen.
- In der **Schlafhalle**, im Abaton, verbrachte er die erste Nacht, wobei ihm Asklepios im Traum erschien. Durch Priester wurde der Traum gedeutet und die Heilungsmethode aufgezeigt.
- Die Heilung erfolgte sowohl durch die für den Menschen erschütternde **Begegnung mit dem Gott**, als auch in späterer Zeit durch die Verabreichung von Medikamenten und operative Eingriffe der Ärzte.
- Als zusätzliche therapeutische Maßnahmen waren **Thermalbäder** angesetzt; der weiteren Gesundung dienten Sportveranstaltungen sowie Theater- und Konzertaufführungen.

Seit Beginn des 5. Jahrhunderts v.Chr. fanden in Epidauros alle 4 Jahre die sog. Asklepien statt; dies waren panhellenische Festspiele mit sportlichen und musischen Wettkämpfen.

Epidauros hatte auch in römischer Zeit noch große Bedeutung; so ist belegt, daß im Jahr 295 v.Chr., als die Bevölkerung Roms von einer Pest dahingerafft wurde, römische Gesandte nach Epidauros kamen und Hilfe erbaten. 86 v.Chr. wurde das Heiligtum von Sulla und seinen Soldaten zerstört, jedoch später wiederaufgebaut.

11.5.3 AUSGRABUNGEN UND RUNDGANG

Mit den Ausgrabungsarbeiten begann 1881 der Archäologe Karadias vom Griechischen Archäologischen Institut. Die Arbeiten wurden mit Unterbrechungen bis 1928, und dann wieder von 1948 - 1951 und ab 1974 fortgeführt. Zur Zeit finden wieder intensive Grabungen statt.

Öffnungszeiten:

táglich 7.30 - 19.30 Uhr
Sonntag 10.00 - 18.00 Uhr

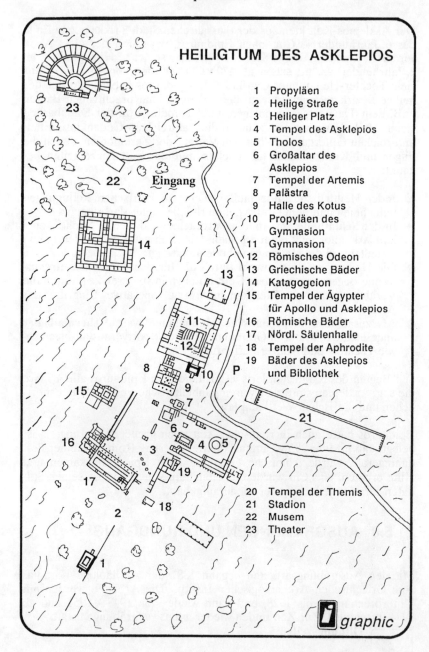

Museum

Öffnungszeiten:

Das Museum ist dienstags geschlossen.

In der Nähe des Eingangs liegt das Museum, dessen Besuch sich schon vor dem eigentlichen Rundgang empfiehlt, da die ausgestellten Rekonstruktionszeichnungen und Modelle wichtige Vorstellungshilfen geben können. Darüberhinaus sind die ausgestellten Inschriften über Heilungen, Gipsabdrücke der Skulpturen vom Asklepios-Tempel, Skulpturen aus dem Artemis-Tempel und Bauteile verschiedener Gebäude sehr interessant.

Theater

Das Theater von Epidauros ist das besterhaltene Theater Griechenlands und seit der Antike wegen seiner hervorragenden Akustik hochgerühmt. Auch heute noch erproben viele Besucher diese Akustik und sind beeindruckt von den Demonstrationen anderer Besucher oder der Reiseführer, die den Zuschauern durch Sprechproben, fallende Münzen, Händeklatschen oder durch das Anzünden eines Streichholzes beweisen, daß tatsächlich die in der Mitte der Orchestra erzeugten Geräusche und Reden noch in der obersten Zuschauerreihe deutlich vernehmbar sind.

Neuere Ausgrabungen belegen, daß das Theater wohl aus dem Anfang des 3. Jahrhunderts v.Chr. stammt und demnach nicht, wie in den Schriften des Pausanias überliefert, von Polyklet dem Jüngeren errichtet

―――――――――――――― *Epidauros* ――――――――――――――

wurde. Das Theater wurde zunächst in 34 Sitzreihen angelegt; im 2. Jahrhundert v.Chr. wurde es auf 55 Sitzreihen erweitert, so daß etwa 14 000 Menschen Platz fanden. Die vorderste Reihe, deren Sitze Lehnen hatte, war den Ehrengästen vorbehalten; die nächsten drei Reihen hatten mit der ersten Reihe gemeinsam, daß die Sitzstufen niedrig gehalten waren, damit die Zuschauer trotz der mitgebrachten dicken Kissen noch bequem sitzen konnten.

In der Mitte der Orchestra kann man noch den Sockel des Dionysos-Altars erkennen; dieser Altar kennzeichnet das Theater als Kultbau.

Die Festspiele von Epidauros

Alljährlich finden in den Monaten Juni - August die Festspiele von Epidauros statt, bei denen bekannte Theaterensembles antike Tragödien und Komödien aufführen.

Theaterkarten sind erhältlich :
in **Athen**:   - Festival Office, Stadiou -Str. 4,
           - National Theater, Menandrou-Str. 4
in **Nauplia**: - Olympic Airways, Bouboulinas 2, Tel.: 0752/28054
           - Bourtzi Tours, Syngrou 4, Tel.: 0752/22691
in **Epidauros**: - an der Theaterkasse, wenn die Vorstellungen noch nicht ausverkauft sind.
           Freitag und Samstag von 9 -13 h und 17 - 21 h

Informationen erhält man unter den Rufnummern:
in **Athen**:   O1/3221459 und 01/3223111
in **Epidauros**: 0753/22006

Die Vorstellungen, deren Besuch sehr empfehlenswert ist, beginnen um 21 Uhr. Von Athen und Nauplia aus gibt es organisierte Reisen zu den Festaufführungen von Epidauros.

Heiligtum des Apollon Maleatas

Oberhalb des Theaters lag das Heiligtum des Apollon Maleatas. Ein Brandopferaltar aus dem 7. Jahrhundert v.Chr., ein kleiner Tempel mit 2 Säulen aus der Zeit um 380 v.Chr. und eine Halle mit 19 Säulen vom Ende des 4. Jahrhunderts v.Chr. machen deutlich, daß das Apollon-Heiligtum auch nach der Einführung des Asklepios-Kultes weiter benutzt wurde.

- **Katagogion**
  Dieses Gästehaus aus dem 4. Jahrhundert v.Chr. diente mit seinen 160 Räumen und 4 Bädern der Unterbringung der Heilungssuchenden. Die zweistöckigen Gebäudeflügel waren um 4 quadratische Höfe angelegt, die von Säulenhallen umstanden waren.

Weitere Gebäude des Heiligtums waren:
- die **Badeanlage** aus dem 3. Jahrhundert v.Chr. mit Wannen und Becken;

Epidauros

- das **Gymnasion** (70 m x 76 m) mit einem Innenhof, der von Säulenhallen umstanden war;
- die **Palästra**, die aus hellenistischer Zeit stammt und von den Römern erneuert wurde;
- die **Kotys-Halle**.

Nördlich der Palästra begann der eigentliche **heilige Bezirk** (das Hieron). Dazu gehörten:

- der **Tempel der Themis**, der Göttin der Gerechtigkeit, aus dem 4. Jahrhundert v.Chr.;
- der **Tempel der Artemis** mit seiner von 6 Säulen gestützten Eingangshalle; im Tempelinneren stand ein Kultbild der Artemis; vor dem Tempel war ein Altar errichtet;
- das **alte Abaton**, das älteste Gebäude des Heiligtums aus dem 6. Jahrhundert v.Chr.; in diesem mit Bänken und Betten ausgestatteten Haus vollzog sich der Heilschlaf der Heilungssuchenden;
- der **Tempel des Asklepios**, von dem nur der Unterbau und Fragmente erhalten sind. Dieser dorische Tempel mit 6 x 11 Säulen entstand um 390 v.Chr. unter der Bauleitung von Theodotus von Phokaia; in der Cella befand sich die Gold-Elfenbein-Statue des Bildhauers Thrasymedes. Diese stellt den sitzenden Gott Asklepios dar, der einen Stab und eine Schlange in den Händen hält.
Entlang der Cella-Mauer verläuft eine 50 cm tiefe Rinne, über deren Funktion 2 Meinungen bestehen: entweder legten die Heilungssuchenden in diesem 2,70 m langen und 1,75 m breiten Graben ihre Opfergaben ab oder sie stellten sich in die Vertiefung, um dort den Rat des Heilgottes zu hören.
- die **Tholos**, das bemerkenswerteste Bauwerk von Epidauros; von diesem Rundbau sind nur noch die Fragmente und die ringförmigen Mauern zu erkennen; als Baumeister gilt Polyklet der Jüngere, der die Tholos zwischen 360 und 330 v.Chr. erbaute. Der Rundbau bestand aus der äußeren Ringhalle mit 26 dorischen Säulen und der

Cella, die von 14 korinthischen Säulen umschlossen war. Der Fußboden der Cella war mit schwarzen und weißen Rhomben aus Marmor belegt; in der Mitte lag eine weiße Marmorplatte, die hochgenommen werden konnte, so daß ein Durchlaß zum Untergeschoß entstand. Dieses Untergeschoß war durch einen Ring konzentrischer Steinmauern labyrinthähnlich angelegt; die drei äußeren Mauern waren umlaufend, während die innen liegenden Mauern Tore hatten und untereinander durch Wände verbunden waren. Das bedeutete, daß man das Innere des Bauwerkes nur erreichen konnte, wenn man zuvor sämtliche Gänge durchlaufen hatte. Die genaue Zweckbestimmung der Tholos steht noch aus; Erklärungsversuche bezeichnen das Labyrinth als Schlupfwinkel für die heiligen Schlangen, als Grab des Asklepios oder als Ort geheimer Kulthandlungen.

- das **neue Abaton**, eine langgestreckte Säulenhalle mit 29 ionischen Außensäulen und 13 Innensäulen. Der Ostflügel dieses Gebäudes entstand im 4. Jahrhundert v.Chr., der Westflügel erst im 3. Jahrhundert v.Chr.; in dieser Halle, die das alte Abaton ersetzte, legten sich die Kranken zum Heilschlaf nieder.

Aus römischer Zeit stammt ein **Brunnengebäude**; am östlichen Ende des Abaton lag ein 17 m tiefer Brunnen, der möglicherweise schon im 6. Jahrhundert v.Chr. angelegt war und dessen Wasser als heilkräftig galt.

Außerhalb des heiligen Bezirkes liegen noch:

- die **Bibliothek**;

- das **Asklepios-Bad**, das im 2. Jahrhundert n.Chr. errichtet wurde;

- der **Festplatz**, der mit Weihegeschenken, Denkmälern und halbrunden Exedren geschmückt war;

- **römische Bäder**;

- ein kleiner **Aphrodite-Tempel**, der um 320 v.Chr. entstand;

- eine große **Zisterne** aus Poros-Stein.

11.5.4 VON EPIDAUROS ZUR OSTKÜSTE DER ARGOLIS

Palea Epidauros

Von der Ausgrabungsstätte fährt man zurück bis zur Hauptstraße und kann dann weiter in den Süden der argivischen Halbinsel fahren oder Sie fahren zurück nach Ligourion und von dort weiter ans Meer nach **Palea Epidauros**.

Von Epidauros zur Ostküste der Argolis

Die Küstenebene vor Palea Epidauros wird landwirtschaftlich intensiv durch den Anbau von Zitronen, Wein und Gemüse genutzt.

Wo in antiker Zeit der Hafen für das Heiligtum von Epidauros war, legen heute Fischerboote, Yachten und kleine Fährschiffe an.

Alt-Epidauros ist ein reizvoller Ferienort, der immer mehr Reisende anzieht. Es gibt einige Hotels, zahlreiche Geschäfte und Restaurants. Tagsüber breiten die Fischer ihre Netze an der Hafenpromenade zum Flicken aus; am Abend werden Tische und Stühle der Tavernen ins Freie gestellt. Von dort kann man das Ein- und Auslaufen der Boote beobachten.

Übernachtung

 B **Stratos**, Tel.: 0753 / 41535, 22 Betten, ganzjährig geöffnet, das 1978 gebaute Haus liegt etwa 200 m vom Strand entfernt.
C **Aegeon**, Tel.: 0753/41381, 15 Betten, ganzjährig geöffnet, am Hafen
C **Aktis**, Tel.: 0753/41407, 16 Betten, von März bis Oktober geöffnet, an der Hafenpromenade
C **Apollon**, Tel.: 0753/41295, 72 Betten, von April bis Oktober geöffnet, in ruhiger Seitenstraße

C Christina, Tel.: 0753/41451, 26 Betten, ganzjährig geöffnet, am Hafen
C Hellas, Tel.: 0753/41226, 36 Betten, ganzjährig geöffnet
C Koronis, Tel.: 0753/41209, 14 Betten, von März bis Oktober geöffnet, etwa 150 m vom Hafen
C Maik, Tel.: 0753/41213, 25 Betten, ganzjährig geöffnet, am nördlichen Ende der Hafenpromenade
C Maronika, Tel.: 0753/41391, 35 Betten, von März bis November geöffnet, etwa 100 m vom Hafen entfernt
C Paolo Beach, Tel.: 0753/41397, 52 Betten, von März bis Oktober geöffnet, Strandhotel, Wassersportmöglichkeiten
C Plaza, Tel.: 0753/41395, 17 Betten, von April bis Oktober geöffnet
C Possidon, Tel.: 0753/41211, 18 Betten, ganzjährig geöffnet, am nördlichen Ende der Hafenpromenade
C Rena, Tel.: 0753/41311, 13 Betten, von April bis Oktober geöffnet
C Saronis, Tel.: 0753/41514, 72 Betten, von März bis Oktober geöffnet
D Epidavria, Tel.: 0753/41222, 12 Betten, ganzjährig geöffnet

Camping

John's Camping, Tel.: 0753/41587, kleiner Platz am Meer mit Einkaufsmöglichkeiten
Nicolas Camping, Tel.: 0753/41218, schattiger Platz am Meer mit Restaurant und Supermarkt

Strand

In Ortsnähe gibt es Bademöglichkeiten.
Etwa 2 km südöstlich vom Ort liegt der beliebteste Badestrand von **Palea Epidauros**.

Am Südende der heutigen Ortschaft, auf einer kleinen hügeligen Halbinsel, lag die antike Stadt. Es wurden Überreste der Akropolis und einer byzantinischen Festung gefunden; freigelegt wurde auch das Theater, von dem noch 15 Sitzreihen erkennbar sind.

Sehenswertes in der Umgebung von Palea Epidauros

Nea Epidauros

In Palea Epidauros beginnt die neue Schnellstraße, die nordwärts nach Korinth führt. Eine Abzweigung führt nach 6 km zum Dorf **Nea Epidauros**, das von einer fränkischen Burgruine überragt wird. Nur einmal richtete sich die Aufmerksamkeit der Öffentlichkeit auf dieses Dorf, als hier im Jahre 1822 die griechische Unabhängigkeit ausgerufen wurde. Das 'Organische Gesetz von Epidauros' bildete die Grundlage für die erste Regierungsbildung des jungen Staates.

Übernachtung

C **Epidaurus**, Tel.: 0753/31209, 13 Betten, ganzjährig geöffnet
E **Avra**, Tel.: 0753/31294, 17 Betten, ganzjährig geöffnet
E **Marilena**, Tel.: 0753/31279, 13 Betten, ganzjährig geöffnet

Kloster Agnoundos

Folgt man weiter der Hauptstraße nach Norden, sieht man nach 5 km das **Kloster Agnoundos,** das mit seinen dicken Mauern einer Festung gleicht. Es leben nur noch wenige Nonnen innerhalb der Klosteranlage. Sehenswert sind in der Kirche die aus dem 15. oder 16. Jahrhundert stammenden Fresken und die reich geschnitzte Ikonostase.

Öffnungszeiten

täglich von 7 - 17 Uhr

Kórfos

11 km weiter nördlich zweigt eine schmale Straße links ab, die hinunter ans Meer zum kleinen Ferienort **Kórfos** führt. Von der Höhe bietet sich ein schöner Blick auf den Ort, der malerisch in der geschützten Bucht liegt.

Übernachtung

B **Korfos**, Tel.: 0741/95217, 28 Betten, ganzjährig geöffnet, nur durch die Straße vom Meer getrennt, mit großem, schattigem Garten

C **Argo Appartements**, Tel.: 0741/28713, 72 Betten, von April bis Oktober geöffnet, nur durch die Straße vom Meer getrennt
D **Myrto**, Tel.: 0741/27554, 25 Betten, ganzjährig geöffnet, an der Dorfstraße

Außerdem werden einige **Privatzimmer** vermietet.

Der Strand von Kórfos ist nicht sonderlich gut; er ist sehr schmal, zumeist steinig und hat nur stellenweise Schatten, ist jedoch auch im Hochsommer noch nicht überfüllt.

In Kórfos verbringen viele Griechen ihre Ferientage. Die Lebensweise ist ungezwungen und leger. In den Abendstunden füllen sich die direkt am Meer gelegenen Tavernen, in denen die Feriengäste frisch gefangene Fische und die Hafenatmosphäre genießen.

Von Kórfos fährt man zurück zur Hauptstraße und kann dann nach rechts in Richtung Korinth weiterfahren.

Informationen über geharzte Weine

Die Stichstraße nach Kórfos führt durch kleine Pinienwälder. An den Baumstämmen fallen kantige Blechbehälter auf, die

so am Stamm angebracht sind, daß das aus der Baumrinde fließende Harz aufgefangen werden kann. Dieses Harz wird später während der Fermentation dem Wein zugesetzt und verursacht den eigentümlichen Geschmack des Retsina-Weines.
In Griechenland werden auf etwa 200 000 ha Rebfläche jährlich 1,5 Millionen t Trauben erzeugt, von denen etwa 32% zu Wein verarbeitet werden. 50% der produzierten Weine werden geharzt; dies ist eine nur in Griechenland gebräuchliche Tradition. Archäologen fanden Spuren von Kiefernharz schon in den ältesten Amphoren. Allgemein wird angenommen, daß das Harz wegen seiner Konservierungseigenschaften zugesetzt wurde, doch weiß man inzwischen, daß retsinierter Wein nicht sehr gut altert. Manche Weinkenner meinen deshalb, man habe dem Wein Harz zugesetzt, weil durh das frische, saftige, etwas terpetinähnliche Aroma Qualitätsverbesserungen zu vermerken seien.

> *Doch es gibt noch eine weitere Erklärung:*
>
> *Da die Griechen schon seit Jahrhunderten Wein von Eseln und Maultieren in Ziegenfellen transportieren ließen, die mit Kolophonium, einem Produkt der Seekiefer, behandelt waren, nahm der Wein den Geschmack des Kolophoniums an. Um auch dem in neuerer Zeit in Holzfässern gelagerten Weinen den vertrauten Geruch unf Geschmack zu erhalten, setzte man dem Wein Harz zu.*

11.6 FERIENZENTREN UND SEHENSWÜRDIGKEITEN IM SÜDEN DER ARGIVISCHEN HALBINSEL

Durch den Ausbau des Straßennetzes ist auch der Süden der Argolis leicht zugänglich geworden. In den kleinen Küstenorten wurden zahlreiche Hotels gebaut und Campingplätze eingerichtet. Die Nähe zu Athen, die guten Bademöglichkeiten und die Vielzahl der Sehenswürdigkeiten begünstigten die touristische Entwicklung der Ortschaften Tolón, Portochéli und Ermíoni zu griechischen Fremdenverkehrszentren.

11.6.1 TOLON UND UMGEBUNG

Nur 15 km von Nauplia entfernt liegt der vielbesuchte Badeort Tolón, der sich von einem reizvollen Fischerhafen zu einem Ferienzentrum Griechenlands entwickelt hat. In den Sommermonaten ist der Ort mit seinen Stränden sehr voll; in den Gassen, in den Hotels und Restaurants drängen sich die Touristen. In Tolón finden Sie keine unverfälschte "griechische Atmosphäre", wohl aber Unterhaltung, Abwechslung und internationales Publikum.

Verkehrsverbindungen

mit dem **Bus**

mit **Nauplia**   stündlich von 7 - 19 Uhr

mit **Tragflügelbboten**

mit **Piräus**   1x täglich, Fahrzeit 4 Stunden

Die Argivische Halbinsel: Tolon und Umgebung

Übernachtung (Telefonvorwahl 0752)

In Tolón gibt es Hotels der Klassen B - E; aus dem breiten Angebot kann hier nur eine Auswahl gegeben werden. Alle Hotels sind in dem jeweils neuesten Hotelverzeichnis der Griechischen Zentrale für Fremdenverkehr aufgeführt.

B **Dolfin**, Tel.: 59192, 42 Betten, ganzjährig geöffnet, das 1976 gebaute Haus liegt nur wenige Schritte vom Meer entfernt, Restaurant, Bar, verschiedene Wassersportmöglichkeiten

B **Solon**, Tel.: 59204, 50 Betten, von April bis Oktober geöffnet, älteres, 1976 renoviertes Haus direkt am Strand, Restaurant, Bar

B **Sophia**, Tel.: 59567, 100 Betten, von März bis Oktober geöffnet, 1979 gebautes, empfehlenswertes Hotel in Strandnähe mit Restaurant, Bar, Cafeteria und Dachgarten

C **Aktaeon**, Aktis 60, Tel.: 59084, 39 Betten, von April bis Oktober geöffnet, nur wenige Meter vom Strand entfernt

C **Aris**, Aktis 28, Tel.: 59231, 58 Betten, von März bis Oktober geöffnet, am Strand, Wassersportmöglichkeiten

C **Epidavria**, Leoforos Sekeri 52, Tel.: 59219, 70 Betten, ganzjährig geöffnet, 50 m vom Strand entfernt, Restaurant, Dachgarten

C **Flisvos**, Bouboulinas 13, Tel.: 59223, 54 Betten, von März bis Oktober geöffnet, nur wenige Schritte vom Meer entfernt, Restaurant

C **Minoa**, Aktis 56, Tel.: 59207, 83 Betten, von März bis Oktober geöffnet, Strandlage, Restaurant, Dachgarten, Wassersportmöglichkeiten

C **Tolón**, Bouboulinas 15, Tel.: 59248, 72 Betten, ganzjährig geöffnet, 5 m vom Strand entfernt, Restaurant, Wassersport und Tennisgelegenheit. Dem selben Besitzer gehört das Hotel TolónII mit 29 Betten; etwas weiter vom Meer entfernt

D **Kali Kardia**, Aktis 54, Tel.: 59342, 19 Betten, von März bis Oktober geöffnet, 10 m vom Meer entfernt

Ferienwohnungen

C **Alcyonis**, Tel.: 59074, 15 Betten, von Mai bis September geöffnet

C **Socrates**, Tel.: 59403, 12 Betten, von April bis Oktober geöffnet, 50 m vom Meer entfernt, Wassersport- und Tennis

C **Tolo Inn**, Tel.: 59553, 28 Betten, von April bis November geöffnet

Camping

An dem 24 km langen Küstenabschnitt zwischen Nauplia und Paralía Iríon liegen zahlreiche Campingplätze.

Alkyon Beach, Tel.: 0752/92336, 15 800 qm, 108 Standplätze, Restaurant, Einkaufsmöglichkeit, am Strand von Drépanon

Argolis Beach, Tel.: 0752/92228, 9 200 qm, 41 Standplätze, Einkaufsmöglichkeit, Snackbar, am Strand von Drépanon

Avra, Tel.: 0752/59085, 8 000 qm, 36 Standplätze, Einkaufsmöglichkeit, am Strand von Tolón
Candia Beach, Tel.: 0753/91351, 5 000 qm, 57 Standplätze, Einkaufsmöglichkeit, am Strand von Kandia
Iria Beach, Tel.: 0753/91253, 14 600 qm, 44 Standplätze, Restaurant, Einkaufsmöglichkeit, am Strand von Paralía Iríon
Kastraki- Camping, Tel.: 0752/59386, 18 000 qm, 96 Standplätze, Restaurant, Einkaufsmöglichkeit, in der Nähe des antiken Asine, schattiger Platz am Sandstrand, Tretbootverleih,
Lefka Beach, Tel.: 0752/92394, 13 000 qm, 66 Standplätze, Restaurant, Einkaufsmöglichkeit, schön angelegter, schattiger Platz an einer Bucht mit Sand/Kiesstrand, bei Drépanon
Lido I Tel.: 0752/59489, 6 000 qm, 49 Standplätze, einfacher Platz in Tolón
Lido II, Tel.: 0752/59396, 28 500 qm, 60 Standplätze, Restaurant, Einkaufsmöglichkeit, am Strand von Tolón
Palea Assini Beach, Tel.: 0752/61587, 7 800 qm, 43 Standplätze, Restaurant, Einkaufsmöglichkeit, am Strand von Drépanon
Plaka Beach, Tel.: 0752/92294, 26 000 qm, 36 Standplätze, Restaurant, Einkaufsmöglichkeit, Swimmingpool, bei Drépanon
Poseidon-Camping, Tel.: 0752/91341, 8 000 qm, 38 Standplätze, Restaurant, Einkaufsmöglichkeit, am Strand von Paralía Iríon
Skala Beach, Tel.: 0753/91306, 2 000 qm, 22 Standplätze, Snackbar, Einkaufsmöglichkeit, am Strand von Kandia
Stars, Tel.: 0752/59226, 7 000 qm, 95 Standplätze, Einkaufsmöglichkeit, Snackbar, am Strand von Tolón
Sunset, Tel.: 0752/59566, 8 300 qm, 37 Standplätze, Restaurant, Einkaufsmöglichkeit, am Strand von Tolón
Tolo Plaz, Tel.: 0752/59133, 8 000 qm, 12 Standplätze, Einkaufsmöglichkeit, am Strand von Tolón
Triton, Tel.: 0752/61265, 11 800 qm, 74 Standplätze, bei Drépanon
Xeni, Tel.: 0752/59338, 5 300 qm, 31 Standplätze, Einkaufsmöglichkeit, Snackbar, am Strand von Kastraki

Ausflüge

Von Tolón werden organisierte Ausflugsfahrten zu allen archäologischen Sehenswürdigkeiten der Peloponnes, nach Athen und zu den Saronischen Inseln angeboten. Diese Fahrten lassen sich leicht auch mit dem eigenen Wagen oder Mietauto durchführen.

Der Bucht von Tolón vorgelagert sind die beiden Inseln **Koronísi** und **Rhómvi**, auf denen es kleine Kirchlein und einige Ruinen gibt.

Nur 1 km östlich von Tolón liegen auf einem vorspringenden Felsen die Überreste der antiken Stadt **Asíne**, die von schwedischen Archäologen freigelegt wurde. Eine Besiedlung läßt sich bis zum 2. Jahrtausend v.Chr. nachweisen; aus hellenistischer Zeit stammen die Ruinen der Befestigungsmauer, die sich um den ganzen Hügel der Akropolis zog.

Etwa 800 m vom Akropolishügel entfernt liegt eine spätmykenische Nekropole mit Kuppelgräbern, die in den Felsen gearbeitet waren.

Landeinwärts, 4 km von Tolón entfernt, liegt in einer fruchtbaren Ebene die Ortschaft **Drépanon**; der zugehörige Hafen war von den Venezianern durch eine kleine Festung gesichert worden.

11.6.2 PORTOCHELI UND UMGEBUNG

In einer reizvollen Umgebung liegt Portochéli, ein Ferienort mit internationalem Publikum und großen Hotel- und Ferienanlagen.
Während sich am Ortsrand immer mehr Hotel- und Pensionsneubauten ausdehnen, hat sich der alte Stadtteil seinen Reiz bewahrt. Im Hafen liegen noch immer die bunt gestrichenen Fischerboote, deren Besitzer tagtäglich der mühsamen Arbeit des Netzeflickens nachgehen müssen; daneben ankern elegante Yachten und schnittige Segelboote und weisen mit ihren Flaggen auf Heimatländer in aller Welt hin.

Verkehrsverbindungen
mit dem **Bus**

    mit **Nauplia**   3 x täglich
    mit **Athen**   3 x täglich
    mit **Kosta**   6 x täglich
    mit **Ermíoni**   6 x täglich

mit dem **Schiff**

    mit **Spetsä**   mehrmals täglich

mit den **Tragflügelbooten** "Flying Dolphins"
    mit **Piräus**   4 - 6 x täglich
    mit **Nauplia**   4 - 6 x täglich
    mit den **Saronischen Inseln**   4 - 6 x täglich

Die Fahrkarten werden an der Hafenpromenade verkauft.

Übernachtung
Im Unterschied zu anderen griechischen Ferienorten gibt es in Portochéli überwiegend große Hotelanlagen mit breit gefächertem Unterhaltungsangebot.

A **Cosmos Club Hotel**, Tel.: 0754/51327, 279 Betten, ganzjährig geöffnet, das 1980 gebaute Hotel verfügt über Bars, Restaurant,

Diskothek, 2 Swimming Pools, Kinderspielplatz und Läden; Wassersport, Tennis, Animation, Strandlage

A **Hinitsa Beach**, Tel.:0754/51401, 385 Betten, von April bis Oktober geöffnet, 1975 gebaut, Bar, Restaurant, Diskothek, Taverne, Gesellschafts- und Konferenzräume, 2 Tennis- und Volleyballplätze, Swimming Pool, Minigolf, Wassersport, Kinderspielplatz, Strandlage

A **Porto Heli**, Tel.: 0754/51490, 404 Betten, von April bis Oktober geöffnet, 1976 gebaut, Bar, Restaurant, Diskothek, Swimming Pool, 2 Tennisplätze, Wassersport, Boutique, Strandlage

A **Ververoda**, Tel.: 0754/51342, 463 Betten, von April bis Oktober geöffnet, 1971 gebaut, Hauptgebäude mit Bungalows, Restaurant, Bars, Taverne, 2 Swimming Pools, Wassersport, Strandlage

B **Galaxy**, Tel.: 0754/51271, 325 Betten, von April bis Oktober geöffnet, 1981 renoviertes Hotel mit Bar, Restaurant, Snackbar, Diskothek, Swimming Pool, Tennisplatz, Minigolf, Basketball- und Fußballfeld, Tauchschule, Wassersport, Strandlage

B **Giouli**, Tel.: 0754/51217, 315 Betten, von Mai bis Oktober geöffnet, Bar, Restaurant, Diskothek, Dachgarten, Swimming Pool, Tennisplatz, Strandlage

B **Thermissia (La Cité)**, Tel.: 0754/51265, 308 Betten, von März bis Oktober geöffnet, 1975 gebaut, Bar, Restaurant, Diskothek, Taverne, Swimming Pool, Tennisplatz, Minigolf, 1 km außerhalb am Strand

C **Alkyon**, Tel.: 0754 / 51161, 171 Betten, ganzjährig geöffnet, etwa 300 m vom Strand entfernt,

C **Porto**, Tel.: 0754/51410, 20 Betten, von Juni bis September geöffnet, 50 m vom Strand entfernt

C **Rozos**, 42 Betten, von Juni bis September geöffnet, in Strandnähe

D **Aktaeon**, Tel.: 0754/51207, 15 Betten, ganzjährig geöffnet, etwa 1 km vom Strand entfernt

D **Flisvos**, Tel.: 0754/51316, 34 Betten, ganzjährig geöffnet, außerhalb gelegen

Im Norden von Portochéli, in der Bucht von Kilás, liegt die riesige **Höhle von Fránchti**. Hier wurden von amerikanischen Archäologen prähistorische Funde z.B. Werkzeuge, Waffen, Knochen entdeckt, die auf eine ununterbrochene Besiedlung von 20 000 - 3000 v.Chr. schließen lassen und Rückschlüsse auf das Leben der Menschen ermöglichen.

Die Bucht von Potochéli ist sehr geschützt; an ihrer Südseite wurden von amerikanischen Archäologen die Überreste der antiken Stadt **Halíke** freigelegt. Da sich die Küste etwas gesenkt hat, sind im flachen Wasser die Fundamente einzelner Häuser zu erkennen.

5 km südlich liegt der kleine Hafenort **Kósta**, vom Hafen fahren je nach Bedarf mehrmals täglich Fährboote hinüber zur Insel Spetsä.

Da auf Spetsä Autoverkehr nicht zugelassen ist, können Sie Ihren Wagen am großen Parkplatz am Hafen abstellen.

Übernachtung

B **Cap d'Or**, Tel.: 0754/51360, 204 Betten, ganzjährig geöffnet, Bar, Restaurant, Diskothek, Swimming Pool, Tennisplatz, Minigolf
B **Lido**, Tel.: 0754/51393, 72 Betten, von April bis Oktober geöffnet, Bar, Restaurant, Strandlage

Camping

Costa, Tel.: 0754/51571, 28 000 qm, 94 Standplätze, Einkaufsmöglichkeit, Snackbar, von Mai bis September geöffnet, Sandstrand in einer schönen Bucht

11.6.3 ERMIONI

Ganz im Südosten der Halbinsel, der Insel Hydra gegenüber, liegt auf einer Landzunge der Fischer- und Hafenort **Ermíoni**.
Zu beiden Seiten der Landzunge liegen gut geschützte Häfen.

Während im südlichen Hafen vor allem Fischerboote anlegen, ist der nördliche Haupthafen Anlegestelle für die Tragflügelboote zu den Saronischen Inseln.

Ermíoni eignet sich gut als Ausgangsort für Fahrten zu den nahe gelegenen Inseln. Trotz einiger großer Hotelanlagen ist der Reiz des Ortes erhalten.
In der Umgebung des Ortes gibt es viele ausgezeichnete Badeplätze.

Verkehrsverbindungen
mit dem Bus

mit **Portochéli**	4 - 6 x täglich	
mit **Kranídi**	2 - 4 x täglich,	Umsteigemöglichkeit nach **Nauplia**
mit **Galatás/Poros**	2 x täglich	

mit den **Tragflügelbooten** "Flying Dolphins"
mit **Piräus**   1 - 2 x täglich direkt
mit den **Saronischen Inseln**   3 - 5 x täglich

Übernachtung

 A **Kappa Club** (Hydra Beach), Tel.: 0754/41002, 516 Betten, von April bis Oktober geöffnet, Restaurant, Bars, Meerwasser-Swimming pool, Flutlicht-Tennisplätze, Freilichtbühne, Kinderspielplatz, Sauna, Gymastikräume, Boutique, Animation, Wassersport, am Strand von Plepi

A **Porto Hydra Club**, Tel.: 0754/41112, 600 Betten, von April bis Oktober geöffnet, Restaurant, Bar, Nachtclub, Konferenzräume, Freilichtbühne, Swimming Pool, Flutlicht-Tennisplätze, Yachtstation, Kinderspielplatz, Wassersport, am Strand von Plepi

B **Aquarius**, Tel.: 0754/31430, 163 Doppelzimmer und 212 Bungalows, von März bis November geöffnet, Restaurant, Bar, Taverne, Diskothek, Swimming Pool, Konferenzraum, Freilichtbühne, Tennisplätze, Minigolf, Wassersport, am Strand von Petrothalassa

B **Costa Perla**, Tel.: 0754/31112, 130 Doppelzimmer und 49 Bungalows, von April bis Oktober geöffnet, Restaurant, Bar, Taverne, Diskothek, Swimming Pool, Minigolf, Tennisplätze, Kinderspielplatz, Wassersport, Strandlage

B **Lena-Mary**, Tel.: 0754/31450, 228 Betten, von April bis Oktober geöffnet, Restaurant, Bars, Taverne, Diskothek, Wassersport, Strandlage

D **Nadia**, Tel.: 0754/31102, 9 Betten, ganzjährig geöffnet, neues Hotel in einer ruhigen Seitenstraße

D **Olympion**, Tel.: 0754 / 31214, 14 Betten, ganzjährig geöffnet, in Strandnähe

E **Akti**, Tel.: 0754/ 31241, 11 Betten, ganzjährig geöffnet, an der nördlichen Hafenbucht

E **Ermioni**, Tel.: 0754/31219, 11 Betten, ganzjährig geöffnet, ruhiges Haus

Die antike Stadt Hermióne lag an der Spitze der Landzunge und war durch eine Ringmauer gesichert. Die Stadt gehörte zunächst zu Hydra, später zu Troizen und wurde im Peloponnesischen Krieg zerstört. In römischer und byzantinischer Zeit lebte die Stadt auf; die Fundamente einer frühchristlichen Basilika und einer dreischiffigen Basilika aus dem 6. Jahrhundert konnten freigelegt werden.

11.6.4 TROIZEN UND DIE HALBINSEL METHANA

Die gut ausgebaute, ringförmige Straße der argivischen Halbinsel führt auch nach Troizén und zur Halbinsel Méthana.

Westlich vom heutigen Dorf **Trizín**, 3 km von der Hauptstraße entfernt, liegen die Ruinen der antiken Stadt. Da das Gelände sehr weitläufig ist, die Überreste aber sehr gering und nur schwer auffindbar sind, lohnt sich der Besuch nur für archäologisch sehr Interessierte.

Mythos und Geschichte

Troizén war die Heimat des Theseus. Sein Vater war der athenische König Ägeus, seine Mutter die troizenische Königstochter Aithra.

In Troizén entstand die Sage von Phädra und Hippolyt, dem Sohn des Theseus. Als Hippolyt von seiner von ihm verschmähten Stiefmutter Phädra bei Theseus verleumdet wird, bittet dieser den Meergott Poseidon um Hilfe. Poseidon erhört den Theseus und schickt einen wilden Stier aus dem Meer, so daß das Pferdegespann des Hippolyt scheut. Die erschreckten Pferde schleifen Hippolyt zu Tode.

Die Geschichte der Stadt, deren Besiedlung bis etwa 2 500 v.Chr. nachgewiesen werden konnte, ist eng mit der Athens verbunden. Im Jahre 480 v.Chr., vor der entscheidenden Auseinandersetzung zwischen Griechen und Persern bei Salamis, gewährte Troizén den Athenern Gastfreundschaft und wurde zum Zufluchtsort für athenische Flüchtlinge. In Troizén wurde die berühmte Stele gefunden, auf der der Evakuierungsplan des Themistokles für Frauen und Kinder aufgeschrieben war.

Im Peloponnesischen Krieg kämpften die Troizener auf der Seite Spartas gegen Argos. In römischer Zeit wurde die Stadt von Kaiser Hadrian besucht, und schon um 250 n.Chr. bestand in Troizén eine christliche Gemeinde.

Im Mittelalter war Troizén Bischofssitz. Im 9. Jahrhundert wurde die Stadt, die nun Damalás genannt wurde, Baronie des Herzogtums Athen. Ein Kastell sicherte den Ort, der seit 1363 zum Despotat Mistrá gehörte.

Im März 1827 fand in Troizén die dritte griechische Nationalversammlung statt, in deren Verlauf Kapodístrias zum Präsidenten von Griechenland gewählt wurde.

Im Mai 1827 wurde die "Verfassung von Troizén" veröffentlicht.

Ausgrabungen

Die spärlichen Überreste, die vom Französischen Institut 1890 und 1899 und vom Deutschen Institut 1932 ausgegraben wurden, liegen nahe bei den Ruinen von drei byzantinischen Kapellen.

Das **Asklepieion** diente der Behandlung von Kranken; Mittelpunkt des Gebäudekomplexes war ein von Räumen umgebener Säulenhof, an dessen Westseite eine große Halle mit Ruhebänken lag. Das Asklepieion wurde 250 v.Chr. durch ein Erdbeben weitgehend zerstört.

Die Argivische Halbinsel: Troizen und die Halbinsel Méthana

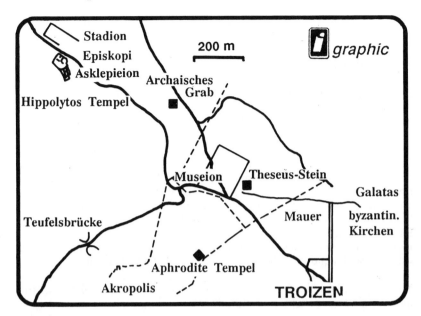

Etwas erhöht sind die Fundamente des **Hippolytos-Tempels** zu erkennen, der die Maße 31 x 17 m hatte und aus dem 4. Jahrhundert v.Chr. stammte.

Nördlich vom Asklepieion liegen an der Stelle eines antiken Tempels der Aphrodite Kataskopia noch die Ruinen einer großen dreischiffigen Basilika. Die **Paläa Episkopi** genannte Kirche wurde im 11. Jahrhundert als Kreuzkuppelkirche errichtet und in den folgenden Jahrhunderten mehrfach erweitert.

Der **hellenistische Festungsturm** ist zweigeschossig mit einer Grundfläche von 13 x 9,70 m. Noch aus hellenistischer Zeit stammt das polygonale Mauerwerk des Untergeschosses; in fränkischer Zeit wurde das Obergeschoß, zu dem eine Treppe hinaufführte, restauriert.
Nahe beim Turm lag ein Grabbau aus römischer Zeit.

Unterhalb der Akropolis lag auf einer breiten Terrasse der **Tempel der Aphrodite Akraia** aus dem 6. Jahrhundert v.Chr..

Wanderung

Vom Festungsturm führt ein Weg zur Schlucht des Kremastós, die von einem natürlichen Felsbogen, der sogenannten **Teufelsbrücke**, überspannt ist. Von fränkischen Baumeistern wurde die Naturbrücke untermauert.

Schön ist eine Wanderung durch die Schlucht, in der Oleander und Platanen gedeihen.

Halbinsel Méthana

Die **Halbinsel Méthana**, die nur durch eine 280 m breite, felsige Landbrücke mit der Peloponnes verbunden ist, ist vulkanischen Ursprungs und gehört geologisch zu den Saronischen Inseln. Ein mächtiges Bergmassiv, dessen höchste Erhebung mit 743 m der Berg Chelóna ist, beherrscht die Halbinsel.

Etwa 1 000 Menschen leben im Hauptort Méthana, dessen schwefelhaltige Quellen schon in antiker Zeit als heilkräftig bekannt waren.
Auch heute kommen viele Griechen zur Behandlung nach Méthana; die heißen Schwefelquellen und zwei Kohlensäurequellen helfen bei Rheuma, Arthritis, Allergien und Frauenleiden.
Der Fremde empfindet den Geruch zunächst als unangenehm, und so sind es vorwiegend Griechen, die hier ihre Ferien verbringen.

Méthana ist ein hübscher Badeort; zahlreiche Cafés an der langen Promenade sind ein beliebter Treffpunkt.

Auf der kleinen Felseninsel **Nisáki**, auf der Oleander und Kiefern wachsen, stand in hellenistischer Zeit eine kleine Festung. Heute ist Nisáki durch eine Mole mit Méthana verbunden; hier legen Fischerboote und Yachten an.
Méthana hat einen schönen Kies-/Sandstrand und bietet gute Bademöglichkeiten.

Ausflüge

Kleine Ausflüge führen:
- zum Dorf **Kaimeni Chora**, wo in 425 m Höhe noch der Krater des um 250 v.Chr. ausgebrochenen Vulkans zu sehen ist,
- zum Dorf **Megalochóri**, wo auf einer Anhöhe die Überreste der antiken Stadt liegen.

Verkehrsverbindungen

mit dem **Bus**

mit **Galatás/Poros**   3 - 5 x täglich

mit dem **Schiff**
mit **Piräus**   3 x täglich
mit den **Saronischen**
    Inseln   3 x täglich

mit **Tragflügelbooten**
mit **Piräus**   2 x täglich
mit **Ägina**   2 x täglich

Übernachtung

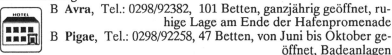

B **Avra**, Tel.: 0298/92382, 101 Betten, ganzjährig geöffnet, ruhige Lage am Ende der Hafenpromenade
B **Pigae**, Tel.: 0298/92258, 47 Betten, von Juni bis Oktober geöffnet, Badeanlagen
B **Saronis**, Tel.: 0298/92312, 44 Betten, ganzjährig geöffnet,
C **American**, Tel.: 0298/92285, 49 Betten, von Mai bis Oktober geöffnet, Strandlage, Wassersportmöglichkeiten
C **Dima**, Tel.: 0298/92253, 38 Betten, von April bis Oktober geöffnet
C **Ghionis**, Tel.: 0298/92321, 93 Betten, von Juni bis September geöffnet, ruhige Lage an der Hafenpromenade
C **Methanon**, Tel.: 0298/92227, 69 Betten, von Mai bis Oktober geöffnet
D **Akti**, Tel.: 0298/ 92387, 38 Betten, von Juni bis September geöffnet, an der Hafenpromenade
D **Oassis**, Tel. 0298/92362, 64 Betten, ganzjährig geöffnet,
E **Alethra**, Tel.: 0298/92420, 44 Betten, von Juni bis Oktober geöffnet

12. DIE INSELN IM SARONISCHEN GOLF

Der Saronische Golf ist Teil des Ägäischen Meeres und durch den Kanal von Korinth mit dem Korinthischen Golf verbunden. Zwischen den Halbinseln Attika und Argolis liegen zahlreiche Inseln, deren bekannteste Ägina, Hydra, Póros und Spetsä sind.

Die Inseln sind bekannt wegen ihrer schönen, abwechslungsreichen Landschaften, ihres angenehmen Klimas und ihrer reizvollen Dörfer.

Da sie überdies von Athen/Piräus aus schnell zu erreichen sind, zählen sie schon lange zu den bevorzugten Reisezielen Griechenlands.

12.1 ÄGINA : SEHEN UND ERLEBEN

Inseltelegramm

Größe:	83 qkm, 11 000 Einwohner
Hauptort:	Ägina, 6 500 Einwohner
Inselbeschreibung:	weites Hügelland mit großen Pistazienpflanzungen, Weinbergen, Oliven-, Mandel- und Feigenbäumen; gut ausgebautes Straßennetz und gute Busverbindungen; sehr geeignet zum Fahrradfahren; touristisch gut erschlossene Insel mit vielen Unterhaltungsmöglichkeiten und guten Wassersportbedingungen
Lebensgrundlage der Bevölkerung:	Fremdenverkehr, Landwirtschaft, Fischfang
Sehenswürdigkeiten:	- Ägina-Stadt mit archäologischem Gelände und Museum, - das Kloster Agios Nektarios, - der Aphaia-Tempel, - die mittelalterliche Stadt Paleochóra - der Fischerhafen Perdika - der Berg Oros (Profítis Ilias) mit Resten eines Zeus-Altars, - das Thermalbad Souvale

Die Inseln im Saronischen Golf

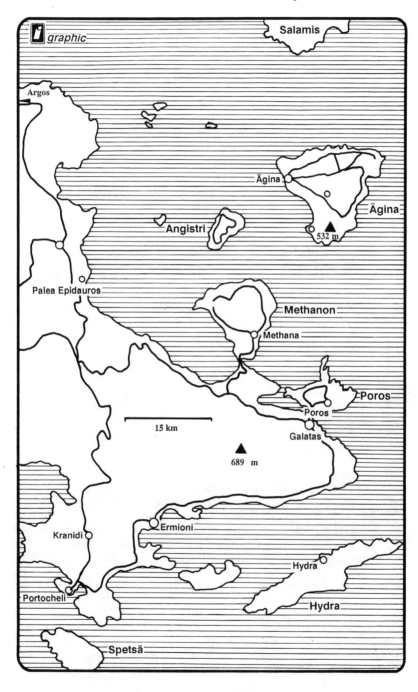

Die Inseln im Saronischen Golf: Ägina

Touristische Hinweise

Verkehrsverbindungen
mit Tragflügelbooten

mit **Piräus**	je nach Wochentag 10 - 15 x täglich
mit **Póros**	3 x täglich
mit **Hydra**	2x täglich
mit **Spetsä**	3 x täglich
mit **Methána**	3 x täglich

mit dem **Schiff**
mit **Angístri**   4 x täglich
mit **Móni**   mehrmals täglich
mit **Monemvasía**   1 - 2 x täglich
mit **Leonídion**   1 - 2 x täglich
mit den **anderen Saronischen Inseln** mehrmals täglich

Wichtige Anschriften und Telefonnummern (Vorwahl 0297)

Touristeninformation: Leonardou-Lada Str., in der Nähe des Hafens, Tel.: 22391
Hafenpolizei: Ethnegersias-Platz, Tel.: 22328
Post- und Telefonamt: Ethnegersias-Platz, Tel.: 22398
Ärztliche Versorgung: im örtlichen Krankenhaus, Tel.: 22251

Öffentliche Verkehrsmittel
Von Ägina-Stadt nach:

Agia Marina/Aphaia-Tempel	stündlich von 6 - 22 Uhr
Kloster Agios Nektarios	stündlich von 6 - 22 Uhr
Mesagros	stündlich von 6 - 22 Uhr
Perdika	stündlich von 6 - 21 Uhr
Souvala	stündlich von 6 - 21 Uhr

An der Busstation am Hafen hängen genaue Fahrpläne aus.

Übernachtung

B **Danae**, Leoforos Kazantzaki 43, Tel. 22424, 100 Betten, ganzjährig geöffnet, Restaurant, Bar, Swimming Pool, Strandlage
B **Nausica**, Leoforos Kazantzaki 55, Tel. 22333, 66 Betten, von April bis Oktober geöffnet, Restaurant, Bar, Strandlage
B **Pavlou**, Eginitou 21, Tel.: 22795, 17 Betten, ganzjährig geöffnet, Pension
C **Brown**, Toti Hati 4, Tel.: 22271, 48 Betten, ganzjährig geöffnet, ruhiges Hotel am Ortsrand,
C **Faros**, Paralia, Tel.: 22218, 75 Betten, von April bis Oktober geöffnet,
C **Klonos**, Tel.: 22640, 84 Betten, von April - Oktober geöffnet
D **Athina Pavlou**, Telamonos, Tel. 23091, 19 Betten, ganzjährig geöffnet
D **Marmarinos**, Lada 24, Tel.: 23510, 43 Betten, ganzjährig geöffnet

D **Miranda**, Tel.: 22266, 37 Betten, von April bis Oktober geöffnet
E **Peppas**, Kambos Mylou, Tel.: 23973, von April bis Oktober geöffnet
E **Plaza**, Leoforos Kazantzaki 4, Tel.: 25600, 16 Betten, ganzjährig geöffnet, am Busbahnhof

Motorrad- und Fahrradverleih

An der Hafenstraße gibt es mehrere Vermieter. Da die Nachfrage groß ist, empfiehlt sich eine rechtzeitige Vorbestellung. Die Fahrzeuge entsprechen nicht immer unseren Sicherheitsvorschriften.

Ausflüge

Wegen der günstigen Verkehrsverbindungen ist es möglich, Tagesausflüge nach Athen, zu den anderen Saronischen Inseln und zur Ostküste der Peloponnes zu machen.

Strände

Am antiken Ausgrabungsgelände gibt es einen etwa 500 m langen Sand/Kiesstrand. Der von Kiefern beschattete Strand wird im Sommer viel besucht.

Spezialitäten

Die **Pistazien** von Ägina sind in ganz Griechenland für ihre Qualität bekannt. Sie werden in allen Orten verkauft, sind aber relativ teuer.

12.1.1 INSELHAUPTSTADT ÄGINA

Im Hauptort der Insel herrscht reges Treiben. Im Hafen, in dem einfache Fischerboote neben luxuriösen Yachten liegen, laufen in kurzen Abständen Schiffe ein; vom Ethnegersias-Platz fahren ständig Busse in alle Inselorte ab, und an der Hafenmole bieten Händler ihre Waren an. Malerischer Mittelpunkt der Hafenmole ist die Agios-Nikolaos-Kirche mit ihren zwei Kuppeln. In den engen Gassen sieht man schöne alte, herrschaftliche Häuser, die noch an die große, ruhmvolle Vergangenheit Äginas erinnern.
Schöne Cafés am Hafen laden zum Verweilen ein; von hier aus läßt sich das lebhafte Treiben voller Muße betrachten.

Spezialität

Häufig werden hier statt der sonst üblichen Meze zum Ouzo Pistazien serviert.

Sehenswertes

Die antike Stadt

Öffnungszeiten:

täglich 9 - 18 Uhr
Sa/So 9 - 14 Uhr

Die Ruinen der antiken Stadt, die in ihrer Blütezeit etwa 20 000 Einwohner hatte, liegen auf dem Kolona-Hügel im Norden der Stadt.

Ein aufragender Säulenschaft und die mächtigen Fundamente gehören zum **Apollon-Tempel**. Das um 520/510 v.Chr. errichtete dorische Bauwerk galt lange Zeit als ein der Aphrodite geweihter Tempel; ein neuerer Inschriftenfund weist ihn jedoch als Apollon-Tempel aus.

Im Gelände sind noch Reste eines archaischen Gebäudes, zweier kleiner Tempel und einiger byzantinischer Häuser aus dem 6 - 10. Jahrhundert aufgedeckt worden.

Am Eingang zum Ausgrabungsgelände liegt das **neue Museum**, in dem antike Funde ausgestellt sind.

Spaziergang zur Kirche Omorfi Ekklisia

Entfernung: ca. 3 km

An der Straße nach Agia Marina, beim Dorf Agios Assómatos, liegt die sogenannte "schöne Kirche". Das kleine Kirchlein, das dem Heiligen

Theodoros geweiht ist, wurde im Jahre 1289 aus antikem Baumaterial errichtet und in späterer Zeit mit sehr schönen, sehenswerten Fresken ausgeschmückt. Die Fresken zeigen Christi Geburt, Kreuzigung und Auferstehung.

Da die Kirche verschlossen ist, können Sie sich unter der Rufnummer 22248 anmelden. Die Kirche wird dann gerne geöffnet.

12.1.2 AUSFLUGSZIELE AUF DER INSEL

Die geringen Entfernungen machen es möglich, daß man sich die Insel gut zu Fuß oder mit dem Fahrrad erschließen kann. Reizvoll sind die kleinen Inseldörfer wie **Souvala**, die malerischen Fischerhäfen wie **Perdika**, das über zwei große Bungalowhotels verfügt, die abgelegenen Badebuchten und die vorgelagerten Inselchen.

Kloster Agios Nektarios (auch Kloster Agias Trias genannt)

Entfernung: 6 km

In einer kleinen Kapelle des großen Nonnenklosters liegt in einem Marmorsarkophag der Leichnam des Erzbischofs Nektarios, der 1920 starb und 1961 heiliggesprochen wurde. Seitdem ist das Kloster ein viel besuchter Wallfahrtsort; Kerzen, Leuchter und silberne Votivgaben zeugen von der Dankbarkeit vieler Gläubiger, die hier Trost und Heilung gefunden haben.

Dem Kloster ist eine Pilgerherberge mit Übernachtungsmöglichkeiten angeschlossen.
Der Bus von Ägina nach Agia Marina hält am Kloster.

Paleochóra

Entfernung: 7,5 km

Oberhalb des Kloster Agios Nektarios liegen an einem kahlen Hang die Überreste der mittelalterlichen Stadt Paleochóra, die einst Hauptstadt der Insel war.

Die Stadt wurde im 9. Jahrhundert als Rückzugssiedlung gegründet, als die Bewohner von Ägina in den Küstenorten nicht mehr genügend Schutz vor den Sarazenen fanden.
In den folgenden Jahrhunderten wurde Paleochóra 1537 von den Türken und 1654 von den Venezianern erobert und jeweils zerstört. Die

Blütezeit der Stadt lag im 18. Jahrhundert: damals hatte sie mehr als 400 Häuser und 40 Kirchen. Zwischen 1800 und 1826, nach der Befreiung Griechenlands, verließen die Einwohner die Stadt und zogen in die Küstenorte zurück.

Heute ist Paleochóra unbewohnt; die Häuser sind verfallen, aber noch etwa 30 Kirchen blieben erhalten. Sie wurden teilweise restauriert, und am 15. August, am Festtag der Panagía, werden in der ehemaligen Bischofskirche und in einigen kleineren Kirchen Gottesdienste abgehalten.

Die meisten Kirchlein stammen aus dem 13. und 14. Jahrhundert und sind mit Fresken, die teilweise gut erhalten sind, ausgeschmückt.

Aphaia-Tempel

Entfernung: 10 km

Öffnungszeiten:

täglich: 10-15.30 h. In der Hochsaison bleibt das Ausgrabungsgelände häufig, jedoch nicht regelmäßig bis Sonnenuntergang geöffnet.

Der Aphaia-Tempel ist die bedeutendste Sehenswürdigkeit der Insel. Er liegt in wunderschöner Lage auf der Höhe eines kiefernbestandenen Hügels und bietet eine herrliche Aussicht über den Saronischen Golf bis zum Kap Sounion.

Der Tempel wurde im Jahre 480 v. Chr., nach der Schlacht bei Salamis, an der Stelle eines älteren, der Fruchtbarkeitsgöttin Aphaia geweihten Tempelbezirks zu Ehren der Athena im dorischen Stil errichtet. Der Tempel zählt zu den besterhaltenen Tempeln Griechenlands: von den

Die Inseln im Saronischen Golf: Ägina

44 Säulen stehen noch 32, teilweise rekonstruierte Säulen aufrecht und vermitteln einen Eindruck von der einstigen Größe.

Die Giebel des Aphaia-Tempels waren mit Marmorreliefs geschmückt, die Szenen aus dem Trojanischen Krieg darstellten. Da König Ludwig von Bayern diese Giebelfiguren 1812 auf einer Auktion ersteigerte, sind sie bis heute wertvoller Besitz der Münchner Glyptothek.

 Buch - und Kartentip

Walter, Die Leute im alten Ägina
erhältlich an der Kasse und in Ägina-Stadt

Agia Marina

Entfernung: 12 km

Vom Aphai-Tempel führt die Inselstraße hinunter zum beliebten Ferienort Agia Marina.

Ausflug

 Sie können auch durch die kleinen Pinienhaine zur Bucht von Agia Marina hinuntersteigen. Im Sommer warten vor dem Tempel buntgeschmückte Maultiere, deren Führer Sie nach Agia Marina hinunterbringen.

Agia Marina ist der meistbesuchte Ferienort der Insel. Hotels, Pensionen, Geschäfte, Cafés und Tavernen reihen sich aneinander; Schilder

Die Inseln im Saronischen Golf: Ägina

und Schaufensterauslagen sind in deutscher Sprache abgefaßt, und in den Restaurants wird auch "deutsches Essen" serviert. In der Bucht legen Kreuzfahrtschiffe an, deren Passagiere einen Landausflug zum Aphaia-Tempel machen und sich anschließend in den Tavernen am Meer eine Rast gönnen.
Besucht man Ägina außerhalb der Hauptreisezeit, stellt man fest, daß der Ort viel von seinem ursprünglichen Reiz bewahrt hat. In der Umgebung des Ortes liegen kleine Kirchlein, Ziegen und Esel weiden friedlich an den Hängen, und die Menschen gehen der Landwirtschaft nach.

Übernachtung

 Im Hotelverzeichnis der Griechischen Zentrale für Fremdenverkehr sind sämtliche Hotels aufgeführt. Hier nur eine Auswahl:
B **Apollo**, Tel.: 32271, 203 Betten, von März bis Oktober geöffnet, Restaurant, Bar, Swimming Pool, Wassersport, Strandlage
B **Argo**, Tel.: 32266, 116 Betten, von April bis Oktober geöffnet, Restaurant, Bars, Konferenzraum, Tennis, Wassersport, Strandlage
C **Aphaea**, Tel.: 32227, 32 Betten, von April bis Oktober geöffnet, am Dorfeingang,
C **Marina**, Tel.: 32301, 55 Betten, von April bis Oktober geöffnet, Restaurant, im Ort gelegen, 150 m zum Meer
C **Pantelaros**, Tel.: 32431, 106 Betten, von April bis Oktober geöffnet, am Ortseingang, Restaurant, Meerblick
D **Cavos**, Tel.: 32338, 54 Betten, von April bis Oktober geöffnet
D **Kronion**, Tel.: 32495, 37 Betten, von April bis Oktober geöffnet
E **Angela**, Tel.: 32556, 40 Betten, von April bis Oktober geöffnet
E **Bakomitros**, Tel.: 32441, 28 Betten, von April bis Oktober geöffnet

Strand

 Der feine Sandstrand unterhalb des Dorfes ist für Kinder sehr geeignet, da er ganz sacht abfällt. Leider ist er im Sommer überfüllt. Am Strand gibt es Tretboot- und Surfbrettverleih. Ruhigere Bademöglichkeiten findet man außerhalb des Ortes.

Spezialitäten

Besonders gut ist das Pistazieneis von Agia Marina.

Wanderung zum Berg Oros

Der höchste Berg Äginas, der 535 m hohe Berg Oros, liegt im Süden der Insel.

Wegstrecke:
1. von Ägina-Stadt nach Süden bis zum Dorf Marathon, von dort 2-stündiger, teilweise beschwerlicher Aufstieg zum Gipfel
2. von Ägina-Stadt zum Kloster Agios Nektarios, von dort über steinige Pfade zum Gipfel

Auf der Berghöhe sind Überreste einer Siedlung zu erkennen, die aus der Zeit um 2 000 v. Chr. stammt. An der Nordseite stand ein Zeus-Altar, der der Überlieferung nach von König Aiakos gestiftet worden war, nachdem seine flehentliche Bitte um Regen vom Göttervater Zeus erhört worden war.
An der Stelle des Heiligtums wurde eine Kirche zu Ehren der Heiligen Elias errichtet.

 Vom höchsten Punkt im Saronischen Golf bietet sich eine herrliche Aussicht über das Meer und die Inseln.

Die Inseln Móni und Angístri

Gegenüber dem Fischerdorf Pérdika liegt die nur 2 km lange, unbewohnte Insel **Móni**.

Der Griechische Automobilclub ELPA und der Griechische Wanderclub haben dort einen Zeltplatz für Camper eingerichtet; in Pérdika kann man Zelte auf Móni mieten.

 Informationen über Unterkunftsmöglichkeiten erteilt:
ELPA, Polytechneion Str. 12, Athen, Tel.: 01/5248600

Auf der Insel **Angístri** (Angistírion), die westlich von Ägina liegt, leben etwa 800 Menschen in den beiden Ortschaften Skala und Milos. Da es mit Ägina regelmäßigen Fährverkehr gibt, wird die Insel im Sommer gern besucht.

Ausreichend Übernachtungsmöglichkeiten gibt es in zahlreichen einfachen Hotels der Klassen C - E und in einem Feriendorf, das von mitteleuropäischen Reiseunternehmen belegt wird.

12.2 POROS: SEHEN UND ERLEBEN

Inseltelegramm

Größe:	33 qkm, 4 500 Einwohner
Hauptort:	Póros, 4 000 Einwohner
Inselbeschreibung:	nur durch eine schmale Meerenge von der Peloponnes getrennt; ausgedehnte Zitronenhaine, Kiefernwälder, stille Sandbuchten; wenig Autoverkehr; gute Ausflugsmöglichkeiten zur Peloponnes
Lebensgrundlage der Bevölkerung:	Landwirtschaft, Fischfang
Sehenswürdigkeiten:	- Poseidon-Tempel und die antike Siedlung Kalauria - Kloster Zoodochos Pígi

Touristische Hinweise

Verkehrsverbindungen
mit Tragflügelbooten

mit **Piräus** je nach Wochentag 5 - 8 x täglich
mit **Ägina** 3 x täglich
mit **Hydra** 5 x täglich
mit **Spetsä** 3 x täglich
mit dem **Schiff**
mit den **anderen Saronischen Inseln** mehrmals täglich
mit **Galatás/Peloponnes** 6 - 24 Uhr

Wichtige Anschriften und Telefonnummern (Vorwahl 0298)

Touristenpolizei: Paralia, Tel.: 22462
Hafenpolizei: am Hafen, Tel.: 22274
Post: Karamaou-Platz am Hafen, Tel. 22275,
Öffnungszeiten 7.30 - 16 Uhr
Telefonamt O.T.E.: Am Hafenplatz, Tel.: 22399
Öffnungszeiten Mo - Sa 7.30 - 23 Uhr, So 8 - 22 Uhr
Ärztliche Versorgung: im örtlichen Krankenhaus, Tel. 22600

Öffentliche Verkehrsmittel Bus

Es gibt nur eine Buslinie von Póros zum Kloster Zoodochos Pigi.

Die Inseln im Saronischen Golf: Póros

Übernachtung in Póros

B **Latsi**, Papadopoulo 74, Tel.: 22392, 54 Betten, ganzjährig geöffnet, Restaurant, Bar, Strandnähe
B **Neon Aegli**, Askeli, Tel.: 22372, 132 Betten, von April bis Oktober geöffnet, 2 km außerhalb am Strand gelegen, Restaurant, Bar, Wassersport
B **Pavlou**, Neorion, Tel.: 22734, 66 Betten, von März bis Oktober geöffnet, Strandnähe
B **Póros** (ehemals Xenia), Neorion, Tel.: 22216, 173 Betten, von April bis Oktober geöffnet, Restaurant, Bars, Diskothek, Wassersport, Strandlage
B **Saron**, Paralia, Tel.: 22279, 46 Betten, von April bis Oktober geöffnet, in Hafennähe
B **Sirene**, Monastiri, Tel.: 22741, 228 Betten, ganzjährig geöffnet, Restaurant, Bar, Wassersport, Strandhotel, ruhige Lage
C **Aktaeon**, Platia Heroon, Tel.: 22281, 38 Betten, ganzjährig geöffnet, zentrale Lage
C **Angyra**, Neorion, Tel.: 22432, 87 Betten, von April bis November geöffnet, Strandnähe, Wassersport
C **Chryssi Avgy**, Askeli, Tel.: 22277, 145 Betten, ganzjährig geöffnet, 1,5 km außerhalb am Strand gelegen
C **Manessi**, Paralia, Tel.: 22273, 25 Betten, ganzjährig geöffnet, am Hafen, schöner Ausblick

Übernachtung in Galatas

B **Stella Maris Nautic Holiday Center**, Tel.: 22562, 176 Betten, von April bis Oktober geöffnet, Restaurant, Bar, Nachtclub, Tennis, Minigolf, Wassersport, Strandhotel, 5 km außerhalb
C **Galatia**, Tel.: 22227, 51 Betten, ganzjährig geöffnet,
C **Papassotiriou**, 25. Martiou 41, Tel.: 22841, 61 Betten, ganzjährig geöffnet
C **Saronis**, 25. Martiou 37, Tel.: 22356, 22 Betten, ganzjährig geöffnet

Moped- und Fahrradverleih

An der Hafenstraße gibt es mehrere Verleiher.

Ausflüge

Póros eignet sich als Standort für Ausflüge zu den anderen Saronischen Inseln und zur benachbarten Peloponnes.

Strände

Askeliou-Strand: von den Gästen der nahegelegenen Hotels vielbesuchter Strand
Neoriou-Strand: im Westen der Insel, ebenfalls vielbesucht, in der Nähe noch ein kleinerer Sandstrand

Monastiriou-Strand: Kiesstrand im Osten der Insel, flach abfallendes, sauberes Wasser, Tavernen, vielbesucht

Sportmöglichkeiten

Gute Wassersportbedingungen; die örtlichen Reisebüros am Hafen bieten Wasserski und Wassersegeln an.

Buch - Kartentip

Hydra, Ägina, Poros, Spetsai, Athen 1983
Henry **Miller**, Der Koloß von Maroussi, Reinbek 1987

12.2.1 SEHENSWÜRDIGKEITEN DER INSEL

Póros besteht aus zwei Inseln, die nur durch einen schmalen Kanal von einander getrennt sind: aus der hügeligen Vulkaninsel **Sferia** mit dem Hauptort Póros und aus der größeren, fruchtbaren, aber kaum bewohnten Insel **Kalauria**.

Póros ist eine reizvolle Insel; die Landschaft ist geprägt durch pinienbestandene Berghänge, weite Zitrus- und Olivenhaine und stillen, schön gelegenen Badebuchten, die nur mit dem Boot zu erreichen sind.

Reizvoll ist auch die Inselhauptstadt mit ihren weißgekälkten Häusern, den engen, verwinkelten Gassen, den schmalen Treppen und dem lebhaften Hafen. Beliebter Treffpunkt sind die Cafés und Restaurants an der Hafenstraße, wo man in Ruhe und Beschaulichkeit das Leben an sich vorbei ziehen lassen kann.

Die **Sehenswürdigkeiten der Insel** sind:

- der **Poseidon-Tempel**, dessen geringe Überreste inmitten eines Pinienwaldes auf einem Hügel liegen. Der dorische Tempel wurde im 7. Jahrhundert v.Chr. errichtet in den Maßen 14,80 x 27,50 m. Außerdem lagen auf der Höhe zwei Säulenhallen, ein Bouleuterion und eine Torhalle.
  Die Überreste des Tempel und der antiken Stadt Kalauria wurde erst 1894 entdeckt.

- das malerische **Kloster Zoodochos Pigi**, das im 18. Jahrhundert gegründet wurde und eine sehenswerte Ikonostase mit wertvollen Ikonen besitzt.
  Die weiß gekalkten Klostermauern heben sich strahlend ab von dem dunklen Grün des Pinienhains; im stillen Innenhof kann man unter Zitronenbäumen ausruhen.

- Im **Archäologischen Museum** an der Hafenstraße sind Funde vom Poseidontempel, aus Troizén und von der Halbinsel Methána ausgestellt.

12.3 HYDRA: SEHEN UND ERLEBEN

Inseltelegramm

Größe:	55 qkm, 2 600 Einwohner
Hauptort:	Hydra, 2 400 Einwohner
Inselbeschreibung:	gebirgige, verkarstete Insel, die nur gering bewaldet ist; kein Auto- und Motorradverkehr, nur Esel als Transportmittel; "Künstlerkolonie", beliebtes Ausflugsziel von Athenern und Touristen
Lebensgrundlage der Bevölkerung:	Fischfang, Fremdenverkehr
Sehenswürdigkeiten:	- der Hauptort Hydra - das Kloster Profitis Elias - das Kloster Agia Matrona

Touristische Hinweise

Verkehrsverbindungen
mit den **Tragflügelbooten**
  mit **Piräus** 5 x täglich
  mit **Ägina** 1 x täglich
  mit **Póros** 4 x täglich
  mit **Spetsä** 4 x täglich
Auskünfte und Fahrkarten erhalten Sie am Hafen im Büro Elias Tsanos, Tel.: 52019
mit dem **Schiff**
  mit **Piräus** mehrmals täglich
  mit **Spetsä** mehrmals täglich
  mit **Póros** 1 - 2 x täglich
  mit **Ägina** 1 - 2 x täglich

Wichtige Anschriften und Telefonnummern (Vorwahl 0298)
  Touristenpolizei: Votsi Str. 9, Tel. 52205
  Hafenpolizei: am Hafen, 52279
  Post: Tomazi Str., Tel.: 52262
  Öffnungszeiten Mo - Fr 8 - 14.30 h
Telefonamt O.T.E.: Votsi Str.10, Tel.: 52399
Öffnungszeiten Mo - Fr 7.30 - 23 h, Sa 7.30 - 15 h, So 8.30 - 13.30 h
Ärztliche Versorgung: Koulourion Hospital, Tel.: 53150

Die Inseln im Saronischen Golf: Hydra

Öffentliche Verkehrsmittel Bus

Es gibt keinen Busverkehr auf Hydra.
Motorboote und Esel können am Hafen gemietet werden.

Übernachtung

A **Miramare**, Mandraki, Tel.: 52300, 50 Betten, von April bis Oktober geöffnet, 2 km außerhalb am Strand gelegen, Restaurant, Strandterrasse, Tretbootverleih, Wassersport
A **Miranda**, Tel.:52230, 26 Betten, ganzjährig geöffnet, 50 m vom Strand entfernte Pension
B **Amaryllis**, Tombazi 15, Tel.: 52249, 22 Betten, ganzjährig geöffnet, in Hafennähe
B **Hydroussa** (ehemals Xenia), Tel.:52217, 72 Betten, von April bis Oktober geöffnet, ruhige Lage, Bar, Restaurant, stilvoll eingerichtet
B **Delfini**, Paralia, Tel.: 52082, 20 Betten, von April bis Oktober geöffnet, am Hafen
C **Hydra**, Voulgari 8, Tel.: 52102, 23 Betten, ganzjährig geöffnet, am Hang gelegenes Haus mit schönem Ausblick
C **Argo**, Tel.: 52452, 16 Betten, ganzjährig geöffnet, an der Schiffsanlegestelle
C **Dina**, St. Tsipi, Tel.: 52248, 21 Betten, ganzjährig geöffnet,
C **Sophia**, Tel.: 52313, 10 Betten, von April bis Oktober geöffnet

Privatzimmer werden von der Touristenpolizei vermittelt.

Restaurants und Unterhaltung

Restaurants und Cafés sind auf das internationale Publikum eingestellt und wirken zumeist gepflegt und anspruchsvoll. Sehr ansprechend sind die in alten hydriotischen Herrenhäuser eingerichteten Restaurants.

Geschäfte

Neben den in ganz Griechenland erhältlichen Keramik-, Leder- oder Schnitzwaren gibt es auf Hydra sehr schöne kunstgewerbliche Arbeiten und Bilder der hier lebenden Künstler.

Ausflüge

Im Hafen liegen Boote, die die Ausflügler zu schönen Badebuchten bringen oder die Insel in einem Ganztagsausflug umfahren.
Abfahrt 11 Uhr, Rückkehr 16 Uhr
Außerdem werden in den Reisebüros Fahrten zu den anderen Saronischen Inseln und zur Peloponnes angeboten.

Strände

Auf der Insel gibt es nur ganz kleine Sandstrandabschnitte.
Hydra-Stadt:
am westlichen Ortsausgang gibt es einige Badefelsen und Badeplatformen.
Kamíni, Mólos, Palamída, Bítsi: kleine Kiesstrände
Vlychos: wenig besuchte Kiesbucht, Badeplatform, Tavernen
Mandráki: schöner Strand östlich von Hydra-Stadt, mit Fährbooten erreichbar

Fest- und Feiertage

Ende Juni: **Miaoulia**, Flottenparade, Volkstänze und Feuerwerk zur Erinnerung an Admiral Miaoulis und die Befreiungskriege
15. August: Tag der Panagia
13./14. November: Fest des Inselheiligen Agios Konstantinos

Buch- und Kartentip

Hydra, Athen 1983
This summer in Hydra, kostenlose Broschüre in englischer Sprache
Henry **Miller**, Der Koloß von Maroussi, Reinbek 1987

12.3.1 SEHENSWÜRDIGKEITEN DER INSEL

Seine erste Begegnung mit Hydra schildert Henry Miller mit den Worten: *"Hydra ist eine aus einem kahlen Felsen bestehende Insel.... Die Stadt, die in Form eines Amphitheaters angelegt ist, ist makellos. Es gibt nur zwei Farben: blau und weiß, und das Weiß wird jeden Tag bis zum Straßenpflaster frisch getüncht. Die Häuser sind noch kubistischer angeordnet als in Poros. Vom ästhetischen Standpunkt aus ist es vollkommen ..."*
(aus: der Koloß von Maroussi)

Mittelpunkt des Lebens auf Hydra ist der kleine, durch einen schmalen Kai begrenzte Hafen. Neben bunt gestrichenen Fischerbooten haben kleine Fährschiffe und Ausflugsboote angelegt; daneben sieht man elegante Yachten, Passagier- und Kreuzfahrtschiffe.

Am belebten Hafenkai liegen nicht nur Geschäfte, Cafés, Restaurants und Hotels, sondern auch die herrschaftlichen Kapitänshäuser aus dem 19. Jahrhundert. Die schönsten stehen am westlichen Hafen wie z.B. die Häuser der Familien Miaoulis, Koundouriotis, Voulgaris und Tsombasis; letzteres gehört heute zur Athener Akademie der schönen Künste und ist ein begehrter Aufenthaltsort für Künstler.

In der Mitte des Hafenkais liegen das ehemalige Kloster und die Kirche der Panagía. Die 1774 gebaute Klosterkirche ist die älteste Kirche der Insel mit einem prächtigen Marmor-Glockenturm aus dem Jahre 1808. Das Kircheninnere ist mit kostbaren Weihgeschenken und einer sehenswerten Ikonostase ausgeschmückt.

Im Kloster ist der griechische Freiheitskämpfer Lazaros **Koundouriótis** beigesetzt, dessen Büste wie die des Admiral Miaoulis im Innenhof aufgestellt ist.

Das kleine **Museum** am Ostkai ist der Darstellung der Geschichte Hydras gewidmet; Schriftstücke, Urkunden, Waffen und Bilder dokumentieren den Kampf um Freiheit und Unabhängigkeit.

 Um die einzigartige Atmosphäre Hydras kennenzulernen, sollten Sie durch die engen, gepflasterten Gassen schlendern, die zahllosen, hohen Treppenstufen hochsteigen und einen Blick auf die alten Herrenhäuser und die kleinen Kirchlein werfen.
In den Cafés am Hafen können Sie dann in aller Muße Ankunft und Abfahrt der Schiffe und das Leben in der Stadt beobachten.

Ausflüge

Ausflüge zu den Klöstern der Insel kann man zu Fuß, mit dem Esel oder mit dem Boot machen. Sehenswert sind:
- das **Kloster Elias**, das hoch in den Bergen in einem Pinienhain liegt. Die Aussicht von der Höhe ist großartig.

● das **Kloster Zourvas**, das an der Ostspitze der Insel liegt, ist von Nonnen bewohnt. Für den Weg brauchen Sie etwa 3 Stunden; Sie können sich auch mit dem Boot in die Bucht fahren lassen und dann in etwa 1 Stunde zum Kloster aufsteigen.

● die **Klöster Agia Triada** aus dem Jahre 1704 und **Agios Nikolaos**, die oberhalb der Bucht von Mandráki liegen. An dem kleinen Kiesstrand der Mandráki-Bucht kann man baden.

12.4 SPETSÄ

Inseltelegramm

Größe:	22 qkm, 3 500 Einwohner
Hauptort:	Spetsä, 3 000 Einwohner
Inselbeschreibung:	grüne Insel mit ausgedehnten Kiefernwäldern und gesundem Klima; Pferde- und Eselsdroschken sowie Boote sind Haupttransportmittel, Autoverbot;
Lebensgrundlage der Bevölkerung:	Fremdenverkehr, Landwirtschaft
Sehenswürdigkeiten:	- der alte Hafen von Spetsä, - die Bikiris-Tropfsteinhöhle,

Touristische Hinweise

Verkehrsverbindungen mit den Tragflügelbooten

	mit **Piräus**	3 x täglich
	mit **Póros**	1 x täglich
	mit **Hydra**	2 x täglich
	mit **Ägina**	1 x täglich
	mit **Ermioni**	3 x täglich

mit dem Schiff
mit **Piräus**   mehrmals täglich
mit **Portochéli**   2 - 4 x täglich
mit den anderen Saronischen Inseln   mehrmals täglich

Die Inseln im Saronischen Golf: Spetsä

Wichtige Anschriften und Telefonnummern (Vorwahl 0298)
Touristeninformation: Botsani Straße, am Hafen, Tel.:73100
Hafenpolizei: Dapia, Tel.: 72245
Telefonamt O.T.E.: Dapia, Tel.: 72399,
Öffnungszeiten täglich 8 - 23 Uhr
Ärztliche Versorgung: Tel.: 72472

Öffentliche Verkehrsmittel Bus

Eine Buslinie führt um die ganze Insel. An der Busstation an der Hafenpromenade ist ein Fahrplan ausgehängt.
Beliebt für Rundfahrten innerhalb des Stadtgebietes sind die buntgeschmückten **Kutschen** am Fährhafen.

Übernachtung

A **Kastelli**, Tel.: 72311, 139 Betten, von April bis Oktober geöffnet, Restaurant, Bar, Tennis, Minigolf, Wassersport, Strandhotel mit Bungalows
A **Possidonion**, Tel.: 72208, 83 Betten, von April bis Oktober geöffnet, traditionsreiches Hotel an der Strandpromenade
A **Spetsä**, Tel.: 72602, 143 Betten, ganzjährig geöffnet, Restaurant, Bar, Dachgarten, Wassersport, 1 km außerhalb am Strand
B **Roumanis**, Tel.:72244, 65 Betten, von März bis November geöffnet, in der Nähe des Fährhafens,
B **Villa Anessis**, Tel.: 72474, 15 Betten, von Mai bis Oktober geöffnet, Pension
B **Villa Christina**, Tel.: 72218, 24 Betten, von Mai bis Oktober geöffnet, Pension
B **Villa Martha**, Tel.: 72147, 43 Betten, von April bis September geöffnet, Pension
C **Faros**, Tel.:72613, 84 Betten, von April bis Oktober geöffnet, im Zentrum
C **Myrtoon**, Tel.: 72555, 74 Betten, ganzjährig geöffnet, am Museum, Dachgarten
C **Star**, Tel.:72214, 68 Betten, von April bis Oktober geöffnet, in der Nähe des Fährhafens
D **Saronicos**, Tel.: 72646, 19 Betten, ganzjährig geöffnet, am Fährhafen
D **Klimis**, Tel.: 73777, 45 Betten, von April bis Oktober geöffnet, am Fährhafen
E **Anna-Maria**, Tel.: 73035, 40 Betten, von April bis Oktober geöffnet, zentrale Lage
E **Camelia**, Tel.: 72415, 22 Betten, von April bis Oktober geöffnet

Moped- und Fahrradverleih

An der Hafenstraße gibt es mehrere Vermieter. Ab 17 Uhr besteht Fahrverbot für Motorfahrzeuge!

Strände

Anargyri-Beach: beliebter, 12 km außerhalb gelegener Kiesstrand, Selbstbedienungsrestaurant, erreichbar mit dem Inselbus und durch Bootsverkehr

Agia-Marina-Beach: Kiesstrand am östlichen Stadtrand

Kastelli-Beach: langer Kiesstrand am westlichen Stadtrand

Außerdem gibt es zahlreiche, stille Badebuchten, die man abseits der Inselstraße findet.

Ausflüge

Die örtlichen Reisebüros bieten ganztägige Inselrundfahrten und Fahrten nach Athen und zur Peloponnes nach Nauplia, Mykene und Epidauros an.

Fest- und Feiertage

Am 8. September findet zur Erinnerung an den Befreiungskampf ein großes Fest statt, dessen Höhepunkt die Darstellung der Seeschlacht vom 8. September 1822 mit der Verbrennung eines "türkischen" Schiffes ist.

12.4.1 SEHENSWÜRDIGKEITEN DER INSEL

Spetsä, die liebliche, grüne Insel, wird wegen ihres guten Klimas sehr geschätzt, wie die vielen Villen wohlhabender Griechen zeigen, die sich hier niedergelassen haben.

Die Insel ist geprägt durch tiefe Kiefernhaine, sanfte Hügelketten und schöne Badebuchten. Nur an der Küste führt eine asphaltierte Straße entlang; das Inselinnere wird nur von Pfaden und unbefestigten Straßen durchzogen.

Mittelpunkt der Inselhauptstadt ist der Dapia-Platz am Hafen; die aufgestellten Kanonen erinnern an den griechischen Freiheitskampf. Wenn Fähren und Ausflugsschiffe im Hafen anlegen, herrscht hier Betriebsamkeit, die man gelassen von den nahegelegenen, schönen Cafés aus betrachten kann.

Beim Bummel durch die Stadt kommen Sie:

- zum ältesten Stadtteil **Kastelli** mit einfachen Tavernen am Fischerhafen;
- zum **Museum**, das in dem ehemaligen Herrenhaus der Familie Mexis eingerichtet wurde und antike und byzantinische Funde, historische Dokumente, alte Stiche und Karten, Porzellan, Waffen und Erinnerungsstücke an die Befreiungskriege zeigt;

Die Inseln im Saronischen Golf: Spetsä

Öffnungszeiten:

täglich 8.45 - 15.00 Uhr
Sa/So 9.30 - 14.30 Uhr

- zur 1805 gebauten **Kirche Agios Nikolaos**, an deren Glockenturm die Revolutionsfahne mit dem Wahlspruch: "Freiheit oder Tod" aufgezogen wurde,
- zum **Haus der Bouboulina**, das in der Nähe des Hafens liegt.

Informationen zu Laskarina Bouboulina

Laskarina Bouboulina zählt zu den bedeutenden Frauengestalten, die am griechischen Freiheitskampf maßgeblich mitgewirkt haben.

Nach dem Tod ihres zweiten Mannes, der 1811 von Piraten getötet worden war, stellte sie zu Beginn der Befreiungskriege ihr Vermögen zum Aufbau einer Flotte zur Verfügung.

1821, bei der Blockade von Nauplia, befehligte sie selbst ihr Schiff Agamemnon und übertrug ihren drei Söhnen das Kommando über drei weitere Schiffe.

Die Bouboulina lebte einige Jahre in Nauplia und kehrte dann zu ihrer Heimatinsel zurück.

Weitere Sehenswürdigkeiten der Insel sind:

- die an der Südwestküste bei der Bucht von Anargyri liegende **Bikiri Tropfsteinhöhle**, die den Inselbewohnern seit altersher Schutz vor Feinden bot. Bei der Höhle liegt ein schöner Sandstrand, den man mit Bus oder Boot erreicht.
- die kleine **Halbinsel Agia Marina**, wo die Reste einer frühhelladischen Siedlung freigelegt wurden. Es gibt einige kleine Tavernen, die zur Rast einladen.

Vom dem oberhalb gelegenen Kloster bietet sich ein schöner Blick auf die Insel **Spetsopoula**, die dem griechischen Reeder Niarchos gehört.

LITERATURVERZEICHNIS (Auswahl)

Die Zusammenstellung möchte Hinweise auf die umfangreiche Griechenland-Literatur geben und Hilfe bei der Suche nach weiterführender Lektüre sein; sie erhebt jedoch keinen Anspruch auf Vollständigkeit.

Moderne Reiseliteratur/Sachbücher

Andronicos, Manolis, Oympia, Ausgrabungen und Museum, Athen 1987
Baumann, Hellmut, Die griechische Pflanzenwelt in Mythos, Kunst und Literatur, München 1982
Bockhoff, Baldur, Von Athen bis Kreta, München 1982
Deuel, Leo, Heinrich Schliemann, Eine Biographie, München 1979
Döhl, Hartmut, Heinrich Schliemann, Mythos und Ärgernis, München 1981
Fermor, Patrick Leigh, Mani 1974
Fink/Franke/David, Peloponnes, Frankfurt 1984
Gaitanides, Griechenland ohne Säulen, München 1978
Georgiadis, Nikos v., Mistra, Athen 1987
Grandjot, Werner, Reiseführer durch das Pflanzenreich der Mittelmeerländer, Leichlingen 1981
Greenhalgh/Eliopoulos, Mani, München 1988
Höhler, Gerd, Begegnung mit Griechenland, Düsseldorf/Wien 1982
Iakovidis, Mykene, Epidauros, Argos, Tiryns, Nauplia, Athen 1985
Karpodini-Dimitriadi, Der Peloponnes, Athen 1988
Klaus/Steinmüller, Monemvasia, Geschichte und Stadtbeschreibung, Athen 1980
Laskaris, Dimitris, Hydra, Ägina, Poros, Spetsai, Athen 1983
Leon, Christoph, Peloponnes, Bern/Stuttgart 1981
Löhneysen, Wolfgang Frh.v., Mistra, Griechenlands Schicksal im Mittelalter, München 1977
Matz, Friedrich, Kreta und frühes Griechenland, Baden-Baden 1965
Melas, Alte Kirchen und Klöster Griechenlands, Köln 1974
Merian-Heft Peloponnes
Münster, Thomas, Peloponnes für Kenner, München 1980
Sfikas, Georg, Die Berge Griechenlands, Athen 1980
Walter, Hans, Die Leute im alten Ägina, Stuttgart 1983

Reiseführer

Baedeker, Griechenland, Stuttgart 1984 - 86
Begert, Michael, Griechenland, Olten/Freiburg 1986
Braun, R.R., Griechenland, Rielasingen 1986
Die Blauen Führer Regional, Peloponnes und vorgelagerte Inseln, München 1983
Grieben, Griechenland,
Hautumn, Wolfgang, Peloponnesische Wanderungen, Fulda 1980
Polyglott, Peloponnes, München 1986
Rossiter, Stuart Griechenland, Athen 1979

Siebenhaar, Peloponnes und seine Inseln, Ebermannstadt 1986
Speich, Richard, Südgriechenland I, Stuttgart 1978
Speich, Richard, Südgriechenland II, Stuttgart 1980
Sperlich, Waltraud, Peloponnes selbst entdecken, Zürich 1986

Alte Reiseberichte

Braun, J.M., Historische und malerische Wanderungen in Griechenland, Stuttgart 1837
Eschmann, Ernst Wilhelm, Griechisches Tagebuch, Köln 1936
Hettner, Hermann, Griechische Reiseskizzen, 1853
Pückler-Muskau, Hermann v., Südöstlicher Bildersaal, Griechische Leiden, Stuttgart 1840

Antike Dichter und Schriftsteller

Herodot, Historien
Homer, Ilias und Odyssee
Pausanias, Beschreibung Griechenlands
Platon, Dialoge
Plutarch, Große Griechen und Römer
Strabon, Erdbeschreibung
Thukydides, Geschichte des Peloponnesischen Krieges

Literatur zur Antike

Bengtson, Hermann, Griechische Geschichte, München 1962
Berve/Gruben/Hirmer, Griechische Tempel und Heiligtümer, München 1961
Branigan/Vickers, Hellas, Kultur und Zivilisation, München 1982
Kerényi, Mythologie der Griechen, München 1968
Kirsten/Kraiker, Griechenlandkunde, Heidelberg 1975
Kraiker, Wilhelm, Funde in Athen, Göttingen 1971
Melas, Tempel und Stätten der Götter Griechenlands, Köln 1973
Schliemann, Heinrich, Ithaka, der Peloponnes und Troja, Darmstadt 1976
Walter, Hans, Das griechische Heiligtum, München 1965

Sprachlehrbücher und -lehrgänge

Berlitz-Sprachset, Griechisch (Sprachführer und Kassette)
Eideneier, Hans, Neugriechisch ist gar nicht so schwer, Wiesbaden 1982
Eideneier, Hans, Neugriechisch wie es nicht im Wörterbuch steht, Hamburg
Langenscheidts Lehrbuch, Neugriechisch, Berlin/München
Langenscheidts Reiseset, Neugriechisch (Sprachführer, Reisewörterbuch u. Hör- und Übungskassette)
Linguaphone, Neugriechisch, Hamburg
Moser-Philtsou, M., Neugriechisch für Sie, München
Urlaubskurs Griechisch, Gesellschaft für ganzheitliches Lernen, Freiburg

STICHWORTVERZEICHNIS

Abakus	32	Almiros	257,262
Achaia	16	Amfithea	257
Achaia	17,174,179	Amikles	291
Achaia Clauss	174	Amphiktyonie	120
Ägäisches Meer	404	Amphissa	120
Ägina	404ff	Andavida	179
- Agia Marina	411ff	Andritsena	207ff
- Agias Trias	409	Androusa	257
- Agios Nektarius	409	Angistirion	413
- Aphaia-Tempel	409f	Angistri	413
- Ausflugsziele	408	Ano Boulari	273
- Berg Oros	413	Ano Figalia	213
- Inseltelegramm	404	Anreise	40ff
- Kloster Agias Trias	409	Ante	32
- Kloster Agios Nektarius	409	Antigone	113
- Omorfi Ekklisia	408	Antirrion	134
- Paleochora	409	Aphaia	409
- Perdika	409	Apollon	28,38,119,121,147,382
- Sehenswürdigkeiten	408	Apotheken	47
- Souvala	409	Arachova	117
- Stadt	407	Archäologische Stätten	47
- Strände	406	Architrav	32
- Touristishe Hinweise	404	Areopolis	269ff
- Übernachtung	406	- Touristische Hinweise	269
- Verkehrsverbindungen	406	Argivische Halbinsel	393
Aegion	166f	Argolis	16f,163,345ff
Agamemnon	360	Argos	345ff
Agia Lavra	178	- Ausgrabungen	351
Agios Andreas	241,339	- Burgberg Larissa	353
Agios Dimitrios	339	- Geschichte	348ff
Agios Ioannis Theologos	258	- Heraion	354f
Agios Meletios	113	- Kastro	354
Agnoundos	391	- Museum	348,350
Agora	30f	- Sehenswürdigkeiten	350f
Agrilia	257	- Touristische Hinweise	347
Aiakos	413	- Übernachtung	347
Aigisthos	360	- Verkehrsverbindungen	347
Akratas	166	Arkadien	16f,304
Akrokorinth	135	- Rundfahrt	310
Aleopotrypa-Höhle	272	Arsinoi	256
Aleos	307	Artemis	256,290
Alika	275	Artemisia	258
Alkmaioniden	130	Ärztliche Versorgung	47
Almiri	157	Asea	311

Stichwortverzeichnis

Asine	395	Augias	188
Asklepios	382	Ausweispapiere	47
Assopos	320	Auto, Wissenswertes	48
Athen	18,32,120,	Autovermietung	48
- Agora	95		
- Akropolis	95,99ff	Badestrände	48
- Akropolis-Karte	100	Banken	49
- Akropolis-Museum	95,106	Bassai	210
- Anreise	87ff	- Apollon-Tempel	211ff
- Ausflüge	92	Baukunst, griechische	27
- Bevölkerung	93	Bevölkerung	22ff
- Dionysos-Theater	95	Bevölkerungsabnahme	22
- Erechtheion	105ff	Bewässerung	25
- Flohmarkt	96	Botschaften	49
- Geschäfte	90	Bouboulina	425
- Hadriansbogen	96	Bouleuterion	30f
- Hephaistos-Tempel	95	Busse	49
- Kerameikos	95	Byzantinische Kunst	33
- Luftverschmutzung	93		
- Lykavittos	97	Caesar	141,153
- Lysikrates-Denkmal	96	Caligula	153
- Metropolis	96	Camping	50
- Mietwagen	91	Cella	29
- Museen	91	Cervantes	237
- Nationalmuseum	96ff	Chaironeia	115
- Nationalpark	97	Charouda	273
- Nike-Tempel	102	Chelmos	304
- Odeon des Herodes Atticus	95	Chimara	276
- Olympieion	96	Chiron	382
- Orientierung	94	Chlemoutsi	186
- Parthenon	103	Chora	221
- Plaka	108f	Coubertin	206
- Plaka	96		
- Pnxx-Hügel	96f	Danaos	348
- Propyläen	102	Daphni	110
- Restaurants	90	Delos	28
- Schloß	97	Delphi	28,32,118ff
- Sehenswürdigkeiten	95	- Apollon-Heiligtum	124ff
- Stoa des Attalos	95	- Apollon-Tempel	130
- Touristische Hinweise	88	- Ausgrabungen	121
- Turm der Winde	96	- Geschichte	119f
- Übernachtungsmöglichkeiten	90	- Gymnasion	123
- Verkehrsverbindungen	89	- Heiligtum der Athena	122f
- Zappeion	97	- Kastalia-Quelle	123
Athena	37,102,122	- Marmaria	122f
Athos	33	- Museum	131ff
Atreus	360	- Mythos	119

Stichwortverzeichnis

- Omphalos	119	Feiertage	51
- Orakel	113	Ferienwohnungen	51
- Stadion	130	Feste	51
- Touristische Hinweise	118	Filiatra	218
Dendra	357	Finiki	238
Derveni	165	Finikounda	238
Devisen	72	Fische	21
Diakofto	166,175	Fischerei	25f
Dimitsana	318	FKK	52
Dirou, Höhlen von	270ff	Flomochori	276
Don Quijote	238	Flugwild	21
Döppfeld	377	Forstwirtschaft	25
Drialos	273	Fotografieren	52
Drimos	276	Franchti-Höhle	397
Drogerien	47	Fries	32
Eierstab	**32**	**Gargaliani**	**218**
Einkaufsmöglichkeiten	50	Gastfreundschaft	52
Einreisebestimungen	40	Gastouni	183
Elafonisos	331	Gefira	322
Elea	217	Geographie	15ff
Eleae	320	Geraki	333f
Eleusis	111f	Gerolimenas	274
- Museum	111	Geschäfte, Öffnungszeiten	53
- Mysterienkult	111	Geschichte	10ff
Eleutherai	113	Gesims	33
Elgin	105	Gialowa	218,225f
Elis	16f,188	Giannitsochori	217
Elonis	335	Glyfada-Höhle	271
Epaminondas	114,159,218,253	Grußworte	54
Epano Englianos	221ff	Gymnaseion	31
Epidauros	381ff	Gythion	276ff
- Ausgrabungen	383ff	- Geschichte	280
- Festspiele	386	- Museum	282
- Geschichte	382	- Sehenswürdigkeiten	280
- Heiligtum	386	- Touristische Hinweise	276
- Mythos	382	**Hadrian**	**120,142,153**
- Rundgang	383ff	Heiliger Weg	30
Epidauros Limera	320	Heiligtum, griechisches	28ff
Erimanthos	304	Helena	280,293
Ermioni	398f	Hera	37
- Touristische Hinweise	398	Heraion	354f
Eteokles	113	- Rundgang	356
Eurotas	293	Herakles	342
Exo Mani	262	Herodes Atticus	142
		Hippokrates	382
Fährverbindungen	**45**	Hippolyt	400

Stichwortverzeichnis

Homer	119,222,280	- Touristische Hinweise	243
Hotels	54	- Übernachtung	244
Hydra	418ff	- Verkehrsverbindungen	243
- Inseltelegramm	418	Kalavrita	175,177f
- Kloster Agia Triada	422	Kallikrates	102
- Kloster Agios Nikolaos	422	Kalonero	217
- Kloster Elias	422	Kambos	263
- Kloster Zourvas	422	Kapitell	33
- Museum	421	Karavostasi	320
- Sehenswürdigkeiten	420f	Kardamili	263
- Strände	420	- Touristische Hinweise	264
- Touristische Hinweise	418	Karitena	213f
- Übernachtung	418	- Festung	215
- Verkehrsverbindungen	418	Karkalou	317
		Kartenmaterial	56
Ibrahim Pascha	34	Katakali	157
Ikone	34	Katakolon	182
Iktinos	212	Kato Glikovrissi	320
Ileochorion Ithomis	252	Katri	121
Inachos	348	Kazantzakis	266,325
Industrie	26	Kelefa	268
Informationen	55	Kenchries	157
Iokaste	113	Kendron	188
Isthmia	153,155	Kiato	164
- Ausgrabungen	155	Killini	135,183f
Isthmischen Spiele	155	Kindernahrung	57
Ithome	253,255	Kino	57
Itylon	267	Kiosk	57
		Kiparisi	320
Jugendherbergen	55	Kiparissia	218f
		Kirchenbesuche	58
Kadmos	113	Kirchentypen, byzantinische	34ff
Kafeníon	56	Kitas	273
Kaiafas	216	Kitries	257
Kaimeni Chora	402	Kiveri	342
Kakovatos	217	Kleidung	58
Kalamáta	17f,26,243ff	Kleinbauern	26
- Camping	245	Klima	18f
- Festung	251	Kloster Agia Lavra	178
- Gechäfte	246	Kloster Agios	
- Geschichte	247	Ioannis Theologos	258
- Kloster Kalogrion	251	Kloster Agnoundos	391
- Mietwagen	246	Kloster Daphni	110
- Museen	251	Kloster Elonis	335
- Restaurants	245	Kloster Mega Spileon	176
- Sehenswürdigkeiten	250	Kloster Ossios Loukas	114
- Sportmöglichkeiten	247	Kloster Sotiros Loukous	341

Kloster Vlachernou	185	Lagia	**276**
Kloster Vourkano	255	Laios	113
Klosterbesuche	58	Lakonien	17,259
Klytaimnestra	360	Landwirtschaft	25
Kokkala	276	Langada	267
Korfos	391	Langada-Schlucht	259
Korinth	18,135ff	Langadia, Arkadien	317
- Akrokorinth	149ff	Larissa	353
- Apollon-Tempel	147	Laurent	121
- Ausflüge	138	Lechaion	158
- Ausgrabugen	138	Leondari	314
- Ausgrabungen	143ff	Leonidion	336
- Camping	138	Lerna	342
- Geschäfte	138	- Ausgrabungen	343
- Geschichte	140	Lernäische Schlange	343
- Golf von	152	Leuktra	114
- Kanal	152ff	Levadia	114
- Mietwagen	138	Levidi	315
- Mythos	140	Ligourion	381
- Restaurants	138	Limani Geraka	320
- Strände	138	Livadi	338
- Theater	148	Longa	241
- Touristische Hinweise	137	Loutra Elenis	157
- Übernachtung	137	Loutra Killini	183
- Verkehrsverbindungen	137	Loutraki	154
Korinthen	140	Lykosura	314
Korinthia	16,135	Lykurg	285
Koroni	239ff		
- Festung	240	**Makronisi**	**339**
- Geschichte	240	Mani	260ff
- Kloster	241	- Geschichte	261f
Koronisi	395	- Rundfahrt	262
Koryphasion	231	Mantineia	314
Kosmas	335	Marathonisi	280
Kosta	397	Marathopoli	218
Kotronas	276	Margoula	260
Koundouriotis	421	Matapan	275
Kouroutas	181	Mauern	27
Krestena	207	Mavromati	254
Krissa	120	Mega Spileon	176
Kronos	38	Megalochori	402
Krösus	120	Megalopolis	215,304,311f
Küche	58ff	- Ausgrabungen	312f
Kunst, byzantinische	33	Meligalas	252
Kyllini	304	Menelaion	292
Kypselos	141	Menelaos	293
		Messa Mani	269ff

- Rundfahrt	273	- Geschichte	360
Messene	252	- Königsgräber	364
- Ausgrabungen	255	- Löwentor	363
- Festung	253	- Mythos	360
- Geschichte	252f	- Rundgang	362
- Museum	255	- Schatzhaus des Atreus	367
Messenien	17,259	- Touristische Hinweise	358
Messini	242f	- Übernachtung	359
Meteora	33	- Unterstadt	366
Methana	402	- Verkehrsverbindungen	358
- Halbinsel	402	Mykenische Grabtypen	366
- Touristische Hinweise	402	Mythologie	36 ff
Methoni	232ff		
- Camping	234	**Nachrichtensendungen**	**63**
- Festung	234f	Nafpaktos	133
- Geschichte	234	Naos	29
- Restaurants	234	Nauplia	17f,368
- Strände	234	- Akronauplia	374
- Übernachtung	232	- Bourzi	372
- Verkehrsverbindungen	232	- Camping	370
Metope	33	- Festung Palamidi	375
Metroon	31	- Geschichte	372
Mezapos	273	- Hafen	372
Mianes	275	- Jugendherberge	370
Miaoulis	234	- Museum	372
Midea	357	- Sehenswürdigkeiten	374
Mina	273	- Strände	371
Mistra	33,295ff	- Touristische Hinweise	368
- Bauwerke	300	- Übernachtung	369
- Geschichte	297	- Verkehrsverbindungen	368
- Museum	303	Navarino	218
- Rundgang	298	Nea Epidauros	389
- Touristische Hinweise	296	Nea Figalia	213
Modon	234	Neapolis	331f
Molai	320	Nemea	160f
Monemvasia	322ff	- Ausgrabungen	161
- Camping	323	Neochori	217
- Geschichte	324	Neon Itylon	268
- Sehenswürdigkeiten	326ff	Nero	153
- Touristische Hineise	323	Nestor	221
Moni	413	Nestor-Palast	221ff
Montfaucon	195	- Ausgrabungen	222ff
Museen	63	Nestorgrotte	227
Mykene	358ff	Nifi	276
- Akropolis	363	Nisaki	402
- Atriden-Palast	365	Nomia	331
- Ausgrabungen	361	Nomitsi	267

Stichwortverzeichnis

Notrufe	64
Odeion	31
Ödipus	113
Oinomaos	202
Olive	293
Olivenöl	293
Olympia	28,32,189ff
- Ausgrabungen	195ff
- Bauwerke	192
- Camping	190
- Geschäfte	191
- Geschichte	191ff
- Heraion	197
- Jugendherberge	190
- Museum	204
- Museum der Olympischen Spiele	206
- Restaurants	190
- Stadion	200
- Touristische Hinweise	189
- Übernachtung	190
- Verkehrsverbindungen	189
- Zeus-Statue	202
- Zeus-Tempel	201
Olympische Spiele	30,193ff
Omphalos	131
Opisthodom	29
Orchomenos	115,316
Orest	308,360
Ossios Loukas	114ff
Otto I	94
Palaiologos	176
Palea Epidauros	388f
- Touristische Hinweise	389
Paleo Episkopi	309
Paleokastro	227
Paliro	275
Panaktos	113
Panathenaen	30
Paralia Astros	339
Paralia Tirou	338
Paris	280
Parnssos	117
Patras	17f,169ff
- Ausflüge	171
- Camping	171
- Mietwagen	171
- Restaurants	171
- Strände	171
- Touristische Hinweise	169
- Übernachtung	170
- Verkehrsverbindungen	169
Paulus	142
Pausanias	361
Peloponnes:	
- Bus	76
- Camping	82
- Eisenbahn	75
- Eisenbahnnetz	75
- Ferienwohnungen	81
- Große Rudreise	86
- Hotels	80
- Klassische Rundfahrt	83
- Privatzimmer	81
- Provinzen	82
- Rundreisen	83
- Straßenverhältnisse	78
- touristische Interessen	84
- Übernachtungsmöglichkeiten	80ff
- Verbindungsstraßen	78
- Zugfahrplan	77
Pelops	202,360
Perachora	154
Periander	141,153
Perikles	102
Peristyl	33
Perivolia	213
Perseus	357
Petrochori	218
Pflanzenwelt	19f
Phädra	400
Phidias	202f
Phigalia	213
Philipp II	120,141
Philokles	105
Phlius	163
Pinios-Stausee	188
Pirgos	17,181ff
- Dirou	270ff
- Touristische Hinweise	181
- Übernachtung	182

Stichwortverzeichnis

- Verkehrsverbindungen	181
Pirichos	276
Plaka	337
Platää	113
Polis	27
Polizei	64
Polyklet	348
Polyneikes	113
Poros	414ff
- Inseltelegramm	414
- Kloster Zoodochos Pigi	417
- Museum	417
- Poseidon-Tempel	417
- Sehenswürdigkeiten	416f
- Strände	415
- Touristische Hinweise	414
- Übernachtung	415
- Verkehrsverbindungen	414
Porto Kalio	275
Portocheli	396
- Touristische Hinweise	396
Posidonia	153
Post	64
Poulithra	338
Pronaos	29
Propyläen	29
Proti	218
Pylos	227ff
- Ausflüge	229
- Museum	230
- Neo Kastro	230
- Restaurants	228
- Touristische Hinweise	228
- Übernachtung	228
- Verkehrsverbindungen	228
Pythia	119,131
Pytho	119
Redewendungen	**69**
Reiseauskünfte	55
Reisebüros	64
Reiseland	39
Reisetips	47ff
Reiseutensilien	58
Reiseveranstalter	64
Reisezeit	18f
Restsina	392
Rhomvi	395
Rion	134,167f
Ritsos	330
Romanos	218
Römische Thermen	352f
Salamis	**409**
Samos	28
Sangi-Gebirge	262
Saronische Inseln	404
Schiffsverbindungen	65
Schliemann	361,377,98
Schulferien	66
Sfaktiria	227,230
Sikea	320
Sikyon	158f
- Ausgrabungen	159
Sisyphos	140
Skafidia	181
Skala	320
Sotiros Loukous	341
Sparta	17,120,141,282ff,348
- Ausgrabungen	287
- Geschichte	284ff
- Heiligtum der Artemis Orthia	290
- Leonidion	289
- Museum	291
- Sehenswürdigkeiten	287
- Touristische Hinweise	282
Spartanische:	
- Erziehung	286
- Gesellschaftsordnung	286
- Lebensformen	286
Spetsä	397,422ff
- Agia Marina	425
- Bikiri-Höhle	425
- Inseltelegramm	422
- Museum	424
- Sehenswürdigkeiten	424
- Strände	424
- Touristische Hinweise	422
- Übernachtung	423
Spetsopoula	425
Sport	66
Sprache	9,67ff
Sprachlehrbücher	68

Stichwortverzeichnis

Sprachverständigung	67ff
Staatsfläche	9
Staatsform	9
Staatssprache	9
Stadion	32
Steckdosen	70
Stemnitsa	318
Stimfalischer See	165
Stoa	31
Stoupa	265f
Strom	70
Studienreisen	70
Tavernen	**58ff**
Taxi	70
Taygetos	259,262
Tegea	308
- Ausgrabungen	309
Telefonieren	70
Temenos	28
Tempel	28f
Thalames	267
Theater	32
Theben	113f
- Museum	114
Thermopylen	291
Theseion	30
Theseus	400
Thessaloniki	33
Tholon	217
Tholos	30f
Tierwelt	20
Tigani	273
Tintenfisch	21
Tiros	339
Tiryns	376ff
- Ausgrabungen	377
- Geschichte	376
- Mythos	376
- Rundgang	378ff
Toiletten	71
Tolon	393
- Touristische Hinweise	393
Tourismus	26
Touristenpolizei	71
Triglyphe	33
Trikala	165
Trikka	383
Trinkgelder	71
Triodos	257
Tripi	260
Trípolis	17f,215,304,306ff
- Geschichte	306
- Touristische Hinweise	307f
Trizin	399
Troizen	399
- Ausgrabungen	400
- Geschichte	400
Uhrzeit	**72**
Vamvaka	**273**
Vaphion	292
Varda	179
Vartholomio	183
Vasses	210
Vathy	275
Ventris	362
Viehzucht	26
Vitina	316
Vlachernou	185
Vlaherna	316
Volksfeste	23
Volkskunst	22f
Volkslied	23
Volkstänze	23
Volkszählung	22
Vourkano	255
Vromeri	218
Währung	**72**
Wandern	20
Wasser	72
Wassermangel	25
Wassersport	20
Weine, geharzte	392
Wirtschaft	25f
Xilokastro	**165**
Xiropigado	341
Yachtstationen	**72**
Yachtvermietung	72
Ypsous	318

Stichwortverzeichnis

Zacharo	217	Zermbisia	252
Zahlen	70	Zeus	28,37,119
Zakynthos	183,185	Zollformalitäten	73
Zeitungen	73	Zugvögel	21

01 10338
herder Buchhandlung
61 3.80